zu Komaggas.

URSULA TRÜPER

Zara oder das Streben nach Freiheit

URSULA TRÜPER

Zara oder das Streben nach Freiheit

Eine koloniale Familiengeschichte in Schwarz-Weiß

QUADRIGA

Dieser Titel ist auch als E-Book erschienen.

Die Bastei Lübbe AG verfolgt eine nachhaltige Buchproduktion.
Wir verwenden Papiere aus nachhaltiger Forstwirtschaft und verzichten darauf, Bücher einzeln in Folie zu verpacken. Wir stellen unsere Bücher in Deutschland und Europa (EU) her und arbeiten mit den Druckereien kontinuierlich an einer positiven Ökobilanz.

MIX
Papier | Fördert gute Waldnutzung
FSC® C014496

Originalausgabe

Textredaktion: Dr. Matthias Auer, Bodman-Ludwigshafen
Die Fotos im Bildteil entstammen, wenn nicht anders angegeben, dem Privatarchiv der Autorin.
Umschlaggestaltung: SO YEAH Design, Gabi Braun
Einband-/Umschlagmotiv: © Bridgeman Giraudon, Berlin
Satz: two-up, Düsseldorf
Gesetzt aus der Minion
Druck und Einband: GGP Media GmbH, Pößneck

Printed in Germany
ISBN 978-3-86995-125-6

1 3 5 4 2

Sie finden uns im Internet unter quadriga-verlag.de
Bitte beachten Sie auch: lesejury.de

Inhalt

Anmerkung zur Sprachregelung

Einige der in den Missionsquellen des 19. Jahrhunderts und auch in der älteren ethnologischen Literatur noch gebräuchlichen Begriffe sind heute problematisch. So vermeide ich die Termini »Sippe«, »Stamm« oder auch »Ethnie«: »Stamm« beziehungsweise »Sippe« sind keine wertneutralen Bezeichnungen, sondern wecken die Assoziation von »primitiven Gesellschaften«. Zudem ist der Begriff »Stamm« mit einem kolonialen Geschichtskonzept befrachtet. Beispielsweise versuchte der Missionar und Amateurhistoriker Heinrich Vedder in seinem Buch *Das alte Südwestafrika* darzulegen, dass das vorkoloniale Namibia von einer nicht enden wollenden Serie von »Stammeskämpfen« erschüttert worden sei, die dann – glücklicherweise – die deutschen Kolonialherren erfolgreich beilegten.[1]

Darüber hinaus legen diese Begriffe die Vorstellung nahe, dass die soziale Organisation einer so bezeichneten Gemeinschaft ausschließlich auf verwandtschaftlichen Beziehungen beruht. Dies trifft aber auf die Khoekhoe- und Herero-Gesellschaften des vorkolonialen Namibia nicht zu. Zwar waren verwandtschaftliche Beziehungen von großer Bedeutung, aber keineswegs das einzige Kriterium für die Organisation von Gemeinschaften. Gerade sie waren ausgesprochene »Mischgesellschaften«. Die starre Zuordnung der einzelnen Gemeinschaften zu »Stämmen« ist eine Folge von Kolonialismus und Apartheid.[2]

Einige Bezeichnungen für die verschiedenen Bevölkerungsgruppen Südafrikas und Namibias haben im Verlauf der Jahrhunderte einen negativen Bedeutungswandel erfahren. So werden zum Beispiel die Begriffe »Bastard« oder »Baster«, »Buschmann« und »Hottentotte« im frühen 19. Jahrhundert bei Weitem nicht so abwertend gebraucht wie vor dem Hintergrund einer immer rassistischer werdenden Gesellschaft im 20. Jahrhundert.[3] Das Gleiche gilt für die Begriffe »Neger« und »Mohr«.[4]

Ich werde im Folgenden von »People of Colour« statt von »Coloureds« oder »Bastards« sprechen, von »San« statt von »Buschmännern« und von »Khoekhoe« oder »Nama« statt von »Hottentotten«. Eine Ausnahme mache ich lediglich, wenn der Begriff in einem Zitat vorkommt.

Der Begriff »Schwarz« hingegen ist eine Selbstbezeichnung.[5] Allerdings sind die Bezeichnungen der Hautfarben »Schwarz«, »Weiß« und »Coloured« nicht neutral, sondern wurden (und werden) in einem rassistischen und kolonialen Kontext verwendet. Um anzudeuten, dass es sich bei ihnen nicht um biologische Tatsachen, sondern um politisch-soziale Zuschreibungen handelt, schreibe ich im Folgenden diese Adjektive mit großem Anfangsbuchstaben. Auch hier behalte ich lediglich bei Zitaten die ursprüngliche Schreibweise bei.

Auch Begriffe wie »Kraal« für eine afrikanische Ansiedlung oder »Pontok« für ein Herero-Haus sind abwertend gemeint. Der Begriff Kraal wird heute nur noch für ein Viehgehege benutzt.

Ich vermeide zudem den Ausdruck »Häuptling«, wenn ich den Anführer einer afrikanischen Gemeinschaft bezeichnen will. Auch dieser Begriff erweckt die Assoziation einer »primitiven Gesellschaft«. Das Gleiche gilt für das englische Wort »Chief«, das ebenfalls im kolonialen Zusammenhang entstanden ist. Die führenden Persönlichkeiten der Khoekhoe-Gemeinschaften des vorkolonialen Namibia und Südafrika bezeichneten sich selbst mit dem Wort »Kaptein« – Hauptmann –, eine Rangbezeichnung, die sie von den holländischstämmigen Siedlern übernommen hatten. Die Herero nannten ihre Anführer »Omuhona« (großer Mann; Plural Ovahona). Beide Begriffe werden heute noch von den traditionellen Anführern der Khoekhoe- bzw. Herero-Gemeinschaft selbst gebraucht, daher benutze ich sie im Folgenden.

Stammbaum der Familie Schmelen

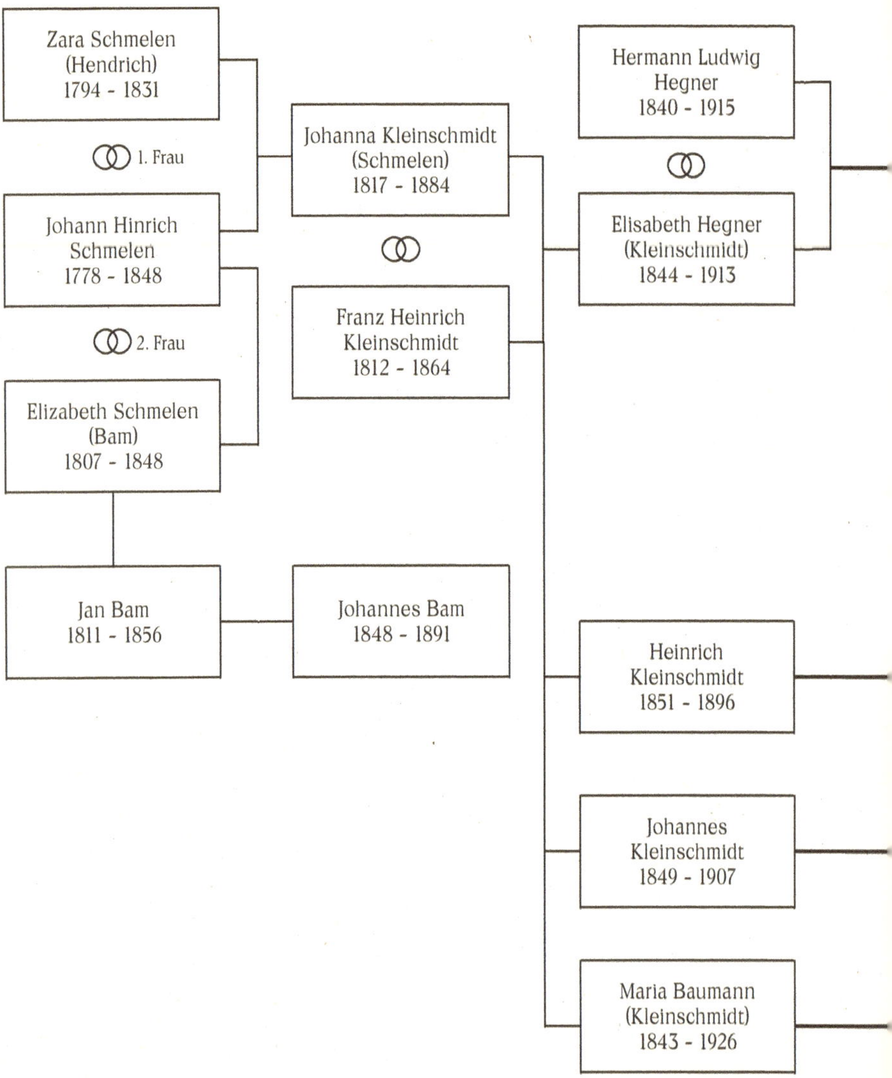

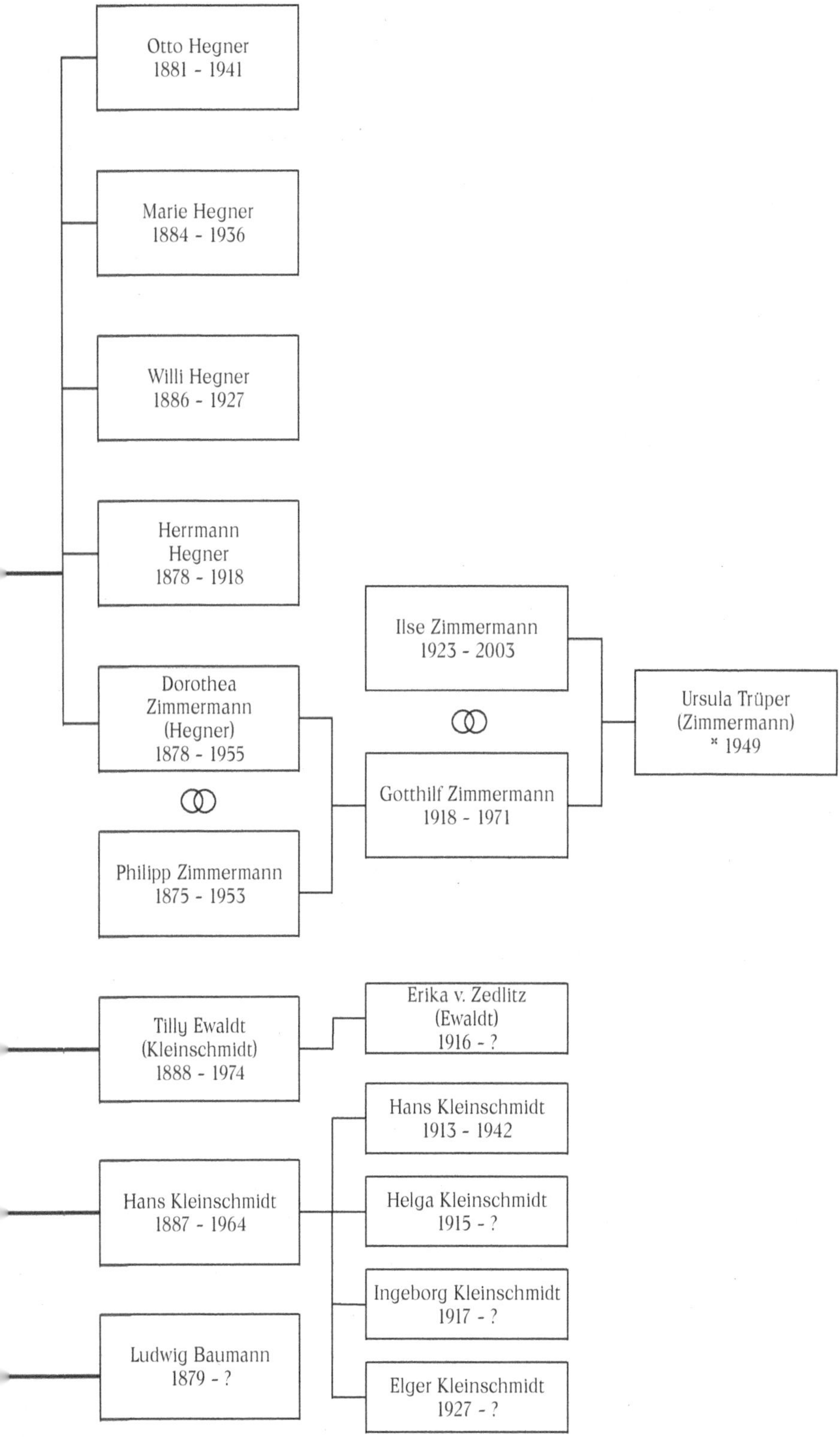
Otto Hegner
1881 - 1941
Marie Hegner
1884 - 1936
Willi Hegner
1886 - 1927
Herrmann Hegner
1878 - 1918
Dorothea Zimmermann (Hegner)
1878 - 1955
Philipp Zimmermann
1875 - 1953
Ilse Zimmermann
1923 - 2003
Gotthilf Zimmermann
1918 - 1971
Ursula Trüper (Zimmermann)
* 1949
Tilly Ewaldt (Kleinschmidt)
1888 - 1974
Erika v. Zedlitz (Ewaldt)
1916 - ?
Hans Kleinschmidt
1887 - 1964
Hans Kleinschmidt
1913 - 1942
Helga Kleinschmidt
1915 - ?
Ingeborg Kleinschmidt
1917 - ?
Elger Kleinschmidt
1927 - ?
Ludwig Baumann
1879 - ?

Vorwort

Vom Streben nach Freiheit zum glücklich-geboren-Sein

Mein Urahn Johann Hinrich Schmelen kam 1778 zur Welt. Er wurde in eine Zeit hineingeboren, in der sich viele seiner Zeitgenossen für die Idee begeisterten, dass alle Menschen das Recht haben sollten, nach seinem oder ihrem ganz persönlichen Glück zu streben, und dazu gehört zwingend, frei zu sein. »Wir halten diese Wahrheiten für ausgemacht, dass alle Menschen gleich erschaffen wurden, dass sie von ihrem Schöpfer mit gewissen unveräußerlichen Rechten begabt wurden, worunter sind Leben, Freiheit und das Streben nach Glück« (Amerikanische Unabhängigkeitserklärung vom 4. Juli 1776).

Nicht das Recht auf ein glückliches Leben wurde den Menschen versprochen, das konnte niemand. Sondern das Recht für jeden Einzelnen, eigenmächtig und »frei« nach dem zu streben, was er oder sie als »Glück« ansah, das eigene Leben nicht mehr als gottgegeben hinzunehmen, sondern es aus eigener Kraft zu gestalten. Nicht nur reiche Bürger, die in dieser Zeit überall auf der Welt Plantagen und Fabriken gründeten, waren von dieser Verheißung beseelt, sondern auch viele Menschen am unteren Ende der sozialen Leiter. Auch Schmelen, der neunte Sohn eines Kleinbauern und gelernte Schmied, nimmt den untergeordneten Stand, in den er hineingeboren ist, nicht mehr einfach hin, sondern macht Gebrauch von seiner Freiheit und sucht sein Glück. Und zwar nicht im wirtschaftlich und politisch rückständigen Deutschland, sondern in der Fremde. Das tun viele seiner ebenfalls nach Freiheit und Glück strebenden Zeitgenossen, von denen die meisten nach

Amerika auswandern. Schmelen hingegen geht als Missionar nach Afrika. Missionar werden, das ist eine wichtige Chance für abenteuerlustige fromme junge Männer aus armen Verhältnissen. Anders als ein Studium ist die Ausbildung kostenlos und es ist kein Problem, wenn die Bewerber nur Volksschulbildung haben und weder Latein noch höhere Mathematik beherrschen. Vor allem für junge Männer aus dem Handwerker- und Bauernstand übt dieser Beruf eine große Anziehungskraft aus. Hatte man dann nach mehreren Jahren sein Missionarsexamen in der Tasche, eröffnete sich eine neue Welt. Plötzlich hatte man die Chance, sich auf neue Menschen, Landschaften und Lebensverhältnisse einzulassen. Plötzlich war man in der Lage, sich nicht in den ausgetretenen Pfaden der eigenen Vorfahren zu bewegen, sondern etwas Neues aufzubauen. Das war nicht ungefährlich und konnte zuweilen zu einem frühen Tod führen. Aber es muss ein berauschendes Gefühl gewesen sein in dieser starren und streng hierarchisierten Welt, endlich des eigenen Glückes Schmied sein zu können. Ja, man konnte scheitern. Aber man konnte auch Erfolg haben.

Als 150 Jahre später meine Großmutter Dora Hegner ihren künftigen Verlobten kennenlernt, ist von diesem revolutionären Elan der 1770er Jahre nichts mehr zu spüren. Auch Dora strebt – im Rahmen ihrer Möglichkeiten, und die sind damals für eine bürgerliche Frau ohne Vermögen nicht besonders groß – nach Glück. Und Glück hieß damals für eine konservative unverheiratete Frau aus dem Bürgertum vor allem: einen adäquaten Ehemann finden. Dora ist für die damalige Zeit schon ziemlich alt, 37 Jahre, als dieser endlich am Horizont auftaucht. Aber er ist eine höchst wünschenswerte Partie, er ist charmant, hat Humor, verfügt über ein gesichertes Einkommen und hat eine achtbare soziale Stellung im Leben. Was also braucht es mehr, um glücklich zu sein?

Doch inzwischen haben die tonangebenden europäischen Länder Kolonien und erwirtschaften ihren Reichtum mit Sklavenarbeit. Das ist schwer vereinbar mit den revolutionären Forderungen von einst. Sollen die Sklaven und Bewohner der kolonisierten Länder nicht ebenfalls das Recht auf Freiheit und das »Streben nach Glück« haben? Diese Frage wird damals in liberalen und philanthropischen Kreisen durchaus gestellt. Die Lösung aus diesem Dilemma: Rassismus. »Die Rassen sind nicht zu den gleichen Leistungen und Aufgaben in der Geschichte berufen, und die niederen Rassen haben den Zwecken der höheren zu dienen. Die Zwecke der höheren sind aber die ,Ziele der Menschheit', da in ihnen allein der höchste Gehalt der geistigen Menschenkraft zur Blüte gelangt,« so der zeitgenössische Anthropologe Ludwig Woltmann.Es geht nun nicht mehr um Rechte, die irgendjemand einfordern könnte, sondern um quasi naturgegebene und damit unveränderliche Eigenschaften.

Doras Kindheit und Jugend fällt in die erste Blütezeit eines »wissenschaftlichen Rassismus«. Natürlich gab es auch schon in früheren Zeiten rassistische Vorurteile. Doch nun nimmt sich die Wissenschaft des Themas an. Moderne Verfahren wie Schädelvermessungen und die wiederentdeckten Mendelschen Gesetze werden eingesetzt, um zu beweisen, dass bestimmte »Rassen« von Natur aus zum Herrschen bestimmt sind, während andere zu nichts anderem taugen, als von den ersteren unterworfen und ausgebeutet zu werden.

Damals kommt das Wort »Eugenik« in Gebrauch, oder, wie man in Deutschland sagt, »Rassenhygiene«. »Das Wort Eugenik, das der griechischen Sprache entlehnt ist, enthält den Begriff des Glücklichgeborenseins, d.h. geboren mit glücklichen Erbanlagen,« schrieb 1907 der Arzt Ludwig Schallmayer in seinem Buch »Auslese als Faktor zu Tüchtigkeit und Entartung der Völker«.

An die Stelle des Rechts jedes Einzelnen, nach seinem oder ihrem ganz persönlichen »Glück« zu streben, war die Idee getreten, dass es menschliche Rassen gab, die aufgrund ihrer »günstigen Erbanlagen« bereits »glücklich geboren« und zum Herrschen über die weniger »Glücklichen« bestimmt waren. Von »Freiheit« ist nicht mehr die Rede.

Das ist Doras Geheimnis, das sie schließlich ihrem Verlobten »gesteht«. Sie selbst ist nicht »glücklich geboren«, jedenfalls nicht vollständig. Ihr Urgroßvater Schmelen, jener beherzt nach Freiheit und seinem persönlichen Glück strebende Schmied und Missionar, hatte einst eine Afrikanerin geheiratet. Dora ist die Nachkommin einer »Hottentottin« …

Dora oder »das fremde Blut in uns«

»Nazareth« und ein Familienfoto

Gütersloh am Vorabend des Ersten Weltkrieges ist eine beschauliche Kleinstadt mit knapp 20 000 Einwohnern. Das Stadtbild ist noch stark geprägt von schmalen zweistöckigen Fachwerkhäusern, von denen einige von unten bis oben mit Schieferschindeln verkleidet sind. In den umliegenden katholischen Dörfern wird der Ort spöttisch »Nazareth« genannt, nach dem biblischen Ort, denn er ist eine Hochburg der pietistischen »Erweckungsbewegung«. Den Angehörigen dieser protestantischen Glaubensrichtung sagt man allgemein große Frömmigkeit im Alltag und wenig Veranlagung zu Lebensfreude nach. Es gibt in Gütersloh sogar einen Verlag, der zu dieser Zeit noch davon lebt, ausschließlich religiös-erbauliche Literatur herauszubringen, den C. Bertelsmann Verlag. Zwar hat die neue Zeit bereits Einzug gehalten: Ein wichtiger Arbeitgeber vor Ort ist beispielsweise die Firma Miele, die damals vor allem Autos sowie Milchzentrifugen, Buttermaschinen, Wasch-, Wring- und Mangelmaschinen produziert. Doch das steht nicht im Widerspruch zum konservativ-pietistischen Gepräge dieser Stadt.

Nur 100 km von Gütersloh entfernt liegt Barmen, eine weitere Hochburg der Erweckungsbewegung. Dort hat die Rheinische Missionsgesellschaft ihren Sitz. Diese Institution schickt Jahr für Jahr junge Männer und Frauen in alle Welt, um in Südwestafrika, in Südostasien und in China »den Heiden das Evangelium zu verkünden«, wie sie es ausdrückt. Die Verbindungen der Gütersloher Kirchengemeinden zur Mission sind traditionell eng. Allenthalben existieren sogenannte »Hülfsvereine«, die sich die materielle und ideelle Unterstützung des Missionsgedankens auf die Fahnen geschrieben haben. Es gibt Frauen, die sich regelmäßig treffen und gemeinsam für die »Bekleidung der Heiden« Socken, Jacken und Mützen stricken. In vielen Familien steht eine Missionssammelbüchse auf der Wohnzimmerkommode, die man bei Geburtstagen oder Kindstaufen herumgehen lässt und dann einmal im Jahr einem Vertreter der Mission übergibt. Nicht zu vergessen den »Missionsneger« – eine Spardose, auf der ein kleiner Afrikaner kniet und dankbar nickt, wenn man einen Groschen in den Schlitz wirft. Aufschrift: »Ich war ein armer Heidensohn / Doch kenn ich meinen Heiland schon / Und bitte darum jedermann / Nehmt euch der armen Heiden an.« Darüber hinaus werden regelmäßig gut besuchte Vorträge angeboten über die fernen Länder, in denen die Rheinische Missionsgesellschaft tätig ist. Höhepunkt all dieser Aktivitäten ist das alljährliche Missionsfest, bei dem nicht selten Menschen aus Übersee auftreten und mit bewegter Stimme (und von ihrem Missionar übersetzt) die Geschichte ihrer Bekehrung erzählen.

Im Laufe der Jahre hat sich Gütersloh geradezu zu einer Art Außenstelle der Rheinischen Missionsgesellschaft entwickelt. Hier befindet sich beispielsweise das Internat für die Missionarssöhne, die nach Deutschland geschickt werden, um dort eine deutsche Schul- und Berufsausbildung zu erhalten, das Johanneum (für die Missionarstöchter macht man nicht so viele Umstände). Wenn sie sich als gute Schüler erweisen, werden sie auf das Evangelisch Stiftische Gymnasium geschickt, das es heute noch gibt. Damit steht ihnen der Weg zum Studium und zu einer akademischen Karriere offen, der Traum ihrer zumeist aus dem Handwerker- und Bauernstand stammenden Eltern.

Auch viele Missionare im Ruhestand lassen sich in Gütersloh nieder, wenn sie von ihren fernen Missionsorten nach Deutschland zurückkehren. Einer von ihnen ist mein Urgroßvater, der Missionar Hermann Ludwig Hegner, der damals mit seiner Familie in einem der schiefergedeckten kleinen Häuser lebt …

Es gibt ein Familienfoto aus dieser Zeit, das vermutlich in

einem Gütersloher Fotostudio aufgenommen wurde: vorn in der ersten Reihe mein Urgroßvater Hegner und Elisabeth, seine Frau. Zwischen ihnen Tochter Marie mit einem Buch auf dem Schoß. Marie hat das Lyceum besucht und absolviert gerade eine Ausbildung als Kindergärtnerin, der klassische Beruf für eine unverheiratete höhere Tochter. Hinter ihnen Sohn Willi, der noch aufs Gymnasium geht, und Otto mit seiner Verlobten Agnes. Otto studiert Theologie oder hat soeben sein Examen gemacht und wird demnächst seine Laufbahn als evangelischer Pfarrer beginnen. Und ganz links Dora, meine Großmutter. Es gibt auch noch einen weiteren Sohn, Hermann, der aber nicht anwesend ist.

Dora hat natürlich nicht studiert wie ihre Brüder. Das wäre in der damaligen Zeit und in den konservativen Kreisen, in denen sich die Hegners bewegen, auch höchst ungewöhnlich gewesen. Sie hat aber auch nicht, wie ihre Schwester Marie, das Lyceum besucht oder einen Beruf erlernt. Wie aus ihrem Lebenslauf hervorgeht, schickte man sie direkt nach der Grundschulzeit »zur Ausbildung im Haushalt« beziehungsweise zur »Unterstützung der Hausfrau« in verschiedene Pfarrhäuser.[6] Danach hat sie ihren Eltern den Haushalt geführt. Dora gehört zu den Frauen, die auch noch zu Beginn des 20. Jahrhunderts in vielen Familien anzutreffen sind. Nur rudimentär ausgebildet, werden sie früh in der Hauswirtschaft ihrer Eltern eingesetzt mit der Perspektive, irgendwann zu heiraten. Und wenn kein Bräutigam auftaucht? Das ist dann eine veritable Katastrophe.

Ist Dora unglücklich? Darauf kommt es nicht an. In ihrem Nachlass findet sich ein Album, in das sie als 16-Jährige allerlei kurze Prosatexte und Gedichte geschrieben hat, die sie bedenkenswert fand. Eines ist überschrieben mit »Glücklichsein« und geht so:

»Glücklichsein heißt: ertragen können / Was an Leid das Leben mißt. / Glücklichsein heißt: andern gönnen / Was dein eigen Wünschen ist. / Glücklichsein heißt: froh entbehren / für die Menschen, die du liebst. / Glücklichsein heißt: nichts begehren / Wo du selber alles gibst. / Glücklichsein heißt: deine Hände / Legen fest in Gottes Hand. / Und mit Lächeln dann am Ende / Heimgehn in das bess're Land.« Und ihr Bruder Hermann schreibt ihr ins Poesiealbum: »Das wahre Glück, oh Menschenkind / O glaube doch mitnichten / Dass es erfüllte Wünsche sind. / Es sind erfüllte Pflichten.«[7] Auch Doras Freundinnen üben sich in derartiger Entsagungslyrik, Doras Poesiealbum ist voll davon. Es entspricht dem Zeitgeist, nicht nur in den pietistischen Kreisen, in denen sich die Hegners bewegen. »Du bist nichts, dein Volk ist alles«, wird es 20 Jahre später heißen.[8] Da sind die Deutschen schon so sehr an die Abwertung, ja Verachtung ihrer persönlichen Wünsche und Glücksvorstellungen gewöhnt, dass sie sich bereitwillig in einen neuen Weltkrieg hineinziehen lassen.

Doras Geheimnis

Als Dora den vermutlich allerersten Liebesbrief ihres Lebens bekommt, im Sommer 1915, ist sie 37 Jahre alt und weit über jedes Heiratsalter hinaus. Vermutlich hat sie sich längst mit ihrem Schicksal abgefunden. Sie hält sich nicht für hübsch. Beispielsweise findet sie, sie habe eine »Kartoffelnase«. Darauf weist sie ihre jüngere Schwester Marie, von der sie heftig bewundert und wohl auch ein wenig beneidet wird, immer wieder hin. Außerdem ist sie extrem schlank, um nicht zu sagen mager. Das entspricht dem damaligen Schönheitsideal ganz und gar nicht. Dora inszeniert sich in dieser Zeit als eine allem Irdischen entsagende Pietistin: ernster Blick, dunkle, sackartige Kleidung, akkurater Mittelscheitel, das Haar eng an den Kopf gebürstet und im Nacken zu einem kleinen Dutt zusammengefasst, den sie selbstironisch »Hallelujazwiebel« nennt. Weder Korsett noch Büstenhalter, die sie einer wirklichen Christin für unwürdig hält. Geduldig erträgt sie, dass ihr die kleinen Jungen auf der Straße zuweilen »Schlappminchen« hinterherrufen. Und dann ist ja Krieg. Praktisch alle jungen Männer sind an der Front. Damit ist ihre Chance, sich jemals zu verlieben oder gar einen Ehemann zu finden, endgültig gegen null gesunken.

Doch Dora lässt sich nicht in die Rolle der bespöttelten alten Jungfer drängen. Sie ist eine stolze Frau. Sie entstammt einer alten Missionarsdynastie. Nicht nur ihr Vater, sondern auch ihr Großvater und ihr Urgroßvater waren Missionare. Diese drei Männer genießen großes Ansehen in den Kreisen, in denen Dora verkehrt. Es gibt sogar kleine Missionstraktate, in denen ihre Lebensgeschichten beschrieben werden.

Selbstbewusst nimmt sie ihre Rolle in der Gesellschaft der Gütersloher Missionsfreunde und -freundinnen ein. Von ihren Verwandten, Bekannten und Freundinnen, von denen es viele in Gütersloh gibt und die sie regelmäßig zu ihren Geburtstagen, Verlobungs- und Hochzeitsfeiern einladen, wird sie sehr geschätzt. Ihre Geschwister fragen sie in allen wichtigen Fragen um Rat. Seit ihrem 20. Lebensjahr führt sie ihren Eltern den Haushalt. Nach dem Tod der Mutter, die schon lange kränkelte, ist sie nun die alleinige Hausherrin. So hat sie zwar keinen Ehemann, aber doch eine allgemein akzeptierte Position im Leben.

Da erhält sie am 12. Juni 1915 den folgenden Brief:

> Wertes liebes Frl. Hegner! Nachdem der Herr mich meinen eigentlichen Reisezweck neulich – nämlich, Sie zu sehen und kennen zu lernen – so schön noch in stiller Abendstunde hatte erreichen lassen, drängt es mich nun innerlich immer mehr zu einem Briefe an Sie mit bedeutungsvollem Inhalte.
> Ich habe mich ernstlich vor Gott geprüft und im Gebet nach Klarheit meines Weges und Handelns gerungen, nun wage ich es, Ihnen zu bekennen, dass es in meinem Herzen an diesem Abend

hieß: »Diese ist's!« Ihr Bild und Wesen, Ihre natürliche Zutraulichkeit zu mir, dem anfangs recht Verlegenen, stehen noch lebendig vor meiner Seele. Vor Gottes Angesicht möchte ich nun Ihnen sagen, dass ich Sie von ganzem Herzen liebe. Wenn ich Sie nun bitte, mich wieder zu lieben, so ist es mir sehr wohl bewußt, dass ich damit etwas Großes und Köstliches von Ihnen begehre. Aber im Blick auf meinen Herrn und Gott [...] drängt es mich, Sie hiermit zu fragen, ob Sie meine Liebe zu Ihnen erwidern u. meinen beiden verwaisten Kindern die l. heimgegangene Mutter ersetzen könnten.[9]

Heiratsanträge dieser Art sind damals nicht selten in Missionskreisen. Es geht schließlich nicht darum, eine romantische Liebesbeziehung zu knüpfen, sondern eine Gefährtin zu finden für die gemeinsame »Arbeit im Weinberg des Herrn«, wie es im Missionsjargon heißt. Der Heimaturlaub ist meist nur kurz, da bleibt keine Zeit für eine lange Werbung. Gott selbst und – was vielleicht noch wichtiger ist – die Missionsdirektoren sind schließlich mit der Verbindung einverstanden. »Nicht verschweigen möchte ich Ihnen«, schreibt denn auch der Autor dieses Briefes, »dass ich die erste Anregung für mein erstrebtes Ziel von unserem Herrn Direktor in Gemeinschaft mit einem Inspektor erhalten habe. Diese beiden Herren und noch manche anderen sagten mir das Allerbeste über Sie aus. [...] Einer beglückenden Antwort entgegensehend bin ich in aufrichtiger Liebe und Verehrung Ihr Philipp Zimmermann, Missionar.«[10]

Was mag in Dora vorgegangen sein, als sie – aus heiterem Himmel – diesen Heiratsantrag erhält? Natürlich ist sie überrascht. Aber vermutlich fühlt sie sich auch geschmeichelt. Denn Missionar Philipp Zimmermann ist eine höchst wünschenswerte Partie. In den Kreisen der Missionsfreunde weiß man, dass er bis vor Kurzem auf der Insel Borneo tätig war, in der holländischen Kolonie Niederländisch-Indien.[11] Dora hat sicher auch von dem tragischen Tod seiner Frau gehört, die im Januar 1914 kurz nach der Geburt des dritten Kindes gestorben ist. Mit seinen beiden mutterlosen kleinen Söhnen ist Philipp damals nach Deutschland zurückgekommen. Der Ausbruch des Ersten Weltkrieges hat dann verhindert, dass er in sein Missionsfeld zurückkehren konnte. Nun ist er in der Gemeinde Coesfeld als sogenannter Pfarrverweser eingesetzt, in Vertretung des dortigen Hofpredigers, der sich als Feldgeistlicher an der Front befindet.

Dass Dora eventuell Nein sagen könnte, scheint Missionar Zimmermann nicht in Betracht zu ziehen. Es liegt etwas Kränkendes in der Sicherheit, mit der er davon ausgeht, dass diese nicht mehr junge Frau seinen Antrag annehmen wird, auch wenn sie ihn praktisch überhaupt nicht kennt.

Leider sind Doras Briefe an Philipp nicht mehr erhalten. Daher weiß ich nicht, was sie geantwortet hat, doch in seinem nächsten Schreiben gibt sich Missionar Zimmermann schon bedeutend weniger siegesgewiss.

> Sehr verehrtes Fräulein Hegner! Ihren lieben Brief erhielt ich. Und wenn mir sein Inhalt zunächst auch eine schmerzliche Enttäuschung bereitete und mich in nicht geringe innere Not brachte, so muss ich doch bei ruhigem Nachdenken Ihnen recht geben. Ich fühle mit Ihnen und es tut mir jetzt aufrichtig leid, dass ich Ihnen keine Gelegenheit gegeben hatte, mich kennen zu lernen. Man ist eben immer noch viel zu sehr Egoist, der nur an sich denkt. Ich dachte nicht mehr daran, dass auch Sie Zeit nötig hätten, um sich über mich klar zu werden. Rechnen Sie, bitte, mir diese Unbesonnenheit nicht zu.[12]

Dann lässt Philipp seinen Charme spielen und umwirbt Dora:

> Wie fein und zart haben Sie mir zu antworten verstanden. Ich sehe in Ihrer warmen Rücksichtnahme auf mein enttäuschtes

Herz eine gute Grundlage für spätere Liebe. Ach, wie sollte ich Ihnen zürnen können! Ich schätze Sie nur umso höher, nachdem Sie mir einen solch aufrichtigen Brief geschrieben haben, für den ich Ihnen herzlich danke. [...] Es gilt für mich nun von neuem, betend zu ringen und Ihr Herz, wenn es des Herrn Wille ist, zu erobern. [...]
Und nun zu Ihren lieben Vorschlägen. Auch hier vermag ich zwischen den Zeilen zu lesen, was mich hoffen und Köstliches ahnen lässt.[13]

Denn Dora hat ihm offensichtlich vorgeschlagen, man solle sich doch, bevor von Liebe und Ehe die Rede sei, erst einmal näher kennenlernen. Beispielsweise in Bielefeld, im Haus der »Tante Rott«. Die Missionarswitwe Maria Rott war einst die Hausmutter des Bielefelder Pensionats für Missionstöchter, das Dora in ihrer Kindheit besucht hat. Inzwischen ist sie wohl für ihren ehemaligen Pensionsgast eine Art mütterliche Freundin geworden.

Philipp geht auf den Vorschlag ein, nicht ohne zu erwähnen, dass er natürlich »die liebe alte Tante Rott« schon lange aus seiner Missionstätigkeit kenne. Das schafft Vertrauen. Ansonsten schildert er seiner potenziellen Braut seitenlang, wie viele anderweitige Pflichten er habe. Dora soll nicht denken, er ließe nun alles stehen und liegen, um sie sehen zu können. Erst in zwei Wochen, am 4. Juli, könne er sich für ein Treffen mit ihr freimachen, schreibt er, streicht dann aber dieses Datum durch und verlegt den Zeitpunkt vor auf den 27. Juni.

Vermutlich weiß Dora, dass Philipp Zimmermann nicht mit seinen Kindern zusammenleben kann, für die im Hause des Hofpredigers offensichtlich kein Platz ist. Und auch, dass die beiden, der siebenjährige Gottfried und der sechsjährige Theodor, bei einer Tante in Wiesbaden untergebracht sind, muss Dora gewusst haben, denn sie schlägt ihm zunächst ein Treffen in Wiesbaden vor. Doch dies lehnt Philipp ab. Jetzt, da alles noch so ungeklärt ist, will er sich entweder mit Dora treffen oder seine Kinder besuchen. Aber nicht beides zusammenmischen.

Doras alter Vater ist offensichtlich nicht mehr in der Lage, das Amt des Familienpatriarchen auszuüben, daher berät sie sich brieflich mit ihrem Bruder Willi, der irgendwo in der Nähe von Bielefeld als Soldat stationiert ist. Willi antwortete umgehend:

> Gewiss, herzliebe Dora, ein schwerer Entschluss wartet Deiner. [...] Du weißt ja, dass unsere Gedanken und herzlichen Wünsche Dich, mag Deine Entscheidung nun ausfallen, wie sie will, begleiten werden. Wie sie ausfallen wird, ist mir ja mehr als zweifelhaft. Denn es muss ja ein besonderer Mann sein, der bei Dir Gnade finden soll, soweit ich mich unserer früheren Unterhaltungen erinnere.[14]

Und Philipp findet dann tatsächlich »Gnade« bei Dora. Sein nächster Brief beginnt mit der Anrede: »Meine herzliebe Braut!« Danach schreiben sich die beiden bis zu ihrer Hochzeit am 13. Dezember 1915 fast jeden Tag einen Brief.

Es sind sehnsüchtige, zärtliche und fordernde Briefe, die Philipp an die ferne Braut in Gütersloh schreibt. Wichtige Dinge werden ausgehandelt. Wer sehnt sich mehr nach dem anderen? Er selbst, findet Philipp. Immer wieder betont er, dass er Dora erst erobern müsse. »Mein liebes verschlossenes Gärtchen« nennt er sie. Und er deutet an, dass das auch so sein müsse. »Ich sehe es jetzt auch ein, dass meine Seele es nicht ertragen hätte, wenn Du Dich mir alsbald ganz erschlossen hättest.«[15] Als Kind seiner Zeit ist Philipp davon überzeugt, dass eine Frau in erotischer Hinsicht erst durch den Mann »geweckt« werden müsse. Vermutlich ist auch Dora selbst dieser Überzeugung. Eigenständige sexuelle Wünsche und erotische Sehnsüchte – so etwas ist auch im frühen 20. Jahrhundert für eine konservative bürgerliche Frau schlechterdings nicht denkbar. Erkenntnisse wie etwa in Sigmund Freuds

Sexualtheorie sind noch lange nicht ins Allgemeinwissen vorgedrungen. Schon gar nicht in den frommen Kreisen, in denen sich Dora bewegt. Es ist für uns heute kaum mehr vorstellbar, welche Verdrängungsleistungen unverheiratete Frauen damals erbringen mussten, um vor dem persönlichen Umfeld, aber auch vor sich selbst jedes sexuelle Begehren zu verleugnen.

Dora muss sich erst langsam an den Gedanken gewöhnen, dass sie mit diesem gut aussehenden, sie beharrlich umwerbenden Mann in absehbarer Zeit nicht nur Tisch, sondern auch Bett teilen wird. Doch irgendwann kann Philipp ebenso diskret wie triumphierend feststellen: »Mein gutes Kind kriegt's auch bald mit der stillen Sehnsucht zu tun, unter der ich schon lange leide? So was bei meinem schlanken lieben Mädel merken zu dürfen, das ist mir unbeschreiblich köstlich.«[16]

Ansonsten schildert Philipp seiner Braut ausführlich, was er den ganzen Tag über so tut in seiner Gemeinde, worüber er predigt, dass er einen christlichen Jünglings- und später auch einen ebensolchen Jungfrauenverein gegründet und Kriegsanleihen gezeichnet hat, dass er beim Fürsten zu Salm-Horstmar zum Frühstück eingeladen war und bei dieser Gelegenheit der Fürstin die Hand küssen musste (»Schade, dass ich den Handkuss nicht an Dir üben konnte, so musste ich eben immer wieder meine alte Hand küssen – unter galanter Verbeugung natürlich! – Lach nicht!«[17]), dass die Hofpredigersgattin, deren abwesenden Mann er vertritt und in deren Haus er wohnt, nicht nur heftig mit einem jungen Gymnasiasten flirtet, sondern auch ihn, Philipp, schlecht versorgt, ja, ihn geradezu hungern lässt.

Philipp schreibt auch ein wenig über seine Herkunft. Über seine verstorbene Mutter: »Ich war die Erhörung ihrer Gebete.« Und über seinen Vater, der in dem kleinen Dorf Oberschwarzach bei Heidelberg lebt. Philipps Vater Georg Zimmermann war zunächst Weber von Beruf gewesen, hatte später zusätzlich noch die Weißgerberei erlernt und leitet mittlerweile eine Lederfabrik.

Sein Vater wolle sich demnächst zur Ruhe setzen, schreibt Philipp und erwähnt bei dieser Gelegenheit, dass er auf sein Erbe verzichtet habe zugunsten der Schwester, die den Vater im Alter pflegen werde. Und dass er selbst dem Vater eine kleine Rente ausgesetzt habe. »Wir beide und unsere Kinder haben immer noch genug«,[18] beruhigt er Dora.

Dora wiederum schreibt an Philipps Vater und an die beiden kleinen Jungen, deren Mutter sie werden soll.

Im Juli 1915 verloben sich Dora und Philipp offiziell. In den Briefen ist nun viel die Rede von Wurstpaketen, die Dora ihrem Philipp nach Coesfeld schickt, um ihn vor dem Hungertod zu bewahren, und von Apfel- oder Birnenkisten, die Philipps Vater von seiner kleinen Landwirtschaft in Oberschwarzach nach Gütersloh sendet. Philipp wird immer mehr ein Teil der Familie Hegner, er schreibt an Doras Brüder im Feld, er vergisst nie, Doras alten Vater und »unsere liebe Marie« zu grüßen. »Marie hat auch ein Eckchen in meinem Herzen.«[19] Er kündigt an, er werde bei nächster Gelegenheit mit Dora gemeinsam einen neuen Mantel für sie kaufen: »So, wie Du ihn gern wünschst – nicht schwarz. [...] Wir suchen ihn aus. Verzeih meine Zudringlichkeit, Du kennst ja mein Herz.«[20] Lange überlegen die beiden, wie Dora am besten an den für die Eheschließung benötigten Geburtsschein kommen kann, was nicht einfach ist, denn sie ist auf der Missionsstation Berseba in der Kolonie Deutsch-Südwestafrika zur Welt gekommen. Doch irgendwann ist auch dieses Hindernis beseitigt, und alles scheint sich unaufhaltsam auf die Hochzeit von Dora und Philipp hinzubewegen.

Und dann plötzlich dieser Brief! Was mag Dora damals an ihren Verlobten geschrieben haben? Aus Philipps Antwort kann man es ungefähr erahnen:

> Und nun die Frage, auf die Du eine Antwort haben möchtest. Gleich zum Voraus muss ich Dir sagen, dass diese Frage für mich

nicht besteht oder bestanden hat. Ich wusste es ja vorher. Abgesehen davon, dass Du so weiß wie jede andere europäische Dame bist, ja noch weißer, so habe ich nur auf Deinen inneren Wert gesehen. Aber auch nach außen hin beglücken und entzücken mich Deine Gestalt und Dein Wesen bis ins tiefste Herz hinein, das Dir ganz, ganz allein gehört. Also liebstes Herz, bitte hänge solchen Gedanken nicht nach. [...]
Verstehen tue ich Dich nicht, was Du mit dem Satz meinst, ob ich meine Kinder einem gleichen Schicksal übergeben will. [...] Ja, liebste Dora, seid Ihr Kinder denn einem besonderen Schicksal überliefert gewesen, das Euch drückte? Ich und alle anderen Menschen können das nicht sehen, haben vielmehr den felsenfesten Eindruck, dass des Herrn Segen wunderbar mit Euch war. Ihr seid alle wertvolle Menschen geworden. [...] Und wenn Du, so der Herr in seiner Freundlichkeit es will, mir ein »kleines süßes Mädchen« einmal schenkst, dann ist freilich meine Freude voll, aber über dies Kind waltet dann kein anderes »Schicksal« als Gottes Gnade und Segen.[21]

Offensichtlich ist Dora – wenn auch recht spät – zur Ansicht gelangt, sie müsse ihren künftigen Ehemann in ein Familiengeheimnis einweihen: Doras Urgroßvater, der berühmte Missionar Johann Hinrich Schmelen, eben jener, über den sogar ein Missionstraktat erschienen ist, hatte zu Beginn des 19. Jahrhunderts eine Afrikanerin geheiratet! Eine Schwarze!!

Diese Mesalliance verschweigt man in der Familie, so gut es geht. Man kennt nicht einmal ihren Namen. Auch das Missionstraktat über Schmelen erwähnt sie nur kurz. »Zwar braun von Angesicht und mit schwarzkrausem Haar« sei sie gewesen, »aber eine aufrichtige, einfältige und ihren HErrn innig liebende Seele.«[22] Sie habe ihrem Mann geholfen, Teile der Bibel in ihre Muttersprache »Hottentottisch« zu übersetzen. Mehr wissen die Hegners nicht über die Schwarze Ahnin.

Das ist das große Geheimnis, das Dora ihrem Verlobten »gesteht«. Sie ist die Nachkommin einer »Hottentottin«.

Philipp ist davon nicht sonderlich beeindruckt.

> Gelacht habe ich ob der Frage, ob ich Dich dennoch heiraten wolle. Ja, meinst du denn nicht? Lieber heute als morgen! [...] Ja, Schatzi, Dein Philipp will Dich heiraten. Du gehörst ihm und er Dir, von der Fußzeh bis zum Scheitel. Jetzt ist's genug. Gelt, liebe Braut, nachdem wir uns darüber ausgesprochen haben, reden wir nicht mehr davon. Hättest Du nicht begonnen, nie hätte ich davon angefangen.[23]

Diese Haltung ist damals keineswegs so selbstverständlich, wie man heute denken würde, sie ist sogar ziemlich ungewöhnlich. Denn die Liebesgeschichte von Dora und Philipp fällt in eine Zeit, in der ein »wissenschaftlich« begründeter Rassismus seine erste Blütezeit erlebt.

»Wissenschaftlicher« Rassismus und die Mischehendebatte

Seit der Mitte des 19. Jahrhunderts hat sich in Europa eine neue »Wissenschaft« etabliert, die sich praktisch ausschließlich damit beschäftigt, menschliche »Rassen« zu klassifizieren und eine Hierarchie unter ihnen festzulegen: die Anthropologie. Mit ihrer Hilfe können gesellschaftlich entstandene Machtverhältnisse und Weiße Privilegien zu natürlichen und unveränderlichen Gegebenheiten erklärt werden.[24]

Die Vorurteile, die damals wieder und wieder ausgebreitet werden, sind nicht eigentlich neu. Doch in früheren Zeiten wurde die Diskriminierung vor allem an kulturellen Unterschieden festgemacht, beispielsweise an der Frage »Christ« oder »Heide«, »gebildet« oder »ungebildet« oder auch am sozialen Status einer Person, und war deshalb im Prinzip überwindbar, durch die Aneignung von Bildung, durch den Erwerb von Reichtum und nicht zuletzt durch die Taufe (worauf es die Missionare bei den Menschen in ihrem jeweiligen Missionsfeld anlegten).[25] Und es gab immer wieder Lebensgeschichten, die zeigten, wie absurd rassistische Zuschreibungen waren. Beispielsweise die Karriere des Schwarzen Aufklärungsphilosophen Anton Wilhelm Amo aus Ghana, der zu Beginn des 18. Jahrhunderts als Professor an den Universitäten Halle und Jena lehrte. Behauptungen wie die seines Kollegen Immanuel Kant, die Menschheit sei »in ihrer größten Vollkommenheit in der Race der Weißen. [...] Die Negers von Afrika haben von der Natur kein Gefühl, welches über das Läppische stiege«, konnten immer wieder durch die Praxis widerlegt werden.[26] Doch nun wird die Diskriminierung von Menschen durch exakte naturwissenschaftliche Methoden untermauert, beispielsweise durch Schädelvermessungen. Und soll damit als unveränderlich festgeschrieben werden.

Einer der Vordenker der neuen »Wissenschaft« ist der französische Diplomat Arthur de Gobineau. Bereits in den 1850er-Jahren veröffentlicht er in Frankreich seinen *Essai sur inégalité des races humaines.* Diese Schrift hat in der Folgezeit einen großen Einfluss auf die rassistischen Diskurse in aller Welt. Damals kommt der Begriff »Arier« in Gebrauch. Gobineau befasst sich ausführlich mit ihnen, dem Weißen »Urvolk«, das seiner Meinung nach sämtliche positive Eigenschaften in sich vereinigt. Von Asien aus habe es sich über die Welt verbreitet. Aus der Vermischung der Arier mit den »Urnegern« seien die »Semiten« und »Hamiten« entstanden, außerdem durch Vermischung mit den »Gelben« finnischen Ureinwohnern Europas die modernen europäischen Völker. Da nur Arier zu nennenswerten Kulturleistungen in der Lage seien, drohe durch die Vermischung des hochwertigen arischen Blutes mit dem minderwertigen anderer Rassen – er nennt diesen Vorgang »Entartung« – irgendwann der Untergang der Kulturwelt.

Ein weiterer Meilenstein auf dem Weg zu einer wissenschaftlich begründeten Rechtfertigung des Rassismus ist Charles Darwins Buch *On The Origin of Species by Means of Natural Selection*. Es erscheint im Jahr 1859 in London und wird auf Anhieb ein Bestseller.

In der Szene der Rassentheoretiker macht man sich bald auch Gedanken über die praktische Anwendung der neuen Theorien. Obwohl Darwin selbst seine Selektionstheorie nicht auf das Zusammenleben der Menschen überträgt, wird sie in den folgenden Jahrzehnten sowohl auf die Gesellschaft im eigenen Land (»Ausmerzung« von »Asozialen«, Kriminellen, Kranken) als auch auf die Völker außerhalb der eigenen Grenzen (Rassismus) angewandt – zunächst noch in der Theorie. 1864 organisiert beispielsweise die international renommierte *Anthropological Society* in London eine Tagung zum Thema »Das Aussterben der minderwertigen Rasse«. Es geht um das Recht der »überlegenen Rassen«, die für ihre Interessen »lebenswichtigen« Gebiete zu kolonisieren. Offen wird die Frage diskutiert, ob es grundsätzlich möglich sei, dass die »minderwertigen Rassen« friedlich mit der »überlegenen Rasse« koexistieren könnten – oder ob ihre Ausrottung unausweichlich sei.[27]

Wenige Jahre später, 1869, veröffentlicht der britische Forscher und Autor Francis Galton, ein Cousin von Charles Darwin und von diesem stark beeinflusst, ein weiteres einschlägiges Werk: *Hereditary Genius*. Galton führt den Begriff »Eugenik« in die Diskussion ein, im Deutschen oft mit »Rassenhygiene« übersetzt. Darunter versteht er das Bestreben, durch »gute Zucht« den Anteil positiv bewerteter menschlicher Erbanlagen zu vergrößern. »Das Wort Eugenik, das der griechischen Sprache entlehnt ist, enthält den Begriff des Glücklichgeborenseins, d. h. geboren mit günstigen Erbanlagen«[28], erläutert der deutsche Arzt Wilhelm Schallmayer diesen Begriff.

Schallmayers Satz liest sich geradezu wie eine Gegenthese zur amerikanischen Unabhängigkeitserklärung: dass alle Menschen das Recht auf »Leben, Freiheit und das Streben nach Glück« hätten. Diese Verheißung, dass jeder Mensch, ohne Ansehen der Person, berechtigt sei, seines eigenen Glückes Schmied zu sein, sein Leben nach eigenen Vorstellungen zu leben, die das Bürgertum mehr als 100 Jahre zuvor dem Adel mit seinen Privilegien entgegenhielt, scheint nicht mehr zu gelten. Stattdessen gibt es das »Glücklichgeborensein«, und wer keine »günstigen Erbanlagen« besitzt, hat eben Pech gehabt. »Glücklich geboren« sind demnach vor allem die Angehörigen der »Weißen Rasse«. Sie sind von der Natur zu Herren über den Rest der Welt bestimmt. Doch auch innerhalb der Weißen gibt es Menschen, die keine »günstigen Erbanlagen« aufweisen, die geistig oder körperlich schwach oder krank sind. Sie dürfen ihre »ungünstigen Erbanlagen« auf keinen Fall weitergeben. Letztendlich müssen sie ausgemerzt werden.

Eine Fülle von populären Schriften, Vorträgen und wissenschaftlichen Abhandlungen zum Thema »Rasse« entsteht in diesen Jahren. Besondere Beachtung erregt die Vorlesungsreihe des französischen Zoologen und Juristen Georges Vacher de Lapouge, gehalten in den Jahren 1886 bis 1892 in Montpellier. Lapouge macht detaillierte Schädelmessungen zur Grundlage seiner Rassenforschung. Bei ihm ist es das Längen-Breiten-Verhältnis des Kopfes, das darüber entscheidet, ob jemand von der Natur zum Herrn bestimmt ist oder zum Sklaven. Seiner Geschichtsphilosophie zufolge ist die gesamte Menscheitsgeschichte ein Kampf der »Herrenvölker« gegen die »niederen Rassen«. Fortschritt entstehe nur durch die Unterjochung der Letzteren durch die Ersteren. Schon damals, lange vor der NS-Zeit, fordert Lapouge die Politik auf, einen »Rearisierungsprozess« einzuleiten, indem die »Hochwertigen« gezielt gezüchtet und die »Minderwertigen« sterilisiert werden sollten. Während Lapouges Ansichten in Frankreich auf keine allzu große Resonanz stoßen, ist ihr Einfluss in den anglophonen Ländern erheblich – und auch in Deutschland.

1885 gründet der Ingenieur und Gobineau-Anhänger Otto Ammon eine Anthropologische Kommission. Auch er befürwortet politische Maßnahmen zur Reduzierung der »Minderwertigen«, die er vor allem unter den Arbeitern ausmacht. Beispielsweise fordert er ein Dreiklassenwahlrecht, das den politischen Einfluss des Wählers von seinem Vermögen abhängig macht, das Weiterbestehen des Sozialistengesetzes sowie eugenische Fortpflanzungsbeschränkungen.

Auch der Mediziner Ludwig Woltmann trägt zur Verbreitung derartiger Ideen in Deutschland bei. Er ist ein untypischer Vertreter der deutschen Sozialanthropologenzunft, die meist eher dem konservativ bis reaktionären politischen Spektrum angehört. Woltmann hingegen ist Sozialdemokrat und versucht zeitlebens, Marxismus und Sozialdarwinismus miteinander zu verschmelzen. »Die Rassen sind nicht zu den gleichen Leistungen und Aufgaben in der Geschichte berufen, und die niederen Rassen haben den Zwecken der höheren zu dienen. Die Zwecke der höheren sind aber die ›Ziele der Menschheit‹, da in ihnen allein der höchste Gehalt der geistigen Menschenkraft zur Blüte gelangt«[29], so sein Credo.

1899 erscheint in Deutschland eine Schrift, die ihr Verfasser schlicht *Die Grundlagen des neunzehnten Jahrhunderts* betitelt. Der britische Wagner-Fan Houston Stewart Chamberlain legt damit *das* Standardwerk für den rassistischen und ideologischen Antisemitismus im frühen 20. Jahrhundert vor. Das zweibändige Werk beschreibt die gesamte abendländische Geschichte als einen Kampf der Rassen. Chamberlain charakterisiert die Germanen als die kulturschöpferische Rasse, die für die Aufrechterhaltung der christlichen Kultur gegenüber den Einflüssen des Judentums verantwortlich sei. Die germanische Kultur müsse vor »fremden« Einflüssen und den Folgen »rassischer Durchmischung« geschützt werden. Chamberlains Werk wird intensiv von der damals entstehenden deutschen völkischen Bewegung rezipiert. Zu seinen Bewunderern zählt neben Kaiser Wilhelm II., der Chamberlain wiederholt an den kaiserlichen Hof einlädt, auch der junge Adolf Hitler.

Im Jahr 1900 lobt der deutsche Großindustrielle Friedrich Alfred Krupp ein Preisausschreiben aus, in dem die Frage beantwortet werden soll: »Was lernen wir aus den Prinzipien der Descendenztheorie in Beziehung auf die innerpolitische Entwicklung und Gesetzgebung der Staaten?«[30] Unter »Deszendenztheorie« verstand man die Idee, dass sich in der Natur nur die an ihre Umwelt am besten Angepassten fortpflanzen, wie sie etwa Charles Darwin vertrat *(survival of the fittest)*. Nicht nur in dem Krupp'schen Preisausschreiben wird diese These damals auch auf die menschliche Gesellschaft übertragen. 60 Wissenschaftler und Publizisten beteiligen sich an dem mit 30000 Mark dortierten Wettbewerb. Den ersten Preis erringt der Arzt Wilhelm Schallmayer mit seinem Aufsatz »Vererbung und Auslese«, in dem er ein weiteres Mal den Züchtungsgedanken propagiert. Auch der SPD-Mann Woltmann beteiligt sich mit einem Text über »Politische Anthropologie« und erhält den dritten Preis.

Im folgenden Jahr gründet Woltmann eine Monatszeitschrift, die *Politisch-Anthropologische Revue*. 1905 gibt der Mediziner Alfred Ploetz das *Archiv für Rassen- und Gesellschaftsbiologie* heraus und gründet bald darauf gemeinsam mit dem Ethnologen Richard Thurnwald die weltweit erste Gesellschaft für Rassenhygiene, deren Ziel die Höherzüchtung der »arischen Rasse« ist. Ungefähr zu dieser Zeit wird Gobineaus Hauptwerk unter dem Titel *Versuch über die Ungleichheit der menschlichen Rassen* ins Deutsche übertragen.

In dem klaren System von Herren und Sklaven, das damals entwickelt wird, stören vor allem die »Mischlinge«, Menschen mit Schwarzen und Weißen Vorfahren. Sind sie nun zu den »Minderwertigen« zu rechnen oder eher zu den »Glücklichgeborenen«? Soll man also die Ehe zwischen Schwarzen und Weißen erlauben oder nicht?

Mehr noch als in Deutschland, wo damals nur wenige Schwarze Menschen leben, erregt das Thema »Mischehen« in den deutschen Kolonien die Gemüter. Beispielsweise in Deutsch-Südwestafrika. Vor der deutschen Kolonialzeit sind dort Ehen zwischen »Schwarz« und »Weiß«, in aller Form standesamtlich geschlossen, nicht gerade häufig, aber es gibt sie. Sogar noch 1908 zählt man in Deutsch-Südwestafrika 24 ordnungsgemäß geschlossene »Mischehen«.[31] Wie in jeder anderen Ehe sind dort die afrikanische Ehefrau und die gemeinsamen Kinder erbberechtigt und erwerben die Staatsangehörigkeit des europäischen Ehemannes und Vaters.[32] Insbesondere in Missionskreisen steht man diesem Thema zunächst positiv gegenüber. 1887 fordern führende Vertreter der Rheinischen Missionsgesellschaft in einer *Denkschrift betreffend die Schließung von Ehen zwischen Weißen und Farbigen in den deutschen Schutzgebieten* sogar die Erleichterung solcher Ehen, um die zahlreichen illegalen Konkubinate zwischen Weißen Männern und Schwarzen Frauen einzudämmen. Reguläre Ehen hingegen, so die Auffassung einiger Missionare, dienten der »Verbreitung des Christentums«, des »Deutschtums« und der »Hebung tieferstehender Volksstämme«.[33]

Dieser Vorschlag wird erwartungsgemäß von den Kolonialbehörden nicht aufgegriffen, und die Missionsleitung fügt sich. Sie verbietet ihren Missionaren sogar, »Ehen zwischen Weißen und Eingeborenen, welche staatlich nicht anerkannt werden«, wenigstens kirchlich zu legitimieren.

Es würde [...] zu den schwersten Konflikten mit dem Staate führen und unhaltbare Zustände im Gefolge haben, wenn wir staatlich nicht anerkannte Ehen einsegnen wollten. [...] Mögen wir auch nach mancher Seite hin bedauern, dass der Staat Ehen zwischen Weißen und Eingeborenen nicht anerkennt, so ist unsere Aufgabe die, mit gesetzlichen Mitteln dahin zu wirken, dass der Staat seine ablehnende Haltung diesen Ehen gegenüber aufgibt.[34]

Mit dem ausbrechenden Kolonialkrieg in Deutsch-Südwestafrika 1904 bis 1908 sieht dann der stellvertretenden Gouverneur Hans Tecklenburg eine Möglichkeit, »gemischte« Ehen in Deutsch-Südwestafrika endgültig zu verhindern. 1905 erlässt er eigenmächtig, entgegen der Anweisung aus Berlin, eine Weisung an alle Standesbeamten in der Kolonie:

Standesamtliche Trauungen zwischen Weißen und Eingeborenen beziehungsweise Bastards [...] sind [...] bis auf Weiteres nicht mehr vorzunehmen. Ich bemerke ausdrücklich, dass dieselben [...] wegen der rechtlichen, politischen und sozialen Folgen als durchaus unerwünscht erachtet werden.[35]

Damit sind rechtskräftig geschlossene Ehen zwischen Schwarz und Weiß in der Kolonie Deutsch-Südwestafrika nicht mehr möglich, auch wenn sie nie explizit verboten werden. Aus den sexuellen Beziehungen über die Colourline hinweg, die es natürlich nach wie vor in großer Zahl gibt, lassen sich keinerlei rechtliche Ansprüche ableiten. Kinder, die aus diesen Beziehungen hervorgehen, gelten als »Eingeborene«, sie haben weder ein Recht auf das Erbe noch auf die Staatsangehörigkeit ihres Vaters. In einem Bericht an die Kolonialabteilung des Auswärtigen Amtes erläutert Tecklenburg ausführlich die Gründe für seine Anweisung:

Kann ein deutscher Staatsangehöriger mit einer Eingeborenen eine Ehe eingehen [...], so werden die eingeborene Frau, die von beiden erzeugten Mischlinge und deren Abkömmlinge nach §§ 5 und 3 des Indigenatsgesetzes vom 1. Juni 1870 deutsche Staatsangehörige und damit den für die Deutschen hierzulande geltenden Gesetzen unterworfen. Die männlichen Mischlinge werden wehrpflichtig, fähig zur Erlangung öffentlicher Ämter und des künftig einmal einzuführenden Wahlrechts und anderer an die Staatsangehörigkeit geknüpften Rechte teilhaftig. Die eingeborene Frau und die Abkömmlinge werden der für die Eingeborenen notwendigen Sondergesetzgebung, z. B. hinsichtlich Alkoholgenuss, Passzwang, Waffentragens, Gerichtsbarkeit entzogen. Diese Konsequenzen sind in hohem Grade bedenklich und bergen eine große Gefahr in sich: Durch sie wird nicht nur die Reinerhaltung deutscher Rasse und deutscher Gesittung hier, sondern auch die Machtstellung des weißen Mannes überhaupt gefährdet.[36]

1908 beginnt der Freiburger Arzt und Anthropologe Eugen Fischer eine systematische Untersuchung der »Rassenmerkmale« von 2567 »Rehobother Bastards« durchzuführen. Es handelt sich dabei um eine Gruppe von Menschen mit Schwarzen und Weißen Vorfahren, die in der südwestafrikanischen Kleinstadt Rehoboth leben. Bei dieser Untersuchung wendet Fischer erstmalig die damals gerade wiederentdeckten Mendel'schen Erbgesetze auf die Anthropologie an, wodurch der »wissenschaftliche« Charakter seiner Forschungen besonders unterstrichen werden soll. Fischers aufwendige Untersuchung wird finanziert durch ein Stipendium der Preußischen Akademie der Wissenschaften. Ihr Ziel ist, die Grundlage für eine »praktische Eugenik« zu legen.

Wenn die Bastards irgendwie dem Weißen gleichgesetzt werden, kommt ganz unweigerlich Hottentottenblut in die weiße Rasse.

> Auf die Dauer könnte das auf keine Weise vermieden werden. Noch wissen wir nicht sehr viel über die Wirkungen der Rassenmischung. Aber das wissen wir ganz sicher: Ausnahmslos jedes europäische Volk [...], das das Blut minderwertiger Rassen aufgenommen hat – und dass Neger, Hottentotten und viele andere minderwertig sind, können nur Schwärmer leugnen –, hat diese Aufnahme minderwertiger Elemente durch geistigen, kulturellen Niedergang gebüßt.[37]

Inzwischen hat sich auch die Rheinische Missionsgesellschaft zur scharfen Gegnerin von »Mischehen« gewandelt. 1912 veröffentlicht der Missionar Carl Wandres, ein Kollege von Doras Vater, im Auftrag seiner Vorgesetzten eine Handreichung für Missionare:

> Die Mischehen sind nicht nur unerwünscht, sondern geradezu unmoralisch und geben dem Deutschtum einen Schlag ins Gesicht. Mischehen sind stets eine Versündigung an dem Rassenbewusstsein. Ein Volk, das gegen diese Ehre sündigt, sinkt unbedingt auf eine niedrigere Stufe [...]. Was die Mischlinge betrifft, so müssen wir nach reichlicher Erfahrung sagen, dass die Mischlinge ein Unglück für unsere Kolonie sind. Diese bedauernswerten Geschöpfe sind fast alle sehr stark erblich belastet. Es zeigt sich bei ihnen: Lug und Trug, Sinnlichkeit und dummer Stolz, Neigung zu Unehrlichkeit und Trunksucht und last but not least sind sie fast alle durch die Bank syphilitisch. Es kann dies auch gar nicht anders sein, denn der Vater taugte nicht viel und die Mutter erst recht nichts.[38]

Und in seiner Eigenschaft als Präses für die Nama-Mission fasst Wandres »die Stellung der Missionare des Namalandes« folgendermaßen zusammen: »Wir sind Gegner der Mischehen und bitten, dass diese mit allen gesetzlichen Mitteln verhindert werden.«[39]

Zwar spricht sich die Rheinische Missionsgesellschaft noch immer gegen ein explizites Mischehenverbot aus, doch der Ton hat sich inzwischen grundlegend geändert. Die Ehen früherer Missionare mit afrikanischen Frauen, die es in Einzelfällen gegeben habe, seien ein »gut gemeinter Irrtum« gewesen, schreibt beispielsweise Missionsinspektor Spieker (der dabei vermutlich an Doras Urgroßvater Schmelen und seine afrikanische Frau denkt). Einen Missionar, der in heutiger Zeit eine Ehe mit einer Afrikanerin eingehen wolle, werde man ohne Zweifel entlassen.[40]

Am 2. Mai 1912 findet die sogenannte Mischehendebatte im Deutschen Reichstag statt. In einer einleitenden Rede warnt der Staatssekretär des Reichskolonialamts, Wilhelm Solf, eindringlich vor einer ungehinderten Eheschließung zwischen Schwarz und Weiß. Dabei wendet er sich ausdrücklich an die SPD, die mittlerweile die stärkste Reichstagsfraktion stellt und von der er wohl den größten Widerstand befürchtet. Gegenüber den »Farbigen« sei »auch der Proletarier Herr«, betont er. Nicht der »Wohlhabende« komme »draußen« in Versuchung, eine »eingeborene Frau zu heiraten«, sondern der »arme Mann, der kleine Mann«.

Die SPD enttäuscht seine Erwartungen nicht. Der sozialdemokratische Reichstagsabgeordnete Georg Ledebour beispielsweise erklärt, er halte es nicht für »einen wünschenswerten Zustand«, »wenn Ehen zwischen Eingeborenen und Weißen geschlossen werden oder wenn da ein außerehelicher Geschlechtsverkehr, aus dem Mischlinge hervorgehen«, stattfinde. Zudem empört er sich darüber, dass »weiße Frauen hier in Deutschland mit Negern angebandelt« hätten. »Gewisse Frauen« bekundeten für »exotische Völkerschaften« eine »perverse Neigung«, was er als Phänomen bürgerlicher Dekadenz wertet.

Auch die anderen Parteien bekunden ihre Ablehnung von »Mischehen«. Viel ist die Rede von »gesundem nationalen Rassenbewusstsein« beziehungsweise der Notwendigkeit, die Ablehnung von »Rassenschande« besser im »Volksbewusstsein« zu verankern. Lediglich die Zentrumspartei spricht sich gegen ein »Mischehenverbot« aus, nicht zuletzt wegen ihrer zahlenmäßig geringen Bedeutung. Zwar sei man »gegen die Vermehrung der Mischlinge«, doch, so der Zentrumsabgeordnete Matthias Erzberger, »99 Prozent aller Mischlinge in den Kolonien« stammten aus dem »außerehelichen Geschlechtsverkehr«. Es sei also unlogisch, die Mischehe zu verbieten.

Die Mehrheit im Reichstag fordert schließlich die Regierung auf, einen Gesetzentwurf vorzulegen, der die »Gültigkeit der Ehen zwischen Weißen und Eingeborenen in allen deutschen Schutzgebieten sicherstellen« und die Rechte von deren Kindern bestimmen solle. Das eingeforderte Gesetz kommt jedoch nie zustande. Denn zwei Jahre später bricht der Erste Weltkrieg aus, an dessen Ende Deutschland alle seine Kolonien verliert. Damit wird ein »Mischehengesetz« überflüssig.[41]

All diese Debatten hat Dora vermutlich mit großer Aufmerksamkeit verfolgt. Dass für ihren Verlobten derartige Kriterien keine Rolle spielen, dass er sich so eindeutig zu ihr bekennt, dass er über die Frage, ob er sie »dennoch« heiraten wolle, nur lachen kann – es muss wie eine Erlösung für sie gewesen sein.

Doras Familie im Groß-Namaland

Dora Hegner kommt am 2. Dezember 1878 in dem kleinen Dorf Berseba im heutigen Namibia zur Welt. »Groß-Namaland« nennt man diese Weltgegend damals. Sie wird noch von keiner Kolonialmacht beansprucht.

Dora ist das zweite von insgesamt fünf Kindern. Außer dem älteren Bruder Hermann und den jüngeren Brüdern Otto und Willi hat sie noch eine kleine Schwester: Marie. Doras Vater Hermann Ludwig Hegner ist Missionar bei der Rheinischen Missionsgesellschaft. Und auch Doras Mutter Elisabeth stammt aus einer Missionarsfamilie, sie ist eine Tochter des früh verstorbenen Missionars Franz-Heinrich Kleinschmidt.[42]

Als Dora zur Welt kommt, ist es grade mal sieben Jahre her, dass im fernen Frankreich, im Schloss Versailles, das deutsche Kaiserreich proklamiert wurde. Die vielen kleinen deutschsprachigen Fürstentümer sind nun eine geeinte Nation. »Gründerjahre« nennt man diese Anfangsphase des deutschen Staates. Nach dem gewonnenen Deutsch-Französischen Krieg 1870/71 stimulieren die französischen Reparationszahlungen ein hektisches Wirtschaftswachstum in Deutschland. Innerhalb weniger Jahre entwickelt sich das Land von einer Ansammlung kleiner rückständiger Staaten zu einer wirtschaftlichen und politischen Weltmacht, die mit Frankreich und England in Konkurrenz tritt – und bald ebenfalls Anspruch auf Kolonien erhebt und seinen »Platz an der Sonne« einfordert.[43]

Die Hegners bekommen davon wenig mit auf ihrer abgelegenen Missionsstation. Es dauert Monate, bis Briefe oder Zeitungen aus Deutschland im Groß-Namaland eintreffen.

Das Dorf Berseba, in dem Dora und ihre Geschwister ihre frühe Kindheit verbringen, existiert noch heute, eine kleine Ansiedlung im Süden Namibias, heiß und trocken ist es da, bis auf wenige Regenmonate im Jahr. Seit 1850 sind dort wechselnde Missionare tätig, die ihm auch seinen biblischen Namen gegeben haben. Sein ursprünglicher Name ist !Autsawises, was »Feld der schwarzen Ebenholzbäume« bedeutet.[44] Hier haben sich die beiden großen Nama-Familien Goliath und Isaak niedergelassen, die /Hai-/Khaua, auch Berseba-Nama genannt. Wie alle Nama leben sie als Viehzüchter. Zur Zeit der Hegners hat Jakobus Izaak (ǂKhaxab gaib /Aiomab) das Amt des Kapteins inne.[45]

Die Nama, unter denen Doras Vater als Missionar tätig ist, gehören zur großen Volksgruppe der Khoekhoe, manchmal auch

Khoikhoi geschrieben.[46] Nach ihnen ist das »Klein-Namaland« im Nordwesten Südafrikas und das »Groß-Namaland« im südlichen Namibia benannt.

Die Khoekhoe sind Ureinwohner des südlichen Afrika und bewohnten ursprünglich den gesamten westlichen Teil Südafrikas, das heutige Süd- und Zentralnamibia und Teile von Botswana. »Khoekhoe« ist eine Selbstbezeichung und bedeutet »Menschen der Menschen« oder »richtige Menschen«.[47] Für richtige Menschen hielten sich die Khoekhoe, weil sie Rinder besaßen. Damit grenzten sie sich ab von den anderen Ureinwohnern des südlichen Afrika, den San, die keine Rinder besaßen, sondern ihren Lebensunterhalt als Jäger und Sammler bestritten, und die man damals abschätzig »Buschleute« nannte.[48]

Noch zur Zeit der Hegners war das gesamte Leben der Khoekhoe rund um die Bedürfnisse ihrer Herden organisiert, die für sie nicht nur ökonomisch, sondern auch kulturell von großer Bedeutung waren. Aufgrund des trockenen Klimas lebten sie als Nomaden. In der regenarmen Jahreszeit brachen sie ihre Hütten ab und zogen dorthin, wo es Wasser und Weideland für ihre Rinder gab. Dabei betrachtete jede Khoekhoe-Gemeinschaft eine bestimmte Region mit ihren Wasserstellen und den Gräbern der Vorfahren als ihr eigenes Gebiet. Wenn sich Fremde dort ansiedeln wollten, mussten sie der gastgebenden Gemeinschaft einen gewissen Tribut entrichten. Dies war eher eine Pacht als ein Kaufpreis, denn Weidegebiete und Wasserstellen gehörten der Gemeinschaft und konnten nicht verkauft werden.

Die Sprache der Khoekhoe wird Khoekhoegowab genannt. Besonders auffällig sind ihre vier Klicklaute, die man heute ǂ, /, // und ! schreibt.[49] Als im 17. Jahrhundert die ersten Weißen am Kap der Guten Hoffnung landeten, waren sie nicht in der Lage, diese Sprache mit ihren Klicklauten auszusprechen. Sie nannten die Khoekhoe daher »Hottentotten« – Stotterer. Ein geradezu klassischer Fall eurozentrischer Arroganz: Nicht sie selbst waren zu dumm oder zu faul, eine afrikanische Sprache zu erlernen, sondern die Afrikaner sprachen eine stotternde, irgendwie »falsche« Sprache.

Außer den alteingesessenen Nama waren zu Beginn des 19. Jahrhunderts weitere Khoekhoe-Gemeinschaften ins Groß-Namaland eingewandert. Von landgierigen Weißen Siedlern aus Südafrika vertrieben, hatten sie sich auf die lange Wanderung in den Norden begeben und irgendwann den Orange River überschritten. Man nannte sie Orlam, was »klug«, aber auch »verschlagen« bedeutet. Wie die Nama sprachen sie Khoekhoegowab, vermochten also, sich mit den alteingesessenen Bewohnern des Groß-Namalandes zu verständigen. Und wie sie waren sie Viehzüchter. Aufgrund ihres früheren Kontakts zu Weißen konnten viele von ihnen außerdem Niederländisch sprechen, besaßen moderne Feuerwaffen, Pferde und Planwagen, trugen europäische Kleidung und gaben sich europäische Namen. Viele waren auch bereits mit dem Christentum in Berührung gekommen.

Zwischen Nama und Orlam wurde damals nicht scharf unterschieden. Die /Hai-/Khaua von Berseba beispielsweise werden noch heute »Berseba-Nama« genannt, obwohl sie einst aus der Kapkolonie eingewandert sind.

Die Vision des Hendrik Witbooi

Die einflussreichste Khoekhoe-Gemeinschaft zur Zeit der Hegners waren die /Khowesin, auch Witbooi genannt. Sie waren Orlam, und ihre Ansiedlung Gibeon lag nur ungefähr 100 km nördlich von Berseba. Einer ihrer Chronisten, der Missionar Gottlieb Meyer, berichtet, dass die Witbooi ursprünglich in der Region um Kapstadt zu Hause gewesen seien. »Man erzählt hier heute noch«, so Meyer, dass ihr Kaptein Kido Witbooi »zusammen mit dem alten Kapitän Jakobus Izaak von Berseba durch die Holländer mit einem Kanonenschuss so in Schrecken gejagt wurde, dass er einen großen Teil seiner Habe fahren ließ und sich eiligst mit seinem Stamm auf die Flucht machte«.[50] Man kann davon ausgehen, dass es nicht nur ein harmloser Kanonenschuss war, der die Witbooi in die Flucht schlug. Bei ihren Versuchen, das Land der Afrikaner in Besitz zu nehmen, kannten die wohlbewaffneteten Weißen Siedler der Kapkolonie keine Skrupel.

Zu Beginn des 19. Jahrhunderts hatten sich die Witbooi zunächst im Nordwesten Südafrikas niedergelassen, in Pella, wo der Kaptein »unter dem Einfluss der Londoner Missionare gestanden und auch Lesen und Schreiben gelernt hat«.[51] Bald darauf überschritten sie den Orange River und ließen sich schließlich an einem Ort nieder, dem sie den biblischen Namen »Gibeon« gaben. Seit dieser Zeit waren Rheinische Missionare bei ihnen tätig.

Als Missionar Hegner die Witbooi kennenlernt, ist Moses Witbooi deren amtierender Kaptein. Sein ältester Sohn !Nanseb !Gabemab, auch Hendrik Witbooi genannt, wird in Missionskreisen weit und breit gerühmt wegen seines vorbildlichen Lebenswandels und seiner Frömmigkeit. Von seinem Missionar Olpp hat er Lesen, Schreiben und das Tischlerhandwerk erlernt und ist wegen seiner Frömmigkeit und Ernsthaftigkeit bereits als junger Mann zum Kirchenältesten gewählt worden. Wenn sein Vater stirbt, wird er ihm ins Amt des Kapteins nachfolgen.

Die Missionare der Rheinischen Missionsgesellschaft sind sehr angetan von Hendrik Witbooi. Ein überzeugter Christ als Kaptein einer einflussreichen Khoekhoe-Gemeinschaft, so hoffen sie, wird ihnen ihre Arbeit wesentlich erleichtern. Niemand ahnt, dass dieser kleine Mann, der allgemein »Kort«, der Kurze, genannt wird und als außergewöhnlich schüchtern gilt, einmal ein gefürchteter Kämpfer gegen die deutsche Kolonialherrschaft werden wird.

Nördlich des Groß-Namalandes leben die Herero, weshalb man dieses Gebiet damals auch als »Hereroland« bezeichnet. Wie die Nama und Orlam sind auch sie nomadisierende Viehzüchter. In alten Texten werden die Herero auch zuweilen »Damara« oder

»Dammra« genannt. Man unterschied »Berg-Damara« und »Vieh-Damara«. Erst, als die ersten Missionare ihre Sprachen erlernten, merkten sie, dass diese beiden Gruppen nicht miteinander verwandt sind. Die »Vieh-Damara« werden heute »Herero« genannt und sprechen die Sprache Otjiherero. Die »Berg-Damara« werden heute immer noch »Damara« oder »Dama« genannt. Sie sprechen Khoekhoegowab wie die Nama und Orlam. Im 19. Jahrhundert besaßen sie keine eigenen Rinder, sondern lebten gemeinsam mit den Nama als deren Viehhirten.

Der wichtigste Herero-Anführer zur Zeit der Hegners ist Omuhona Kamaharero, auch Maharero genannt.[52] Er und seine Gemeinschaft leben in Okahandja, einer Ansiedlung etwa 70 km nördlich von Windhoek. Der 1820 geborene Kamaharero hat sich nie taufen lassen, aber er arbeitet eng mit den Missionaren der Rheinischen Missionsgesellschaft zusammen. Seine Söhne besuchen die Missionsschule, wo sie sich taufen lassen und Unterricht erhalten »im Lesen und Schreiben sowie in Fächern wie Religion, Rechnen, Erdkunde, Naturkunde, Musik, Niederländisch und Englisch«.[53] Vermutlich lernen sie auch Deutsch, denn ihre Lehrer waren deutsche Missionare.

Für die Bewohner des Groß-Namalandes spielten die Kategorien »Nama« oder »Herero« damals eine eher untergeordnete Rolle. »Die jeweilige Lebensumwelt der Menschen basierte nicht in erster Linie auf Ethnizität im heutigen Sinne, sondern bestand aus ihrem unmittelbaren Verwandschaftsnetz, das die Strukturen des Alltagslebens festlegte«, so die britische Historikerin Marion Wallace. Bei beiden Gruppierungen handelte es sich um Mischgesellschaften, es gab Ehen, Freundschaften und Handelsbeziehungen zwischen Herero und Nama, und viele Menschen sprachen beide Sprachen. »Im 19. Jahrhundert und davor bildeten sich afrikanische Gesellschaften hauptsächlich um mächtige Führerpersönlichkeiten heraus, die militärischen Schutz, Zugang zu Vieh, Land und Weidegründen sowie zunehmend auch die Gelegenheit, Handelsgüter zu erwerben, bieten konnten.«[54] Wenn ich im Folgenden also weiterhin von »den Herero« und »den Nama« rede, muss man sich stets vor Augen halten, dass dies eine grobe Vereinfachung ist.

Da Wasser und Weideland nur in begrenztem Maß zur Verfügung steht, gibt es immer wieder Streit um die Ressourcen, von kleinen Rangeleien bis hin zu handfesten Kriegen. Zuweilen genügt ein kleiner Funke, um das Pulverfass zum Explodieren zu bringen.

Omuhona Kamaharero wendet sich daher immer wieder an Vertreter Großbritanniens oder Südafrikas mit der Bitte, ihm gegen lokale Khoekhoe-Gruppen und die ersten einwandernden Weißen beizustehen und letztendlich die Herrschaft über das Nama- und Hereroland zu übernehmen. Doch das britische Interesse an Südwestafrika beschränkt sich zu dieser Zeit noch ausschließlich auf den Hafen Walvis Bay, und auch die Regierung in Kapstadt will sich nicht in lokale Konflikte jenseits ihrer Grenze hineinziehen lassen.

Auch viele Missionare wünschen sich, dass in ihrem Missionsfeld endlich eine Kolonialmacht Ruhe und Ordnung schaffen soll. Am besten Deutschland. Damals besitzt die Rheinische Missionsgesellschaft noch das missionarische Monopol im heutigen Namibia.[55] Und sie wird von einem ausgesprochenen Kolonialbefürworter geleitet: ihr leitender Inspektor, Friedrich Fabri, hatte 1879 ein Buch veröffentlicht mit dem Titel *Bedarf Deutschland der Colonien?*[56] Eine Frage, die er entschieden bejaht. Das Buch trägt wesentlich dazu bei, dass sich in Deutschland nicht nur Fabrikbesitzer und Großagrarier für koloniale Bestrebungen begeistern, sondern auch viele Menschen aus dem Mittelstand. Ein Jahr nach Erscheinen seines Kolonialbestsellers ersucht Fabri in aller Form das Deutsche Reich, das Groß-Nama- und das Hereroland offiziell als Kolonie zu übernehmen. Allerdings stößt er zunächst auf taube Ohren.

So ist die Situation, als eines Abends im August 1880 einer der Herero-Hirten auf dem Viehposten Gurumanas südlich von Windhoek bemerkt, dass eine tragende Kuh fehlt. Er und seine Männer beschuldigen sofort die sich in der Nähe aufhaltenden Khoekhoe-Hirten des Diebstahls, binden einen von ihnen an ein Wagenrad und beschlagnahmen einige ihrer Kühe. Es folgt eine blutige Auseinandersetzung, und mehrere Hirten werden erschlagen. In dieser Situation erscheint die vermisste Kuh mitsamt ihrem neugeborenen Kalb an der Wasserstelle, ein Beweis, dass man den Khoekhoe Unrecht getan hat. Aus Rache rauben diese nun ihrerseits den Herero sämtliche Rinder – darunter auch die 1500 »heiligen Ochsen« von Kamaharero, die dazu ausersehen sind, bei seinem Begräbnis geschlachtet zu werden.

Als diesem der Vorfall zu Ohren kommt, ist er außer sich vor Wut. Er ordnet an, dass sämtliche Khoekhoe, die sich zu dieser Zeit in seinem Gebiet befinden, getötet werden sollen. Außerdem lässt er die Khoekhoe-Ansiedlungen Windhoek und Gobabis überfallen und zerstören. An die 200 Khoekhoe, Männer, Frauen und Kinder, sollen damals ihr Leben verloren haben.[57]

Währenddessen ist Hendrik Witbooi zusammen mit einigen Gefährten im Herero-Gebiet unterwegs. Er will dort Pferde gegen Rinder eintauschen und hat keine Ahnung von den Ereignissen in Gurumanas, als er plötzlich von einer Anzahl bewaffneter Herero umstellt wird. Zu seinem Erstaunen greifen sie ihn jedoch nicht an. Stattdessen befehlen sie ihm und seinen Begleitern, augenblicklich nach Hause zu gehen. Sie rüsten die verdutzten Witbooi sogar mit Pferden aus.

Am nächsten Tag hat Hendrik Witbooi eine religiöse Vision, die er später dem Missionar Olpp in einem Brief schildert.

> Als ich aus dem Einschnitt zwischen den großen Khanigukhabergen herauskam, vernahm ich eine Stimme, die am 23. August 1880 folgende drei merkwürdigen Worte zu mir sprach: 1. Es ist

vollbracht! 2. Der Weg ist geöffnet! 3. Ich gebe Euch einen schweren Auftrag![58]

Jeder Witbooi, der das hört, weiß, worauf diese Vision anspielt. Sie bezieht sich auf ihren alten Traum, irgendwann ein neues, ihrer Größe und Stärke angemessenes Siedlungsgebiet zu finden. Schon Hendrik Witboois Großvater Kido hatte die Ansiedlung Gibeon nur als Provisorium angesehen. Und auch unter der Regentschaft von Moses Witbooi gab es immer wieder Bestrebungen, weiter in den Norden zu ziehen. Dort aber leben die Herero, die dies nicht kampflos hinnehmen werden. Eine Vision, die verheißt, dass »der Weg geöffnet« ist, verspricht also den Witbooi, dass ihre Suche nach einem neuen Siedlungsgebiet trotz aller Widerstände erfolgreich sein wird.

Bald nach diesem Ereignis beginnt Hendrik Witbooi, sich in Gibeon in die Politik seines Vaters Moses einzumischen. Viehraubzüge, die unter der Regentschaft seines Vaters gelegentlich vorgekommen waren, lehnt er ab. Er wendet sich vor allem an die jüngere Generation in Gibeon und fordert sie auf, das von ihren Vätern geraubte Vieh aus ihren eigenen Beständen zurückzugeben und auf diese Art wiedergutzumachen, »was unsere Eltern verdorben haben«.[59] Viele Witbooi unterstützen ihn. Sie sind schon länger unzufrieden mit der Amtsführung des alten Kapteins.

Im Mai 1884 hält sich Missionar Hegner gemeinsam mit dem Kaptein von Berseba, Jakobus Izaak, in Gibeon auf und wird Zeuge, wie Hendrik Witbooi – zur Erbitterung seines Vaters – mit einem großen Gefolge bewaffneter Männer dort einrückt. Die Männer treten jedoch keineswegs aggressiv auf, sondern grüßen höflich den Kaptein und schlagen dann ein Lager auf, mitten in Gibeon, in der Nähe der Kirche. Dann schreibt Hendrik Witbooi einen Brief an seinen Vater, in dem er ihn ersucht, ihm zu vertrauen und ihm freie Hand zu lassen bei seinen künftigen Aktionen. Daraufhin bittet Moses Witbooi den Missionar, der inzwischen zum »Präses«, also zum Leiter der Nama-Missionare im Groß-Namaland, aufgestiegen ist, mit seinem Sohn zu reden.

Hegner stellt den rebellischen Thronanwärter daraufhin zur Rede:

> Du gehst jetzt einen Weg, den wir nicht verstehen können. Wenn man für sich allein oder mit der Familie eine Reise macht, da hat man es nicht nötig, jemand Erklärungen zu geben über Zweck und Ziel des Weges. Wenn du aber als Ältester an der Spitze einer großen Schar bewaffneter Leute ziehst, dann müssen wir dich fragen, was das bedeute. Er: das ist eine Sache, die mir vom Herrn gegeben ist. Ich: das ist ein Irrtum deinerseits, denn dein ganzes Beginnen widerspricht dem Worte Gottes.[60]

»Das wäre also die erste Schwarmgeisterei im Nama-Land«, kommentiert Hegner später in einem Brief an seine Vorgesetzten in Deutschland.[61] Dabei sind für ihn und seine Kollegen göttliche Berufungen und religiöse Visionen nichts Fremdes. Sie sind ein integraler Bestandteil der pietistischen Tradition, in der die Missionare stehen. In diesem Fall ist sich der Missionar jedoch sicher: »Selbst wenn er von einem Engel einen solchen Auftrag erhielte, dann wäre derselbe nur der Teufel in Lichtengelsgestalt.«[62]

Doch Hendrik Witbooi ist nicht bereit, dem Missionar die Deutungshoheit über seine Vision zu überlassen. »Ich stehe nun einmal da, wo ich stehe«, bescheidet er ihn.[63] Unverrichteter Dinge müssen Kaptein Jakobus Izaak und Missionar Hegner wieder nach Berseba zurückkehren.

Hegner und seine Kollegen versuchen nun alles, um Hendrik Witbooi von seinen Plänen abzuhalten. Der neue Missionar von Gibeon, Rust, entzieht ihm das Amt des Kirchenältesten. Sogar aus dem fernen Deutschland trifft ein Brief der Rheinischen Missionsleitung ein, in dem Hendrik Witbooi schriftlich ermahnt wird, sein Vorhaben aufzugeben. Aber der lässt die Missionare wissen, dass er diesen Konflikt zwar als schmerzlich empfinde, er sich dadurch jedoch nicht von seinem Weg abbringen lassen werde. Das Amt des Schullehrers, das bisher der Missionar ausgeübt hat, überträgt er seinem Sohn, der ebenfalls Hendrik heißt. Aus den weiteren Verhandlungen mit anderen Kapteins werden die Missionare von nun an ausgeschlossen.

Mehrfach versucht Hendrik Witbooi in den folgenden Jahren, die Witbooi in den Norden zu führen, was aber jedes Mal von den Herero verhindert wird. Schließlich lässt er sich an dem Platz Gurumanas nieder, umgeben von einer wachsenden Gefolgschaft. Als 1888 der alte Moses Witbooi durch einen Rivalen ermordet wird, rächt Hendrik Witbooi seinen Vater, tötet den Usurpator und wird so – mit großer Zustimmung der gesamten Witbooi-Gemeinschaft – zum amtierenden Kaptein.

Ein Jahr später lässt er den Platz Hoornkrans, weit nördlich von Gibeon, zu einer Festung ausbauen. Sie soll als Stützpunkt für weitere Kämpfe mit den Herero dienen. Witbooi ist inzwischen der mächtigste Kaptein der Region und hat seinen Plan, nach Norden zu ziehen, keinesfalls aufgegeben. Und auch nicht seine Überzeugung, von Gott zu einem »schweren Auftrag« berufen zu sein.

»Unter deutschem Schutz«: Adolf Lüderitz und der Meilenschwindel

Am 1. Mai 1883 unterzeichnen der Kaptein von Bethanien /Naixamab und ein deutscher Kaufmannsgehilfe namens Heinrich Vogelsang einen Kaufvertrag über ein Stück Land. Vogelsang ist von dem Bremer Kaufmann Adolf Lüderitz ins Groß-Namaland geschickt worden. Er soll dort ein größeres Gebiet mit eigenem Hafen erwerben. Lüderitz hofft, Bodenschätze zu finden: Kupfer, Eisen und vielleicht sogar Gold. Bethanien mit seinem Hafen Angra Pequena erscheint ihm geeignet für seine Pläne. Gegengezeichnet als Zeugen wird dieser Vertrag vom Missionar von Bethanien: Johannes Bam.

Der Kaptein, der von den Europäern Josef Frederiks genannt wird, misst diesem Vorgang vermutlich keine große Bedeutung bei. Schon oft zuvor haben lokale Khoekhoe- und Herero-Anführer Land- und Minenrechte an europäische Händler vergeben und auch wieder entzogen. In diesem speziellen Vertrag jedoch verpflichtet sich Kaptein Frederiks, »die Bucht Angra Pequena und das angrenzende Land, 5 Meilen (fünf) in alle Richtungen« an die Firma Lüderitz zu verkaufen, und zwar für den Betrag von »100 Pfund Sterling in Gold und 200 Gewehren mit Zubehör«.[64] Ein Schnäppchen! Später schließt Vogelsang im Auftrag seines Chefs noch weitere derartige Kaufverträge ab.

Lüderitz begnügt sich jedoch nicht damit, das Land seiner afrikanischen Vertragspartner völlig unter Wert aufzukaufen. Er greift darüber hinaus zu einem plumpen Betrugsmanöver. In den Verträgen ist von »Meilen« die Rede. Lüderitz legt dabei die deutsche geografische Meile zugrunde, die 7,4 km beträgt. Im Groß-Namaland kennt man jedoch nur die englische Meile von 1,6 km. Der Bremer Kaufmann ist sich durchaus bewusst, dass er seinen Geschäftspartner täuscht: »Da in unserem Kaufcontracte steht = 20 geogr. Meilen Inland, so wollen wir diese auch beanspruchen. – Lassen Sie Joseph Frederiks aber vorläufig im Glauben, dass es 20 engl. Meilen sind«, schreibt er an Vogelsang.[65] Darüber hinaus lässt er sich für das gesamte Gebiet das alleinige Recht zusichern, nach Wasser zu bohren, »Minen zu graben & auszubeuten, Eisenbahnen, Wege & Telegrafen zu erbauen & zu verwalten«.[66] Damit verlieren die Bethanier von einem Tag auf den anderen die Kontrolle über den größten Teil ihres Gebietes.

Lüderitz versucht dann, von der deutschen Regierung eine Schutzzusage für seine neuen Besitzungen zu erhalten. Dies scheitert zunächst, denn Reichskanzler Bismarck steht den deutschen Kolonialbestrebungen äußerst skeptisch gegenüber. Der Kaufmann erhält lediglich die Zusage, dass ihm der übliche Schutz wie jedem Deutschen im Ausland gewährt werde. Aber dann geht es Schlag auf Schlag: 1884 weist der britische Kolonialminister Lord Derby die Verwaltung der Kapkolonie an, umgehend die Küste von Südwestafrika bis zur Grenze von Angola in Besitz zu nehmen. Und nun findet Lüderitz bei der deutschen Regierung Gehör. Der Arzt und Afrikaforscher Gustav Nachtigal wird mit der Wahrnehmung deutscher Hoheitsrechte für die deutschen Niederlassungen in Westafrika betraut und zum Reichskommissar ernannt. Die deutsche Admiralität entsendet zwei Kriegsschiffe, die *Elisabeth* und die *Leipzig*. Landungstruppen hissen unter Beteiligung von Vertretern der Firma Lüderitz und des noch immer ahnungslosen Kapteins Josef Frederiks am 7. August 1884 die deutsche Fahne und stellen das Gebiet »unter deutschen Schutz«. Daraufhin geben die Briten – bis auf die Enklave Walvis Bay – ihre Ansprüche auf. Der Grundstein für die erste deutsche Kolonie ist gelegt. Der Ort Angra Pequena heißt von nun an »Lüderitzbucht« oder einfach »Lüderitz«. Erst 2013 wird er in !Nami‡Nûs umbenannt.

Missionare als Komplizen der deutschen Kolonialmacht

Der Missionar Johannes Bam

Besagter Missionar Johannes Bam, der den betrügerischen Vertrag zwischen Vogelsang und dem Kaptein Josef Frederiks als Zeuge beglaubigt hatte, ist ein Großonkel von Dora. Sein verstorbener Vater Jan war ein Bruder der zweiten Frau von Doras

Urgroßvater Schmelen. Wie die anderen Missionarskinder war er in Deutschland erzogen worden, hatte dort den Beruf des Missionars erlernt und die Deutsche Lina Baade geheiratet.

Inzwischen ist er Missionar von Bethanien, gerade mal 150 km entfernt von seinen Verwandten in Berseba, mit denen er vermutlich in engem Kontakt steht. Ihm verdanken wir eine ausführliche Schilderung der Begegnung des Kapteins Josef Frederiks mit dem Generalkonsul des Deutschen Reiches, Dr. Gustav Nachtigal, der den Lüderitz'schen Landerwerb nunmehr offiziell für das Deutsche Reich übernehmen will.

Eines Morgens im Oktober 1884, so Bam in der Gemeindechronik von Bethanien, steigen Generalkonsul Nachtigal mit einem Begleiter sowie der Lüderitz-Agent Vogelsang vor dem Missionshaus von Bethanien von ihren Pferden. »Wir empfingen die Besucher mit Freuden«, so Bam, »und hießen sie in unserem Haus herzlich willkommen.«[67] Bald darauf erscheint auch Josef Frederiks, der den Generalkonsul bei den Bams hatte eintreten sehen, in Begleitung seiner Ratsleute »zur Begrüßung des hohen Herrn«. Nachtigal schüttelt allen kräftig die Hand und verleiht seiner Hoffnung Ausdruck, »dass sie demnächst, nach Mitteilung seiner Pläne, Freunde werden würden«. Sodann äußern sich Nachtigal und sein Begleiter lobend »über die Gesichtsbildung« des Kapiteins: »Abgesehen von der Hautfarbe« würde »in Europa kein Mensch den Kapitän auf der Straße für einen Ausländer halten« (was wohl als Kompliment gemeint ist). Bam überreicht Nachtigal »eine von Missionar Hegner (Berseba) mitunterschriebene Bittschrift«, in der die Missionare dem Generalkonsul »den großen sittlichen Schaden, den der Handel mit Spirituosen hier im Lande angerichtet hat«, vor Augen führen und ihn bitten, »seinen Einfluss geltend zu machen, dass diesem Unwesen möglichst enge Grenzen gesteckt werden«, was Nachtigal wohlwollend zur Kenntnis nimmt.

Auch Kaptein Frederiks trägt zur harmonischen Stimmung

bei. Obwohl er inzwischen weiß, dass ihn Lüderitz betrogen hat, erklärt er, »dass er durchaus nichts gegen die Sache selbst« einzuwenden habe. »Er sei bereit, den Kaiser von Deutschland um dessen Schutz für sein ganzes Land zu bitten.« Allerdings wolle er »diesen Schritt nicht ohne den Kapitän Jakobus Izaak von Berseba unternehmen«.

Am Abend dieses Tages besucht Kaptein Frederiks mit einigen Ratsleuten seinen Missionar, um, so Bam, »mir seine Gedanken mitzuteilen und meinen Rat zu hören«. Offensichtlich vertraut Frederiks ihm noch immer, obwohl Bam damals den verhängnisvollen Vertrag mit dem Meilenschwindel als Zeuge beglaubigt hatte.

Auch jetzt nutzt Bam seinen Einfluss nicht im Interesse der Bethanier. Stattdessen drängt er Frederiks zur Eile. Nachtigal werde nicht warten, bis der Kaptein von Berseba eingetroffen sei. »Und dann ginge auch diese gute Gelegenheit verloren, sich dem Schutz des Deutschen Reiches zu unterstellen.« Bezüglich des Betrugs von Lüderitz erteilt er ihm den Rat, »alle etwaigen Klagen, die sie betreffs des verkauften Landes hätten, jetzt vorzubringen, denn der Generalkonsul sei ein rechtlich denkender und wohlwollender Mann, der keine Übervorteilung dulden werde«.

Frederiks stimmt dem schließlich zu und beruft, ohne den Kaptein von Berseba konsultiert zu haben, eine allgemeine Volksversammlung ein.

»So kam der wichtige Tag, der 28. Oktober, heran, der in der kleinen Geschichte Bethaniens immer denkwürdig bleiben wird.« Gegen 9 Uhr morgens lässt der Kaptein den Generalkonsul bitten, in der Rats- und Volksversammlung zu erscheinen. Dass die Bethanier damals keineswegs auf Konfrontationskurs sind, zeigt bereits die Dekoration des Versammlungssaals. Nicht nur ein Ölfarbdruck von Luther hängt da, sondern es finden sich auch Bilder des deutschen Kaisers, des Kronprinzen sowie eine Fotografie von Lüderitz.

Missionar Bam liest die niederländische Übersetzung des Vertrages »langsam und deutlich« vor, der Schulmeister von Bethanien, Christian Goliath, dolmetscht in Khoekhoegowab, und Josef Frederiks stimmt zu. Wobei er ausdrücklich klarstellt,

> dass er bei diesem Verkauf selbstverständlich nur an den »Sand« gedacht hätte. [...] Auch habe Lüderitz damals hier in ihrer Gegenwart mit einem Zirkel auf einer Karte abgemessen, wie weit seine Grenze landeinwärts ginge, und sie seien zufrieden gewesen. Nun hörten sie nachträglich von verschiedenen Seiten, dass das kaufrechtlich erworbene Gebiet des Herrn Lüderitz sich viel weiter in das Land hineinziehen solle. Damit sei er nicht zufrieden. Von Meilen habe er keinen Verstand [...]; er habe aber nur die unwirtliche Küstenstrecke gemeint, denn das Land, das er selbst gebrauchen könne, würde er gar nicht verkaufen.

Daraufhin erklärt der Generalkonsul, er verstehe den Kaptein »vollkommen«. Josef Frederiks »solle seine Aussagen nur zu Papier bringen und von den damals gegenwärtig gewesenen Zeugen unterschreiben lassen«. Dann unterzeichnen Josef Frederiks und seine Ratsleute den »Schutzvertrag mit dem Deutschen Reich«, Bam beglaubigt, und Nachtigal nimmt das Schriftstück an sich, »um es in Berlin vorzulegen«.[68]

Bald danach erhält Lüderitz einen Brief von Nachtigal, in dem dieser am Betrug des Bremer Kaufmanns vorsichtige Kritik äußert. Dieser könne »unter Umständen nach außen hin einen gewissen Eindruck hervorrufen«[69], sprich in der englischsprachigen Presse unliebsames Aufsehen erregen. Lüderitz habe sich doch bereits derart weitgehende Rechte gesichert, dass es »am Ende ganz gleichgültig [ist], ob Sie souveränes Recht auf einen großen Teil des Landes haben, wenn Sie ihn sich nur volkswirtschaftlich zu eigen machen können«. Im Übrigen seien die Einwände des Kapteins Frederiks natürlich nicht »von sachlicher Bedeutung«.[70]

Lüderitz' Hoffnungen, er werde rund um Bethanien reiche Vorkommen von Kupfer und anderen wertvollen Erzen finden, erfüllen sich dann nicht. 1885 verkauft er das ganze riesige Gebiet, das mittlerweile die Größe Deutschlands erreicht hat, an die Deutsche Kolonialgesellschaft für Südwestafrika, eine Vereinigung von deutschen Wirtschaftsführern und Mitgliedern der deutschen Regierung. Doch auch nach diesem Verkauf sucht er unablässig weiter nach Bodenschätzen. Am 21. Oktober 1886 brechen er und ein Mitarbeiter wieder einmal zu einer solchen Expedition auf. Mit einem kleinen Boot begeben sie sich auf Entdeckungsreise auf dem Orange River. Zwei Tage später kommt ein Sturm auf. Danach hat niemand mehr etwas von Lüderitz und seinem Begleiter gehört. Wahrscheinlich sind sie ertrunken.

Missionar Bam nimmt bei diesem Deal keine rühmliche Rolle ein. Als er den ersten Lüderitz'schen Betrugsvertrag als Zeuge gegenzeichnete, war ihm vermutlich, genau wie Kaptein Frederiks, noch nicht klar, was dieser Vertrag für Bethanien bedeuten würde.[71] Als aber später der sogenannte Schutzvertrag mit den Vertretern des Deutschen Reiches unterschrieben wird, hätte er eingreifen können. Auch wenn er es befürwortet, dass sich Bethanien unter den »Schutz« des Deutschen Reiches stellt, hätte er darauf bestehen können, dass nunmehr ausdrücklich von »englischen Meilen« die Rede sein soll.

Warum tut er das nicht? Ist er so beeindruckt von den »hohen Herren«, dass er keinen Widerspruch wagt? Oder ist er einfach naiv? Es gibt damals viele Missionare, die sich nicht vorstellen können beziehungsweise wollen, welches Leid die deutsche Kolonialherrschaft in das Groß-Namaland bringen wird.

Der Missionar Carl Gotthilf Büttner

Unterdessen tagen in Berlin vom November 1884 bis zum Februar 1885 die damaligen Großmächte, um den afrikanischen Kontinent unter sich aufzuteilen. Deutschland werden im Rahmen der »Berliner Konferenz« unter anderem die Regionen Groß-Nama- und Hereroland zugesprochen. Dieses Gebiet wird von nun an international als deutsche Kolonie anerkannt und hinfort Deutsch-Südwestafrika genannt.

Dort merkt man allerdings zunächst wenig von diesem Beschluss aus dem fernen Berlin. Der neu ernannte Reichskommissar Heinrich Göring – dessen Sohn Hermann später als NS-Reichsmarschall Karriere machen wird – lässt sich gemeinsam mit zwei weiteren Kolonialbeamten auf der Missionsstation Otjimbingue nieder, die er zur Hauptstadt der neuen Kolonie erklärt. Dort residieren sie in einem Gebäude, das sie der Rheinischen Missionsgesellschaft abgekauft haben. Die drei Beamten aus Deutschland verfügen über keinerlei wirkliche Macht. Mehrfach müssen sie vor Kamahareros Leuten ins britische Walvis Bay fliehen.

Doch bald beginnt man in Berlin, die kolonialen Anfänge des Privatmannes Lüderitz auf Regierungsebene auszubauen. Und man hat dazu einen erstklassigen Experten zur Verfügung, der die Region wirklich kennt, den ehemaligen Rheinischen Missionar Carl Gotthilf Büttner.

Büttner war von 1872 bis 1880 Missionar bei den Herero. Die sozialen Verhältnisse der Herero, befand er damals, hätten »eine frappante Ähnlichkeit mit dem Idealstaat der Sozialisten«:

> Kein individuelles Grundeigentum, der Viehbesitz scheint auch nicht Eigentum des Einzelnen, sondern mehr Eigentum des Staates resp. der Familie zu sein. Keine Steuern, kein Militär, keine Polizei, keine Gefängnisse, das Streiken als Normalzustand der Arbeiterbevölkerung, keine Beamten, allgemeine Erlaubnis zum Betteln, während die Nationalsitte das Abschlagen einer Bitte verbietet, zum Schluss keinen Eid und keinen Gott. Ist das nicht der sozialistische kommunistische Zustand?[72]

Gut, dass es Missionare gab, die ihr Bestes taten, um derartige Zustände zu beenden. Dies komme auch der deutschen Industrie zugute, meinte er:

> Der verständige Industrielle wird den Missionar, der es zu Wege bringt, dass 100, 500, 1000 Leute, die früher nackt gingen, nun Kleider zu verbrauchen anfangen, die früher von der Hand in den Mund lebten, nunmehr mit europäischen Werkzeugen ihr Land und die Erzeugnisse bearbeiten, auch im volkswirtschaftlichen Sinne nicht für unproduktiv halten.[73]

Nun bereist Büttner sein ehemaliges Wirkungsfeld von Neuem. Dieses Mal nicht als Missionar, sondern im Auftrag der deutschen Regierung. Den Anfang, den Lüderitz gemacht hat, soll er gemeinsam mit dem Reichskommissar Heinrich Göring fortführen und mit den Anführern der Herero und Nama weitere »Schutzverträge« abschließen. Doch der Lüderitz'sche Meilenschwindel hat sich inzwischen herumgesprochen. Und so scheitert dieses Vorhaben zunächst am Misstrauen der Kapteins.

Seinen ersten Erfolg feiert Büttner dann in Hegners Missionsstation Berseba. »Während es ihm in Warmbad und Keetmanshoop trotz aller Mühe nicht glückte, kam wirklich auf Berseba ein Schutz- und Freundschaftsbündnis, wenn auch nach vielen Kämpfen unter den Bürgern, so doch ohne Mühe seitens des Komissars zustande«, schreibt Hegner stolz in seinem Jahresbericht an die Rheinische Missionsgesellschaft.[74]

Danach gelingt es Büttner und Göring in vergleichsweise kurzer Zeit, die meisten Herero- und Nama-Anführer zur Unterschrift unter Verträge zu bewegen, die faktisch das Ende ihrer Autonomie bedeuten. Der Einzige, der sich hartnäckig weigert, ist Hendrik Witbooi.[75]

Missionar Bam ist keineswegs der Einzige, der die deutschen Kolonialagenten aktiv unterstützt. Ausnahmslos können sie sich bei ihren Reisen auf die Hilfe der lokalen Missionare verlassen. Wie selbstverständlich übernachten sie in deren Häusern, lassen sich von ihnen mit Dolmetschern und Versammlungsräumen unterstützen oder ziehen sie bei Vertragsabschlüssen als Zeugen heran. Zufrieden vermerkt Büttner, es sei vor allem der Hilfe der Missionare zu danken, »dass es gelungen ist, den größten Teil meines Reiseprogramms in wünschenswerter Weise innerhalb so kurzer Zeit und mit so geringen Kosten auszuführen und eine Fläche von wenigstens 7000 deutschen Quadratmeilen dem deutschen Schutzgebiete in Südafrika zuzufügen«[76], wobei er unter anderem auch die wertvolle Hilfe des Missionars Hegner von Berseba erwähnt. Zu Recht betont er, es sei der ideologischen Vorarbeit der Missionare geschuldet, dass die Kolonialisierung Namibias am Anfang bemerkenswert glatt über die Bühne gegangen sei.

> Soviel die Zeitungen von Lüderitz [...] berichten, nirgends liest man, dass er mit den Eingeborenen in Konflikt gekommen ist. Alles, die Verhandlungen mit den Häuptlingen, die Reisen der Agenten des Hauses Lüderitz, geht ganz wie in einem zivilisierten Lande vor sich. Es sind christliche Häuptlinge, mit denen die Verträge abgeschlossen werden, christliche Hottentotten, die das Haus Lüderitz für seine mannigfaltigen Untersuchungsarbeiten engagiert [...]. Alles zusammengenommen gibt gewiss kein zu verachtendes Zeugnis für die Tätigkeit der Mission ab.[77]

Später revanchiert sich die deutsche Regierung für Büttners Einsatz, indem sie ihm für seine Verdienste um den deutschen Kolonialismus den Roten Adlerorden 4. Klasse verleiht.

»Kaum verschleierter brutaler Raub«: Der Beginn der Kolonialzeit

Seitdem die Anführer der Nama und Herero »Schutzverträge« mit den Deutschen unterschrieben haben, tauchen in immer größerer Zahl Weiße in den Nama- und Herero-Dörfern auf, um Land zu kaufen. Sie zeichnen sich zumeist durch unverhohlenen Rassismus aus. Selbstgefällig berichtet beispielsweise der Neu-Farmer (und Autor eines Buches namens *Krieg und Frieden im Hererolande*) Conrad Rust: »Zu Anfang bestand die üble Gewohnheit, beim Gruße die Hand darzubieten. Hiervon heilten wir die Herero verhältnismäßig schnell, denn in unzweideutiger Weise gaben wir zu verstehen: keine gesellschaftliche Gleichstellung mit Farbigen irgendwelcher Art. Die Grenzlinie, die der Schöpfer in der Farbe gezogen, muss beachtet und innegehalten werden.«[78]

Für das Land, das die Weißen kaufen, zahlen sie zumeist einen Spottpreis. Conrad Rust beispielsweise kauft seine Farm – ein Anwesen von 70 km^2 (das ist rund dreieinhalbmal so groß wie die Insel Hiddensee) – für 7000 Mark von einem Omuhona namens Joseph Ranangure.[79] Ganze Landstriche werden nach und nach aus den Nama- und Herero-Territorien herausgerissen und durch deutsche Siedler besetzt. Angewidert notiert der Ansiedlungskommissar Paul Rohrbach in sein Tagebuch: »Auf welche schamlose Weise mitunter Landabtretung in größtem Maßstabe, Viehhergabe, Schuldenanerkennung usw. von den Hereros erpresst worden ist, kann der Sache nach in den meisten Fällen nur als kaum verschleierter brutaler Raub bezeichnet werden.«[80]

Gewalttätige Übergriffe der Weißen Eindringlinge kommen immer häufiger vor, und sie bleiben in der Regel ungestraft. Den traditionellen Anführern der Nama und Herero ist es verboten, Verbrechen von Weißen an Afrikanern zu ahnden. Und die kolonialen Gerichte fällen ihre Urteile nach der Hautfarbe. Auch bei schweren Verbrechen wie Mord und Vergewaltigung geschieht es äußerst selten, dass ein Weißer verurteilt wird. Seit 1886 war in sämtlichen deutschen Kolonien ein duales Rechtssystem eingeführt worden. Es gibt nun Rechte, die nur Weiße ausüben, und Strafen, die nur gegen Schwarze verhängt werden können. Der Erwerb von Grund und Boden, das Halten von Großvieh, das Tragen einer Waffe und die Ausübung öffentlicher Ämter beispielsweise sind den Weißen vorbehalten. Schwarze hingegen können zur Prügelstrafe verurteilt werden. Sie müssen stets einen Pass mit sich tragen, den jeder Weiße kontrollieren kann. Wird man ohne Pass angetroffen, dann drohen drakonische Strafen.[81] Generell soll der Kontakt zwischen Schwarz und Weiß auf ein Minimum reduziert werden und nur im Rahmen eines Herr-Knecht-Verhältnisses stattfinden.

Anpassung und erster Widerstand

Seit 1890 ist Kamahareros Sohn Samuel Maharero Oberhaupt der Okahandja-Herero.[82] Nach den Herero-Erbfolgeregeln steht ihm eigentlich dieses Amt nicht zu. Doch er verbündet sich mit dem deutschen Gouverneur und kann so seinen Machtanspruch durchsetzen. Gegen allen Brauch erklären ihn deutsche Kolonialbeamte zum »Oberhäuptling« aller Herero. Der Preis, den Samuel Maharero für diese Würde zahlen muss, ist hoch. Politisch ist er völlig abhängig von den Deutschen. Er muss sogar der Errichtung einer deutschen Garnison in seiner Residenz Okahandja zustimmen.

Hendrik Witbooi hingegen erkennt früh, welche Gefahr von den eindringenden Deutschen ausgeht. Gegenüber den Herero verfährt er zwiespältig. Einerseits beschwört er sie, keine weiteren »Schutzverträge« mehr abzuschließen. Andererseits kämpft er mit ihnen um die Vorherrschaft in der Region und überfällt wiederholt verschiedene Herero-Gemeinschaften. 1892 nimmt er Verhandlungen mit Samuel Maharero auf.

»So viel ich durch [...] Auslassungen der Herero erfahre«, schreibt Missionar Irle nach Hause, »haben sich 2 Feinde gegen einen 3ten stärkeren verbunden. ›Lieber sterben, als sich unter deutsche Schutzhaft stellen‹, ist die Sprache der meisten.«[83] Wobei dem Missionar ungewollt eine aufschlussreiche Fehlleistung unterläuft. Dass es sich bei den angeblichen Schutzverträgen mit den Deutschen in Wirklichkeit tatsächlich um »Schutzhaft« handelt, wird sich bald herausstellen.

Denn inzwischen ist eine sogenannte Schutztruppe im Land, aus das Abenteuer suchenden jungen Männer, denen man Farmland versprochen hat. Am 12. April 1893, wenige Monate nach dem Abschluss eines Friedensvertrages zwischen Hendrik Witbooi und Samuel Maharero, überfällt diese »Schutztruppe« unter Hauptmann Curt von François das Lager der Witbooi in Hoornkrans. »Nur wenige Missionare haben diesen schmählichen Überfall, bei dem vor allem Frauen und Kinder getötet wurden, erwähnt, geschweige denn kritisiert«, schreibt hundert Jahre später Gustav Menzel, Autor eines Buches über Hendrik Witbooi und selbst langjähriger Direktor der Rheinischen Missionsgesellschaft, in deutlicher Kritik an seiner Institution.[84]

Die meisten zeitgenössischen Missionare hingegen triumphieren: »Der Mann, der jahrelang mit einer kleinen Mannschaft das Land in Aufregung und Spannung versetzte, Hendrik Witbooi, ist empfindlich geschlagen«, steht etwa im Protokoll der bald nach diesem Überfall tagenden Konferenz der Nama-Missionare. »Ob diese Niederschlagung nicht auch auf eine andere, der civilisierten Macht angemessene Weise hätte ausgeführt werden können, haben wir nicht zu erörtern.«[85]

Im September 1894 gibt der mittlerweile über 60-jährige Hendrik Witbooi den Kampf gegen die Deutschen schließlich auf und schließt einen Friedensvertrag mit dem obersten Kolonialbeamten Theodor Leutwein. Dieser Vertrag verpflichtet die Witbooi unter anderem, den Deutschen gegen »aufständische Stämme« militärisch beizustehen.

Dora und ihre Geschwister werden zur Erziehung nach Deutschland geschickt

Hermann

Während in Berlin über die Zukunft Afrikas entschieden wird, beschließt man in der Familie Hegner, Doras älteren Bruder, den neunjährigen Hermann, zur Erziehung nach Deutschland zu schicken. Sein Onkel Heinrich Kleinschmidt hält sich gerade in Deutsch-Südwestafrika auf, um seine Auswanderung in die neue Kolonie vorzubereiten. Im Dezember 1884 will er nach Deutschland zurückkehren, um seine noch in Barmen lebende Familie nachzuholen. Da kann er Hermann mitnehmen.

Zur Erziehung ins Mutterland ihrer Eltern geschickt zu werden, das ist das Schicksal nahezu aller Missionarskinder im 19. und noch im frühen 20. Jahrhundert, und zwar möglichst früh, manche Kinder sind nicht älter als fünf Jahre. Dort werden sie bei Pflegeeltern oder in einem Missionskinderheim untergebracht. Ob sie ihre Eltern jemals wiedersehen, ist ungewiss. Ansonsten müssen sie sich an Briefe halten, die monatelang unterwegs sind.

Eltern und Missionsgesellschaft, die den Missionarskindern diese Grausamkeit antun, haben nur das Beste im Sinn: Sie sollen sich möglichst früh die europäische Kultur aneignen und eine europäische Schul- und Berufsausbildung erhalten. Auf keinen Fall, so die allgemeine Meinung, dürfe man europäische Kinder unter Afrikanern aufwachsen lassen. Denn sonst liefen sie Gefahr, zu »verkaffern«, wie der zeitgenössische Ausdruck lautet.

»Der Umgang mit den Heidenkindern«, schreibt beispielsweise Missionsinspektor Wallmann, »ist so schlimm, dass man machen muss, [die Missionarskinder] sobald als möglich aus demselben herauszubringen.«[86]

Nicht alle Kinder verkraften dieses frühe Aus-dem-Nest-geworfen-Werden, ohne psychischen Schaden zu nehmen. Dies zeigt sich auch bei Hermann. »Wir haben Mühe gethan, ihm die [schulischen] Anfangsgründe beizubringen«, hatte sein Vater an die Missionsleitung geschrieben. »Man wolle das bitte dem Jungen nicht anrechnen, wenn er für sein Alter zurück ist. Und so stelle ich ihn denn auch unter Ihre väterliche Mitaufsicht, hoffend und betend, dass er unter so getreuen Vätern gedeihen werde.«[87]

Doch Hermann »gedeiht« nicht in Deutschland. Er ist im Johanneum in Gütersloh untergebracht, dem Internat für Missionarssöhne. An ein Leben ohne Eltern, Geschwister und seine afrikanischen Freunde, ohne die afrikanische Sonne und die Freiheit einer ländlichen Missionsstation kann er sich nie gewöhnen. Hermann wird ein schlechter Schüler, bei seinen Lehrern und Erziehern gilt er als haltlos und undiszipliniert. Anders als seine Brüder Otto und Willi wird er nie eine Universität besuchen. Daher fragt Vater Hegner drei Jahre später erneut bei der Missionsleitung in Barmen an, ob es möglich sei, auch Dora »in Deutschland erziehen zu lassen. Wir tun diese Bitte im Hinblick auf den Knaben, um ihm in der Schwester eine Erinnerung an's Elternhaus u. einen Stützpunkt zu geben.«[88] Die Missionsleitung stimmt zu.

Dora

Mit neun Jahren reist Dora Hegner gemeinsam mit der Missionarsfamilie Fenchel nach Deutschland aus und übernimmt dort die Rolle, die sie ihr ganzes weiteres Leben spielen wird – für ihre Geschwister eine Stütze zu sein, zunächst für ihren großen Bruder Hermann.

Dora kommt ins Pensionat der Missionarswitwe Maria Rott in Bielefeld, wo sie die Kringssche Privat-Töchterschule besucht.[89] Ungefähr zehn Mädchen aus Missionars- oder Pfarrersfamilien, unter ihnen die beiden eigenen Töchter der »Tante Rott« leben damals in dem kleinen familienartigen Pensionat.

Wie schon gesagt, wird auf Doras Schulbildung kein besonderer Wert gelegt. Dafür umso mehr auf Charakterschulung. »Früher sagte mir Tante Rott oft tadelnd: ›Dora, lass dich nicht so gehen, Hermann lässt sich auch so gehen.‹« Offensichtlich hat sich Hermanns schlechter Ruf bereits bis Bielefeld herumgesprochen. »Das tat weh, aber es half auch, bis der Tadel erneuert werden musste. Ja, unsere Tante fasste uns nicht mit Handschuhen an«, so Dora später in einem Brief an ihre Schwester, »aber ich danke ihr für alles, was sie an mir getan. Hinterher versteht man oft, wie not die Zucht tut, und man kann nicht genug danken dafür.«[90]

Die Erziehung der Tante Rott trägt Früchte. Dora lernt früh, dass sie sich niemals »gehenlassen« darf. Sie muss ihren Geschwistern die ferne Mutter ersetzen. »Willst du einen anderen erziehen zum Guten / In eines anderen Leben walten / Muss unter der Rute dein eignes Ich erst bluten / Mußt du dich selbst in Zucht, in heiliger, halten«, notiert sie mit 16 Jahren in ihr Album.[91]

Viel später wird ihr der jüngere Bruder Willi im Rückblick schreiben:

> Du hast ja meine Entwicklung seit zwölf Jahren verfolgt. Und mit der Zeit, da ich unserer Mutti innerlich nach und nach entwachsen bin – zu ihrem großen Schmerze, denn sie hat es wohl gefühlt –, bist Du an ihre Stelle getreten. Versteh mich nicht falsch! Ich meine es so: Unsere Mutti war eine herzensgute, unendlich liebe Frau; aber uns Söhne hat sie nur bis zu einem gewissen Grade innerlich führen und begleiten können – denn mit Otto ist es genau das Gleiche wie mit mir – sie war eben eine einfache Frau [...]. Sieh, und da tratest Du an ihre Stelle. Und was Du mir seitdem

gewesen bist, was Du mir gegeben hast, kann ich Dir ja gar nicht alles sagen – willst Du jedenfalls auch gar nicht wissen. Sieh, das, wie ich glaube, ist ja das Geheimnis von Euch Frauen, dass die echte Frau – nur um die handelt sich's – sich niemals ausgibt, nie erschöpft in ihrer Liebe, Herzensgüte und Frömmigkeit.[92]

Eine furchtbar hohe Erwartung, die da auf Doras Schultern lastet!

Marie

Vier Jahre nach Dora wird auch ihre kleine Schwester Marie nach Deutschland geschickt und ebenfalls im Rott'schen Pensionat untergebracht.[93] Als sie in Deutschland ankommt, ist sie acht Jahre alt und 15, als sie ihre Eltern zum ersten Mal – und auch nur für kurze Zeit – wiedersieht. Und auch ihre Brüder, die mittlerweile ebenfalls in Deutschland leben, bekommt sie nicht jeden Tag zu Gesicht. Denn die sind weit weg im Johanneum in Gütersloh.

Wie ergeht es den Geschwistern Hegner in der Fremde? Haben sie Heimweh? Fühlen sie sich einsam? Anders als ihre Geschwister hat Marie viele Briefe, die ihr die Eltern im Laufe der Zeit geschrieben haben, getreulich aufbewahrt. Und da fällt vor allem eines auf: Was immer die Kinder fühlen, sie werden nicht ermutigt, es auszudrücken. »Deine Photographien haben wir erhalten«, schreibt die Mutter beispielsweise bald nach der Abreise an Marie, »wir kannten Dich erst nicht, Du siehst etwas elend und traurig aus, aber je mehr ich es ansehe, desto mehr finde ich mein liebes kleines Mädchen wieder in dem Bilde.«[94]

Keine Fragen. Wollen die Eltern nicht wissen, ob sich Marie immer noch elend und traurig fühlt? Offensichtlich nicht. Der Gedanke, dass sich ihr kleines »Mariechen« im fernen Deutschland vor Heimweh verzehrt, wäre wahrscheinlich unerträglich für sie. Sorgsam vermeiden sie, über Gefühle, Sehnsüchte oder Ängste zu schreiben.

Als zuletzt auch der Jüngste, Willi, nach Deutschland geschickt wird, holt sich Mutter Hegner ein kleines afrikanisches Mädchen namens Meta in ihr Leben:

> Während ich dein Brieflein schreibe, sitzt die Meta neben mir und schreibt mit viel Fragen und Störungen einen Brief an Willi, der ihr noch frisch im Gedächtnis ist. Vor einigen Wochen, wie der liebe Papa fast 14 Tage verreist war, die erste größere Reise nach Willis Abreise, da war sie meine kleine Trösterin und Gesellschafterin, die mich auch auf den Gängen und Besuchen der Station begleitete.[95]

Was fühlt die zehnjährige Marie, als sie das liest? Ein anderes Mädchen, ihre ehemalige Spielgefährtin Meta, nimmt nun einen wichtigen Platz an der Seite ihrer Mutter ein. Ist sie eifersüchtig? Wütend? Vermutlich, um ihrer Tochter derartige Gefühle zu ersparen, äußert sich die Mutter immer wieder äußerst herablassend über Meta. »Mit Metas Handarbeiten geht es noch gar nicht besonders, sie muss noch sehr viel gescholten werden wegen ihrer Nachlässigkeit.«[96]

Auch der Vater schreibt in diesem Ton, beispielsweise über die Angestellten der Missionsstation Berseba:

> In Deinem Brief vom 18. Mai erkundigst Du Dich nach den alten Hausgenossen [...]. Der Moses ist derselbe, der er war, da Du uns verließest [...]. Über seine Willigkeit können wir nicht klagen, aber wenn er schlachten muss, sieht er immer eine Möglichkeit, ein Bröckchen zu erhaschen. Ja, die Katze lässt das Mausen nicht. [...] Du erkundigst Dich auch nach Moses' Töchterchen Hulda [...]. Ist sie [...] in der Küche und die liebe Mama ist in der Speisekammer, dann im Nu ist sie auch da und bittet um Brot [...]. Dass die liebe Mama ihre Unarten nicht ungestraft lässt, kannst Du Dir wol [sic!] denken [...]. Du kennst wohl auch noch die Magdalene/Ues;

sie ist Mamas Büglerin, sie muss viel getadelt werden, denn sie ist sehr träge und unordentlich.[97]

So sind sie nun mal, die Afrikaner, besagt dieser Ton. Sie betteln und stehlen, sind träge und unordentlich. Und damit du nicht so wirst wie sie, haben wir dich nach Deutschland geschickt. Das ist gut für dich, und du musst dafür dankbar sein. Immer wieder erscheint in den Briefen diese Mahnung: »O mein theures Kind, danke dem Herrn, der Dich und Deine lieben Geschwister gleichsam in einen Paradiesgarten gesetzt hat, wo Du Tag für Tag seine Güte genießest. Lerne recht fleißig, sei recht gehorsam, dankbar und bescheiden und mit Deinen Mitschülerinnen recht freundlich.«[98]

Da die Eltern selbst keine Nähe geben können, verweisen sie ihre Kinder auf Gott: »Gott segne Dich, mein liebes Kind im neuen Jahre [...]. So gehe nur unverzagt ins neue Lebensjahr und halte Dich fest an Ihn. Er ist mehr als Vater und Mutter und ist Dir täglich nah.«[99]

Immerhin gibt es auch einen Menschen, der Marie täglich nah ist – ihre große Schwester Dora. Beide Schwestern entwickeln eine enge Bindung zueinander, die bis zu Maries frühem Tod Bestand haben wird.

Trommeln, tanzen, singen: Die Kolonialausstellung 1896

1896 wird in Berlin eine große Gewerbeausstellung eröffnet, deren wichtigster – und für die Ausstellungsbesucher sicherlich interessantester – Bestandteil die »Erste Deutsche Colonial-Ausstellung« ist. Zu diesem Zweck hat man den Treptower Park komplett umgebaut und in ein riesiges Ausstellungsgelände umgewandelt.

Über sieben Millionen Zuschauer zieht das gesellschaftliche Großereignis an. Gut möglich, dass unter ihnen auch die Geschwister Hegner sind, denn es gibt dort – sozusagen als Unterabteilung der Kolonialausstellung – auch eine kleine Missionsausstellung.[100]

Die Kolonialausstellung trägt nicht wenig dazu bei, in die Hirne der Deutschen ein rassistisches Weltbild einzupflanzen. Über 100 Menschen aus den verschiedenen deutschen Kolonien (Deutsch-Südwestafrika, Deutsch-Ostafrika, Togo, Kamerun, mehreren Südseeinseln sowie der chinesischen Hafenstadt Kiautschou) hat man angeworben, um sie im Treptower Park den faszinierten Zuschauern zu präsentieren. Am dortigen Karpfenteich baute man ein sogenanntes »Negerdorf« auf, das die Menschen aus den Kolonien – in exotische Kostüme gehüllt – mit Leben füllen sollen, indem sie trommeln, tanzen, singen, auf Kamelen reiten oder in Einbäumen auf dem Teich rudern. Begeistert berichtet die *Berliner Illustrirte Zeitung*:

> Mit geschickter Ausnutzung der vorhandenen Örtlichkeit, an den idyllischen Ufern des Karpfenteichs, sind hier unseren schwarzen Landsleuten die heimatlichen Hütten wiedererstanden, so dass sie sich, abgesehen vom Klima, wie zu Hause fühlen.[101]

Dies darf allerdings bezweifelt werden. Sechs Monate lang, von Mai bis Oktober 1896, werden die »Schwarzen Landsleute« vom frühen Morgen bis in den späten Abend von den Besuchern angestarrt. Nach Feierabend sind sie in engen Gemeinschaftsbaracken untergebracht. Ein wie auch immer geartetes Privatleben ist da nicht möglich. Hinzu kommt das ungewohnte Klima: Der Sommer 1896 ist ungewöhnlich kühl und regnerisch. Mehrere Teilnehmer der Kolonialausstellung erkranken schwer. Drei von ihnen sterben sogar.

Hin und wieder kommen die Mitarbeiter des Königlichen Museums für Völkerkunde vorbei, um ihre Schädel zu vermessen und sich Notizen über ihre »Rassemerkmale« zu machen. Wer diese Behandlung ablehnt, wird lächerlich gemacht. »Ein ganz köstliches Original und eine unvergleichliche Mischung von Idiot und ›Hosennigger‹. Natürlich läßt er sich nicht messen …«, notiert etwa der Anthropologe Felix von Luschan über den Kamerunischen Königssohn Kwelle Ndumbe, auch Bismarck Bell genannt.[102] »Hosennigger« ist damals eine gängige Bezeichnung für Afrikaner, die sich erdreisten, europäische Kleidung zu tragen. Kwelle Ndumbe besteht nicht nur darauf, im Anzug aufzutreten, er schafft sich auch ein Opernglas an, mit dem er seinerseits die Zuschauer:innen auf der anderen Seite des Zauns anstarrt.[103]

Auch vier Nama und fünf Herero aus Deutsch-Südwestafrika sind unter den Afrikanern und Afrikanerinnen auf der Kolonialausstellung. »Unter den Herero befinden sich auch einige Christen«, schreibt die in Berlin herausgegebene *Allgemeine Missionszeitschrift*, »von denen einer, Josaphat Kamatoto, gut deutsch spricht. Die Rheinische Mission bittet alle christlich gesinnten und missionsfreundlichen Besucher der Ausstellung, diesen Herero ein gutes Wort zu sagen, damit sie doch auch solche Deutsche kennenlernen, die mit ihnen eines Glaubens sind.«[104] Und eine weitere Missionszeitschrift stellt wohlgefällig fest, man habe »nicht die Schlechtheiten der Nation, verkommene Heiden« nach Berlin geschickt, sondern Christen, die durch ihr kultiviertes Betragen »den Besuchern die Erfolge der Mission deutlich vor Augen stellen«.[105]

Einige Berlinerinnen beginnen mit den jungen Afrikanern am Karpfenteich zu flirten, wofür man ihnen in der konservativen Presse prompt »Würdelosigkeit« und »mangelndes Rassebewusstsein« vorwirft. Insbesondere der gut aussehende Herero-Prinz Friedrich Maharero hinterlässt bei vielen Frauen einen nachhaltigen Eindruck. Noch Jahre später erregt sich die *Deutsche Kolonialzeitung* über die »beschämenden Erinnerungen« an die Kolonialausstellung von 1896 in Berlin, wo weiße Frauen und Mädchen solchen Negern aus Kamerun und anderen Kolonien nachliefen. Unter diesen Negern war auch Friedrich, der Sohn des berüchtigten Oberhäuptlings der Herero, Samuel Maharero, der für sklavische Frauenseelen zur königlichen Hoheit wurde. [...] Für Friedrich kamen noch lange nach seiner Rückkehr nach Okahandja Liebesbriefe und allerlei Postpakete mit Geschenken an. Zum Glück hat er sie niemals erhalten, sie wurden auf irgendeinem Wege abgefangen. Die Negerjungen in Afrika sollen erfahren, dass es zwischen ihnen und weißen Mädchen eine Entfernung gibt, die ihnen zu überschreiten nicht gestattet ist.[106]

Der 22-jährige Friedrich Maharero gehört zu den bekanntesten Afrikanern der Kolonialausstellung. Es ist ein Foto erhalten, das ihn bei der Vorführung einer »Herero- und Hottentotten-Karawane« zeigt. Friedrich Maharero steht neben dem Leittier eines Ochsenwagengespanns. Neben und hinter ihm mehrere Herero- und Nama-Krieger zu Pferd. Wie Kwelle Ndumbe haben auch sie sich erst das Recht erkämpfen müssen, Anzüge zu tragen. Die Ausstellungsleitung hatte sie ursprünglich angewiesen, sich dem Publikum in »heidnischen Trachten«, also halb nackt, zu präsentieren. Doch sie hatten sich geweigert, als »Wilde« inszeniert zu werden. Rückendeckung holten sie sich dabei von der Rheinischen Missionsgesellschaft.

Was immer man den afrikanischen Frauen und Männern versprochen hatte, als man sie für die Kolonialausstellung anheuerte – sie waren offensichtlich nicht darauf gefasst gewesen, in Deutschland wie Zootiere ausgestellt zu werden. Die meisten hofften wohl, auf der Gewerbeausstellung, die ja eine Leistungsschau der neuesten technischen Errungenschaften war, sich einiges an deutschem Know-how aneignen zu können. Diese Hoffnung erfüllte sich nicht. »Wir waren dort ein Jahr lang. Gar nichts wurde uns beigebracht«, beklagte sich Friedrich Maharero später.

»Wir haben nur mit Pferden reiten müssen und wurden gekleidet und gedrillt wie Soldaten.«[107]

Als der Herero-Prinz in der Zeitung liest, dass man in Deutschland dem Landeshauptmann von Deutsch-Südwestafrika, Theodor Leutwein, zu große »Eingeborenenfreundlichkeit« vorwirft, meldet er sich zu Wort. Als Vertreter der Herero wolle er »Seiner Majestät aussprechen, dass der Landeshauptmann ihr volles Vertrauen besässe und ihren Charakter gut verstünde«, lässt er dem deutschen Kaiser ausrichten und fügt selbstbewusst hinzu: »Die Herero erwarten eine Versicherung, dass Seine Majestät gewillt sind, den Frieden mit ihnen zu halten.«[108]

Im September 1896 gewährt schließlich Kaiser Wilhelm II. Friedrich Maharero und drei weiteren Namibiern, Ferdinand Demôndja, Petrus Witbooi und Josaphat Kamatoto, eine Audienz. Was bei diesem Zusammentreffen zur Sprache kam, ist nicht überliefert. Hat der deutsche Kaiser den Herero und Nama überhaupt ernsthaft zugehört? Das ist wenig wahrscheinlich. Als acht Jahre später der blutige Krieg zwischen Herero und Nama auf der einen Seite und der deutschen Kolonialtruppe auf der anderen Seite ausbricht, wird einer der Kampfverbände gegen die Deutschen von Friedrich Maharero angeführt.[109]

Doras Leben auf der Missionsstation Berseba

1899 treffen die Eltern Hegner zum Heimaturlaub in Deutschland ein. Endlich kann sich die ganze Familie wiedersehen. Bei ihrer Rückreise nehmen sie Dora dann mit nach Afrika, damit sie die kränkelnde Mutter im Haushalt unterstützen kann. Marie hingegen bleibt als Haustochter in einer Pastorenfamilie in Deutschland. »Ferner bitte ich Dich, doch recht lieb und freundlich zu sein und alles abstoßende Wesen zu meiden«, schreibt ihr der

Vater zum Abschied. »Wenn du gesandt wirst, um Einkäufe zu machen, dann sei doch recht gewissenhaft, dass die Rechnung bis auf den Pfennig stimme. Ja, in all deinen Arbeiten sei recht treu und gewissenhaft, um dieselben auszuführen nach dem Wunsche der lieben Frau Pastor.«[110]

Würde Marie nicht viel lieber ebenfalls mit ihren Eltern nach Afrika reisen? Was geht in ihr vor, als sie erfährt, dass die ältere Schwester nun in ein aufregendes fernes Land reisen darf? Und dort jeden Tag mit den lange vermissten Eltern zusammen sein kann? Marie rebelliert nicht gegen diese Entscheidung, sie sucht stattdessen die Schuld bei sich selbst. »Ich meine oft in Deinen Briefen zu lesen, dass du mich mit meinen ›fröhlichen Anlagen‹ für einen glücklicheren Charakter hältst, als du bist«, schreibt ihr Dora aus Südwestafrika. Und wie früher die Mutter versucht sie, der kleinen Schwester Gefühle der Eifersucht zu ersparen.

> Ach, Schwesterchen, thu das nicht, du weißt nicht, welche Gefahren neben dem fröhlichen Sinn liegen! Ich wünsche mir vielmehr so oft dein stilles weibliches Wesen. Also, Kleine, schreibe nicht mehr so oft von der ›fröhlichen Dora‹, verstanden? Sie will gewiss fröhlich sein und die lieben Eltern erheitern, aber das würde mein Schwesterlein viel besser können.[111]

Man hat allerdings nicht den Eindruck, dass Dora wirklich lieber so wäre wie ihre Schwester. Beifällig schreibt sie über ihre Nichte Tilly, die neuerdings als Pflegekind in der Familie Hegner lebt: »Unsere Tilly ist […] ein Wildfang, nicht still und sinnig wie du, sondern wild und ausgelassen wie ich.«[112]

Mathilde Kleinschmidt, genannt Tilly, ist die jüngste Tochter von Doras Onkel Heinrich Kleinschmidt. Tilly kam 1888 in Otjimbingue zur Welt. Mit acht Jahren muss sie den frühen Tod ihres Vaters erleben. Heinrich Kleinschmidt hinterlässt einen Schuldenberg von 50 000 Mark. Das ist damals eine Menge Geld.

Von einem Tag auf den anderen müssen sich Tillys Mutter Mathilde und ihre vier Geschwister auf ein Leben in Armut einstellen. Als Dora und ihre Eltern aus Deutschland zurückkommen, nehmen sie daher die mittlerweile Zwölfjährige in die Familie auf.

Dora berichtet Marie über die neue Hausgenossin:

> Einiges über ihr Äußeres zu hören, wird dich vielleicht interessieren. Sie ist ziemlich klein, sehr sonnenverbrannt, stämmig. Sie hat braunes Haar, braune Augen, eine hübsche Nase, hohe Stirn und ein hübsches Mündchen. [...] Sie sieht hübsch aus (leidlich wenigstens, jedenfalls viel hübscher wie Deine Dora!) und ist recht intelligent! Sie ist auch ein recht gewecktes Kind.[113]

In Tilly hat Dora offensichtlich wieder eine kleine Schwester gefunden: »Einmal heißt es: ›Dora, schneid mir doch ein Muster für ein Puppenkleidchen!‹, dann wieder: ›Hilf mir doch, Bilder abzeichnen!« oder Mittwochnachmittags: ›Heute mußt du mir viel stopfen, das kann ich nicht selbst!‹ und so fort.«[114]

Generell genießt Dora offensichtlich ihr neues Leben auf der Missionsstation. »Ich sage dir, ich fühle mich so sicher, so geborgen, so behaglich, ich kann dir gar nicht beschreiben, wie«, schreibt sie. »Eben haben wir eine schöne Wassermelone gegessen. Überhaupt schwelgen wir jetzt rein in Früchten, jeden Nachmittag haben wir entweder Trauben, Spanspeck[115] oder Wassermelone. Ist das nicht herrlich? Dazu jeden Morgen frische Feigen.« Zudem lese sie »mit wahrem Vergnügen so manches gute Buch […]. Dass ich so noch an meiner Weiterbildung fortarbeiten darf, ist mir eine Wonne!«[116]

Nur zwischen den Zeilen kann man erkennen, dass auch Dora manchmal unzufrieden ist mit ihrer neuen Lebenssituation. »Einsam sind wir ja nicht«, schreibt sie an die Schwester, »wir haben uns untereinander! Dann haben wir unsere fröhliche Tilly dazubekommen, die hilft auch, dass wir nicht versauern. Daran muss ich natürlich am meisten glauben, ich würde sonst vielleicht eine zu eingefleischte alte Jungfer.«[117]

Dora ist 23 Jahre alt, im besten Heiratsalter, als sie diesen Brief schreibt. Sie macht sich offensichtlich Sorgen, ob sie auf der einsamen Missionsstation je einen adäquaten Ehemann finden wird. Die durchreisenden Geologen und Landvermesser kommen für die fromme Dora jedenfalls nicht in Frage. »Manche Herren sind [...] als Gesellschafter nett«, schreibt sie an die Schwester, »oder in ihrem Beruf tüchtig (die schätze ich am meisten!), aber von Christentum haben sie fast Alle nichts. Ach, Maria, diese Gottentfremdung zu sehen und zu merken, ist schrecklich! Aber sie betragen sich natürlich ordentlich.«[118]

Im Übrigen wird es Dora nicht langweilig. Wie die Weißen Farmerinnen legen auch die Missionarsfrauen den allergrößten Wert darauf, im fernen Südwestafrika einen ordentlichen deutschen Haushalt zu führen, in dem unausgesetzt gewaschen, gebügelt, abgestaubt und geputzt wird. Zudem müssen viele Dinge, die man in Europa fertig gekauft hätte, auf der Missionsstation selbst hergestellt werden. Denn die Transportwege sind lang und unsicher.

»Nächste Woche wollen wir Seife kochen«, schreibt Dora. »Mutter ist schon besorgt, ob es gut gehen wird, da ich wenig davon verstehe, aber sie hat eine verständige Frau dafür engagiert, die die Hauptsache tun wird.«[119] Einen Teil ihrer Pflichten kann sie, die in der Küche generell »keine Heldin« ist, wie sie schreibt, an Tilly weitergeben. »Die Zeit der Reife im Garten wird viel Arbeit bringen, und ich bin nur froh, dass Tilly so anstellig ist und so wacker hilft. Heute Morgen hat sie ganz allein ›die Köchtsche‹ gespielt: Frikadellen gebraten, Makkaroni gekocht und das Schwanzfett[120] ausgebraten.«[121]

Dora hingegen betätigt sich als Lehrerin: »Die Stunden, die ich Tilly gebe, und der Unterricht (deutsch) in der Schule nehmen mir die letzten Stunden vor Mittag immer weg.«[122]

> Im Deutschunterricht müssen die Khoekhoe-Kinder feste deutsche Vokabeln, die wir in der Fibel lesen, lernen, und wenn ich dann das Namawort (das ich mir am Abend vorher von Henriette sagen lasse u. in mein Buch daneben schreibe) sage, damit die Kinder das deutsche Wort sagen, und ich spreche das Namawort nicht ganz recht in Ton und Schnalz[123] und allem, dann amüsieren sich meine Schülerinnen. Manchmal müssen sie auch mit den gelernten Wörtern Sätze bilden, was bei ihrer Denkfaulheit recht schwer und langweilig, in seltenen Fällen drollig ist.[124]

Vermutlich würde Dora, die ja umgekehrt ebenfalls keine Sätze auf Khoekhoegowab bilden kann und sich sogar einzelne Wörter von ihrer Hausangestellten Henriette sagen lassen muss, nicht auf die Idee kommen, sich selbst als »denkfaul« zu bezeichnen.

Der Kolonialkrieg

Der Kampf der Herero

Wie es genau zu jenem ersten Schuss am 12. Januar 1904 kam, darüber sind sich die Historiker nicht einig. Während einige der Ansicht sind, dass er von langer Hand geplant war, vermuten andere, erst der Distriktchef Zürn mit seiner schroffen Art habe den Krieg der Herero provoziert.

Am Silvesterabend 1903 jedenfalls ist alles noch friedlich. Farmer Conrad Rust schwelgt in Nach-Weihnachtsstimmung:

> Auf der Farm Monte Christo, am alten Verbindungswege zwischen dem Hererodorfe Otjiseva und Windhuk gelegen, ungefähr 25 km von letzterem, herrschte noch Weihnachtsstimmung. Die Lichter des Christbaumes waren am Neujahrstagabend noch

einmal angezündet worden, und die Weihnachtslieder, von jung und alt, schwarz und weiß gesungen, hallten von neuem in den Räumen wieder, um in den blumigen Gefilden draußen zu verklingen. Der Christbaum wurde geplündert; auch die zuschauenden Eingeborenen, deren Blicke gierig nach den Süßigkeiten zielten, bekamen jeder sein Teil. Der Gesichtsausdruck aller, bis zur alten Magd Maherusa und dem alten Kuhhirten Kaminjose, zeigte Freude und Friede, und dieser Ausdruck war noch wahrzunehmen, als sie, das ganze Arbeiter- und Hirtenvolk, noch während einer Stunde beisammen saßen und sich über das Christusfest unterhielten.[125]

Die »Eingeborenen« – trotz immer wieder aufflackernder Aufstände betrachten sie viele Weiße in Deutsch-Südwestafrika wie der Farmer Rust: freundlich, friedlich und weitgehend harmlos. Man geht davon aus, dass sie sich jetzt, da Hendrik Witbooi unterworfen ist, allmählich an die deutsche Herrschaft gewöhnen werden. Geplündert wird höchstens der Christbaum – unter der Aufsicht des Weißen Herrn.

Und doch: Irgendetwas »liegt in der Luft«. Seit Tagen gehen unter den Siedlern Gerüchte um: An einigen Orten sollen die Herero große Mengen Lebensmittel auf Kredit gekauft haben, an anderen grüßen sie die Weißen nicht mehr oder geben patzige Antworten, wenn man ihnen etwas befiehlt.

Es gibt auch eine mündliche Herero-Überlieferung über den Beginn des Jahres 1904:

Als die Herero merkten, dass sie dauernd schikaniert und sogar heimlich getötet wurden, baten sie Samuel Maharero, er möge ihnen den Kampf erlauben. Aber Samuel sagte: »Ihr seht nur diese Leute hier. Aber sie sind so zahlreich in ihrem eigenen Land, dass ihr nicht in der Lage sein werdet, sie zu bekämpfen.« Da sagten sie: »Du redest so, weil sie dir Kaffee und Lebensmittel und andere Waren gegeben haben.« Und sie beharrten darauf, dass ihnen die Erlaubnis erteilt werde, gegen die Weißen zu kämpfen.[126]

Über die militärische Stärke der Deutschen hat Samuel Maharero Informationen aus erster Hand – sein ältester Sohn Friedrich hat nach dem Ende der Deutschen Kolonialausstellung noch ungefähr ein Jahr lang in Berlin gelebt und wurde dort vermutlich auch Zeuge der häufig stattfindenden Truppenparaden.

Der Vorwurf der anderen Herero ist allerdings keineswegs unberechtigt. Samuel Maharero ist hoch verschuldet und verkauft daher Land in großem Stil. Er gibt sich sogar dazu her, gemeinsam mit den deutschen Kolonialtruppen andere Herero-Gemeinschaften aus ihren angestammten Gebieten zu vertreiben. So werden die Weidegebiete der Herero von Jahr zu Jahr kleiner.

Um diesen Ausverkauf von Land zu stoppen, versucht schließlich Gouverneur Leutwein gemeinsam mit der Rheinischen Missionsgesellschaft, Reservate für die Herero einzurichten, deren Grund und Boden unverkäuflich sein soll. Diese Idee löst bei den Siedlern große Entrüstung aus. Sie sehen sich in ihrem Recht auf freien Landkauf beschnitten. Viele Herero-Ovahona hingegen sind im Prinzip mit der Reservatsidee einverstanden, allerdings empfinden sie das ihnen vorgeschlagene Gebiet als viel zu klein.

Ende des Jahres 1903 soll dann Distriktchef Zürn mit einigen angesehenen Herero-Anführern die Grenzen des Okahandja-Reservats festlegen. Zürn ist ein erklärter Gegner des Reservatkonzepts und für seine Grobheit und Respektlosigkeit bekannt. »Halt das Maul, du Schwein!«, schnauzt er beispielsweise in aller Öffentlichkeit seinen Verhandlungspartner Samuel Maharero an.[127]

Zürn lässt nicht mit sich verhandeln. Gegen den erklärten Willen der Herero-Räte legt er eigenmächtig die Grenzen künftiger Reservate fest und versucht, diese durch Drohungen zur Unterschrift zu bewegen. Er schreckt auch nicht vor Fälschungen von Landverträgen zurück. Samuel Maharero erklärt später sogar, Zürn habe versucht, ihn zu ermorden.[128]

Ob nun der Kampf der Herero gegen die Deutschen seit Langem geplant war oder ob Zürns Aggressivität der letzte Tropfen war, der das Fass zum Überlaufen brachte – es erweist sich bald, dass die Herero weder feige noch undiszipliniert sind, wie die deutschen »Herrenmenschen« immer geglaubt hatten. Nach jenem ersten Schuss am 12. Januar 1904 legen sie in einer koordinierten Aktion innerhalb kürzester Zeit die meisten Weißen Farmen in der Gegend von Okahandja in Schutt und Asche, greifen Städte, Dörfer, Telegrafenleitungen und die Eisenbahnlinie zwischen Windhoek und Swakopmund an, belagern die deutschen Festungen in Windhoek, Okahandja, Omaruru, Otjimbingue, Gobabis und Outjo und töten über 100 deutsche Siedler.[129] Und sie kämpfen ausgesprochen mutig. Trotz überlegener Bewaffnung gelingt es der deutschen »Schutztruppe« nicht, sie zu besiegen.

Bald stellt sich heraus, dass die Herero keineswegs blindwütig gegen alle Weißen kämpfen. »Auf unseren geheimen Zusammenkünften beschlossen wir«, so berichtet Omuhona Daniel Kariko später, »das Leben aller deutschen Frauen und Kinder zu schonen. Auch die Missionare sollten geschont werden. Nur deutsche Männer wurden als unsere Feinde betrachtet.«[130]

Auch Engländer und Buren sollen nicht angegriffen werden. Diese Anordnung wird weitgehend eingehalten. Während des ganzen vierjährigen Krieges sind insgesamt drei Weiße Frauen und zwei Kinder getötet worden, vermutlich aus Versehen.[131]

Die deutsche Seite hingegen kennt solche Skrupel nicht. »Die Deutschen sind erfüllt von einem furchtbaren Hass und schrecklichen Rachedurst, ja ich möchte sagen: Blutdurst gegen die Hereros«, schreibt Hegners Kollege, der Missionar Elger im Februar 1904 an die Leitung der Rheinischen Missionsgesellschaft. »Man hört in dieser Beziehung nichts als: aufräumen, aufhängen, niederknallen bis auf den letzten Mann, kein Pardon etc. Mir graut, wenn ich an die nächsten Monate denke, die Deutschen werden ohne Frage schreckliche Rache nehmen.«[132] Er wird recht behalten.

Als sich der Krieg monatelang hinzieht, beschließt die Regierung in Berlin, durchzugreifen. Man hat dort schon länger den Eindruck, Gouverneur Leutwein sei zu zaghaft, und entsendet den Generalleutnant Lothar von Trotha nach Südwestafrika. Trotha hat sich bereits bei der Niederschlagung von Aufständen in China und Ostafrika »bewährt«. Seine Devise ist seither oft zitiert worden: »Gewalt mit krassem Terrorismus und selbst mit Grausamkeit auszuüben, war und ist meine Politik. Ich vernichte die aufständischen Stämme in Strömen von Blut und Strömen von Geld. Nur auf dieser Aussaat kann etwas Neues entstehen.«[133]

Trotha interpretiert den Kampf der Afrikaner gegen die deutsche Kolonialherrschaft als »Rassenkrieg«. Seiner Ideologie zufolge vollzieht die »überlegene Rasse«, also die Weißen, praktisch ein Naturgesetz, wenn sie die »unterlegenen Rassen« vernichtet und sich deren Reichtümer aneignet. Diese Auffassung teilt Trotha mit vielen seiner Weißen Zeitgenossen: »Wir dürfen niemals den Neger siegen lassen«, schreibt beispielsweise ein deutscher Zeitungsleser, dessen Brief in den Akten des Reichskolonialamts abgelegt wurde, an Kaiser Wilhelm II. »Wo soll es hinkommen nach solchem Sieg? Schon jetzt meinen die Neger, Afrika gehört ihnen.«[134]

Im August 1904 versammeln sich die Herero – es sind nicht nur Krieger, sondern ganze Familien mit ihrem Vieh – in einem Gebiet nördlich von Okahandja, dem Waterberg. Offensichtlich erwarten sie ein Friedensangebot, wie sie es von Leutwein kennen. Trotha lässt sie so umzingeln, dass ihnen nur noch der Fluchtweg in die Omaheke-Wüste bleibt. Dann lässt er Wachposten aufstellen und auf alle schießen, die sich einer Wasserstelle nähern – auch auf Frauen und Kinder. Gefangene werden nicht gemacht. Sein Befehl lautet: »Das Volk der Herero muss jetzt das Land verlassen. Innerhalb der deutschen Grenze wird jeder Herero, mit oder ohne Gewehr, mit oder ohne Vieh, erschossen. Ich nehme keine Weiber und Kinder mehr auf, treibe sie zu ihrem Volk zurück und lasse auf sie schießen.«[135]

Später ergänzt Trotha seinen Schießbefehl durch die Anweisung, Frauen und Kinder seien nicht direkt zu erschießen, sie seien vielmehr »lediglich« mit Schüssen in die Wüste zu treiben. Wohl wissend, dass sie dort verdursten werden. Denn, so Trotha, »die Truppe wird sich des guten Rufes des deutschen Soldaten bewusst bleiben«.[136] Der deutsche Soldat bleibt anständig, auch beim Völkermord. Oder, wie es später in einem offiziellen Bericht des Großen Generalstabes heißt, der damit befasst war, Kriege zu planen und zu führen: »Die wasserlose Omaheke sollte vollenden, was die deutschen Waffen begonnen hatten: die Vernichtung des Hererovolkes.«[137]

Leutwein und ein Teil der Siedler sind gegen diese Vernichtungspolitik, wenn auch nicht aus humanitären Gründen: »Sie wollen schon lange verhandeln«, schreibt Trotha in einem Bericht nach Berlin, »und bezeichnen die Nation der Herero als notwendiges Arbeitsmaterial für die zukünftige Verwendung des Landes. Ich bin gänzlich anderer Ansicht. Ich glaube, dass die Nation als solche vernichtet werden muss.«[138]

Trothas Vorgesetzter, der Generalstabschef von Schlieffen – der später durch den nach ihm benannten Plan, im Ersten Weltkrieg das neutrale Belgien zu überfallen, in die Geschichte eingehen wird –, unterstützt ausdrücklich diese Ansicht:

> Dass Trotha die ganze Nation vernichten oder aus dem Land treiben will, darin kann man ihm beistimmen. Der entbrannte Rassenkampf ist nur durch die Vernichtung oder vollständige Knechtung einer Partei abzuschließen. Das letztere Verfahren ist aber bei den jetzt gültigen Anschauungen auf Dauer nicht durchzuführen. Die Absicht des Generals von Trotha kann daher gebilligt werden. Er hat nur nicht die Macht, sie durchzuführen.[139]

Derartige Überlegungen werden keineswegs im Geheimen hinter verschlossenen Türen diskutiert. Die Auffassung, dass die »überlegene Rasse« das Recht habe, die »minderwertige Rasse« zu vernichten, ist damals so wenig umstritten, dass niemand es nötig findet, diesen ersten Völkermord des 20. Jahrhunderts zu vertuschen.

Im Dezember 1904 trifft aus Berlin der Befehl ein, Trothas Vernichtungsfeldzug gegen die Herero zu stoppen. Man braucht die Truppe für den Kampf im Süden. Denn unterdessen haben sich auch die Nama gegen die Deutschen erhoben.

Der Kampf der Nama

Hendrik Witbooi war seiner Verpflichtung, der deutschen Kolonialmacht gegen »aufständische Stämme« beizustehen, jahrelang gewissenhaft nachgekommen. Auch am Waterberg kämpfte ein Kontingent Witbooi-Soldaten auf deutscher Seite mit. Sie erlebten das Massaker aus nächster Nähe, und es waren vermutlich die Berichte dieser Augenzeugen, die den greisen Kaptein veranlassten, noch einmal in die Politik seiner Heimat einzugreifen.

Im September 1904 erklärt Hendrik Witbooi den Deutschen den Krieg. Fast alle Nama-Kapteins schließen sich ihm an. Eine Ausnahme bilden lediglich die Missionsstationen Berseba, Bethanien und Keetmanshoop. Deren Kapteins versuchen, von ihren Missionaren beeinflusst, sich und ihre Leute aus dem Krieg herauszuhalten.

Anders als die Herero lassen sich die Nama auf keine großen Schlachten ein. Sie verfolgen vielmehr die Taktik, die deutschen Schutztruppen blitzschnell zu überfallen und ebenso schnell wieder zu verschwinden. Mit dieser Taktik können die Nama eine stetig wachsende Zahl deutscher Truppen binden. Von der Kriegserklärung Hendrik Witboois 1904 bis zum September 1905 wird die Gesamtstärke der deutschen Truppen von 7000 auf

14000 verdoppelt. Die Zahl der bewaffneten Nama hingegen beträgt mit Sicherheit zu keiner Zeit mehr als 2000.[140] Auf Hendrik Witboois Kopf wird eine Prämie von 5000 Mark ausgesetzt, doch keiner will sich das Blutgeld verdienen. Drei Jahre lang führen die Nama gegen die Deutschen einen für beide Seiten äußerst verlustreichen Guerillakrieg. Immer wieder gelingt es auch einzelnen Herero-Verbänden, welche die Schlacht am Waterberg überlebt haben, sich in den Süden durchzuschlagen, um an der Seite der Witbooi gegen den gemeinsamen Feind zu kämpfen.

Wie die Herero verschonen auch die Nama weitgehend Frauen, Kinder, Engländer, Buren und die Missionare. Nur in den ersten Tagen nach Witboois Kriegserklärung wird in der Gegend von Gibeon der Missionslandwirt Ludwig Holzapfel von aufständischen Nama erschossen – er bleibt der einzige getötete Missionsangestellte während des gesamten Kolonialkriegs.[141]

Dass sie die Aufständischen nicht fürchten müssen, ist den Missionaren sehr wohl bewusst. Sogar unter dem unmittelbaren Eindruck der Erschießung Holzapfels bringt beispielsweise Hegners Kollege, der Missionar Christian Spellmeyer, nicht etwa zuerst seine Familie in Sicherheit. Stattdessen begibt er sich zur befestigten Militärstation in Gibeon, um Meldung zu erstatten. »Weil ich aber wußte, dass die Witbooi Frauen und Kinder verschonten, [...] warteten wir auf der Feste ruhig den Morgen ab. In aller Frühe holte ich dann meine Familie nebst den allernötigsten Sachen, gleichfalls auf die Feste«, schreibt er in sein Tagebuch.[142]

Auch Doras Vater fühlt sich von den Kämpfen ringsum nicht wirklich bedroht. Zwar bringt er unmittelbar nach Witboois Kriegserklärung seine Angehörigen in das mit einer Militärstation ausgestattete Keetmannshoop. Er selbst kehrt jedoch bald wieder nach Berseba zurück. Ja, so sicher fühlt er sich, dass er sich von seiner Tochter Dora begleiten lässt.

Dort versucht er alles, um seine Gemeinde »zum treuen Festhalten an dem Bündnis mit der deutschen Regierung zu ermuntern«.[143] Das ist schwierig, denn die anderen Kapteins lassen es nicht an Versuchen fehlen, die Bersebaer für den antikolonialen Kampf zu gewinnen.

In Berseba übt inzwischen Christian Goliath das Amt des Kapteins aus, der Nachfolger des verstorbenen Kapteins Jakobus Izaak. Christian Goliath ist bei Weitem nicht so skeptisch gegen die Deutschen eingestellt wie sein Vorgänger. Im Gegenteil. Kürzlich seien Abgeordnete eines gewissen Samuel Izaak in Berseba angekommen, eines engen Verbündeten von Hendrik Witbooi, schreibt Hegner im Januar 1905 nach Deutschland. Sie fragten den Besebaer Kaptein, »ob er noch Deutscher sei, das sollte wohl ein Spott sein und heißen: ob er noch am Schutzvertrag mit den Deutschen festhalte«. [144] Der Kaptein bejaht die Frage und lässt Samuel Izaak fragen, ob er Bersebas Neutralität anerkenne. In diesem Fall müsse er die Deutschen, den Missionar, die Heliografisten und den gerade anwesenden Händler unbehelligt lassen. Dabei muss man wissen, dass die Heligrafisten zur kämpfenden Truppe gehörten. Mithilfe von Spiegeln übertrugen sie über große Entfernungen Nachrichten an andere Truppenteile. Bei allen deutschen Kolonialkriegen wurde die Heliografie als Nachrichtenwaffe eingesetzt, in Deutsch-Südwestafrika handelte es sich um eines der größten Heliografennetze der Welt. Von Neutralität kann also keine Rede sein. Dennoch lässt Samuel Izaak den Kaptein wissen, man werde Berseba in Ruhe lassen, und zieht sich zurück, um Hendrik Witbooi Bericht zu erstatten. Da diese ritterliche Art der Kriegsführung so gar nicht ins Klischee passt, fügt Hegner hinzu: »Später hörten wir, dass Sam. I. gesandt worden sei, den Bersebaer Häuptling zu tödten. Wenn es wahr gewesen, dann hat der Herr den Rath der Feinde zunichte gemacht.«[145]

So gut funktioniert die Zusammenarbeit zwischen Missionar und deutschen Kolonialtruppen, dass diese Berseba hin und wieder zur Erholung aufsuchen. »Anfang Decbr. kamen hier Truppen durch«, schreibt Hegner 1905 an seine Tochter Marie in Deutschland. »Die letzte Schaar von 25 Mann unter Lieut. de Beaulieu war vom 18 bis 27 Decbr. hier. Sie feierten hier Weihnachten. Die Soldaten wohnten in den 2 Schulstuben, der Leutnant daneben. Zu Weihnachten machten sie einen Christbaum, den sie mit selbstgefertigtem Schmuck zierten. Sie übten Weihnachtslieder und freuten sich wie die Kinder aufs Fest [...]. Als sie am 27. abzogen, haben sie wiederholt herzl. gedankt.«[146]

Offensichtlich hat zumindest der Leutnant Beaulieu auch Familienanschluss. »Zur Erinnerung an die schöne Zeit, die ich in Ihrer Familie erleben durfte«, schreibt er am 27. Dezember 1904 in Doras Poesiealbum.[147]

Wie kommt Dora eigentlich dazu, einen Leutnant der »Schutztruppe« um einen Eintrag in ihr Poesiealbum zu bitten? Und worüber haben sie sich wohl unterhalten – der Missionar und der Leutnant, wenn sie abends nach dem Abendessen noch eine Weile vor dem Missionshaus saßen und das langsame Abklingen der Tageshitze genossen, den gigantischen namibischen Sternhimmel über sich?

Ganz sicher hat Hegner nicht versucht, die Berechtigung dieses Krieges infrage zu stellen. Dazu ist er selbst zu sehr überzeugt, dass es für das Groß-Namaland das Beste ist, wenn dort endlich eine Kolonialmacht geordnete Zustände einführt. Und dass seine Bewohner, wenn sie das anders sehen, »bestraft« werden müssen. Er wird eher versucht haben, Sonderbedingungen für Berseba auszuhandeln. Denn anders als der Leutnant kann er nachempfinden, in welcher Zwickmühle sich die Menschen von Berseba befinden.

»Was diese Gemeinde betrifft, so muss man ihren Standpunkt recht verstehen lernen«, schreibt er an seine Vorgesetzten in Deutschland. »Sie ist mit allen umliegenden Gemeinden irgendwie verwandt.« Beispielsweise sei eine Tochter von Hendrik Witbooi mit einem Mann aus Berseba verheiratet. Daher nehme die Gemeinde »eine nüchterne und reservierte Stellung« zur deutschen Kolonialmacht ein.[148] Nur der Kaptein Christian Goliath stehe wirklich auf der Seite der Deutschen.

> Er sagt ihnen: Was hilft euch das Kriegmachen, denn 1. Habt ihr keinen Frieden untereinander, 2. Fehlt jegliche Bereitschaft dafür, 3. Er wolle lieber sterben, als die Schande tragen, den Vertrag gebrochen zu haben. So steht er energisch für den Frieden ein, und die Bersebaer sind mit ihm in dem Punkt einig, dass sie keinen Krieg mit den Deutschen haben wollen.[149]

Dabei hat man in Berseba keinerlei Vorteil von der deutschfreundlichen Position des Kapteins, im Gegenteil:

> Berseba hat fortgesetzt der Militairbehörde allerlei Hilfe und Dienste geleistet. Männer wurden gefordert und mussten nach Herero-Land und gegen die eigenen Stammesgenossen ziehen. Während die Familien daheim Noth litten, mussten sie aushelfen bei Patrouillen und bei Spionage usw. Was war der Dank? Als Berseba mit Soldaten belegt wurde, requirierte man Schlachtvieh und machte die Gemeinde arm.[150]

Infolgedessen hat Kaptein Christian Goliath einen schweren Stand:

> Die hiesige Gemeinde, die ja nichts von Politik versteht, macht dem Häuptling den Vorwurf, er habe keine Sorge für die Gemeinde, arbeite vielmehr mit der Regierung auf die Schwächung des Stammes hin, und er muss alles über sich ergehen lassen, was ihm Böses nachgesagt wird. Von den umliegenden Stämmen sind die Bersebaer nicht nur isoliert, sondern auch gehasst, weil sie nicht mit aufständisch geworden sind.[151]

Generell sind die missionarischen Beeinflussungsversuche meist nicht erfolgreich. Im benachbarten Bethanien beispielsweise will zwar der amtierende Kaptein Paul Frederiks ebenfalls »Frieden halten« mit den Deutschen. Doch gegen seinen erklärten Willen nimmt ein großer Teil der Bethanier unter seinem Bruder Cornelius Frederiks am Kampf gegen die Kolonialmacht teil.

Hermann

1904 kommt Doras Bruder Hermann nach Südwestafrika und schließt sich der »Schutztruppe« an. Ausgerechnet! Warum tut er das? Hofft er, sich nach dem Krieg als Farmer in Deutsch-Südwestafrika niederzulassen? Den Kolonialsoldaten hat man besonders günstige Bodenpreise versprochen.

Ist es Hermann nicht klar, dass man das Land in Südwestafrika erst kaufen kann, nachdem man die bisherigen Eigentümer vertrieben oder ermordet hat? »Wir hatten vor 8 Tagen Briefe von Hermann aus Berseba«, schreibt Mutter Hegner an Marie, »und da ist so vieles drin, über das wir durchaus erst mit Schw. Agnes sprechen müssen. Gott der Herr wolle alles zum Besten lenken; sobald wir Klarheit in der Sache haben, sollst du alles wissen, der arme Hermann bedarf sehr unserer Fürbitte.«

Schwester Agnes ist Hermanns Verlobte, eine Krankenschwester. In einer Nachschrift erklärt Vater Hegner etwas deutlicher, warum Hermann so sehr der familiären Fürbitte bedarf: »Ja, bete, l. Tochter, dass der allmächtige Erlöser Jesus den Hermann von dem Tranke erlösen möge.«[152] Was genau in Berseba geschehen ist, schreiben die Eltern Hegner nicht.

Wie kommt es, dass Hermann an seine inzwischen in Deutschland lebenden Eltern aus Berseba schreibt? Er kann dort nicht stationiert gewesen sein, denn es gibt keine Militärstation in Berseba. Aber Hermann ist dort geboren und hat dort seine Kindheit verbracht. Hat er ein freies Wochenende genutzt, um seine alten

Spielgefährten zu besuchen? Womöglich in Uniform? Auch wenn die Bersebaer nicht am Kolonialkrieg teilnehmen, haben sie ihn, den Schutztruppler, vermutlich nicht gerade mit offenen Armen empfangen. Und was hat es mit Vater Hegners Anspielung auf Hermanns Trunksucht auf sich? Unter den Weißen in Deutsch-Südwestafrika ist der Alkoholismus damals weit verbreitet. Soldaten wie Zivilisten versuchen, ihre Frustration über diesen Krieg, der so ganz anders verläuft als erwartet, im Alkohol zu ertränken. Gewaltexzesse im Suff sind an der Tagesordnung. Bei Hermann kommt dazu, dass für ihn, anders als für seine Weißen Kameraden, die Afrikaner keine gesichtslose, anonyme Masse sind. Es besteht immer die Gefahr, dass die Menschen, auf die er schießt, Freunde aus seiner Kinderzeit sind. Vielleicht kann er diese innere Zerrissenheit nur aushalten, indem er sich regelmäßig betrinkt.

Die Mitgliedschaft in der Schutztruppe ist freiwillig. Hermann hätte jederzeit um seine Entlassung nachsuchen können. Er tut es nicht. Dies geht aus seiner Todesanzeige hervor: »Er starb, nachdem er den Feldzug in China, in Südwestafrika und den jetzigen Weltkrieg mitgemacht hatte, in treuer Pflichterfüllung im Dienste des Vaterlandes«[153], und zwar als »Inhaber des Eisernen Kreuzes und anderer Orden und Ehrenzeichen« und im Range eines Vizefeldwebels – eine eher bescheidene Militärkarriere.

Hermann stirbt nicht auf dem Schlachtfeld, sondern »unerwartet nach kurzer Krankheit« im Sommer 1918. Er ist damals 43 Jahre alt. Diese Todesanzeige ist das einzige Dokument über Hermann, das Dora aufbewahrt hat. In der Familie vermeidet man, über ihn zu reden.

Völkermord

Am 29. Oktober 1905 wird der fast 80-jährige Hendrik Witbooi von einer deutschen Kugel tödlich getroffen. Doch der Kampf geht weiter. Erst 1908 muss der letzte Nama-Verband aufgeben.

Sogar als Gefangene erscheinen die Überlebenden so gefährlich, dass die Kolonialbehörde zunächst versucht, ganze Nama- und Orlam-Gemeinschaften in andere deutsche Kolonien, etwa Togo, Kamerun oder Samoa, zu deportieren. Dies ist beispielsweise das Schicksal einer größeren Gruppe Witbooi. Sie werden 1904 nach Togo verschleppt, was für die meisten von ihnen das Todesurteil bedeutet. Das ungewohnte Klima, Krankheiten und Mangelernährung führen dazu, dass ein Jahr später nur noch die Hälfte von ihnen am Leben ist. Diese werden nach Kamerun verschleppt, wo das Sterben weitergeht. Als man sie 1906 dann schließlich nach Südwestafrika zurückkehren lässt, sind von den ehemals 112 Witbooi nur noch 42 am Leben.[154]

Die meisten Gefangenen aber, Herero wie Nama, werden in »Konzentrationslagern« gesammelt, wie man diese Vernichtungslager schon damals nennt. Wie Jahrzehnte später in Nazi-Deutschland werden hier erstmalig Tausende Menschen gefangen gehalten, einzig und allein, weil sie einer bestimmten »Rasse« angehören. Die Lebensbedingungen der internierten Kinder, Frauen und Männer sind katastrophal. Auch die »Vernichtung durch Arbeit« wird damals erprobt. Schockiert berichtet der Missionar Heinrich Vedder über das Lager in Swakopmund:

> Vom frühen Morgen bis zum späten Abend mussten sie am Werktag sowohl als auch an Sonn- und Feiertagen unter den Knütteln roher Aufseher arbeiten, bis sie zusammenbrachen. Dabei war die Ernährung mehr als dürftig: Reis ohne jegliche Zutaten war nicht genügend, den durch das Feldleben geschwächten und an die heiße Sonne des Innern gewöhnten Körper die Kälte und ruhelose Anspannung aller Kräfte ertragen zu lassen. Wie Vieh wurden Hunderte zu Tode getrieben und wie Vieh begraben.[155]

Die gefangenen Frauen sind darüber hinaus den sexuellen Übergriffen ihrer Weißen Bewacher ausgesetzt.

Ein weiteres berüchtigtes KZ befindet sich auf der Haifischinsel in der Lüderitzbucht. »Kinder, manche von ihnen nicht mehr als fünf Jahre alt«, zitiert im September 1905 die südafrikanische Zeitung *Cape Argus* einen Augenzeugen, »müssen mitarbeiten. Die Lasten, die sie tragen müssen, stehen in keinem Verhältnis zu ihren Körperkräften. Ich habe oft Frauen und Kinder zusammenbrechen sehen. Nachdem sie gefallen waren, wurden sie von dem aufsichthabenden Soldaten mit aller Kraft ausgepeitscht, bis sie aufstanden.«[156]

Es sind vor allem Witbooi und Bethanier, die man auf der Haifischinsel gefangen hält. Unter ihnen der 50-jährige Cornelius Frederiks von Bethanien, der sich gegen den Willen des Kapteins dem Kampf gegen die Deutschen angeschlossen hatte. Bis 1906 hatte er mit seinen Guerillakämpfern die deutschen Kolonialtruppen in Atem gehalten, dann setzte man ihn gefangen und verbrachte ihn auf die Haifischinsel. Ein Jahr später war er tot – gestorben an Entkräftung.

Wie viele Afrikaner damals ihr Leben verloren, ist schwer zu sagen. Es gibt keine genauen Bevölkerungszahlen aus der Zeit vor dem Krieg. Fest steht jedoch, dass in den Konzentrationslagern nahezu jeder zweite Gefangene starb. An Krankheiten, Mangelernährung, Überanstrengung. Historiker gehen davon aus, dass während des Kolonialkrieges ungefähr 80 Prozent der Herero und 50 Prozent der Nama ums Leben kamen.[157]

Erst 1908 werden die Lager aufgelöst, manche Gefangenen kommen sogar erst 1913 frei. Der gesamte Besitz der Herero und Nama, ihr Vieh und ihr Land werden enteignet, zum Eigentum des deutschen Staates erklärt und zu günstigen Preisen an interessierte ehemalige Schutztruppler und andere Siedler weiterverkauft. Um nicht zu verhungern, sind die überlebenden Nama und Herero gezwungen, sich als Arbeiter und Hausangestellte bei den Weißen Farmern zu verdingen – oftmals auf demselben Land, das ihnen früher gehört hatte. Viele der riesigen Besitztümer, die sich noch heute in den Händen der Weißen Namibias befinden, sind auf dieser Basis entstanden.

Die Hegners in Deutschland

Schon vor dem Ausbruch des Kolonialkrieges hatte Doras Mutter immer wieder an heftigen Kopfschmerzattacken und am Grünen Star gelitten. »Es ist offenbar ein nervöses Kopfleiden, das meine Frau zu gänzlicher Stille und Unthätigkeit zwingt«, hatte Hegner an die Missionsleitung geschrieben. »Sie kann nicht einmal vertragen, dass ihr ein Brief vorgelesen wird. Die Augen können kein Licht vertragen.«[158] Als der Kolonialkrieg ausbricht, verschlimmern sich ihre Beschwerden. »Darum ist meine Bitte«, so Hegner, »dass die geehrte Deputation mir doch die von 70 Jahren fehlenden fünf Jahre freundlichst schenken und mir dafür einen Dienst in der Heimat anweisen wolle.«[159]

Ein Jahr später entspricht die Missionsleitung schließlich diesem Gesuch. 1905 kehrt die Familie Hegner nach Deutschland zurück und lässt sich in Gütersloh nieder. Auch Doras vaterlose Cousine Tilly Kleinschmidt kommt mit. Sie ist inzwischen 18 Jahre alt und wird vermutlich, wie einst Dora, als Haustochter in irgendeiner frommen gutbürgerlichen Familie untergebracht, wo sie ihren hausfraulichen Fähigkeiten den letzten Schliff geben kann. Jedenfalls ist von ihr von nun an nicht mehr die Rede.

In Gütersloh leben bereits Doras Tante, Maria Baumann, und ihre Großtante Lina Bam, die Witwe des Bethanien-Missionars Johannes Bam. Nach dem Tod ihrer Ehemänner haben sie sich ebenfalls in Deutschland niedergelassen.

Vater Hegner betätigt sich nun als sogenannter Heimatmissionar, das heißt, er hält Vorträge, um für die Missionsidee Unterstützer und Sponsoren zu werben. Doras Schwester Marie macht eine Ausbildung als Kindergärtnerin, Otto studiert, Willi macht Abitur. Dora führt ihren Eltern, wie schon zuvor in Afrika, den Haushalt.

Rassismus in Deutschland: Die »Hottentottenwahl« und ein Orden für Vater Hegner

An manchen Tagen mögen die Hegners ihren Augen nicht getraut haben, wenn sie morgens die Zeitung aufschlugen. Gewiss, man hatte Angst gehabt in dem grausamen Kolonialkrieg in Afrika. Aber da man wusste, dass Herero und Nama Frauen, Kinder und Missionare nicht angriffen, hatte man sich doch auch verhältnismäßig sicher gefühlt. Nun kann man in der Presse immer wieder Berichte lesen, die detailfreudig schildern, wie in der fernen Kolonie wieder einmal Weiße Männer von den »Wilden« grausam abgeschlachtet und Weiße Frauen vergewaltigt worden seien.

Wie solche Zeitungsartikel zustande kommen, zeigt ein Telegrammwechsel zwischen Gouverneur Leutwein und der Kolonialabteilung in Berlin. Leutwein hatte in einem Bericht erwähnt, Weiße Frauen seien »misshandelt« worden. Darauf kommt prompt die Rückfrage, ob »unter ›misshandeln‹ weißer Frauen ›notzüchtigen‹ zu verstehen« sei. Leutwein, der weiß, was man in Berlin hören will, kabelt zurück: »Wahrscheinlich Notzucht. Fehlt jedoch Beweis, da Frauen nicht zugestehen.«[160]

Derartige Geschichten sollen die Deutschen zu Hause davon überzeugen, dass der Kolonialkrieg notwendig und berechtigt ist, ein Krieg der Zivilisation gegen die Barbarei. Vergebens versuchen Einzelne, die die Situation vor Ort kennen, die wildesten Erfindungen richtigzustellen. Beispielsweise der Missionar Irle:

> Nun schreibt man in gewissen Zeitungen von den Gräueltaten der Herero, dass sie die Frauen der Ansiedler abgeschlachtet und dort auch die Männer kastriert hätten. Was Letzteres angeht, so haben gewisse Herero das getan an Weißen, die sich an ihren Frauen und Mädchen vergriffen hatten. Und was die Frauen anbelangt, die man hier als abgeschlachtet, den Bauch aufgeschnitten bezeichnete, so ist das als unrichtig erwiesen. Sowohl Frau Pilet und ihre Schwester auf Frauenstein, Frau Külbel auf Oriambo, Frau Lange mit ihrer Schwester auf Klein-Barmen, Frau Bremen mit ihren fünf Kindern auf Otjonjati, Frau Kronewitter auf Otjimbingwe, die alle hingeschlachtet sein sollten, leben noch.[161]

Doch solche Stimmen gehen unter im allgemeinen Propagandagetöse. Allerdings wird der Krieg teurer und teurer. Als daher im Dezember 1906 die Regierung im Reichstag die zusätzliche Bewilligung von 29 Millionen Mark fordert – zur Unterstützung der Kolonialtruppen in Deutsch-Südwestafrika und für den Bau einer Eisenbahn, die ebenfalls militärischen Zwecken dienen soll –, regt sich unter den Abgeordneten Widerstand.

Vor allem die SPD und die Zentrumspartei üben – wenn auch vorsichtige – Kritik an der deutschen Kolonialpolitik. Jahrelang hatten vor allem die Sozialdemokraten entschieden gegen jegliche koloniale Bestrebung Deutschlands opponiert. Inzwischen sind sie nicht mehr ganz so kompromisslos. 1904, zu Beginn des Kolonialkrieges, hatten sie nicht dagegengestimmt, sondern sich der Stimme enthalten. Aber auf keinen Fall sind sie einverstanden mit dem Gemetzel der Schutztruppen, über das immer mehr Einzelheiten in die Heimat dringen.

Da erklärt die konservative Reichsregierung ihren Antrag zur Vertrauensfrage und verlangt dessen Annahme ohne jegliche Abstriche. Sozialdemokraten und Zentrum lassen sich jedoch nicht erpressen und lehnen den Nachtragshaushalt mit knapper Mehrheit ab. Daraufhin erklärt Reichskanzler von Bülow den Reichstag für aufgelöst und setzt Neuwahlen für den 25. Januar 1907 fest, im Volksmund »Hottentottenwahl« genannt. Durch sie erhofft Bülow eine stabile prokoloniale Reichstagsmehrheit.

Im nun losbrechenden Wahlkampf werden alle Register gezogen. Es gibt Stimmen in Deutschland, die mit dem Kampf der Nama und Herero um Unabhängigkeit sympathisieren und ihn mit den deutschen Befreiungskriegen gegen Napoleon vergleichen. Diesen Stimmen können die Kolonialbefürworter nur mit rassistischen Argumenten entgegentreten. Nachdrücklich soll den Deutschen klargemacht werden, dass sie ein Herrenvolk seien, das das Recht habe, sich den Reichtum anderer, minderwertiger Völker anzueignen. Wer, wie zurückhaltend auch immer, Kritik an den Gewaltexzessen in Übersee zu üben wagt, wird von der einschlägigen Presse als unpatriotisch und unzuverlässig angegriffen. Nicht nur Sozialdemokraten und Zentrumspartei sind davon betroffen, sondern auch die Missionsgesellschaften. »Ich kann bei aller Hochachtung für die Missionare nur meinem Bedauern darüber Ausdruck geben«, so Bülow im Reichstag, »dass sie sich gerade diesen Augenblick, wo so viele Deutsche das Opfer roher Barbarei geworden sind, ausgesucht haben, um solche Anschuldigungen zu erheben. In dem uns in Südafrika aufgezwungenen Kampfe ist der Platz der Missionare an der Seite ihrer Landsleute. Ich kann ihnen weder das Recht der Neutralität zwischen Deutschland und den Herero einräumen, noch das Amt eines Anklägers oder Richters zugestehen.«[162]

Bülows Attacke auf die Mission findet große Aufmerksamkeit in der Öffentlichkeit. Eilfertig versichert die Missionsleitung:

> Unsere Missionare haben Anweisung erhalten, in jeder ihrem Stande angemessenen Weise den Behörden ihren Dienst anzubieten. Selbstverständlich hatten sie dies ohne Ausnahme schon sofort getan. [...] Weder das Recht der Neutralität, noch das des Anklägers oder Richters haben wir uns je angemaßt.[163]

Dies entspricht leider völlig den Tatsachen: In vorauseilendem Gehorsam erfüllen viele Missionare die Forderungen der Kolonialbehörden, lange bevor sie gestellt werden. Hegner ist keineswegs der Einzige, der den Schutztrupplern die Gebäude der Mission zur Verfügung gestellt hat. Bereitwillig berichten die Missionare den Soldaten, wo sich bestimmte Herero- und Nama-Gruppen gerade aufhalten. In Einzelfällen betätigen sie sich als Militärgeistliche für die Schutztruppe. Sie sind sogar bereit, sich in ihr Kerngeschäft hineinreden zu lassen und »das zu viele Beten« auf den Missionsstationen abzustellen, »weil es die Arbeitszeit kürzt«.[164]

Dieses obrigkeitsfromme Verhalten nützt ihnen jedoch wenig. So schreibt etwa die *Koloniale Zeitschrift:*

> Die Mission besitzt noch die Unverfrorenheit, für dieses Gesindel einzutreten. Tausende und Millionen deutschen Geldes werden für die Missionierung Jahr für Jahr verschleudert; die Erfolge sind gleich Null. Teekränzchen, in denen empfindsame einfältige Weiber Kleidchen und Socken für Niggerbälge anfertigen, tragen in breite Schichten die Anschauung von der Erziehungsfähigkeit der Farbigen und halten damit die Kolonien in ihrer Entwicklung zurück.[165]

Für viele Missionare, die sich zu Unrecht an den Pranger gestellt sehen, wirkt es daher wie Balsam auf ihre Seele, dass etwa Theodor Leutwein in seinem Buch *Elf Jahre Gouverneur in Deutsch-Südwestafrika* die Arbeit wenigstens eines Missionars ausdrücklich lobt: »Die Treue des [...] Stammes [von Berseba] beruht ausschließlich auf der loyalen Gesinnung des Kapitäns Goliath, und diese ist ihm durch seinen Lehrer, den früheren Missionar Hegener [sic], eingepflanzt worden.«[166]

Und so kommt es, dass Missionar a. D. Hermann Ludwig Hegner im Januar 1907 eine Nachricht aus Berlin in seinem Briefkasten findet, in der man ihm mitteilt, es sei ihm der Königliche

Kronenorden vierter Klasse verliehen worden, weil sich die Missionsstation Berseba aus dem Krieg herausgehalten habe.

Hegner, der während seiner aktiven Missionstätigkeit den deutschen Kolonialismus nach Kräften unterstützt hat, ist keineswegs begeistert über diese Ehrung. »Was wirst du nur denken«, schreibt er an seine Tochter Marie, »dass der Kaiser mich mit einem Orden bedacht hat? Ich meinerseits habe mich immer gefreut, dass sich niemand von der Regierung nach mir umsieht und dass ich ohne solche Ehrung bleiben werde, und nun ist's anders gekommen.« So ganz gleichgültig lässt ihn diese Ehrung jedoch nicht. Ausführlich beschreibt er seiner Tochter den Orden, das Ordensband und sogar das Etui, in dem sich der Orden befindet. Missionsinspektor Haussleiter, der seine große Abneigung gegen regierungsamtliche Ehrungen kenne, habe ihn gebeten, den Orden anzunehmen, »um der Mission willen, die ja so geschmäht wird«.[167] Hätte Hegner den Orden abgelehnt, wäre dies eine öffentlich beachtete Geste des Protests gewesen. Doch er fügt sich den Erwägungen seiner Missionsleitung.

Für die SPD mit ihrer – wenn auch kompromissbereiten – Kritik am deutschen Kolonialismus hat die »Hottentottenwahl« nachhaltige Folgen. Bei einer Wahlbeteiligung von fast 85 Prozent (bei der letzten Wahl 1903 waren es nur 76 Prozent gewesen) gewinnt sie fast eine Viertelmillion Stimmen dazu. Doch dann kommt das böse Erwachen. Die erhöhte Wahlbeteiligung nützt vor allem den Konservativen. Obwohl die SPD prozentual bei Weitem die stärkste Partei im Reichstag ist, sinkt die Anzahl ihrer Abgeordneten im Reichstag aufgrund des völlig überholten Mehrheitswahlsystems und von Wahlabsprachen der konservativen Parteien auf fast die Hälfte, von 81 auf 43. Im Reichstag kommt eine Mehrheit aus Kolonialbefürwortern zustande: der sogenannte Bülowblock. Dieser bewilligt umgehend die geforderten Mittel für den Kolonialkrieg.[168]

Nach dieser Niederlage bricht in der SPD der Katzenjammer

aus. Manche Sozialdemokraten glauben, die kolonialismuskritische Haltung der Partei sei schuld an ihrer Niederlage. Immer lauter werden die Stimmen, die diese Politik ablehnen und sogar Konzepte einer »sozialistischen Kolonialpolitik« entwickeln. Zwar gelingt es der SPD bei der nächsten Reichstagswahl, die Scharte wieder auszuwetzen, 1912 wird sie zur stärksten Fraktion im Reichstag. Doch die damalige Niederlage und den Vorwurf, sie würden sich unpatriotisch verhalten, können viele sozialdemokratische Abgeordnete nicht vergessen.

Am 4. August 1914, am Vorabend des Ersten Weltkrieges, wagen sie es denn auch nicht, gegen die allgemeine Kriegsbegeisterung anzukämpfen. Geschlossen stimmt die SPD-Fraktion für die Bewilligung der Kriegskredite.[169]

»Das berührte mich recht schmerzlich, dass die Race im Missionshaus auch ein Hindernis ist«

Die rassistische Propaganda, die den Kolonialkrieg in Deutschland begleitet und deren vorläufiger Höhepunkt der Wahlkampf zur »Hottentottenwahl« ist, geht an niemandem spurlos vorbei. In Deutschland nicht – und in Südwestafrika auch nicht. Dies kann man gut anhand der diesbezüglichen Haltung der Rheinischen Missionsgesellschaft studieren.

Unterdessen ist auch Tillys ältester Bruder Heinrich in Gütersloh angekommen. Nach dem frühen Tod seines Vaters hatte er zunächst eine Lehre als Wagenmacher bei der Firma Hälbich in Otjimbingue begonnen, sich jedoch bald »infolge der schweren Arbeit und des Hebens von Wagenachsen« einen Leistenbruch zugezogen. Nun ist er nach Deutschland zurückgekehrt, um dort ein anderes Handwerk zu erlernen. Er absolviert eine Lehre als Schuster und wird danach zur Armee eingezogen.

Nach dem Ende seiner Militärzeit beschließt er, Missionar zu werden. 1906 bewirbt er sich um Aufnahme ins Missionsseminar und schickt seinen Lebenslauf an die Rheinische Missionsgesellschaft.[170] Dort sagt man nicht Ja und nicht Nein. Drei Jahre lang hält man ihn hin. Dann weist man ihn schließlich ab. Als Begründung erklärt man ihm, seine Schulbildung sei ungenügend. Das ist wenig glaubhaft. Schließlich stammen die meisten Missionare aus dem Handwerker- oder Bauernstand und haben vor dem Eintritt ins Missionsseminar lediglich die Volksschule besucht, auch noch im frühen 20. Jahrhundert.

Heinrich wendet sich schließlich um Hilfe an seinen Onkel Hermann. Als dieser bei der Missionsleitung nachfragt, erzählt man ihm den eigentlichen Grund. »Inspektor Haussleiter«, schreibt Hegner an dessen Kollegen Spieker, »sprach sich [...] wirklich ohne Umschweife gegen mich aus, dass es der Eingeborenen wegen nicht sein dürfe.«[171]

Wie Dora ist Heinrich ein Urenkel des Missionars Johann Hinrich Schmelen und seiner afrikanischen Frau. Offensichtlich befürchtet man in Barmen, ein Missionar mit einer Schwarzen Vorfahrin könne bei den »Eingeborenen« nicht überzeugend als Vertreter der Herrenrasse auftreten.

Haussleiter ist als besonders scharfer Gegner jeglicher »Rassenvermischung« bekannt.[172] Doch auch die anderen Inspektoren billigen offensichtlich seine Entscheidung. Trotz der Intervention seines Onkels wird Heinrich Kleinschmidt entsprechend nicht als Missionsschüler zugelassen. »Das berührte mich recht schmerzlich«, schreibt Hegner an die Missionsleitung, »dass die Race im Missionshaus auch ein Hindernis ist.«[173]

Ähnlich ergeht es Heinrichs und Tillys Schwester Helene. Wie Dora und ihre Geschwister war sie als kleines Mädchen zur Erziehung nach Deutschland geschickt worden. Nach ihrem Schulabschluss will sie Krankenschwester werden, und zwar gemäß der Familientradition bei einer evangelischen Diakonissengemeinschaft, bei den Kaiserswerther Schwestern, die eng mit der Rheinischen Missionsgesellschaft zusammenarbeiten. Im Rahmen ihrer Ausbildung arbeitet sie auf verschiedenen Stationen im Evangelischen Diakonissenkrankenhaus Kaiserswerth. Dann wird sie 1909 plötzlich entlassen.

Auch in ihrem Fall wendet sich ihr Onkel Hermann an die Missionsleitung mit der Bitte um Aufklärung.

> Uns bleibt in der Sache vieles unbegreiflich. Man hat ihr bis zu dem Tage, wo Ihr Brief sie erreichte, nichts Tadelndes gesagt; erst nach Empfang Ihres Briefes sagte die Oberschwester, dass sie der Anstalt nichts nütze gewesen sei. Dieser Bemerkung folgte direkter Widerspruch seitens einer Schwester, worauf die Oberschwester ihr Urteil änderte. Man hat ihr [...] keine Rüge erteilt, auch der Arzt hat sie nicht getadelt, ihr auch nicht gesagt, dass sie unfähig sei.[174]

Die Vorwürfe gegen Helene seien aufgekommen, nachdem Missionsinspektor Haussleiter das Krankenhaus besucht habe: »Herr Direktor war dort für eine Nacht, er ging durch die Kinderstation, wo sie war, sprach sie aber nicht an, erst aus seinem Schreiben hörte sie durch mich, welche Klage man über sie hat. Als einziger Grund wurden die wunden Füße genannt.«[175]

Wunde Füße als Entlassungsgrund? Oder hat Missionsinspektor Haussleiter auch hier aus rassistischen Gründen interveniert?

»Kein Weißer im Sinne des Gesetzes«: Rassismus in der Kolonie

Auch in der Kolonie Deutsch-Südwestafrika verändert sich seit dem Kolonialkrieg der öffentliche Diskurs. Man hat erlebt, dass die verachteten »Kaffer« den hochgerüsteten deutschen Truppen jahrelang Widerstand leisten konnten. Der schon lange bestehende Rassismus steigert sich daraufhin massiv. Mit Argusaugen wacht die Weiße Community darüber, dass sich kein »Mischling« in ihre Reihen einschleicht.

Das Baumann-Urteil

Dies wird dem Diplomingenieur Ludwig Baumann zum Verhängnis. Baumann ist Doras Cousin und ebenfalls ein Urenkel des Ehepaars Schmelen. Seine Mutter Maria Baumann, geb. Kleinschmidt, ist die älteste Schwester von Doras Mutter. Sein Vater ist der Missionar Christian Baumann.

Ludwig Baumann kam im Groß-Namaland zur Welt und wurde, wie die meisten seiner Geschwister, Cousins und Cousinen als Kind nach Deutschland geschickt. Dort besuchte er die Schule und absolvierte später ein Studium als Ingenieur. Dora kennt ihn noch aus dieser Zeit. Wie ihre Freundinnen und Geschwister hat auch er ihr damals einen Bibelspruch in ihr Poesiealbum geschrieben. Danach kehrte zuerst Dora nach Südwestafrika zurück und später, nach Abschluss seines Studiums, auch Ludwig. Wann genau, weiß man nicht.

Sicher ist aber, dass er sich am 10. Januar 1913 in Swakopmund befindet. Denn dort wird er vom zuständigen Bezirksgericht wegen Unterschlagung von Geldern aus einem ihm anvertrauten Nachlass in erster Instanz zu zwei Jahren Gefängnis und fünfjähriger Aberkennung der bürgerlichen Ehrenrechte verurteilt.[176] Gegen dieses Urteil legt Baumann Berufung ein, und so kommt der Fall vor das Obergericht Windhoek, die letzte Instanz in kolonialen Rechtsstreitigkeiten.

Bei dieser Verhandlung äußert einer der Beisitzer Zweifel, ob der Angeklagte als »Angehöriger der Weißen Rasse zu betrachten« sei. Daraufhin erklärt sich das Gericht für nicht zuständig.

Nach Prüfung der Abstammung entschied das Obergericht unter dem Vorsitz des Oberrichters Bach dahin, Baumann sei kein Weißer im Sinne des Gesetzes und müsse daher vor dem zuständigen Eingeborenenrichter, dem Bezirksamtmann, abgeurteilt werden. Baumanns Mutter stamme aus einer Ehe eines rheinischen Missionars mit einem Mischlingsmädchen.[177]
Es muss [...] jeder, dessen Stammbaum väterlicher- oder mütterlicherseits auf einen Eingeborenen zurückgeführt werden kann, also auch jeder Mischling, als Eingeborener betrachtet werden. Auf den Grad der Blutsverwandtschaft kommt es nicht an. Der Angeklagte als Urenkel einer Eingeborenen ist hiernach als Eingeborener anzusehen und muss, so hart ihn das nach seinem Bildungsgang und seiner bisherigen Lebensstellung treffen mag, als solcher der Eingeborenengerichtsbarkeit unterstellt werden.[178]

Das »Baumann-Urteil« erregt großes öffentliches Aufsehen. Das Reichskolonialamt Berlin interveniert. Doch da ist Ludwig Baumann bereits nach Südafrika ausgewandert, wo ihn niemand kennt und wo sich seine Spur verliert. Damit erlischt das Interesse des Kolonialamtes an diesem Fall.

Sogar im Deutschen Reichstag beschäftigt man sich mit dem »Baumann-Urteil«. So schickt der Abgeordnete Hoesch, als Präsident der Deutschen Gesellschaft für Züchtungskunde sozusagen Fachmann für diese Materie, im April 1913 einen spöttischen Brief an das Reichskolonialamt:

Der bestrafte Baumann ist auf Grund seiner Ahnentafel als 7/8 weißer Rasse anzusprechen. Ein solcher Blutmischungsgrad gilt in der Regel, züchterisch gesprochen, als Übertritt in die reine Rasse. Bei geordnetem Standesamtsregister würde aber nach Erkenntnis des Obergerichts selbst ein 15/16 Blut oder gar ein 31/32 Blut und auch noch unendlich viel weitergehende Blutverdünnung stets als nicht der weißen Rasse angehörig zu betrachten sein.[179]

Unter den Weißen in Deutsch-Südwestafrika entwickelt sich infolge dieses Urteils eine Atmosphäre der Schnüffelei und des Denunziantentums. Wer seinem Mitmenschen wirklich übel will, braucht nur das Gerücht in die Welt zu setzen, dieser habe eine Schwarze Groß- oder Urgroßmutter. Diese gereizte Stimmung nimmt so überhand, dass schließlich das Gouvernement seine Beamten anweist, bei Personen, die man bislang als Weiße angesehen hat, auch in Zukunft keine Nachforschung von Amts wegen über deren Abstammung durchzuführen.[180]

Tilly Kleinschmidt

In dieser Zeit lebt auch Doras (und Ludwig Baumanns) Cousine Tilly wieder in Deutsch-Südwestafrika, in ihrer Geburtsstadt Otjimbingue. Sie ist inzwischen volljährig und verdient ihr Geld als »Stütze der Hausfrau« bei der Familie des Wagenmachers Hälbich, wo einst auch ihr Bruder Heinrich gearbeitet hat.

Die Missionsstation Otjimbingue ist damals ein wichtiges politisches und wirtschaftliches Zentrum von Deutsch-Südwestafrika. Schon vor der Kolonialzeit hatte dort eine stattliche Anzahl von Weißen gelebt, deren Anzahl sich nun immer weiter vergrößert. Von 1885 bis 1891 ist Otjimbingue sogar Hauptstadt der neuen Kolonie. Dort wird die erste Poststation Deutsch-Südwestafrikas eröffnet. Es gibt Läden und Handwerksbetriebe, in denen die Weißen Farmer aus der Umgebung einkaufen. Auch eine Weiße Kirchengemeinde gibt es, ein zentraler Ort für Weiße Sozialkontakte und gesellige Ereignisse.

»Stütze der Hausfrau«, das ist für viele junge Frauen aus Deutschland nur eine Zwischenstation. Unverheiratete Weiße Frauen, die nach Deutsch-Südwestafrika kommen, werden meist umgehend von einem der Weißen Junggesellen geheiratet, die sich damals in der Kolonie niederlassen. Tilly ist beliebt und gilt bald als das »hübscheste Mädel von Südwest«, so die Familienüberlieferung. Irgendwann lernt sie den deutschen Kaufmann Fritz Ewaldt kennen, der in der Kleinstadt Karibib lebt, ganz in der Nähe von Otjimbingue.[181] Die beiden verloben sich. Doch als sie heiraten wollen, sieht sich der zuständige Bezirksamtmann von Karibib »außer Lage, die Eheschließung antragsgemäß vorzunehmen«, weil die Urgroßmutter der Braut eine Afrikanerin gewesen sei. Er beruft sich dabei ausdrücklich auf das »Baumann-Urteil«.[182]

Tillys Umgebung reagiert empört auf diese Weigerung. Beispielsweise Pfarrer Heyse, zu dessen Gemeinde Tilly gehört. Er hat zwar grundsätzlich nichts gegen die rassistische Diskriminierung von Menschen mit Schwarzen Vorfahren, findet aber, man solle bei Tilly eine Ausnahme machen. Mathilde Kleinschmidt, so argumentiert er in einer Eingabe an das Reichskolonialamt, sehe nicht nur wie eine Weiße aus, sie habe auch »von jeher als Weiße gelebt«. Generell kann er über Tillys Familie nur das Beste berichten. Abgesehen vom schwarzen Schaf Ludwig Baumann hätten die Kleinschmidts schon immer ein vorbildliches, nach Gesinnung und Erziehung durch und durch deutsches Leben geführt.[183] Ein Onkel von Tilly sei sogar Rektor einer Mädchenschule in Görlitz. Dieser Mann, der dem »Eingeborenenursprung« ja sogar noch um eine Generation näher stehe, habe in Deutschland Schulleiter und damit »Erzieher der deutschen Jugend« werden können, während seiner Nichte in Deutsch-Südwestafrika die bloße Eheschließung mit einem Reichsangehörigen unter Hinweis auf ihre »Eingeborenenherkunft« verweigert werde.[184]

Doch Heyses Appell hat keine Wirkung. Tilly bleibt nichts anderes übrig, als mit ihrem Verlobten unverheiratet nach Deutschland auszureisen, um dort in den Ehestand zu treten.[185] Denn in Deutschland ist die Kategorie »Rasse« noch kein gültiger Rechtsbegriff. Noch nicht.

Gerhard Kleinschmidt

Generell wird die »Rassenfrage« damals noch keineswegs systematisch gehandhabt. Dies kann man an Gerhard Kleinschmidt sehen, einem Bruder Tillys. Als junger Mann hatte er, wie sein Bruder Heinrich, bei der Firma Hälbich in Otjimbingue eine Lehre als Wagenmacher absolviert und war dort auch nach dem Ende der Lehrzeit geblieben. Die Witwe Hälbich schreibt 1913 in sein Zeugnis:

> Wegen seiner Anstelligkeit und seines Bestrebens, noch mehr zu lernen, veranlasste ich ihn im Jahr 1909 auch noch, das Schmiedehandwerk in meiner Wagenbauerei zu erlernen; er hat dann auf diesem Handwerk bis zum heutigen Tag gearbeitet. Ich kann ihn als einen in beiden Handwerken vollständig ausgebildeten und tüchtigen Mann, der selbständig arbeiten kann, empfehlen. Zur besonderen Freude gelangt es mir, aussprechen zu dürfen, dass Herr Gerhard Kleinschmidt sich während der fast 15 Jahre, die er bei mir tätig gewesen ist, durch ein stilles, bescheidenes Wesen, durch Treue und Fleiß und durch einen christlichen Lebenswandel ausgezeichnet hat.[186]

Später bewirbt sich auch Gerhard bei der Rheinischen Missionsgesellschaft. Allerdings nicht als Missionar wie sein Bruder, sondern als Verwalter auf einer der missionseigenen Farmen. Missionsfarmer – das wird offensichtlich von der Missionsleitung akzeptiert. Gerhard wird 1913 angenommen und im selben Jahr als Verwalter auf einer Missionsfarm im Herero-Land eingesetzt. Als diese Farm 1921 aufgegeben wird, macht sich Gerhard in Karibib als Wagenbauer selbstständig – ein damals langsam aussterbendes Gewerbe, denn das Auto beginnt sich bereits durchzusetzen.

Gerhard Kleinschmidt heiratet in aller Form, standesamtlich

wie kirchlich, eine deutsche Frau, Klara Heuer, mit der er drei Kinder hat: Hellmut, Wilhelm und Elisabeth. Weder bei Gerhard noch bei seinen Kindern wird deren Status als Weiße jemals in Zweifel gezogen.

Dora heiratet und wird Mutter

Auch bei Dora und Marie zieht niemand – außer vielleicht sie selbst – ihren Status als »Weiße« in Frage. Marie hat mittlerweile ihre Ausbildung als Kindergärtnerin abgeschlossen und arbeitet in Prenzlau.[187] Daher gibt es auch wieder Briefe an sie. Vater Hegner beispielsweise lässt es sich nicht nehmen, seine jüngere Tochter brieflich über jede neue Verlobung im Bekanntenkreis zu informieren. Immer deutlicher werden die Winke mit dem Zaunpfahl. Das »liebe Margellchen« ist schließlich schon 22 Jahre alt. Sie kommt aus gutem Hause. Sie ist hübsch. Dass sie als Kindergärtnerin arbeitet, ist ja gut und schön. Aber doch nicht ihr Leben lang … Warum also gibt es nicht endlich eine Verlobung bei ihr?

Noch größere Sorgen machen sich die Eltern möglicherweise um Dora. Auch bei ihr ist weit und breit kein potenzieller Ehemann in Sicht.

»Ich bin so wenig gewöhnt, mit Herren zu verkehren. Und ich weiß mich da auch ziemlich schlecht zu benehmen«, berichtet sie einmal an Marie über eine Feier der Studentenverbindung Wingolf, der ihre Brüder Willi und Otto angehören. »Amüsiert habe ich mich über cand. Kühn, einen Freund von Otto. Er strahlte, als er Willi sah! Aber dieses Gesicht, als er sah, dass ich zu Willi gehöre. Er hätte gar nicht enttäuschter sein können. Zu lächerlich!«[188]

Ist Dora über diese Missachtung durch einen jungen Mann wirklich amüsiert? Oder ist sie nicht eher verletzt? Aber Dora ist nicht die Frau, über solche Dinge zu jammern. Ist sie etwa auf die Huldigungen junger Männer angewiesen? Schließlich hat sie ihre Geschwister. »Menschenskind, haben wir es gut!«, schreibt sie an Marie. »Und was sind wir verwöhnt durch geschwisterliche Liebe und ihr zartes Verstehen!«[189]

Für kurze Zeit versucht sich Dora als berufstätige Frau: Von 1909–1912 arbeitet sie als Stenografin bei der Rheinischen Missionsgesellschaft in Barmen. Dann verschlechtert sich der Gesundheitszustand ihrer Mutter dramatisch. Sie ist inzwischen fast blind, und Dora muss die Stelle aufgeben. In ihrem Abschlusszeugnis bescheinigt man ihr exzellente Fähigkeiten an Stenoblock und Schreibmaschine, Gewissenhaftigkeit und Pünktlichkeit. »Nebenbei hat sie auch unsere Bibliothek mitverwaltet. [...] Mit gutem Gewissen können wir sie für jede Stellung, vor allem für Vertrauensstellungen, warm empfehlen. Das in sie gesetzte weitgehende Vertrauen hat sie stets in vollem Maße gerechtfertigt.«[190]

Damit ist Doras berufliche Laufbahn zu Ende. Auch darüber beklagt sie sich nicht. Im Gegenteil. Über einige Lehrerinnen aus ihrem Bekanntenkreis schreibt sie: »Da stellte ich leider aufs Neue fest, dass Lehrerinnen so leicht das echt Weibliche verlieren. [...] Schade, dass sich Frauen in solchen Berufen so leicht in Gegensatz zu den Männern setzen. Aber wer weiß, vielleicht müssen sie es, bei den Männern, mit denen sie zu tun haben. Gott sei Dank, dass er mich bewahrt vor solcher Notwendigkeit!«[191]

Doras Mitleid mit den Lehrerinnen ist wenig glaubhaft, wenn man bedenkt, wie viel Freude ihr das Unterrichten auf der Missionsstation Berseba bereitet hat. Aber offensichtlich schafft sie es, allen Situationen, die andere unglücklich – oder rebellisch – gemacht hätten, das Positive abzugewinnen. Als ihre Mutter am 2. September 1913 stirbt, sucht sich Dora keinen neuen Beruf, sondern bleibt bei ihrem Vater.

Das ist die Situation, als Philipp in Doras Leben tritt.

Am 26. Oktober 1915 stirbt Doras Vater Hermann Ludwig

Hegner mit 75 Jahren. Zwei Monate später heiraten sie und Philipp in Gütersloh. Das ist ziemlich schnell in der damaligen Zeit. Ein Trauerjahr wäre eigentlich angemessen. Aber Dora lebt nun als unverheiratete Frau allein, ohne »männlichen Schutz«. Dem muss im Interesse ihres guten Rufes möglichst schnell durch Heirat abgeholfen werden.

Bald danach wird Philipp als Pfarrverwalter an die Gemeinde Buer-Erle bei Gelsenkirchen entsandt. Die beiden können nun einen gemeinsamen Hausstand gründen und Philipps kleine Söhne aus erster Ehe, den siebenjährigen Gottfried und den vierjährigen Theodor, zu sich holen. Dora liebt ihre beiden Stiefsöhne zärtlich und legt ein Büchlein an, in dem sie mehr oder weniger drollige Aussprüche der beiden aufschreibt. Von ihrer Stiefmutter beifällig notiert, plappern die beiden Jungen nach, was sie bei den Erwachsenen aufgeschnappt haben. Beispielsweise unterhalten sie sich bei Tisch, ob die Soldaten wohl »Ängst« hätten. Dora: »Da sagt Theo: ›Der Kaiser ist ja bei ihnen.‹ Da waren sie beide überzeugt, dass man dann keine Ängst hätte.« Oder: »›Mama, wenn wir von den Feinden welche fangen, da werden doch manche Deutsche?‹ fragt Gottfried. ›So?‹ ›Ja, dann waschen sie sich die Läuse ab, dann werden sie doch Deutsche.‹«[192] Man kann sich die Gespräche der Erwachsenen im Umfeld der Kinder in etwa vorstellen.

Am 7. April 1917, einem Ostertag, wird Dora zum ersten Mal selbst Mutter, mein Onkel Diether kommt zur Welt. Auch darüber schreibt Dora in ihr Kinderbüchlein. Der Kleine ist so mager, »dass Arzt und Hebamme, wie sie später verrieten, ihm kein langes Leben zugerechnet haben«.[193] Dora ist fast 40 Jahre alt, als sie ihr erstes Kind zur Welt bringt. Auch nach heutigen Maßstäben wäre sie eine »alte Erstgebärende«. Wie lief diese Geburt ab? Immerhin war die Hebamme bereits am Karfreitag geholt worden, und es dauerte dann noch drei Tage, bis das Kind endlich kam. Dora schreibt darüber nichts. Stattdessen allerlei religiöser Schwulst: »Getauft wurde er am Pfingstsonntag. Wie hat sich Mutters Herz gefreut, dass ihr Osterjunge am Feste des Heiligen Geistes dem dreieinigen Gott in der hl. Taufe dargebracht wurde. Möge der Auferstandene einmal, wenn du leben darfst, mein Junge, deine Kraft sein, und der Heilige Geist dein Führer.«[194]

Ein Jahr später, am 1. September 1918, wird mein Vater Gotthilf geboren – ein »dicker Sonntagsjunge«, wie Dora vermerkt. Diesmal geht die Geburt schneller vonstatten, sie dauert nur etwa vier Stunden, aber leicht ist sie dennoch nicht, was Dora Gelegenheit gibt, wieder allerlei Religiöses niederzuschreiben (diese Angewohnheit wird sich im Laufe der Jahre jedoch etwas legen): »Mutter lag in den Tagen nach der Geburt mit mancherlei Beschwerden, in denen sie sich festhielt an dem Spruch: Wir haben einen Gott, der da hilft, u. einen Herrn, der vom Tode errettet.«[195]

Freut sich Dora, dass sie schon nach einem Jahr erneut Mutter wird? Und dann in einer solchen Zeit? Es gehörte schon einiges an Gottvertrauen dazu, in diesen Jahren Kinder in die Welt zu setzen. Die Ernährungslage war bereits seit 1916 katastrophal, in Deutschland starben von 1914 bis 1918 etwa 800 000 Menschen an den Folgen von Unterernährung. Zudem grassierte die zweite Welle der »Spanischen Grippe«, einer besonders aggressiven Influenzapandemie, die weltweit 20 bis 50 Millionen Menschenleben forderte, mehr als der Erste Weltkrieg. Aber so dachte man damals nicht, vor allem nicht in Doras und Philipps frommer Umgebung. Geburtenkontrolle – so etwas wäre den beiden nicht im Traum eingefallen. Lediglich aus ihrer ersten Reaktion auf das Neugeborene kann man auf eine gewisse Abwehrhaltung schließen: »Als man Mutter das kl. Wesen zeigte, sagte sie: ›Mein häßliches Entlein‹, [...] Büblein war nämlich arg behaart ...«[196]

Ansonsten galt: Kinder wurden von Gott geschickt, und der sorgte auch für alles Weitere. »Und da die ganze Zeit so trübe war«, so Dora, »und wir immer nur auf Gott schauen mußten, der da hilft und der uns nicht in Not kommen ließ, so nannten wir das Büblein ›Gotthilf‹.«[197] Doras Schwester Marie wird seine Patentante.

Dann ist der Krieg zu Ende, und Deutschland wird eine Republik, die umgehend das Frauenstimmrecht einführt. Dora und Marie dürfen zum ersten Mal wählen. Haben sie dieses Recht überhaupt wahrgenommen? Vermutlich stehen sie der neuen Regierung äußerst skeptisch gegenüber. Die Tatsache, dass nun Friedrich Ebert, ein ehemaliger Sattlergeselle und noch dazu ein Sozialdemokrat, anstelle des Kaisers die Geschicke des Deutschen Reiches lenken soll, empfindet man in den konservativen Kreisen, in denen sich die beiden Schwestern bewegen, als ausgesprochen skandalös.

Gleichzeitig entwickelt sich in Deutschland eine kolonialrevisionistische Bewegung, die fordert, dass den Deutschen ihre Kolonien zurückgegeben werden müssten. Einer ihrer wichtigsten Propagandisten ist der Schriftsteller Hans Grimm. 1926 schreibt er den Roman *Volk ohne Raum*, in dem er anhand der Kolonie Deutsch-Südwestafrika darlegt, wie dringend Deutschland, »ein Volk ohne Raum«, Kolonien brauche. Der dickleibige Wälzer entwickelt sich alsbald zum Bestseller. Sein Titel liefert später für Hitler das Schlagwort, warum Deutschland »Lebensraum im Osten« suchen müsse.

Die »Schwarze Schmach«

Im Friedensvertrag von Versailles, der bewusst am selben Ort abgeschlossen wird, wo 43 Jahre zuvor die Deutschen ihr Kaiserreich ausgerufen und den Franzosen exorbitante Reparationen abverlangt hatten, rächen sich nun die Siegermächte. Sie erlegen den Deutschen ihrerseits hohe Entschädigungszahlungen auf. Außerdem werden ihnen sämtliche Kolonien aberkannt und diese unter den Siegern aufgeteilt. Das linke Rheinufer sowie die Städte Frankfurt am Main und Kehl werden von französischen Truppen besetzt.

Was viele Deutsche jedoch für beinahe noch schlimmer halten: Unter den Besatzern befinden sich etwa 20 000 Soldaten aus den asiatischen sowie den nord- und ostafrikanischen Kolonien der Franzosen.[198] Schwarze nicht als Diener, sondern als Herren! Ein Sturm der Entrüstung bricht los. Und zwar nicht nur auf der extremen Rechten, sondern auch in frauenrechtlerischen, sozialdemokratischen und kirchlichen Kreisen. »Franzosen und Belgier verwenden auch nach Friedensschluss farbige Truppen in den besetzten Gebieten der Rheinlande«, empören sich bis auf die USPD sämtliche Parteien in der verfassungsgebenden Nationalversammlung der jungen Weimarer Republik. »Die Deutschen empfinden die missbräuchliche Verwendung der Farbigen als eine Schmach und sehen mit wachsender Empörung, dass jene in deutschen Kulturländern Hoheitsrechte ausüben.«[199] Auch der neu gewählte sozialdemokratische Reichspräsident Ebert beschwert sich über »die Verwendung farbiger Truppen niederster Kultur als Aufseher über eine Bevölkerung von der hohen geistigen und wirtschaftlichen Bedeutung der Rheinländer«.[200]

Vor allem, dass sich so mancher Schwarze Besatzer eine deutsche Freundin sucht, erleben viele Deutsche als besondere Provokation. Ziel des siegreichen Frankreich sei, so vermuten sie, »eine Verseuchung des deutschen Blutes mit Geschlechtskrankheiten und mit dem Blut der dunklen Rassenmischungen Afrikas und Asiens«.[201]

Bei Schwarz-Weißen Beziehungen könne es sich nur um Vergewaltigungen handeln, ist eine weitverbreitete Meinung. »Für deutsche Frauen und Kinder – Mädchen wie Knaben – sind diese Wilden eine schauerliche Gefahr. Ihre Ehre, Leib und Leben, Reinheit und Unschuld werden vernichtet. Immer mehr Fälle werden bekannt, in denen farbige Truppen deutsche Frauen und Kinder schänden, Widerstrebende verletzen, ja töten«, behauptet beispielsweise die verfassungsgebende Nationalversammlung.[202]

Und in kirchlichen Kreisen stößt man ins selbe Horn:

> Von Hunger und Armut bedrückt [...] muss unser Volk mit Grausen ansehen, wie seine Frauen und Kinder [...] geschändet und misshandelt werden. Keine militärische Manneszucht ist imstande, die wilden Instinkte dieser [...] christlicher Erziehung entbehrenden [...] Leute in Schranken zu halten. [...] Mund und Feder sträuben sich, die Greuel zu schildern, die alle Kriegsschrecken übertreffen [...]. Darum, du Christenheit in aller Welt, erhebe deine Stimme gegen den Greuel der Verwüstung.[203]

Eine rassistische Propagandaschlacht wird angezettelt, ähnlich wie zur Zeit der »Hottentottenwahl«. Nicht nur in Deutschland, sondern auch im Ausland, sowohl in konservativen wie in sozialistischen Zeitungen. Einzig die KPD-nahe *Rote Fahne* verweigert sich der allgemeinen Hysterie.[204] Vergeblich weisen der Justizminister von Rheinhessen, der hessische Kultusminister sowie zahlreiche Bürgermeister, die einen deutlichen Rückgang des Tourismus feststellen müssen, derartige Berichte als frei erfunden zurück. Ihre öffentlichen Äußerungen beenden die aufgeheizte Kampagne keineswegs.[205]

Da sich die Vergewaltigungsthese auf die Dauer nicht aufrechterhalten lässt, werden Frauen mit einem Schwarzen Freund kurzerhand zur Dirne erklärt. Zudem wird behauptet, die Schwarzen Besatzungssoldaten seien allesamt geschlechtskrank. »Wenn derartige Weiber syphilitisch werden oder Mischlinge erzeugen, ist es freilich ihre Sache, aber es ist leider nicht bloß ihre Sache, denn sie übertragen die Seuche auch auf andere, auch auf Deutsche rechts des Rheins, und der kleine Mulatte verdirbt uns später die Rasse«[206], so eine Stimme von vielen.

Immer schriller werden die Töne. »In Mainz«, ist beispielsweise in einem Zeitungsartikel zu lesen, »sah ich vor einigen Monaten ein solches Kind mit schwarzen und weißen Streifen auf dem ganzen Rücken. Diese Bastarde werden in Zukunft ein Fluch für ganz Europa sein.«[207]

Es fehlt auch nicht an Versuchen, das Thema antisemitisch zuzuspitzen. Es seien die Juden, die Schwarze an den Rhein schickten, schreibt etwa der damals in der Öffentlichkeit noch wenig bekannte Adolf Hitler 1925 in seinem politischen Programm *Mein Kampf*, »immer mit dem gleichen Hintergedanken und klaren Ziel, durch die dadurch zwangsläufig eintretende Bastardierung die ihnen verhasste weiße Rasse zu zerstören«.[208]

Die Themen Vergewaltigung, Geschlechtskrankheit und Rasse gehen damals eine seltsame, gegen Tatsachen weitgehend immune Mischung ein, die man mit dem Begriff »Schwarze Schmach« zusammenfasst.

Dora und ihre Familie auf Borneo

All dies wird dazu beigetragen haben, dass das junge Ehepaar Dora und Philipp darauf drängt, möglichst schnell wieder in Philipps altes Missionsfeld auf der Insel Borneo in der holländischen Kolonie Niederländisch-Indien entsandt zu werden. Aus finanziellen Gründen hatte die Rheinische Missionsgesellschaft dieses Arbeitsfeld an die Basler Missionsgesellschaft übergeben.[209] Philipp wird nun also zu einem Basler Missionar.

Nach einem halbjährigen Sprachaufenthalt in Holland machen sich Philipp und Dora mit dem dreijährigen Diether und dem zweijährigen Gotthilf auf die Reise. Philipps Söhne aus erster Ehe, inzwischen zwölf und neun Jahre alt, bleiben in Deutschland zurück und werden, wie einst Doras Brüder, im Missionskinderhaus Johanneum in Gütersloh untergebracht. In ihrem Kinderbüchlein schildert Dora den herzzerreißenden Abschied von den beiden Jungen.

> Um 7 Uhr sollte das Auto am Missionshaus sein, das uns an die holländische Grenze bringen sollte. Wir hatten noch mal mit Gottfried und Theo gebetet, und bald kam das Auto. Es gab einen letzten Abschied, ein letztes wehes Grüßen, und das Auto setzte sich in Bewegung und ließ die beiden kleinen Knaben zurück. Schwere acht Jahre folgten für Eltern und besonders für die Kinder, Jahre der Trennung und vielfach der Entfremdung.[210]

Drei Monate dauert die Schiffsreise, von Januar bis März 1920. Philipps Einsatzort ist die alte indonesische Hafenstadt Banjarmasin. Dort legt er ein holländisches Lehrerexamen ab und übernimmt dann die Leitung eines Seminars für einheimische Lehrer.

Damit geht für ihn ein alter Traum in Erfüllung. Als junger Mann hatte er Lehrer werden wollen, aber sein Vater konnte sich die Ausbildung nicht leisten. Nun bildet er selbst Lehrer aus.

Und noch ein weiterer Wunsch erfüllt sich für Philipp wie für Dora: Im Oktober 1920 wird – nach vier Söhnen für Philipp – endlich das lang ersehnte Töchterchen geboren. Es wird nach der Großmutter Elisabeth genannt. Außer den beiden Hebammen assistiert auch Philipp bei dieser Geburt (»Mutter schrie tüchtig dabei!«), was damals sehr ungewöhnlich ist. Dora will es zuerst nicht glauben, dass sie nun wirklich eine Tochter geboren hat. »Als sie […] Mutter erzählten, dass es ein kl. Mädchen sei«, schreibt sie für ihre Tochter ins Kinderbüchlein, »da wollte Mutter es nicht glauben und meinte, sie machten ihr nur etwas vor.«[211]

Dora blüht auf in Banjarmasin. Philipp als holländischer Staatsbeamter gehört zur Weißen Oberschicht der Kolonie Niederländisch-Indien.

Die Familie Zimmermann wohnt im Lehrerseminar in einer großzügigen Wohnung mit eigenem Bootssteg. Dora muss keine Hausarbeit mehr machen. Sie hat einen Koch (von dessen Nasi Goreng mein Vater zeit seines Lebens schwärmte) und mehrere »Jungen«, die diese Arbeit erledigen. Mädchen einzustellen wagt sie nicht, denn die könnten die jungen Seminaristen in Versuchung führen. Doras Aufgabe ist es, die indonesischen Angestellten zu überwachen, Briefe zu schreiben, ihrem Ehemann ein möglichst »deutsches Heim« zu bereiten und sich der Erziehung ihrer Kinder zu widmen. Sie fördert ihre Kinder nach Kräften, bringt ihnen eine Menge religiöse Lieder und Gebete bei und notiert gewissenhaft ihre Entwicklungsschritte und allerlei Aussprüche aus Kindermund, die sie »drollig« findet. Als die Kinder älter werden, lässt sie sich Schulbücher aus Deutschland kommen und unterrichtet sie selbst. So gut ist ihr Unterricht, dass ihr Ältester, Diether, als sie nach Deutschland zurückkehren, ohne Probleme die Aufnahmeprüfung für ein deutsches Gymnasium besteht. Natürlich schlägt sie auch ihre Kinder (Elisabeth »kriegt auch schon ›Du-Du‹ und ist dann sehr beleidigt«[212]). Das gehört dazu. Schließlich sollen diese beizeiten lernen, ihre Wünsche und Bedürfnisse einer höheren Macht unterzuordnen.

Nach der dunklen Kleidung, die sie in Gütersloh bevorzugt hat, tragen Philipp und sie nun das koloniale Weiß. Auch die Kinder werden ganz in Weiß gekleidet. Dora braucht schließlich nicht mehr selbst zu waschen, zu stärken und zu bügeln. Nach wie vor hat sie diese strenge Pietistinnenfrisur. Aber ihr Gesicht ist weicher geworden. Dies bleibt auch in der Heimat nicht unbemerkt. »Junge, Junge, lieber Bruder Philippus«, schreibt Bruder Willi angesichts eines Fotos von Dora mit den drei Kindern, »ist das deine Frau, meine Schwester? Ich hätte sie fast nicht wiedererkannt. So verändert!! [...] Und somit käme ich zu dem Schlussurteil, dass unsere Mama [...] doch die Schönste ist!! Stimmt's?«[213]

Denken Dora und Philipp zuweilen über ihre Rolle als Teil

des kolonialen Systems in Niederländisch-Indien nach? Vermutlich nicht. Aus Doras Briefen jedenfalls ist keinerlei Zweifel an der Rechtmäßigkeit dieses Systems zu ersehen. Auch in Deutsch-Südwestafrika waren die Missionare ja Teil des kolonialen Systems. Aber hier in Niederländisch-Indien ist das Leben weit angenehmer: das Klima, das Essen, eine Weiße Community – andere Missionare, Ärzte, Hebammen und Lehrer, mit denen Dora und Philipp regelmäßig gesellig verkehren und mit deren Kindern die Kinder der Zimmermanns spielen.

Dora hat nun alles erreicht, was man von einer bürgerlichen Frau und guten Missionarstochter erwarten darf. Sie hat, wenn auch spät, geheiratet, und zwar einen Mann, der in ihrer Familie und überhaupt in ihrer Umgebung hoch angesehen ist. Sie hat eine sozial und ökonomisch gesicherte Position. Sie hat drei Kinder zur Welt gebracht, darunter zwei Söhne. Nun mahnt sie ihre Schwester im fernen Deutschland, doch auch endlich ans Heiraten zu denken. Immer wieder fügt sie, wie einst ihr Vater, ihren Briefen mehr oder weniger deutliche Anspielungen in diese Richtung ein: »Ich muss Dir noch erzählen, was für ein Unband der Lippus ist. Als Dein Brief kam, öffnete er ihn und las ihn mir vor (ich war noch im Nebenzimmer): ›Lbs. Dorachen, ich habe ein ebenso großes Glück gefunden wie Du!‹ Und erzählte mir, von Dir sei eine Verlobungsanzeige gekommen. Ist das nicht ein Schlingel?«[214] Oder: »Ich wünsche Dir ja noch immer einen netten starken Mann«, und »Lippus« – wie Philipp von seiner Frau genannt wird – fügt am Rand hinzu: »Ganz recht, so einen wie mich, liebes Mariechen!«[215]

Aber es kommt keine Verlobungsanzeige.

Nur gut, dass Marie wenigstens eine Stelle in Holland gefunden hat, in einem Kinderheim in Zeist, denn in Deutschland herrscht die schlimmste Wirtschaftskrise seit Menschengedenken. Eigentlich geht es ihr also ganz gut, möchte man meinen. Sie muss die deutschen Hungerjahre nicht am eigenen Leib erfahren. Sie hat, anders als Dora, einen Beruf. Und sie verfügt über ein, wenn auch bescheidenes, eigenes Einkommen.

Aber so sind die Rollen nicht verteilt unter den Schwestern. Stattdessen ist in Doras Briefen häufig von Maries Krankheiten die Rede, von vereiterten Drüsen, von Kuren, denen sie sich unterziehen muss, und davon, dass sie sich diese wegen ihres niedrigen Gehalts oftmals nicht leisten kann. Einmal berichtet Marie, von ihrer Schwester neuerdings »Tanna« genannt, dass man kürzlich auch sehr kleine Kinder in ihrem Kinderheim aufgenommen habe. Dora schreibt zurück: »Wieviel haben wir in der letzten Zeit an Dich gedacht und uns gesorgt um Dich. Denn, liebes Tannachen, wenn ihr nun zu den anderen Trabanten noch so kleine bekommen habt, das ist sehr anstrengend. Ich weiß es aus eigener Erfahrung. Sie sind ja lieb und herzig, solche Geschöpfchen, aber sie machen viel Arbeit.«[216]

Traut Dora ihrer Schwester, einer ausgebildeten Kindergärtnerin, die Arbeit mit Kleinkindern nicht zu? Bei aller Zuneigung ist Doras Trost immer auch ein wenig herablassend: »Nimm das Leben nicht so schwer, Dummerchen, es ist ›von allein‹ schwer genug.«[217] Oder: »Ach Tannachen. Du bist doch halt immer noch dasselbe scheue Hühnchen.« Die letztere Bemerkung bezieht sich auf einen Brief, in dem Marie ihrer Schwester anvertraute, sie habe es aus Schüchternheit nicht gewagt, den Südwestafrika-Missionar Olpp, einen alten Freund und Kollegen ihres Vaters, nach einem Vortrag anzusprechen. Dora erkennt den Hilferuf ihrer Schwester nicht. Stattdessen spielt sie wenig feinfühlig auf ein Foto an, das in Maries Mädchenzeit entstanden ist. »Schade, dass Du nur eine Aufnahme hast, sonst müsstest Du sie mir schicken, wenn ich mich einmal erlaben will an Deinem entrüsteten Gesichtchen, wenn Herren in die Nähe kamen.«[218]

Warum ist Marie so krankhaft schüchtern? Warum macht sie ein »entrüstetes« Gesicht, wenn »Herren« in ihre Nähe kommen? Fürchtet sie sich vor Männern? Was hat sie als Kind erlebt, weit weg von ihren Eltern, im Pensionat der Tante Rott oder später als junge Haustochter in einer Pfarrersfamilie? Wie früher die Eltern will auch Dora nicht so genau wissen, was in Marie vorgeht. Und genau so, wie es die Eltern einst getan haben, verweist auch sie ihre Schwester an Gott: »Es ist mein herzliches Gebet, dass Gott Dir eine liebe Heimat schenken möge.«[219]

Am 12. Juni 1923 erhält Marie von ihrer Schwester einen Brief aus Surabaya. Diese aufstrebende Hafenstadt auf der Insel Java kann von Borneo aus nur per Schiff erreicht werden. Ohne einen wirklich gewichtigen Grund würde niemand die aufwendige und teure Reise unternehmen. Der Brief ist an alle Geschwister gerichtet, offensichtlich war nicht genügend Zeit, an jeden einzeln zu schreiben. Wegen verschiedener beunruhigender Symptome ist Dora von ihrem Arzt an einen Spezialisten in Surabaya überwiesen worden. Sie schreibt:

> Eben waren wir nun beim Frauenarzt, der sagte, es sei eine Eierstockgeschwulst, die entfernt werden müsse, da sie wachse und darum gefährlich werde. So muss ich Mittwochabend in die Klinik, und Donnerstag will er es machen. Bis der Brief bei Euch ist, ist hoffentlich alles gut, ihr bekommt jedenfalls Nachricht, sobald man etwas Gewisses sagen kann. Der Arzt sagt, die Operation sei jetzt noch ungefährlich. So wollen wir es in Gottes Namen wagen.[220]

Drei Tage später erhält Marie einen weiteren Brief von Philipp: »Heute ist mein geliebtes Weib hier auf den Operationstisch gelegt worden. Ganz gefasst und still war mein Herzekind, während es bei mir im Inneren wühlte«, schreibt er. Und:

> Als alles gut abgelaufen war und Dora wieder im Krankenhaus lag, rief mich der Arzt zu sich und zeigte mir die große Geschwulst. Er erklärte sie als den unentwickelten Zwillingsbruder

oder -schwester Doras, den sie 44 Jahre mit sich im Leibe herumgetragen hatte. Jetzt wuchs er und dehnte sich mächtig in der Leibeshöhle aus. Er schnitt das unförmige Gebilde auseinander, und da sah ich zu meinem größten Erstaunen, dass da Haare und lange spitze Zähne waren. Der Bauch bestand aus Kotmassen. Entsetzlich anzusehen.[221]

so Philipp in einem Gemisch aus Ekel und Faszination.

Es treten dann noch einige Komplikationen auf. Wie sich herausstellt, ist Dora im 4. Monat schwanger. »Am letzten Sonntag, 2 Tage nach der Operation, hatte Dora einen Abortus, und zwar eine Blasenmole. Nur gut, dass der Doktor helfen konnte. Es war alles krankhaft an meiner lieben Frau in letzter Zeit. Nachdem auch die Mole entfernt ist, befindet sich Dora in bestem Zustand.«[222]

Bald darauf schreibt Dora wieder selbst an die Schwester: »Ich bin so voll neuer Lebenslust nach der Operation [...]. Erst kriegte ich noch einen Malarieanfall, dann kamen der Appetit und der Schlaf, und dann war Tür und Tor geöffnet für eine schnelle Erholung. Als ich erst daheim bei Lippus und den Kindern war, da war ich bald wieder auf der Höhe.« Und Philipp fügt als Nachbemerkung hinzu: »Dora wird so dick und rund, wie noch nie. Und stark dazu. Jetzt geht mir's schief.«[223]

In demselben Brief bedankt sich Dora bei ihrer Schwester für ein Kinderkleidchen, das Marie nach Borneo geschickt hat. »Hab 1000 Dank dafür«, schreibt sie. »Das Kleid ist Elisabeth natürlich schon zu kurz, auch zu eng, aber ich lasse es halt liegen, ob ich es vielleicht noch einmal gebrauchen kann.«[224] Denn »sollte uns der liebe Gott noch einmal ein Kindchen schenken, so sehe ich dagegen nicht an, wie damals, als ich mich gar nicht frisch fühlte«.[225]

Was will Dora damit sagen: Das von Marie ausgesuchte Kleid sei »natürlich« zu kurz und zu eng? Das heißt doch wohl, dass die kleine Schwester eben ein »Dummerchen« ist, unfähig, für ihre Nichte ein passendes Kleid zu kaufen. Dora erkundigt sich auch, warum Marie in diesem Jahr nicht, wie sonst immer, zur Kur ins Solbad gegangen sei. »Hattest Du es nicht nötig, oder hattest Du kein Geld? Ich erzählte Philipp, Du hättest Deine paar Gulden sicher für die Freunde in der Heimat gebraucht und hättest nicht genug für Dich selbst gehabt. Habe ich recht?«[226]

Dora war lange Zeit krank, und Marie hatte im fernen Deutschland die wichtige Funktion inne, ihre Brüder über das Befinden der Schwester auf dem Laufenden zu halten. Die Briefe, die Philipp an die Schwägerin sandte, waren ernsthaft und auf Augenhöhe. Nun wird die alte Rollenverteilung wiederhergestellt: Dora, die Fröhliche, Tüchtige und Starke. Immer. Auch kurz nach einer gefährlichen Operation, einer Fehlgeburt und einem Malariaanfall. Sogar eine weitere Schwangerschaft kann sie sich schon wieder vorstellen. Marie hingegen wird von ihrer Schwester – im freundlichsten Ton der Welt – neuerlich auf die Rolle der Lebensuntüchtigen und Kränklichen festgelegt.

»Das fremde Blut in uns« – Willi

Auch Willi, der jüngste Hegner-Sohn, kränkelt. Wie seine Geschwister war er früh nach Deutschland geschickt worden. Nach der Grundschulzeit besuchte er das Gymnasium, studierte und wurde Lehrer. Dann erkrankt er an Tuberkulose, eine Krankheit, die man damals noch nicht heilen konnte. Immer wieder ist Willi gezwungen, ein Sanatorium aufzusuchen, und muss schließlich seinen Beruf aufgeben.

Wie seine Schwester Marie bleibt auch Willi zeitlebens unverheiratet. Jedes Mal, wenn er drauf und dran sei, sich zu verlieben, frage er sich: »Ist sie die Richtige?«, schreibt er an Dora. »Und immer wieder baut der Verstand seine Argumente auf und sagt: Nein. Du Tor, wie kannst Du, wie darfst Du daran denken ...! Wer bist Du denn eigentlich? Wo kommst Du denn her? Sieh, da kommt dann ein ganzer giftiger Gedanke und schießt seinen Pfeil ab: Wie steht's denn mit Deinem Blute? Und Herz und Gemüt, die sich so mit allen Fasern sehnen, erkalten unter den Angriffen.«[227]

Willi Hegner stirbt jung, mit 41 Jahren. »Ich glaube, er trug auch sehr schwer von dem fremden Blut in uns«, schreibt Dora aus Banjarmasin an Marie. »Ich habe mich hier draußen aufs Neue mit dsr. Frage auseinandergesetzt. Hier ist ja viel *gemengdes Bloed*, und ich habe in keiner Weise darunter leiden müssen. Aber trotzdem ist es immer wieder ein glücklicher Gedanke für mich zu wissen, dass Urgroßvaters Ehe nicht aus einer sinnlichen Lust entstand wie bei den meisten solcher Ehen.«

Woher will Dora das eigentlich wissen? Es ist doch schwer zu hoffen, dass auch »Lust« bei dieser Eheschließung im Spiel war. Aber Dora meint etwas anderes. Sie will zeigen, dass die ungenannte Frau ihres Urgroßvaters für ihn nicht einfach ein Sexobjekt war, sondern eine Mitarbeiterin bei seiner Arbeit. Dies hindert sie allerdings nicht daran, die unbekannte Urgroßmutter mit allerlei abwertenden Bezeichnungen zu versehen: »Wenn man in dem Traktat, das über den Urgroßvater geschrieben ist, liest, welche Mühe sich das doch völlig ›ungebildete‹ Weiblein gab, um ihren Volksgenossen eine Übersetzung des ihr so teuer gewordenen Wortes Gottes zu geben, so ist das seltene Treue.«[228]

Im Mai 1928, nach zehn Jahren Aufenthalt auf Borneo, kehren Dora und Philipp mit ihren Kindern nach Deutschland zurück. Philipp kann noch von seinem 19-jährigen Sohn aus erster Ehe, Gottfried, Abschied nehmen, der bald darauf, wie vor ihm sein Onkel Willi, an Tuberkulose stirbt.

Philipp wird als Heimatmissionar eingesetzt, zunächst in Kassel und dann in Karlsruhe. »Mit Schrecken lese ich, dass Du so ungern Besorgungen machst, weil Du so ungern ausgehst«, hatte Dora noch kurz vor ihrer Abreise an Marie geschrieben. »Aber Liebchen, was ist mit Dir? Warum graulst Du Dich so vor dem Ausgehen? [...] Da wird es aber Zeit, dass die alte Dora mal wieder nach ihrem kleinen Mädchen guckt, das sich vor so vielem fürchtet. Ich freue mich arg auf Dich, Tannachen, mein einsamer kleiner Liebling.«[229]

Und nun ist Dora wieder in Deutschland, und alles scheint gut zu werden. Marie gibt ihren Beruf auf und zieht zu ihrer Schwester nach Karlsruhe. Sie hilft im Haushalt, verwöhnt nach Kräften ihre Nichte und die drei Neffen und hat offensichtlich endlich die »liebe Heimat« gefunden, nach der sie sich so lange gesehnt hat.

Bei Licht betrachtet entpuppt sich die neue Situation allerdings eher als eine Falle für Marie. Zwar hat sie sich nie wohlgefühlt in ihrem Beruf unter all den fremden Menschen und mit den anstrengenden fremden Kindern, aber sie hat doch ein eigenes Leben geführt, eigenes Geld verdient (wenn auch wenig) und über ein eigenes Zimmer verfügt (wenn sie sich vermutlich auch keine Wohnung leisten konnte). In Karlsruhe hingegen muss sie ihr Zimmer mit der kleinen Elisabeth teilen. Ihre Freundinnen sind weit weg in Bielefeld, Gütersloh oder im niederländischen Zeist. Und sie lebt vom Gehalt ihres Schwagers.

Dass sie nun mit dem Ehemann ihrer Schwester unter einem Dach lebt, macht die Sache nicht einfacher. In Borneo hatte Philipp sich angewöhnt, den Briefen seiner Frau an ihre Schwester kleine anzügliche Randbemerkungen anzufügen »Übrigens«, schreibt Dora beispielsweise in einem Brief, »schickt dir der Papa wohl [und Philipp fügt mit roter Tinte ein: ›schüchtern und verlegen‹] auch einen [Einfügung Philipp: ›herzhaften‹] Kuss, er will nämlich auch immer einen von Dir, der Schlemmer.«[230] Eine emotional stabile Frau hätte diese Schäkereien nicht weiter ernst genommen. Auf die schüchterne und vereinsamte Marie jedoch machen sie vermutlich einen tiefen Eindruck. Gut möglich, dass sie sich ein wenig in den gut aussehenden und charmanten Philipp verliebt hat. In diesem Fall darf ein solches Gefühl auf keinen Fall ausgesprochen, es darf nicht einmal gedacht werden. Denn dies würde Konkurrenz oder gar Feindschaft mit Blick auf Dora bedeuten und die einzige Bindung gefährden, die Marie jemals als zuverlässig erlebt hat.

Marie richtet nun all ihre pädagogischen Fähigkeiten auf die Kinder ihrer Schwester. Sie lernt sogar Griechisch und Latein, um den beiden Neffen Gotthilf und Diether bei den Schulaufgaben helfen zu können. Und ihre Zuwendung bleibt nicht unerwidert. »Tante Mariechen! Ich komme geradezu ins Schwärmen, was sie war und was sie uns […] bedeutete«, erinnert sich mein Onkel Diether noch im Alter an sie. »Mit jedem Kümmerchen konnte man zu ihr kommen, sie wusste zu trösten.«[231]

Dennoch sieht sich Marie vermutlich als Versagerin. Keine der Erwartungen, die man in ihren Kreisen an eine Frau richtet und die sie wahrscheinlich teilt, hat sie erfüllt. Weder hat sie geheiratet noch eigene Kinder bekommen noch in ihrem Beruf Erfüllung gefunden.

Marie beginnt, »seltsam« zu werden

Ende der Zwanzigerjahre erhält das Gerede von der »Schwarzen Schmach« neuen Auftrieb. Es ist abzusehen, dass die von Schwarzen Besatzungssoldaten gezeugten Kinder bald ins fortpflanzungsfähige Alter kommen. 1927 macht man sich beispielsweise im französisch besetzten Bayern Gedanken zu dieser Frage. Ein Vertreter der bayrischen Landesregierung, der »Pfalzkommissar«[232] Jolas, drängt seine Vorgesetzten, das Berliner Reichsgesundheitsamt möge nachforschen lassen, »ob sich zur Reinerhaltung der

Rasse im besetzten Gebiet von farbigem Blute nichts machen lässt und ob etwa irgendeine diesem Zweck dienende Maßnahme erwogen wird«. Und er verschweigt auch nicht, an welche Maßnahme er denkt. Die »Unfruchtbarmachung von Mischlingen« sei durch einen »gänzlich schmerzlosen Eingriff zu erzielen«.[233] Aus der Antwort der Reichsregierung geht hervor, dass man sich auch in Berlin schon Gedanken über diese Kinder gemacht hat. Da sie »als uneheliche der Nationalität der Mutter folgen, in der Regel also deutsche Staatsangehörige sind«, seien derartige Zwangsmaßnahmen jedoch »rechtlich ausgeschlossen«. Noch.[234]

Als 1930 die letzten französischen Truppen aus Deutschland abziehen, erreicht die allgemeine Erregung über die »Schwarze Schmach« noch einmal einen Höhepunkt. Schon die »Berührung mit einer schwarzen Klaue« könne das »fürchterlichste Gift einimpfen«, wenn der betroffene Körperteil auch nur die kleinste Wunde aufweise, auch die Benutzung von »Telephonapparaten«, »Treppen- und Brückengeländern«, von »Straßenbahngriffen« und »Handgriffen an den Türen« könne zur Verseuchungsquelle werden, so ist es in der einschlägigen Literatur zu lesen.[235]

Ungefähr in dieser Zeit beginnt Marie, »seltsam« zu werden. Ihre krankhafte Schüchternheit hat sich nicht gebessert. Im Gegenteil. An manchen Tagen wagt sie sich überhaupt nicht mehr aus dem Haus. Oft schließt sie sich in der Toilette ein und weint – ein eigenes Zimmer, wohin sie sich hätte zurückziehen können, hat sie ja nicht. Wenn man sie nach dem Grund für ihre Traurigkeit fragt, erklärt sie, böse Buben auf der Straße hätten ihr hässliche Dinge hinterhergerufen. Auch sonst legt sie ein eigenartiges Verhalten an den Tag. Sie fasst Türgriffe nicht mehr mit der bloßen Hand an, sondern umwickelt sie zuvor mit einem Taschentuch oder mit dem Schürzenzipfel. Hartnäckig, wenn auch erfolglos, versucht sie, ihr krauses Haar mit Zuckerwasser und sogar mit dem Bügeleisen zu glätten.[236]

Von ihren Geschwistern kann Marie kein Verständnis erwarten. »Was macht unsere Marei? Ist sie noch so zerworfen mit der Menschheit, die ihr ja doch nun wirklich nichts zuleide tut?«, schreibt ihr Bruder Otto ungeduldig an Dora. »Sie ist ein wirkliches *noli me tangere*, ein richtiges ›Rührmichnichtan‹. Sie sollte getroster sein und sich die Verheißungen der Heiligen Schrift um ihr bedrängtes Herzchen schlagen lassen.«[237]

»Sich die Verheißungen der Heiligen Schrift ums Herz schlagen lassen«, das ist offensichtlich Familienjargon. Aber warum spricht Otto von Maries »Herzchen« und verniedlicht damit ihre Probleme? Auch er fragt sich nicht, aus welchem Grund seine Schwester »so zerworfen mit der Menschheit« ist.

Dann kommt Hitler an die Macht. Aus der rassistischen Propaganda wird nun eine reale Bedrohung.

»Das Blut der Väter und Mütter«: Die NS-Zeit

Otto Hegner wird entlassen

Der Erste in der Familie, den die Maßnahmen des neuen Regimes treffen, ist Doras Bruder Otto. »Wie ich soeben in der hiesigen Zeitung lese, bin ich – außer mir noch 6 andere Generalsuperintendenten – in den Ruhestand versetzt«, schreibt er lakonisch im September 1933 an Dora.[238]

Otto Hegner ist zu diesem Zeitpunkt 48 Jahre alt und hat eine sehr vorzeigbare Karriere hinter sich. Wie seine Geschwister ist er auf der Missionsstation Berseba zur Welt gekommen. Auch ihn hatte man früh, mit neun Jahren, nach Deutschland geschickt. Nach dem Abitur hat er Theologie studiert, sich mit 25 Jahren verlobt und zwei Jahre später seine theologische Karriere als Hilfsprediger begonnen. Er ist Vater von vier Kindern. Seit sechs

Jahren ist er Generalsuperintendent, ein Amt, das dem heutigen evangelischen Landesbischof entspricht.

In dieser Eigenschaft war Otto bis zu seiner Amtsenthebung zuständig für die geistliche Leitung der Kirchenprovinz Grenzmark mit Amtssitz in Schneidemühl, heute Pila in Polen. Sein Arbeitgeber ist die Evangelische Kirche der Altpreußischen Union, die größte evangelische Landeskirche in Deutschland. Sie umfasst das Gebiet des ehemaligen Königreichs Preußen und damit die Hauptstadt Berlin.

Mit Hitlers Machtantritt im Januar 1933 macht sich in der Evangelischen Kirche eine religiöse Strömung breit, die versucht, das Christentum mit der NS-Ideologie zu verschmelzen. Ihre Anhänger behaupten unter anderem, Jesus sei kein Jude, sondern »Arier« gewesen. Sie nennen sich »Deutsche Christen«, abgekürzt D. C.

Bereits im Juli 1933 setzen die D. C. mit Hitlers Unterstützung reichsweite Kirchenwahlen durch und besetzen danach die meisten wichtigen Kirchenämter. Und sie zögern nicht, ihre neuen Einflussmöglichkeiten zu nutzen. Bereits zwei Monate später beschließt eine D. C.-dominierte Generalsynode das »Kirchengesetz über die Errichtung des Landesbischofsamtes und von Bistümern«. Die bisher dezentral organisierten Kirchenprovinzen werden nun durch straff hierarchisch aufgebaute »Bistümer« ersetzt, das Amt des Generalsuperintendenten abgeschafft. Ende September 1933 wird der D. C.-Pfarrer Ludwig Müller zum »Reichsbischof« gewählt. Damit befinden sich die Kirchenbehörden der evangelischen Kirche in Deutschland weitgehend in der Hand der Deutschen Christen.

Auf derselben Generalsynode wird auch ein »Kirchengesetz betreffend die Rechtsverhältnisse der Geistlichen und Kirchenbeamten« verabschiedet. Gleich im § 2 heißt es da: »Wer nichtarischer Abstammung oder mit einer Person nichtarischer Abstammung verheiratet ist, darf nicht als Geistlicher und Beamter der allgemeinen kirchlichen Verwaltung berufen werden. [...] Wer als Person nichtarischer Abstammung zu gelten hat, bestimmt sich nach den Vorschriften der Reichgesetze.«[239] Man führt also einen kirchlichen »Arierparagrafen« ein.

Es ist vor allem diese Verordnung, die Otto beunruhigt. »Was du schreibst von dem Blute der Väter und Mütter, es sei nicht schlechter als das anderer, ist biblisch gesehen gewiss richtig«, schreibt er an Dora. »Fleisch und Blut haben gewiss keine Verheißung auf das Reich Gottes [...]. Aber wie nun mal die Lage heute ist, streiten die Gedanken widereinander und die demütigende Lage, in der wir uns befinden, schmerzt und beugt.«[240]

Zu den Deutschen Christen verhält sich Otto widersprüchlich. Zwar verabscheut er sie von Herzen, ist dann aber doch froh, dass der Reichsbischof Müller nett zu ihm ist.

> Übrigens habe ich unserem Reichsbischof Müller, der ja Mitschüler von mir ist, zwei Male sehr deutlich gesagt, was für ein böses Spiel hier gespielt worden ist. Er ist mir beide Male sehr freundlich begegnet und hat von sich aus das »Du« zu mir gefunden. Die Lage ist nun so, dass man sich offenbar in der jetzigen Leitung der Kirche nicht ganz behaglich fühlt – gerade auch hinsichtlich des Vorgehens gegen die Generalsuperintendenten, und es gehen Gerüchte, dass man irgendwie etwas gutmachen will. Freilich ist das Gerücht nur ein on dit! Jedenfalls habe ich aber zuverlässige Mitteilungen erhalten, dass Müller sich persönlich für mich einsetzt und mir irgendwie helfen möchte.[241]

Wie viele Deutsche hofft Otto, unter dem neuen Regime werde vielleicht doch nicht so heiß gegessen, wie gekocht wurde. »Im Übrigen scheint das Gesetz betr. die Arier auch nicht in aller Schärfe gehandhabt zu werden. So hoffe ich, dass ich, wenn auch als Pfarrer, wieder zur Verwendung komme [...]. Nicht wahr, Doralein, wir sind nicht ›Gottes Stiefkinder‹?«[242]

Dass Otto nach den Maßstäben der neuen Machthaber nicht

als »Arier« gelten würde, weiß offensichtlich nicht einmal seine Ehefrau Agnes.

Im Übrigen habe ich mit Agalein über diese Dinge nicht gesprochen – ich will ihr einstweilen zu all der Last, die sie schon – freilich tapfer! – trägt, nicht noch diese auferlegen. So sei auch Du bitte zurückhaltend und erwähne nichts daran«, ermahnt er Dora. »Meine Pensionierung ist ja tatsächlich nicht aus diesem Grunde erfolgt, sondern aufgrund des von der Gen. Synode beschlossenen Gesetzes, nach welchem die Generalsuperintendenturen aufgehoben und an deren Stelle Bistümer eingerichtet werden.[243]

Ottos Sorge, dass man auf ihn den neuen Arierparagrafen anwenden werde, wird sicher durch das Schicksal seines Cousins Hans Kleinschmidt noch zusätzlich verstärkt.[244]

Hans Kleinschmidt wird nicht in die NSDAP aufgenommen

Hans Kleinschmidt ist ebenfalls ein Urenkel des Missionars Schmelen und seiner afrikanischen Frau. Sein Vater Johannes Kleinschmidt war, wie die meisten seiner Geschwister, früh nach Deutschland geschickt worden. Er kehrte nie nach Afrika zurück. Nach dem Abitur hatte er sich »dem Schulfache zugewandt«[245] und es schließlich im Laufe seines Lebens bis zum Rektor von gleich zwei Schulen gebracht, der Mädchen-Mittelschule und der Städtischen Industrieschule in Görlitz. Er war jener »Erzieher der deutschen Jugend«, den damals der Pfarrer Heyse in Karibib zu Tillys Gunsten angeführt hatte.

Hans Kleinschmidt ist in Deutschland geboren und aufgewachsen und hat nie etwas anderes als Deutschland kennengelernt. Wie sein Vater ist er Lehrer geworden. Seit den 20er-Jahren unterrichtet er Geschichte, Griechisch und Latein an der Klosterschule Ilfeld im Südharz, einem hoch angesehenen protestantischen Knabengymnasium mit angeschlossenem Internat. Als die NSDAP an die Macht kommen, ist er restlos begeistert. Später erinnert er sich:

> In der Nacht des historischen 30. Januar 1933 war ich durch einen glücklichen Zufall am Lautsprecher Zeuge der gewaltigen unerwarteten Ereignisse in Berlin. Am nächsten Morgen habe ich in tiefster Ergriffenheit über die große Wende in unserem Volke, die ich sofort erfasst hatte, in meiner Klasse Untersekunda, statt der stundenplanmäßig vorgeschriebenen zwei Griechisch-Stunden, eine vaterländische Weihestunde durch begeistertes Vorlesen vaterländischer Gedichte gehalten und so freilich zwei Stunden »vertan«, aber vielleicht meinen Jungen ein Erlebnis für ihr Leben mitgegeben.[246]

Und so fällt Studienrat Kleinschmidt aus allen Wolken, als ihn Schüler der Oberstufe beim Volksbildungsministerium anschwärzen. Sie behaupten, ihr Lehrer sei »lange Jahre schärfster Gegner des Nationalsozialismus« gewesen. Zudem sei sein Großvater einst »mit einer Angehörigen der negriden Rasse die Ehe eingegangen«.[247]

Was den ersten Vorwurf seiner Schüler angeht, da kann Hans Kleinschmidt nur lachen. Jeder in Ilfeld, auf den es ankommt, kennt seine politische Einstellung. Während der Weimarer Republik war er Stadtverordneter. In dieser Eigenschaft habe er »während der 14 Jahre des Systems meine ganze Gemeinde Ilfeld in unbeirrt nationalem und sozialem Sinne geführt«, schreibt er an seine Vorgesetzten. Bereits 1932 habe er nach der intensiven Lektüre von *Mein Kampf* eine »innere Hinwendung« zu Hitler vollzogen und sich seither stets aktiv und »mit heißem Herzen« für die »nationale Bewegung eingesetzt«.[248]

Schwieriger ist jedoch der Umgang mit der zweiten Behauptung. Natürlich könnte er einfach alles abstreiten, nirgendwo in

Deutschland existieren irgendwelche Dokumente, die auf die Existenz der afrikanischen Vorfahrin hinwiesen. Aber das weiß er nicht. Stattdessen verfasst er mehrere umfangreiche Rechtfertigungsschreiben – für seine Vorgesetzten an der Klosterschule, für den Volksbildungsminister Bernhard Rust und für die Ortsgruppe der NSDAP Ilfeld, an die er vor Kurzem ein Aufnahmegesuch gestellt hat.

In diesen Eingaben legt er ausführlich seine »stets unbeirrbar nationale Gesinnung« dar. Außerdem betont er, dass man ihn auf keinen Fall mit anderen »Nichtariern« vergleichen könne. Die Nama, so argumentiert er, würden »von den Rassenforschern nicht der Negerrasse zugerechnet«, sie seien vielmehr ein »aus dem unbekannten Norden zugewanderter hellfarbiger Stamm. Also nur insoweit ist in der vierten Generation ein Tropfen fremden Blutes in meinen Adern.«[249] Und gibt mit diesem Satz selbst zu, was seine Gegner niemals hätten beweisen können.

Zwar erreicht Hans Kleinschmidt, dass die Beschwerde der Schüler zurückgewiesen wird. Auch sieht man davon ab, auf den bewährten Altphilologen das neue Gesetz zur Wiederherstellung des Berufsbeamtentums vom April 1933 anzuwenden, das die Entlassung »nichtarischer« Beamter vorsieht. Seinem Antrag auf Aufnahme in die NSDAP wird jedoch nicht stattgeben – wegen bestehender »Zweifel an seiner arischen Abstammung«.[250]

Bald danach wird die Klosterschule Ilfeld in eine sogenannte NAPOLA, eine Nationalpolitische Erziehungsanstalt für künftige NS-Funktionäre umgewandelt. Lehrer, die nicht in der NSDAP sind, haben in einer solchen Schule natürlich keinen Platz.

Hans Kleinschmidt wird an das Realgymnasium Hannover versetzt. Ein Abstieg nach der Tätigkeit an dem renommierten Gymnasium Ilfeld. Sein grundsätzlicher Glaube an das neue Regime ist jedoch weiterhin nicht erschüttert. Zwar muss er selbst, wie er sich bedauernd ausdrückt, lediglich ein »unbekannter Gefolgsmann Hitlers« bleiben.[251] Aber ihm bleibt die Genugtuung, dass wenigstens seine Familie »in der Partei dem Staate Hitlers dienen« darf.[252] Sein ältester Sohn Hans war schon während der Weimarer Republik Mitglied des damals illegalen NS-Schülerbundes und ist seit 1933 nicht nur Parteigenosse, sondern auch aktiver SA-Mann. Die beiden Töchter engagieren sich beim Bund Deutscher Mädel. Mutter Kleinschmidt ist Mitglied der NS-Frauenschaft. Nur der kleine Elger ist noch zu jung für irgendwelche NS-Organisationen.

Otto Hegner findet ein neues Wirkungsfeld

Für Otto Hegner wendet sich dann schließlich noch alles zum Guten. Wenige Monate nach seiner Suspendierung wird er »zum Vorsteher des Diakonissen-Mutterhauses Königin Elisabeth Hospital in Berlin Oberschöneweide einstimmig gewählt und das Berliner Konsistorium hat mich bestätigt. Meinen bisherigen Titel behalte ich.«[253]

Und nicht nur der Titel, dieses ideelle Zeichen bürgerlicher Arriviertheit, bleibt ihm erhalten. »Wie sich auch die finanzielle Seite sehr freundlich geregelt hat«, lässt Otto die Schwester wissen. »Wir haben ein eigenes, sehr schön allein im Anstaltskomplex gelegenes, schön geräumiges Haus mit Centralheizung, die ein Hausmeister besorgt, Garten und sehr schöne Umgebung: Wald und Wasser. Wir werden wie auf dem Lande leben und haben die Stadt vor der Tür.«[254]

So bleibt es ihm erspart, die Hilfe des Reichsbischofs Müller annehmen zu müssen. »Selbst der Reichsbischof als mein alter Conpennäler hat mich wissen lassen, dass er sich um meine Zukunft sorge, und ließ mir eine Pfarrstelle in Berlin anbieten. Ich bin nicht traurig, dass ich davon keinen Gebrauch habe machen dürfen, sondern dass andere Instanzen den Weg mir bereitet haben.«[255]

Ottos Abneigung gegen die D. C. mündet allerdings nicht in aktiven Widerstand gegen die NS-Regierung oder den neuen

Reichsbischof. Dies wäre vielleicht auch zu viel verlangt. Seit der Reichsgründung (und in Preußen noch früher) sind die deutschen Protestanten daran gewöhnt, im Einklang mit ihrer Obrigkeit zu stehen. Nichts in ihrer Erziehung hat sie je darauf vorbereitet, sich gegen Regierung oder Kirchenleitung in irgendeiner Art zu wehren. Im Kaiserreich war der Protestantismus eine Art Staatsreligion. Der Kaiser selbst war das höchste Kirchenoberhaupt der preußischen Landeskirche. Der Weimarer Republik steht die Mehrheit der protestantischen Pfarrer äußerst skeptisch gegenüber. Politisch sind sie meist konservativ und antirepublikanisch eingestellt, und viele von ihnen begrüßten Hitlers Machtantritt zunächst als ein Bollwerk gegen die gott- und sittenlosen Umtriebe der linken Parteien der Weimarer Republik.

Auch Dora, stockkonservativ, wie sie ist, findet sicherlich vieles gut, was das neue Regime bringt, wenn ihr auch die lärmenden Horden der SA und SS zu pöbelhaft erscheinen. Schon immer war sie eine große Hindenburg-Verehrerin. Als dieser Hitler zum Reichskanzler ernennt, ist das für sie wie eine Unbedenklichkeitserklärung für die NSDAP. Seit Hitler an der Macht ist, herrscht endlich Ruhe und Ordnung in Deutschland, die Arbeitslosen sind von der Straße, mit der Wirtschaft geht es aufwärts. Pflichterfüllung, Ordnung und Gehorsam sind wieder Tugenden, die etwas zählen. Das ist nicht wenig für Menschen wie Dora.

Doch viele Pfarrer und einfache Kirchenmitglieder – und die Mehrheit der Deutschen wird damals noch ganz selbstverständlich in eine der beiden christlichen Kirchen »hineingeboren« – sind nicht bereit, zentrale Lehren des Christentums an die NS-Ideologie anzupassen. Die Einführung eines kirchlichen Arierparagrafen ist dann der letzte Auslöser für eine Oppositionsbewegung gegen die D. C. Im September 1933 gründet sich der sogenannte Pfarrernotbund, aus dem später die Bekennende Kirche hervorgeht und der sich auch Otto anschließt.[256]

Der Nürnberger Parteitag

Hans Kleinschmidt

Im August 1935 erhält Studienrat Kleinschmidt ein Schreiben vom Gaugericht Süd-Hannover-Braunschweig der NSDAP, in dem er auf ziemlich kurz angebundene Weise um Mitteilung gebeten wird, »ob Ihre Kinder noch Mitglieder der Hitlerjugend sind und evtl. in welcher Einheit sie sich befinden«.[257] Und ebenso knapp wird er einige Wochen später »zu einer Rücksprache« einbestellt. Etwas freundlicher schreibt am 10. September die Mädelringführerin des BDM: »Ich muss aus einem dringenden Grunde persönlich mit Ihnen über Ihre Töchter Helga und Ingeborg sprechen. [...] Ich bitte Sie darum, weil die Sache eilt und vor meiner Abfahrt nach Nürnberg noch erledigt werden muss.«[258]

Denn im September 1935 findet in Nürnberg der große NSDAP-Reichsparteitag statt. Dort soll im sogenannten Reichsbürgergesetz und im Gesetz zum Schutze des deutschen Blutes und der deutschen Ehre festgelegt werden, wer die rassischen Voraussetzungen erfüllt, um deutscher Bürger zu sein.

Wilhelm Kleinschmidt

An diesem NS-Großereignis nehmen nicht nur deutsche Nazis teil, sondern auch Hitlersympathisanten aus der ganzen Welt. Beispielsweise Wilhelm Kleinschmidt aus Südwestafrika, ein Sohn jenes Wagenmachers Gerhard Kleinschmidt, der – trotz der rassistischen Vorbehalte gegen seine Geschwister Heinrich, Helene und Tilly – stets unbeanstandet als Weißer in Südwestafrika gelebt hat.

Auch bei Wilhelm bezweifelt niemand, dass er ein Weißer ist. In den 30er-Jahren lebt er in Karibib und ist ein glühender

Hitler-Anhänger. Wie viele Deutsche im nunmehr von Südafrika verwalteten Südwestafrika hofft er, nun werde seine Heimat bald wieder deutsch werden. Wilhelm gehört einer Jugendorganisation an, die nach dem Vorbild der deutschen Hitlerjugend aufgebaut ist. Dass man ihn nach Nürnberg eingeladen hat, empfindet er als große Ehre. Bevor er sich jedoch auf die Reise machen kann, muss er seinen Stammbaum aufschreiben. »Er wusste aber von der Schwarzen Großmutter«, erzählt sein Sohn Horst später in einem Interview, »und hatte plötzlich ein riesiges Dilemma. Sein erster Gedanke war: ›Ich nehme mir das Leben‹, und der nächste: ›Ich leugne es! Ich tue das, was alle in der Familie tun, und schreibe einfach die zweite Frau von Schmelen auf.‹«[259]

Elizabeth Bam, die zweite Frau von Wilhelms Ururgroßvater Johann Hinrich Schmelen – das klingt hinreichend deutsch. Niemand kann so auf die Idee kommen, dass es da eine Schwarze Ahnin gibt. Solchermaßen mit einem unverfänglichen Ariernachweis ausgestattet kommt Wilhelm ohne Schwierigkeiten nach Deutschland. Gemeinsam mit 50 000 anderen deutschstämmigen Hitlerjungen aus Chile, Argentinien, Brasilien, Mexiko, dem Sudetenland und aus den ehemaligen deutschen Kolonien huldigt er in Nürnberg seinem Führer, hört die berühmte Rede, in der Hitler sich die deutschen Jungen »flink wie Windhunde, zäh wie Leder und hart wie Kruppstahl« wünscht, und ist von all den Eindrücken, die er mit nach Hause nimmt, restlos begeistert.

Ob Wilhelm, wenn er nun schon einmal in Deutschland ist, seinen Onkel Hans Kleinschmidt besucht hat? Das ist nicht überliefert. Belegt durch ein Foto hingegen ist, dass er in Nürnberg seine Cousine Erika Ewaldt kennenlernt, Tillys älteste Tochter.

Erika Ewaldt

Tilly Kleinschmidt war, nachdem man ihr in Deutsch-Südwestafrika den behördlichen Segen für eine Ehe mit dem deutschen

Kaufmann Fritz Ewaldt verweigert hatte, gemeinsam mit ihrem Verlobten nach Deutschland ausgereist und hatte ihn im Juli 1915 in Leipzig geheiratet. Gerade noch rechtzeitig, denn am 2. Februar 1916 kommt die Tochter Erika zur Welt.

Was Tilly damals nicht weiß: Es gibt noch eine zweite Frau, die ebenfalls mit Fritz Ewaldt verlobt ist und die ebenfalls auf Heirat drängt. Ewaldt führt offensichtlich ein Doppelleben. Tatenlos lässt er geschehen, dass man in der Familie der anderen Frau Hochzeitsvorbereitungen trifft. Im Dezember 1916, am Vorabend der Trauung, erschießt er sich in einem Berliner Hotelzimmer.

Später heiratet Tilly ein zweites Mal, den Kölner Konditormeister Johann Herwig. Diese Ehe ist von Anfang an schwierig. Herwigs Familie ist katholisch und besteht darauf, dass auch Tilly zum katholischen Glauben übertritt. Sie tut das auch, aber mit schlechtem Gewissen. Zeit ihres Lebens empfindet sie diese Konversion als Verrat an ihren protestantischen Wurzeln, und nach Herwigs Tod tritt sie umgehend wieder in die evangelische Kirche ein. Über den Skandal um ihre erste Ehe und die Schwarze Vorfahrin spricht sie mit niemandem, nicht einmal mit ihrer Tochter Erika.[260]

Erika vergöttert den toten Vater, den sie nie kennengelernt hat. Den Stiefvater hingegen lehnt sie ab und rebelliert gegen ihn, wo sie nur kann. Herwig ist ein Anhänger der Zentrumspartei und verabscheut die Nazis zutiefst. Gut möglich, dass Erika aus genau diesem Grund nicht nur einfach in den BDM eintritt wie ihre Klassenkameradinnen, sondern sich dort alsbald durch besondere Schneidigkeit hervortut. Bald nimmt sie eine führende Position ein.

Eine der Folgen des Nürnberger Parteitags mit seinen Rassengesetzen ist allerdings, dass nunmehr alle Deutschen einen »Ariernachweis« erbringen müssen. Natürlich auch Erika Ewaldt, die aus allen Wolken fällt, als sie die Wahrheit über ihre Ururgroßmutter erfährt. Sie vertraut sich daraufhin ihrer BDM-Führerin an, und so geht am 7. November 1936 bei der Reichsleitung des Rassenpolitischen Amtes der NSDAP folgende Anfrage ein:

> Ein BDM-Mädel, das z. Zt. im Untergau Bonn tätig ist, stellte bei der Aufstellung ihrer Ahnentafel fest, dass einer ihrer Urur-Großväter, ein Missionar in Südwestafrika, eine Farbige (Hottentottin) geheiratet hat, dass sie damit selbst ›1/16 Mischling‹ ist. Dem Mädel sieht man einen fremdrassigen, insbesondere farbigen Einschlag zunächst nicht an. Nur nach Kenntnis der Dinge bemerkt man einen fremdartigen Zug um die Augen und in ihrem Wesen eine gewisse Labilität. Lässt sich in diesem Falle ausnahmsweise befürworten, dass das Mädel im BDM bleiben kann oder nicht? Eine Ehegenehmigung kann ihr wohl kaum erteilt werden.

Knapp entscheidet die Reichsjugendführung: »Bleibt BDM-Führerin.«[261]

Unangefochten macht Erika weiter Karriere beim BDM und bringt es bis zur Gauführerin. Später heiratet sie ohne den Einspruch irgendwelcher Parteiorgane den Wehrmachtsoffizier Otto Freiherr von Zedlitz, mit dem sie einen Sohn hat – und mischt auf diese Weise ihr »fremdrassiges« Blut mit dem eines der ältesten schlesischen Adelsgeschlechter.

Otto Hegner

Auch Otto Hegner muss einen Ariernachweis beibringen. Im Oktober 1935 begibt er sich nach Ostpreußen, um die entsprechenden Unterlagen zusammenzutragen. In Groß Samrodt, das heute Sambród heißt und in Polen liegt, befinden sich die Geburtsurkunden der Familie seines Vaters, die erwartungsgemäß hinsichtlich des Ariernachweises völlig unproblematisch sind. Anders steht es natürlich mit den Vorfahren seiner Mutter. Otto lässt sich vorsichtshalber auf keinerlei Debatte über mögliche

»nichtarische« Ahnen ein. »Die mütterliche Linie ist ja leider nur bis zur Trauurkunde unserer Eltern zu belegen«, schreibt er an Dora. »Die Taufscheine für Mütterchen, ihren Vater und den Großvater Schmelen stehen aus – die beiden letzteren könnten ja leicht besorgt werden, das erstere ist fraglich. Da muss eben die Trauurkunde unserer Eltern aushelfen und ausreichen.«[262]

In Wirklichkeit hätte auch eine Geburtsurkunde von Mutter Elisabeth Hegner »leicht besorgt werden« können. Gewissenhaft hatte ihr Vater, der Missionar Kleinschmidt, damals seiner Tochter eine solche ausgestellt und aus Afrika eine Abschrift nach Barmen geschickt, die sich noch heute im Archiv der Rheinischen Mission in Wuppertal befindet.[263] Eine Schwarze Großmutter wird dort nicht erwähnt. Aber das weiß Otto nicht, und verständlicherweise will er in diese Richtung auch nicht weiterforschen und schlafende Hunde wecken. Wie zuvor schon Wilhelm Kleinschmidt in Südwestafrika beschließt man in der Familie Hegner, statt ihr die zweite Frau Schmelens, Elizabeth Bam, als Vorfahrin anzugeben.

Auch beruflich muss sich Otto Hegner in seiner Eigenschaft als Leitungsmitglied des Königin Elisabeth Hospitals mit dem neuen Reichsbürgergesetz beschäftigen. Es geht um den Chefarzt seiner Klinik, Dr. Walter Wolff. Zwar ist die Familie Wolff seit Generationen protestantisch, aber nach § 6 der Zweiten Verordnung des Reichsministers des Inneren zum Reichsbürgergesetz gilt Dr. Wolff nunmehr als Jude, der aus dem Dienst auszuscheiden hat.

Die Krankenhausleitung will auf ihren Chefarzt jedoch nicht verzichten und führt Gründe an, warum man bei ihm eine Ausnahme machen solle: Dr. Wolff stamme aus einer Familie von deutschen Patrioten, so ihre Argumentation, er

> ist am 27. November 1876 als Sohn des damaligen Oberstabs- und Regimentsarztes des 2. Garde-Ulanenregiments, späteren Generalarztes a.D. Dr. Ernst Wolff (Teilnehmer in den Krie-

gen 1864, 1866 und 1870/71) und seiner Ehefrau Therese, geb. Simson (Tochter des 1888 durch Verleihung des Schwarzen Adler-Ordens geadelten Reichsgerichtspräsidenten Dr. Eduard von Simson), geboren. Seine Vorfahren sind schon vor 97 bzw. 114 Jahren aus innerer Überzeugung und in dem Wunsche, im Deutschtum aufzugehen, zum Christentum übergetreten.[264]

Die Familie Wolff habe nicht nur einen protestantischen Theologieprofessor hervorgebracht, sondern sei zudem aufs Engste mit dem preußischen Adel und der preußischen Generalität verschwägert.

Er selbst ist seit 1905 mit der rein deutschblütigen Frau Margarethe, geb. Kühn-Schuhmann, verheiratet [...]. Bei Kriegsausbruch 1914 meldete sich Dr. Wolff [...] sofort freiwillig zum Kriegsdienst und erreichte es im September 1914, dass er zum Unterarzt d. H. ernannt und an die Front kommandiert wurde. [...] Dr. Wolff ist mit dem Eisernen Kreuz II. Kl., später mit der Roten Kreuz-Medaille III. Kl. und mit dem Frontkämpferkreuz ausgezeichnet und zum Oberarzt d. R. befördert worden.[265]

Doch wenige Monate später teilt der Reichs- und Preußische Minister des Inneren der Krankenhausleitung mit knappen Worten mit, dem »Antrag auf Befreiung des Chefarztes Dr. Walter Wolff von der Vorschrift des § 6 der Zweiten Verordnung zum Reichsbürgergesetz sei nicht entsprochen worden«.[266]

Otto fällt die Aufgabe zu, im Namen der Krankenhausleitung einen Abschiedsbrief an Dr. Wolff zu schreiben: »Wir beugen uns mit Ihnen dem unerbittlichen Gesetz, welches Sie und uns trennt, aber wir bleiben in unserer Gesinnung und in unserer Dankbarkeit Ihnen gegenüber unberührt von alledem, was äußerlich trennend und scheidend sich aufgerichtet hat.«[267]

Und in Ermangelung handfesterer Unterstützung gibt er dem

geschassten Chefarzt gute Wünsche und Gottes Segen mit auf den Weg:

> Wenn unser Wort die Bedrängnis, die über Sie und damit auch über uns gekommen ist, auch nicht ausschalten kann, so möchten wir doch hoffen, dass unsere bleibende Verehrung und unerschütterliche Achtung Sie wie ein guter, freundlicher Geist in die kommenden Zeiten Ihres Lebens begleiten möchte. Ihre und Ihres Hauses Zukunft wissen wir unter den Schutz und Schirm des allmächtigen und barmherzigen Gottes gestellt.[268]

Für uns heute klingt dies ungeheuer zynisch. Aber man muss dem Schreiber dieser Zeilen wohl zugutehalten, dass er es sich damals noch nicht vorstellen konnte, wie die »kommenden Zeiten« aussehen werden, die man in NS-Deutschland für den jüdischen Arzt und seine Familie vorgesehen hat.

Dr. Walter Wolff überlebt die NS-Zeit. Möglicherweise, weil er mit einer »arischen« Frau verheiratet und zudem ein anerkannter »Frontkämpfer« des Ersten Weltkrieges war. Nach 1945 nimmt er seine Tätigkeit am Königin Elisabeth Hospital wieder auf. 1958 stirbt er 80-jährig in Ostberlin.

Für Otto selbst bleibt die beständige Angst, man könne sein Geheimnis entdecken, nicht ohne Folgen. Schon immer hat er ein schwaches Herz gehabt. Am 1. Februar 1941 stirbt er mit 60 Jahren in seinem Haus in Oberschöneweide an einem Herzinfarkt.

Hans Kleinschmidt

Bei den Kleinschmidts in Hannover stellt niemand die deutsche Reichsbürgerschaft in Frage, und anders als bei Dr. Wolff steht auch nie Hans Kleinschmidts berufliche Existenz oder gar das Leben seiner Familie auf dem Spiel. Sie dürfen lediglich keiner NS-Organisation beitreten. Und so erhalten, anders als im Fall ihrer Cousine Erika, die beiden Töchter Helga und Ingeborg am 1. Oktober 1935 die Nachricht, dass sie »mit sofortiger Wirkung« aus dem BDM ausgeschlossen seien.[269]

Im Bekanntenkreis der Kleinschmidts muss es auch Lehrer gegeben haben, die aufgrund der Nürnberger Gesetze aus ihrem Beruf gejagt wurden. Doch dies bringt Hans Kleinschmidt nicht dazu, seine Position zu den neuen Machthabern noch einmal zu überdenken. Stattdessen schreibt er eine weitere Eingabe, dieses Mal an das Oberste Parteigericht der NSDAP in München. »Es ist etwas so Ungeheuerliches und für einen deutschen Mann und Kämpfer geradezu Unerträgliches«, empört er sich dort, »in der Zeit scharfer Judenbekämpfung mit Juden und Judenstämmlingen oder gar mit Negerbastarden ehrvergessener Weiber im Rheinland auf eine Stufe gestellt zu werden, also völkisch verfehmt und diffamiert zu werden.«[270]

Unterstützt wird Kleinschmidt bei seinem neuerlichen Versuch, in die NSDAP einzutreten, durch seinen Schwager, einen SA-Oberführer, der sich ebenfalls an das Oberste Parteigericht wendet. Dick unterstrichen gibt dieser zu bedenken, dass »die Tochter Inge in Hannover Ende 1934 für ein Rassebuch eines Biologen als ›typisch nordisches Mädchen‹ vorgesehen war« und dass »der jüngste Sohn Elger gleichfalls in der Schule von einem Photographen als ›Urtyp eines deutschen Jungen‹ bezeichnet« worden sei. »Die blauäugigen und blonden Kinder des Studienrates Kleinschmidt«, fasst er zusammen, »haben in der Tat ein auffallend, ausgesprochen nordisches Aussehen, sodass es nicht verwunderlich ist, wenn sie hierdurch aus der Masse hervorstechen. Sicher ist ja auch, dass alle 8 Urgroßeltern Niedersachen und meist Bauern waren.«[271]

Doch die BDM-Führung lässt sich nicht erweichen. Im Januar 1936 erhalten Helga und Ingeborg Kleinschmidt die endgültige Nachricht, ihre Mitgliedschaft im BDM sei nunmehr für nichtig erklärt aufgrund »negroider Abstammung«.[272]

Wenige Monate später trifft es auch ihren großen Bruder Hans, der in Tübingen Geschichte und alte Sprachen studiert. Man rät ihm, von sich aus um eine »ehrenhafte Entlassung« aus der SA nachzusuchen, um dem drohenden Hinauswurf zuvorzukommen. Gleichzeitig wird er aus der NSDAP ausgeschlossen. Zwei Jahre lang zieht sich diese Angelegenheit hin, denn sein Vater schreibt weiter Eingabe um Eingabe. Im April 1938 beschließt schließlich das Gaugericht Württemberg-Hohenzollern endgültig, Hans Kleinschmidt junior sei aus der NSDAP zu entlassen, da er »nicht frei von negroidem Bluteinschlag« sei.[273] Zudem wird seinem Vater untersagt, den jüngsten Sohn Elger zum Jungvolk anzumelden.

Hans Kleinschmidt junior wendet sich schließlich an den Reichsminister Hermann Göring, dessen Vater einst Reichskommissar war in der Kolonie Deutsch-Südwestafrika. Bei dem Sohn eines »alten Südwesters« hofft er wohl auf Verständnis. Wie zuvor schon sein Vater betont er, wie gering der nichtarische Blutanteil der Familie Kleinschmidt sei und dass es sich dabei keinesfalls um afrikanisches, sondern um Blut der – im 19. Jahrhundert von Rassebiologen erfundenen und als höherwertig eingestuften – »hamitischen Rasse« handle. »1/32 gelbes-hamitisches (nicht-negroides) Blut tragen wir Geschwister in uns, deutsch sind wir und deutsch bleiben wir.«

Die afrikanische Vorfahrin sei in Wirklichkeit eine Burin gewesen und also letztendlich ebenfalls Deutsche. »Deutsch waren diese Buren, die Deutsche und Holländer zu Ahnen hatten, mochte nun auch wirklich – wie in meinem Fall – vor 1800 gelegentlich durch Heiraten fremdes Blut in sie eindringen.« Wie viele seiner Zeitgenossen vermutet auch Hans Kleinschmidt, »der Führer« wisse nichts von dem kleinlichen Gezänk der unteren Parteiinstanzen, und schließt mit einem pathetischen Appell an Göring:

Es ist nicht der Wille des Führers – und er kann es nicht sein –, dass man gerade uns vier deutsche Jungens und Mädels zurückstößt. Es kommt nicht darauf an, dass das eherne Gesetz der Partei um einen Deut (1/32) verschoben werde. Es kommt aber alles darauf an, einem Deutschen die Begeisterung nicht zu nehmen, und darauf, dass das Volk auf uns vier deutsche Menschen nicht verzichtet, sondern uns den Weg in die große Gemeinschaft der Partei, der SA, HJ und des BDM wieder öffnet.[274]

Marie im Tannenhof

Besonders tragisch wirkt sich der allgemeine Rassismus während der NS-Zeit auf Marie aus.

Im August 1934 bricht sie aus Karlsruhe zu einer Ferienreise an die Nordsee auf. Das denken jedenfalls ihre Angehörigen. Sie kommt dort nie an. »Sie selbst sagt«, so ist in ihrer Krankenakte zu lesen, »sie habe nach Gütersloh zu Freunden gewollt. Vor Gütersloh brach sie die Reise ab und kehrte um, weil während der ganzen Fahrt, zuletzt auf dem Bahnhof Hamm, die Verfolger hinter ihr her waren. Sie fuhr deshalb nach Barmen zu dem Freund ihrer Familie (Herr Rabenschlag), zu dem sie großes Vertrauen hat. Hier zeigte sie nun täglich und hartnäckig die Sinnestäuschungen und Verfolgungsideen.«[275]

Ihr Gastgeber weiß sich schließlich nicht mehr zu helfen und veranlasst Maries Einweisung in die nahe gelegene Nervenheilanstalt Tannenhof in Lüttringhausen. Auf dem Aufnahmebogen notiert der diensthabende Arzt: »Gemütsart in der Kindheit: Still. Zurückgezogen. Schüchtern.« Aber auch: »Frau mit sehr starkem Willen« und »Klug. Gutes Gedächtnis. Lyceum in Gütersloh i.W.«[276] Und schließlich: »Sie sah Personen (Männer), die immer wieder und überall als ›Verfolger‹ auftraten und Böses und Hässliches über sie sagten.« Seine Diagnose: »Schizophrenie. Heilbarkeit: Zweifelhaft.«[277]

Der weitere Verlauf ihrer Krankheit geht aus Maries Krankenakte hervor. Wenige Wochen nach ihrer Einlieferung schreibt der Anstaltsleiter an ihren Bruder Otto:

> Ihr Fräulein Schwester hat sich in ihren hiesigen Aufenthalt verhältnismäßig leicht eingefügt, obwohl ihr dieses sicher Mühe bereitete, da sie noch gar keine Krankheitseinsicht hat und glaubt, es habe sich nicht um wahnhafte Gedanken, sondern um reelle Nachstellungen [...] gehandelt. Sie schildert lebhaft die Bedrohung auf ihrer Reise nach Gütersloh, auch hier hat sie bereits am 2. Abend den Eindruck gehabt, dass ihre Widersacher auch hier anreisten und die ganze Umwelt gegen sie beeinflusst haben. [...] Nach seelsorgerlichem Trost verlangt sie z. Zt. nicht, wies ihn auf ein Befragen hin sogar fürs erste ab, erzählte dagegen offen, dass ihr natürlich durch all die hässlichen Anwürfe und Verfolgungen Unruhe und Zweifel in religiöser Hinsicht gekommen seien.[278]

Bald fordert Marie, entlassen zu werden. Doch die Ärzte raten ab. Und auch Dora ist dagegen. »Wo sollten wir sie hintun?«, schreibt sie an den Anstaltsarzt. »Nach Karlsruhe können wir sie nicht nehmen, ehe sie nicht geheilt ist, um unserer Kinder willen. Schon seit einem Jahr sorge ich mich um unsere 14-jährige Elisabeth, ein lebhaftes Kind mit ängstlichem Gemüt, die als einzige Tochter bei der Tante schlief. Würde nicht schließlich von der krankhaften Art der Tante etwas hängen bleiben bei dem jungen Gemüt des Kindes?«[279]

Fast erleichtert wirkt Dora, dass sie ihre schwierige Schwester nun losgeworden ist. Und dann folgt ein aufschlussreicher Satz: »Meine lb. Schwester selbst hat nach meiner Meinung nämlich Schaden an ihrem Gemüt genommen dadurch, dass sie mehrere Jahre bei einer gemütskranken Dame in Stellung gewesen ist, und wir wussten es zuhause nicht. (Ich war Haustochter bei meinen Eltern.)«[280]

»Gemütskrank«, das konnte zu Maries Jugendzeit vieles heißen: depressive Verstimmungen, hysterische Anfälle, Verfolgungswahn, Angstneurosen, neurotische Zwänge aller Art. Sie muss noch ein halbes Kind gewesen sein, als sie im Haushalt der psychisch kranken Dame arbeitete. Was empfand sie angesichts der Krankheit ihrer Arbeitgeberin? War sie verwirrt? Verunsichert? Hatte sie Angst? Hatte sie wenigstens jemanden, mit dem sie darüber reden konnte? Vermutlich nicht. Früh daran gewöhnt, keine problematischen Gefühle zu äußern, scheint Marie jahrelang klaglos ihre Arbeit verrichtet zu haben, ohne sich Hilfe zu holen. Nicht einmal ihre Schwester Dora hat sie eingeweiht. Wie stark muss das innere Verbot gewesen sein, über die eigenen Ängste und Gefühle zu sprechen!

Auch jetzt, in der Anstalt Tannenhof, beklagt Marie sich nicht. »Da Sie die beiden letzten Karten meiner lieben Schwester Marie Hegner unterschrieben und uns so freundliche Grüße gesandt haben, richte ich diese Zeilen nun auch an Sie«, schreibt Dora an den Anstaltsarzt Dr. Philipps, der offensichtlich die Briefe der Patient:innen liest und unterschreibt, bevor sie in die Post gegeben werden. »Wir sind ja so dankbar für beide Karten, geht aus denselben doch hervor, dass die lb. Schwester nicht mit Erbitterung an uns denkt, als hätten wir ihr Böses tun wollen, als wir sie der Anstalt übergaben.«[281]

Wieder einmal funktioniert Marie. Sie zeigt keine Wut, dass man sie ihrer Freiheit beraubt hat. Stattdessen schreibt sie nette Postkarten an ihre Geschwister. »Ihre letzte Karte war erfreulich«, so beispielsweise Otto an Dora. »Aber so verständig hat sie doch eigentlich immer an uns geschrieben.«[282] Dora sieht sich sogar bereits nach einem Altersheim in der Nähe von Karlsruhe um, in dem Marie (sie ist zu diesem Zeitpunkt 50 Jahre alt) nach ihrer Entlassung leben kann.

Nur an ihrer Schrift merkt man, dass etwas nicht stimmt. Deshalb schreibt Dora erschrocken an Dr. Philipps:

> Haben sich Maries Krankheit und ihre Not so gesteigert, dass sie so ineinander und durcheinander schreibt? Der Inhalt der Karte ist ja klar, sogar voller Fürsorge für unseren Ältesten im Arbeitsdienst. Aber dazu passt so gar nicht ihre Schrift! Und hat sie wohl geweint, während sie schrieb? Weint sie öfters? Ist sie verträglich mit den anderen Kranken? Oder ist sie manchmal böse? Haben sich ihre körperlichen Kräfte wohl gehoben? Oder kommt sie immer noch zu keiner Ruhe und keiner Kraft?[283]

An diesen Brief Doras hat die Anstaltsverwaltung den Notizzettel einer Schwester Auguste geheftet, die dazu folgendermaßen Stellung nimmt:

> Frl. Hegner ist zurzeit sehr stark mit Halluzinationen geplagt, die recht quälend für sie sind. Dass die letzte Karte an ihre Schwester etwas in und durcheinander geschrieben war, kam wohl daher, dass sie am Tag etwas unter Medizin gehalten wird (2 x 1 Eßl. Brom). In letzter Zeit weinte sie öfter, doch nicht beim Schreiben dieser Karte. Mit den anderen Krank. ist sie sehr verträglich und allgemein beliebt, böse ist sie niemals. Ihre körperl. Kräfte haben sich nicht gehoben durch ihr öfteres schlechtes Essen und ihre ständige innere Unruhe. Sie erzählte mir einmal, dass sie ihren Angehörigen sehr gezürnt habe, dass man sie in eine Anstalt gebracht hätte, jetzt wüsste sie aber, dass es eine Strafe von Gott sei für ihr böses Tun, er habe sie von Stufe zu Stufe geführt, aber es sei der Weg für sie gewesen.[284]

Wieder einmal sucht Marie die Schuld für das, was man ihr antut, bei sich selbst.

Unterdessen beantragt man im Tannenhof für Marie die »Invalidität«, die vorzeitige Berentung aus gesundheitlichen Gründen. Offensichtlich rechnet man nicht mehr mit ihrer Heilung. Am 2. Dezember 1934 schreibt Otto an Dora: »Ich fürchte Schlimmes, seitdem die Invalidität für sie beantragt ist. Die Möglichkeit, sie in dem Altersheim unterzubringen, sollten wir aber, wenn es irgend geht, im Auge behalten, zumal es wesentlich billiger ist.«

Das »Schlimme«, das Otto befürchtet, ist vermutlich nicht, dass man Marie ermorden könnte. Noch hat der Euthanasie genannte Massenmord an Behinderten nicht begonnen. Otto hat vermutlich eher Angst, dass Marie dauerhaft krank bleiben und infolgedessen bis zum Ende ihres Lebens in der teuren Nervenheilanstalt leben wird. Dies kann – je nachdem, wie alt sie wird – sehr kostspielig werden für ihre Familienangehörigen. Und Ottos Söhne stecken noch mitten im Studium. »Auf die Dauer weiß ich nicht, wie wir die Kosten aufbringen sollen«, schreibt er.[285]

Und tatsächlich bessern sich Maries Symptome keineswegs. Im Gegenteil. Immer wieder stehen Einträge wie der folgende in ihrer Krankenakte: »War recht unruhig und kniete vor Patientinnen und Schwestern und bat um Verzeihung.« Oder: »War recht lästig, indem sie alle umarmen wollte und um Verzeihung bat.« Oder: »Kniete vor den Patientinnen, dankte für alles und küsste verschiedene auf den Rücken.«[286] Sei dankbar, so hat man sie in der Kindheit immer ermahnt – auch und gerade für Dinge, die man dir gegen deinen Willen zufügt.

Maries Phantasien, gewissenhaft vom Personal des Tannenhofs dokumentiert, lesen sich wie verzweifelte Versuche, endlich ihre lange verdrängten Gefühle auszudrücken. Beispielsweise ihre nicht gelebte Sexualität: Sie fühlt sich von fremden Männern verfolgt und fürchtet, man halte sie für »männertoll«. Oder ihre Wut auf all die Menschen, die sie gegen ihren Willen in der Anstalt festhalten oder nichts unternehmen, um sie daraus zu befreien. So glaubt sie zuweilen, sie habe den Anstaltsarzt Dr. Philipps ermordet. Oder: ihre Schwester, ihr Schwager und die beiden Neffen seien tot. Immer wieder tauchen in ihren Phantasien ein Graf und eine Gräfin auf, die sie stören und schikanieren, bei denen sie sich aber auch für »verliehene Gaben« bedankt. Denkt sie dabei an Dora und Philipp, die sich so oft über sie lustig gemacht haben, die aber auch eine so wichtige Rolle spielen in ihrem Leben? Sie beginnt, das Essen zu verweigern, und droht den Pflegerinnen, die sie füttern wollen, mit der Faust. Sie dürfe nicht so viel essen, erklärt sie, sonst reiche es nicht für ihre Schwester Dora.

Längst ist sie keine fügsame, pflegeleichte Patientin mehr. Mit immer höheren Dosen Paraldehyd wird sie ruhiggestellt. Ihr körperlicher Zustand verschlechtert sich rapide. »Ist öfter unsauber mit Stuhl« und »Meldet sich nicht mehr bei ihren Bedürfnissen«, steht in ihrer Krankenakte.

Gleichzeitig entwickelt die kranke Marie ein geradezu prophetisches Gespür dafür, welches Schicksal für Menschen vorgesehen ist, die in irgendeiner Weise nicht ins NS-Deutschland passen. Nachts steht sie oft auf und zieht sich an, weil sie glaubt, sie werde nun »ins politische Gefängnis« gebracht. Wiederholt äußert sie die Befürchtung, dass sie »mit dem Gerichtswagen abgeholt« und hingerichtet werden solle oder dass man sie vergiften wolle.

Im April 1936 macht Dora einen ihrer seltenen Besuche auf dem Tannenhof. Im Anschluss schreibt sie an die Stationsärztin Fräulein Dr. Christ:

> Sie werden verstehen, dass ich, nachdem ich meine Schwester so vernünftig angetroffen habe, mich immer wieder frage, ob sie wohl noch mal gesund werden kann. So sehr sie bei ihrer Einlieferung darum gebeten hat, dass sie wieder zu uns zurückkehren kann, so hat sie jetzt kein Wort davon gesagt. Ist sie so stumpf geworden oder hielt sie eine solche Bitte für aussichtslos? Es hat mich noch tagelang geplagt, ob ich die liebe Kranke nicht zu mir nehmen und selbst pflegen könnte. Besteht irgendeine Aussicht, dass meine lb. Schwester noch mal gesund werden könnte?[287]

Wenige Tage zuvor hatte eine Schwester in Maries Stationsakte eingetragen: »Benötigen d. Zimmer. Wird nach Station K verlegt.« Und: »War sehr ruhelos. Stand immer an der Tür. War abends unsauber mit Stuhl.« Und dann noch: »Wurde nach A oben verlegt.«[288]

Und dort, auf Station A oben, stirbt Marie Hegner am 21. Juli 1936 mit 52 Jahren. Als Todesursache wird »Herzschwäche« angegeben.

»Leider ist es mir nicht möglich, persönlich an ihrer Beerdigung teilzunehmen«, schreibt Dora an die Anstaltsleitung und bittet, ein Kreuz aus weißen Blumen im Wert von 5 Mark auf den Sarg zu legen: »Bitte, verrechnen Sie die 5 M. mit meinem Bruder, [...] der vielleicht zu der Beerdigung kommen wird. Durch ihn werde ich dann auch wohl Näheres über die letzte Krankheitszeit und das Sterben meiner lieben Schwester erfahren.«[289]

Aber Otto hat ebenfalls keine Zeit. Daraufhin bittet Dora die Anstaltsleitung, die Beerdigung um eine Woche aufzuschieben, da in diesem Falle sie oder ihr Mann kommen würden. Doch diesem Wunsch wird nicht entsprochen.

Am 25. Juli 1936 beerdigt man Marie Hegner auf dem Friedhof in Lüttringhausen. Wie so oft während ihres Lebens ist sie auch im Tod ganz allein.

Über das Familiengeheimnis hatte Marie eisern geschwiegen in den zwei Jahren ihres Aufenthalts in der psychiatrischen Anstalt, trotz aller Verwirrung und Desorientierung. Erst kurz vor ihrem Tod vertraut sie einer Schwester in verklausulierter Form den Grund für ihre Ängste an: »Ich bin ein Ausländer und werde ausgewiesen.«[290]

Woran starb Marie Hegner?

Woran verstarb Marie Hegner? Als sie 1934 in den Tannenhof eingewiesen wurde, war sie 50 Jahre alt und, wenn man von ihren chronischen Drüsenbeschwerden einmal absieht, körperlich völlig gesund. Zwei Jahre später war sie tot. In meiner Familie wurde gemunkelt, Marie sei im Tannenhof durch sogenannte Himmelströpfchen ermordet worden. Genaues wusste niemand.

Um die Umstände des Todes von Marie Hegner zu verstehen, muss man sich vor Augen führen, welches emotionale Klima damals in den psychiatrischen Anstalten herrschte – in staatlichen wie in kirchlichen. Schon lange vor der NS-Zeit hatte man dort in Notzeiten, beispielsweise während des Ersten Weltkrieges, die Ausgaben für die Ernährung drastisch gekürzt. Infolgedessen starben viele Patienten an eigentlich heilbaren Krankheiten wie Grippe und anderen Infektionskrankheiten, aber auch an ausgesprochenen Mangelkrankheiten wie Typhus oder Tuberkulose. In der Anstalt Tannenhof beispielsweise stieg die Sterberate, die immer zwischen 5 und 7 Prozent gelegen hatte, während des Ersten Weltkrieges auf fast ein Viertel der Patienten.[291] Auch nach dem Krieg, in den Krisenjahren der Weimarer Republik, hat der Tannenhof noch lange mit einer überdurchschnittlich hohen Sterblichkeit zu kämpfen.[292]

Gleichzeitig fand damals in der Öffentlichkeit eine breite Debatte statt, ob es angesichts der allgemeinen Not gerechtfertigt sei, die knappen Nahrungsressourcen für Menschen mit Behinderung zu verwenden.

> Aus dem Zwangsglaubenssatz der schrankenlosen Liebe und der Gleichheit alles Menschlichen vor Gott einerseits und der Lehre vom demokratischen, rasselosen und von keinem nationalverwurzelten Ehrgedanken getragenen »Menschenrecht« andererseits, hat sich die europäische Gesellschaft geradezu als Hüterin des Minderwertigen, Kranken, Verkrüppelten, Verbrecherischen und Verfaulten »entwickelt«[293],

verlautbarte bereits 1930 NS-Propagandist Alfred Rosenberg.

Auch die Kirchen beteiligten sich an dieser Diskussion. Beispielsweise die Innere Mission, die größte soziale Organisation der Evangelischen Kirche. 1931, zwei Jahre vor Beginn der NS-Zeit, berief der Central-Ausschuss für die Innere Mission eine »Fachkonferenz für Eugenik« in der hessischen Diakonenanstalt Treysa ein. Schon in der Einladung wurde deutlich, wohin in Zukunft die Reise gehen sollte: »Auf dem Gebiet der Fürsorge für Minderwertige und Asoziale tritt immer bedrohlicher das Problem des Ansteigens bzw. der stärkeren Vermehrung des minderwertigen Bevölkerungsteils gegenüber dem gesunden in Erscheinung und erfordert eine grundsätzliche Besinnung und Stellungnahme von unserer Seite.«[294]

Offen wurde bereits damals über die »Vernichtung lebensunwerten Lebens« diskutiert. So fragte sich etwa Hans Harmsen, Leiter des Referats Gesundheitsfürsorge beim Central-Ausschuss: »Könnten wir eine Kommission anerkennen, die über das Leben von Menschen zu entscheiden hätte? Dem Staat geben wir das Recht, Menschenleben zu vernichten – Verbrecher und im Kriege. Weshalb verwehren wir ihm das Recht zur Vernichtung dieser lästigsten Existenzen?«[295]

In einer Abschlusserklärung lehnte die Fachkonferenz dann zwar die Tötung von Kranken und Behinderten »mit allem Nachdruck« ab, beschloss aber, durch Sterilisation künftiges »lebensunwerte Leben« zu verhindern. Außerdem solle in Zukunft die christliche Liebestätigkeit nach sozialer Wertigkeit und Leistungsfähigkeit gestaffelt werden: »An die Stelle einer unterschiedslosen Wohlfahrtspflege hat eine differenzierte Fürsorge zu treten. Erhebliche Aufwendungen sollen nur für solche Gruppen Fürsorgebedürftiger gemacht werden, die voraussichtlich ihre volle Leistungsfähigkeit wiedererlangen können.«[296]

Damit entsprach die Innere Mission ganz dem Zeitgeist. Es herrschte damals ein regelrechter Wettbewerb in den psychiatrischen Anstalten, wer die geringsten Kosten pro Patient aufwendete. Diese Atmosphäre wirkt sich auch auf die Haltung des Personals aus. »Die dauernde Verschlechterung der menschlichen und ärztlichen Versorgung, grobe Vernachlässigung von Kranken usw. blieben ungeahndet, weil es hieß: na ja, die Geisteskranken –. Dadurch war eine Lockerung der Pflichtauffassung vorhanden, für die geradezustehen ich nicht mehr für möglich hielt«[297], beschreibt es ein damaliger Anstaltsleiter, der schließlich aus Protest von seinem Posten zurücktrat.

Als dann Hitler an die Macht kommt, erlangt diese Einstellung Gesetzeskraft. Bereits am 14. Juli 1933 wird das Gesetz zur Verhütung erbkranken Nachwuchses erlassen. Darin geht es noch nicht um Mord, sondern »nur« um Sterilisation. Zu sterilisieren sind »Erbkranke« mit »angeborenem Schwachsinn«, die nicht ihren eigenen Unterhalt verdienen können, ferner Menschen, die an schwerem Alkoholismus, Blindheit, Depression, Epilepsie, Schizophrenie, Taubheit und erblichen Missbildungen leiden (unter anderem auch an Nachtblindheit, Klumpfüßen, dem Fehlen von Fingern).[298]

Die Kirchen fügen sich den staatlichen Anweisungen. Sterilisierung oder Dauerverwahrung in einer geschlossenen Anstalt – eine andere Wahl gibt es nun nicht mehr. Auch in der Anstalt Tannenhof werden zahlreiche Patienten im lokalen Allgemeinkrankenhaus sterilisiert.[299]

Was empfinden Maries Geschwister, wenn sie derartige Debatten hören? Es ist schwer zu glauben, dass sie vollkommen ahnungslos sind. Vor allem Otto als geistlicher Leiter eines evangelischen Krankenhauses muss dauernd mit dieser Thematik konfrontiert gewesen sein. Warum tut er nicht alles, um seine Schwester aus der psychiatrischen Anstalt herauszuholen?

Viele Patienten in den Pflegeanstalten ahnen, dass der Rassismus des neuen Regimes und seine Haltung zu Kranken und Behinderten eine gemeinsame Wurzel haben. Marie ist keineswegs die Einzige, die fürchtet, ermordet zu werden. »Wenn Sie wüssten, wie unsere Kranken in Unruhe geraten waren in Zusammenhang mit den Maßnahmen gegen Nicht-Arier«, berichtet beispielsweise 1933 Pfarrer Paul Werner, der geistliche Leiter des Tannenhofs, vor dem Ständigen Ausschuss für Rassenhygiene und Rassenpflege der Inneren Mission, »als sie wussten, dass unsere Ärzte sich zum Nationalsozialismus bekannten«.[300]

Und es sind viele Mitarbeiter des Tannenhofs, die »sich zum Nationalsozialismus« bekennen. Außer dem geistlichen Leiter Paul Werner, der Mitglied der NSDAP ist und zudem »Förderndes Mitglied der SS«, ist auch der Chefarzt Dr. Wilhelm Philipps, Maries behandelnder Arzt, Parteigenosse. Im Verwaltungsbericht von 1932/33 kann Werner dann auch stolz berichten, der Tannenhof, der einen eigenen Wahlbezirk bildet, habe bei den Reichstagswahlen am 5. März 1933 »zu 97 % regierungstreu« gewählt. Er hoffe nun auf den »Anbruch einer gesegneten Zeit für unser geliebtes Vaterland«.[301] In freudiger Erwartung hatte man gar nicht erst den Ausgang der Wahl abgewartet, sondern bereits am Wahltag die Hakenkreuzfahne gehisst. Über die »Brüder«, die männlichen Pfleger im Tannenhof, heißt es in besagtem Bericht: »Der Wunsch zahlreicher Brüder nach Eintritt in die SA konnte leider nur teilweise erfüllt werden, da die gesamte Pflegearbeit, die ja Tag- und Nachtdienst umfasst, nicht notleiden darf.« Doch »die meisten Brüder und Angestellten meldeten sich […] freudig als fördernde Mitglieder der SS an«.[302]

Eine Lehrerin der Schwesternschülerinnen wird dort ebenfalls lobend erwähnt. Sie arbeite eng mit den entsprechenden NS-Frauenorganisationen und der Nationalsozialistischen Volkswohlfahrt NSV zusammen.

> Die für unser Mutterhaus hauptamtlich eingestellte Lehrerin, Frl. Rielandt, verstand es meisterhaft, ihre Schülerinnen in die nationalsozialistischen Gedankengänge einzuführen und sie für die Forderungen der Neuzeit zu erwärmen. Wir erlauben ihr, soweit

> es ihr Dienst zulässt, sich für die Mitarbeit in den Frauenschaften und für die NSV zur Verfügung zu stellen.[303] [...] Auch wurde sie zur Leiterin der Lüttringhauser NS-Frauenschaften und zur Kreiswalterin der NSV berufen.[304]

Auch eine Ärztin von Marie taucht dort auf: »Unsere Ärztin, Frl. Dr. Christ, auch ein älteres Parteimitglied, ist Kreisleiterin für die NS-Frauenschaften.«[305] Frl. Dr. Christ ist die Empfängerin von Doras Brief von 1936, in dem diese anfragt, ob man ihre Schwester nicht doch entlassen könne.

Die Sympathie des Personals der evangelischen Einrichtung Tannenhof für das NS-Regime ist nichts Ungewöhnliches in der damaligen Zeit. Pfarrer Werner bekennt sich jedoch darüber hinaus zu der Glaubensgemeinschaft Deutsche Christen und erwartet dies auch von den Diakonissen der Tannenhofer Schwesternschaft. Dies geht vielen dann doch zu weit. An der Frage »D. C. – ja oder nein?« (und nicht etwa an der Frage, wie man die Patienten zu behandeln habe) entzündet sich ein schwerer innerer Konflikt im Tannenhof. Als Lehrerin Rielandt im Unterricht behauptet, Jesus sei kein Jude, sondern Arier gewesen und sich zu antikirchlichen Äußerungen hinreißen lässt, stößt sie bei ihren Schülerinnen auf Ablehnung.[306] Die Oberin der Tannenhofer Schwestern, Hildegard von Bülow, verlangt ihre Entlassung. Pfarrer Werner hingegen unterstützt sie. Der Konflikt eskaliert schließlich derart, dass sich die Oberin beurlauben lässt. Sie weigert sich, zurückzukehren, solange die betreffende Lehrerin noch an der Schule arbeitet und Werner der zuständige Seelsorger für die Schwestern bleibt. Der gesamte Vorstand außer Werner steht hinter Oberin Bülow.

In dieser Situation denunziert Fräulein Rielandt eine Hilfskrankenschwester, Maly Kagan, als »getaufte galizische Jüdin«, welche die jungen Schwestern im Sinne der Oberin aufwiegle.[307] Daraufhin fordert der NSDAP-Kreisamtsleiter, Schwester Maly müsse entlassen werden. Die Leitung des Tannenhofs lässt sich auf einen Kompromiss ein: Wie gefordert, entlässt sie Schwester Maly, aber sie feuert auch Lehrerin Rielandt. Als Werner dann auch noch vertrauliche Vorstandsunterlagen an die NSDAP weitergibt, ist das Maß voll. Auf Druck des Vorstandes geht Werner 1936 in den Ruhestand. Den Konflikt mit der lokalen NSDAP-Leitung kann schließlich Chefarzt Philipps ausbügeln, der glaubhaft versichert, er selbst müsse als Parteigenosse keinerlei Nachteile in der evangelischen Anstalt auf sich nehmen. Die NSDAP sieht sich daher nicht veranlasst, einzugreifen.[308]

Das Ausscheiden von Pfarrer Werner aus dem Tannenhof bedeutet jedoch keineswegs, dass dort nicht weiter die NS-Ideologie gepflegt wird. So werden beispielsweise im Jahresbericht von 1938/39 die Kranken als »parasitär veranlagte Gemeinschaftsstörer« bezeichnet, und über die im Tannenhof angestellten Ärzte ist zu lesen: »Sämtliche Ärzte stellen sich durch Mitarbeit in der SA und im Amt für Volksgesundheit in den Dienst der großen allgemeinen Aufgabe, die der Führer und Reichskanzler dem deutschen Arzt gestellt hat.«[309]

Als das Gerücht aufkommt, auch nur ein einziger »nichtarischer« Patient könne eine Einrichtung um ihre Anerkennung der steuerrechtlich wichtigen Gemeinnützigkeit bringen, zögert der Vorstand des Tannenhofs nicht, eine Satzungsänderung zu beschließen. »Der veränderten Einstellung des deutschen Volkes zur Rassenfrage« solle insofern Rechnung getragen werden, dass die Aufnahme von »Patienten jüdischer Abstammung« ausgeschlossen »und entsprechend für die Einstellung von Personal das deutsche Staatsbürgerrecht im Sinne der Nürnberger Gesetze zur Bedingung«[310] gemacht werden solle.

Wie mag es Marie ergangen sein in dieser Atmosphäre? Umgeben von Menschen, die sich seit Jahren daran gewöhnt haben, dass ihnen die Patienten aufgrund der schlechten Versorgung unter den Händen wegsterben. Die sich damit brüsten, wie wenig Geld sie für die Ernährung ihrer Patienten ausgeben. Die in verschiedenen Gremien offen darüber diskutieren, ob man eine wie sie nicht einfach umbringen solle. Oder wenigstens sterilisieren. Und die sich in einer Partei engagieren, die beginnt, in Deutschland die vollständige »Vernichtung lebensunwerten Lebens« zu organisieren.

Marie ist im Laufe der Zeit eine ausgesprochen schwierige Patientin geworden. Kurz vor ihrem Tod hat man sie innerhalb von drei Tagen auf zwei verschiedene Stationen verlegt. Im Tannenhof herrscht Personalmangel, und vermutlich hat niemand die Zeit und die Geduld, ihr genau zu erklären, was mit ihr geschieht. Laut ihrer Krankenakte reagiert sie mit großer Unruhe. Sie steht ständig an der Tür. Sie versteckt sich bei den Mahlzeiten, und wenn man sie dann an den Tisch gelotst hat, isst sie nicht selbstständig, sondern muss gefüttert werden. Zudem kann sie ihre Ausscheidungen nicht mehr kontrollieren, und man muss sie immer wieder sauber machen – zusätzliche Arbeit für die ohnehin überlasteten Schwestern.

Vielleicht platzt irgendeiner Schwester da einfach der Kragen, und als sie Marie ihr übliches Beruhigungsmittel eingibt, beschließt sie, massiv die Dosis zu erhöhen. Auf eigene Faust oder, noch wahrscheinlicher, nach Rücksprache mit einem Arzt. Angesichts der damaligen Stimmung gegenüber Behinderten und Kranken können beide sicher sein, dass niemand irgendwelche Schritte gegen sie unternehmen wird, falls ihre Patientin stirbt.[311]

Es kann aber auch ganz anders gewesen sein: Die Medikamente, die man psychisch Kranken in dieser Zeit (und bereits während der Weimarer Republik) eingibt, insbesondere, wenn sie unruhig sind und »stören«, haben verheerende Nebenwirkungen. Mittel wie Brom können zu Inkontinenz, Nierenversagen, Schädigungen der Leber, des Herzens und des Gebisses führen. Auch Paraldehyd, das man Marie in immer größeren Dosen verabreicht, kann zu Magen-, Darm-, Herz-, Nieren-, Leber- und Gehirnschädigungen führen, zudem zu Konzentrationsminderung. Maries dauernde Angst, man wolle sie vergiften, ist keineswegs aus der Luft gegriffen. Vielleicht ist sie einfach an den Folgen der damaligen »Therapie« gestorben, verbunden mit Mangelernährung.

Das Ende der NS-Zeit

Im Februar 1939 erreicht der jüngere Hans Kleinschmidt, dass man ihn »unter Vorbehalt« erneut in die SA aufnimmt, und zwar »in den neu aufgestellten Sturm 6/NS z[ur] b[esonderen] V[erwendung]«.[312] Der Krieg steht vor der Tür, und man braucht nun jeden Mann.

Im Auftrag seiner Brigade lässt Hans Kleinschmidt ein ärztliches Gutachten mit »Rassendiagnose« erstellen: »Nordisch mit ostbaltischem Einschlag«,[313] schreibt der Arzt in das Formular. Auch die Berliner Reichsstelle für Sippenforschung wird eingeschaltet. Sie bescheinigt, Hans Kleinschmidt sei »deutschen oder artverwandten Blutes im Sinne der Ersten Verordnung zum Reichsbürgergesetz vom 14. November 1935«.[314] Und auch Hans' kleiner Bruder Elger darf nun mittun: »Auf Ihr Gesuch um Belassung Ihres Sohnes Elger in der Hitlerjugend trotz artfremden Bluteinschlages teile ich Ihnen abschließend mit, dass Jugendliche nicht rein deutschblütiger Abstammung nunmehr ohne weiteres zum Dienst in der Hitlerjugend herangezogen werden«[315], lässt das Parteiamt für Gnadensachen seinen Vater wissen.

Im Oktober 1939, kurz nach Kriegsbeginn, startet dann die Aktion T4[316], der systematische Massenmord an geistig und körperlich Behinderten. Einige psychiatrische Einrichtungen werden zu Tötungsanstalten umgebaut, mit als Duschen getarnten Gaskammern und eigenem Krematorium. Die Psychiatrien werden aufgefordert, die Schwere der Krankheit und Arbeitsfähigkeit ihrer Patienten in Fragebögen zu erfassen. Danach verschickt man die als »lebensunwert« eingestuften Kranken an verschiedene Zwischeneinrichtungen, von wo man sie in die Tötungsanstalten transportiert und ermordet. Die Angehörigen erhalten einen Brief, in dem eine natürliche Todesursache angegeben ist. Um eventuelle Nachforschungen zu erschweren, ist in diesem Brief oft ein falscher Ort des Todes angegeben.

Erst 1941 wird die Aktion T4, nach einer mutigen Predigt des katholischen Bischofs Clemens August Graf von Galen, offiziell gestoppt. Doch das Morden geht inoffiziell weiter – durch Verhungernlassen, durch überhöhte Medikamentendosierung, durch Gift. Auch im Tannenhof: Wie der Historiker Uwe Kaminsky schreibt, sank dort der Patientenstand von 642 Anfang 1940 auf 286 fünf Jahre später. Insgesamt 425 Menschen, so seine Schätzung, wurden im Tannenhof Opfer der »Euthanasie«.[317]

Zur selben Zeit meldet sich Hans Kleinschmidt junior freiwillig an die Front, um endgültig »die Scharte auszuwetzen«. Dennoch nimmt man ihn nicht wieder als vollwertiges SA-Mitglied auf. Am 26. Juni 1941 fällt er bei Brest-Litowsk: »Ja, kämpfen und fallen durfte unser Hans für dies neue Reich«, schreibt sein Vater zornig und verbittert an seinen Bruder, »aber seine und unsere Ehre zu beschmutzen und ihm nicht mal vor seinem Tod Gerechtigkeit widerfahren zu lassen, das war möglich und mussten und müssen wir hinnehmen.«[318]

Da die SA keine Totenfeier für seinen Sohn ausrichtet, verfasst Hans Kleinschmidt senior selbst einen pathetischen Nachruf. Als sei er dabei gewesen, behauptet er, sein Sohn sei gestorben mit den Worten Hölderlins auf den Lippen: »Lebe droben, o Vaterland, / Und zähle nicht die Toten! / Dir ist, / Liebes! nicht Einer zu viel gefallen.«[319]

Im Herbst 1943 übernimmt der Rüstungsbetrieb Mittelwerke Ilfeld die Räume der Klosterschule, Kleinschmidts alte Arbeitsstelle. Von dort aus wird die Produktion der Geheimwaffen V1 und V2 organisiert und das berüchtigte KZ Mittelbau-Dora mit seinen verschiedenen Außenlagern verwaltet. Bis zum Kriegsende leisten in diesem KZ etwa 60 000 Menschen aus 21 Ländern Zwangsarbeit. Die Lebensbedingungen in den Lagern sind so katastrophal, dass ein Drittel von ihnen an Unterernährung, Krankheiten oder einfach an Entkräftung stirbt. Hört denn Studienrat Kleinschmidt nie irgendetwas über diese Vorgänge in seiner ehemaligen Schule?

Er müsse, schreibt er an seinen Bruder, »bitter darum ringen, nicht in endgültige Verbitterung und Negativismus zu verfallen«.[320] Nicht, weil er neuerdings grundsätzliche Zweifel am NS-Regime hegt. Sondern weil man ihm noch immer den Eintritt in die NSDAP verwehrt. Angesichts der vielen vergeblichen Eingaben, deren Abschriften mittlerweile einen dicken Aktenordner füllen, zieht Hans Kleinschmidt 1943 ein deprimiertes Resümee: »10 Jahre nutzloser Kampf«.[321]

Zwei Jahre später hat der ganze Spuk ein Ende. Erstaunlich schnell gewöhnen sich die Deutschen wieder an demokratische Strukturen. In der neu entstehenden Bundesrepublik werden dringend Funktionsträger gesucht, die keiner NS-Organisation angehört haben. »Als Parteigeschädigter bekam ich 3x sehr ehrenvolle Angebote auf führende Posten«[322], schreibt Hans Kleinschmidt mit großer Genugtuung an einen Verwandten.

Seine Depressionen sind wie weggeblasen. Endlich gehört er wieder »dazu«. Das Unrecht, das man ihm angetan hat, kann er allerdings nicht vergessen. Damals wird die Familienlegende erfunden, Großvater sei ein Verfolgter des NS-Regimes gewesen ...[323]

Mein Vater macht meiner Mutter ein Geständnis

Wenige Monate später, an einem Freitagnachmittag in der Vorweihnachtszeit 1947, packt meine künftige Mutter, Ilse Schaible, ihre Geige, etwas Wäsche und eine Zahnbürste ein, um bei ihrer

Freundin Elisabeth Zimmermann das Wochenende zu verbringen. Beide kennen sich aus dem Kindergärtnerinnenseminar. Der Krieg ist zu Ende, und man kann endlich wieder reisen. Beispielsweise aus der kleinen schwäbischen Provinzstadt Neuenstadt, wo Ilse einen Kindergarten leitet, in die badische Hauptstadt Karlsruhe, wo Elisabeth mit ihrer Familie lebt.

Ilse liebt diese Besuche in Karlsruhe. Sie mag Elisabeths kluge, wenn auch etwas herbe Mutter und ihren charmanten Vater, der mit seinem Humor seine ernsthafte Frau immer wieder zum Lächeln bringt. Ilse weiß, dass einer von Elisabeths älteren Brüdern früh gestorben und der andere kurz vor Kriegsende gefallen ist, aber die beiden jüngeren sind heil nach Hause gekommen. Einer von ihnen, Diether, ist bereits verheiratet und Vater eines kleinen Sohnes. Und dann ist da noch Gotthilf, ein stiller Mann, der vor Kurzem aus russischer Kriegsgefangenschaft entlassen wurde.

Man macht Hausmusik an diesen Wochenenden, Ilse spielt Geige, Elisabeth Klavier und Diether Querflöte. Gotthilf spielt kein Instrument und beteiligt sich auch sonst nicht sehr an der allgemeinen Unterhaltung. Meist sitzt er in einer Ecke und liest. Er will so schnell wie möglich wieder an die Universität, um sein Studium zu beenden, das er wegen des Krieges unterbrechen musste. Dass Gotthilf Frauen gegenüber etwas schüchtern ist, gefällt Ilse, die draufgängerische Männer überhaupt nicht schätzt. Zudem sieht er recht gut aus, obwohl er natürlich entsetzlich mager ist. Die russische Gefangenschaft hat ihre Spuren hinterlassen.

An diesem besagten Wochenende nun steht nicht Elisabeth in der Karlsruher Bahnhofshalle, um ihre Freundin abzuholen, sondern Gotthilf. Er habe sie, so hat sie mir später oft erzählt, gebeten, ihre Geige und ihren Koffer bei der Gepäckaufbewahrung aufzugeben und mit ihm einen Spaziergang auf dem nahe gelegenen Karlsruher Lauterberg zu machen.

Der Lauterberg ist eigentlich kein wirklicher Berg im topfebenen Karlsruhe, sondern eine kleine künstliche Erdaufschüttung mit Aussichtsturm inmitten einer Parkanlage. Und dort, nachdem sie eine Weile über allerlei andere Dinge geplaudert haben, fragt er sie, ob sie seine Frau werden wolle. Bevor sie diese wichtige Frage beantworten kann, ergreift er jedoch noch einmal das Wort: »Bevor du dich entscheidest«, habe er gesagt, »will ich zuerst, dass du etwas über mich weißt …«

Das Familiengeheimnis!

Ich muss ungefähr dreizehn Jahre alt gewesen sein, als auch ich davon erfuhr. Meine Mutter hatte sich verplappert. »Ihr sollt ja eine Schwarze im Stammbaum haben« – das ist ihr so rausgerutscht. Obwohl sie doch, damals auf dem Lauterberg, meinem Vater versprach, künftigen Kindern nie, nie, nie »davon« zu erzählen. Aber jetzt war es heraus und nicht mehr rückgängig zu machen.

Eine Schwarze im Stammbaum? Aus Afrika? Ich war fasziniert. Wir lebten damals in einem kleinen Dorf im Südbadischen. Und nun kam plötzlich die große weite Welt zu mir, in meine eigene Familie. Als mein Vater an diesem Abend nach Hause kam, bestürmte ich ihn, mir mehr über diese aufregende Vorfahrin zu erzählen. Und nun, da das Geheimnis keines mehr war, schickte er sich ins Unvermeidliche und erzählte mir alles, was er über »die Schwarze« wusste.

Es war nicht besonders viel. Und so hätte ich vielleicht die ganze Sache bald wieder vergessen. Aber wenige Monate später, zur Konfirmation, schenkte mir mein Vater eine alte Familienbibel. Sie ist, wenn man dem Eintrag meines Vaters auf dem Deckblatt glauben darf, 1818 in Leipzig erschienen. Die letzten Seiten dieser Bibel sind unbedruckt, um Geburten, Eheschließungen, Todesfälle und andere wichtige Familienereignisse einzutragen. Und das hatte mein Vater getan. Tage- oder vielmehr nächtelang – es sollte ja eine Überraschung für mich werden – hat er dort das wenige niedergeschrieben, das er aus der mündlichen Familienerzählung über seine und meine Vorfahren zusammentragen konnte.

Es war wie ein Auftrag. Wenn sich die geheimnisvolle Ahnin schon nicht verheimlichen ließ, dann sollte wenigstens jemand herausfinden, wer sie wirklich war. Es vergingen dann aber noch viele Jahre, bis ich beschloss, mich tatsächlich auf Spurensuche zu begeben.

Spurensuche

Um es vorweg zu sagen: Ich bin als Weißes Kind aufgewachsen in einer Familie, wie sie unexotischer nicht sein konnte. In einem deutschen evangelischen Pfarrhaus in Baden-Württemberg in der Adenauer-Ära. Vater CDU-Wähler. Mutter Hausfrau. Nie hat mich jemand gefragt, wo ich »eigentlich« herkommen und wann ich wieder zurückkehren würde, nie hat mir jemand besondere Fähigkeiten im Tanzen und Singen oder mangelnde Intelligenz unterstellt.

Ich bin 1949 zur Welt gekommen. Damals ist der Krieg noch nicht allzulange vorbei. Die meisten Deutschen versuchen ehrlich, sich eine neue Haltung anzueignen. Auch und gerade gegenüber Menschen, die sie bislang für »minderwertig« gehalten haben.

Dabei sind ihnen die Siegermächte allerdings kein gutes Vorbild. Wie schon im Ersten Weltkrieg befinden sich unter den alliierten Truppen zahlreiche Schwarze Soldaten. Millionen von ihnen hatten gegen Hitlers rassistisches Regime gekämpft. Sie waren oftmals unter Zwang rekrutiert, schlechter bezahlt und während der Kämpfe als Soldaten zweiter Klasse behandelt worden.[324] Dennoch hatten sich viele von ihnen mit großem Mut an diesem Krieg der Weißen beteiligt – in der Hoffnung, man werde ihnen nach dem Sieg die Unabhängigkeit gewähren. Nachdem sie ihren Kolonialmächten jedoch beim Siegen geholfen haben, werden sie eilig in der zweiten Reihe versteckt. Dies gilt auch für die 100 000

Afroamerikaner, die unter amerikanischer Flagge gekämpft haben.[325]

Für die Deutschen gehören die Schwarzen Soldaten jedoch zu den Siegern. Wie zur Zeit der »Schwarzen Schmach« nach dem Ersten Weltkrieg bevölkern sie nun die Städte. Dabei hat sich das Klischee, das man sich über sie macht, grundlegend geändert. An die Stelle des »zügellosen Wilden« von damals tritt nun der gutmütige, freundliche Schwarze GI, der freigiebig Schokolade und Kaugummi verteilt.

Es gibt zahlreiche deutsche Frauen, die diese jungen Männer attraktiv finden. Sehr zum Missfallen von deren Weißen Vorgesetzten. Diese versuchen oftmals, Beziehungen zwischen den Weißen deutschen Frauen und den Schwarzen Soldaten und insbesondere eine Eheschließung zu verhindern, indem sie die Männer einfach versetzen. Dies gelingt jedoch nicht immer. Insbesondere können derartige Maßnahmen nicht verhindern, dass Kinder aus diesen Beziehungen hervorgehen.

Bald erscheinen Zeitungsbeiträge mit Titeln wie: »Verantwortung für unsere Mischlingskinder« und »Die kleinen Mischlinge. Eine ernste Frage an uns alle«. Besonders populär ist damals ein Schlager mit dem Titel: »Mach nicht so traurige Augen, weil du ein Negerlein bist.«[326] Natürlich beschäftigt sich auch die neue bundesrepublikanische Regierung mit dieser Frage. »Was wird aus den 94 000 Besatzungskindern« betitelt 1952 die regierungsamtliche Wochenzeitung *Das Parlament* den Bericht über eine Beratung im neu etablierten Deutschen Bundestag in Bonn.

> Eine besondere Gruppe unter den Besatzungskindern bilden die 3093 Negermischlinge, die ein menschliches und rassisches Problem besonderer Art darstellen. [...] Die verantwortlichen Stellen der freien behördlichen Jugendpflege haben sich bereits seit Jahren Gedanken über das Schicksal dieser Mischlinge gemacht, denen schon allein die klimatischen Bedingungen in unserem

> Lande nicht gemäß sind. Man hat erwogen, ob es nicht besser für sie sei, wenn man sie in das Heimatland ihrer Väter verbrachte.[327]

Warum, so fragt man sich, sollen die Schwarzen Kinder ein »menschliches und rassisches Problem besonderer Art« darstellen? Aber das alte Herrenmenschentum ist eben noch lange nicht überwunden. Sterilisieren, das geht nicht mehr nach allem, was in der NS-Zeit geschehen ist. Aber wenigstens abschieben. Selbstverständlich nur im ureigensten Interesse der Kinder.

Das Thema beschäftigt auch die Wissenschaft. So entsteht 1952 am Institut für natur- und geisteswissenschaftliche Anthropologie in Berlin Dahlem die Dissertation *Eine anthropologische Studie an Mulattenkindern in Berlin unter besonderer Berücksichtigung der sozialen Verhältnisse*. Der Autor dieses Werkes passt sich den neuen Diskursen in der jungen Bundesrepublik an:

> Es geht natürlich nicht an, dass eine Gruppe von Menschen als minderwertig angesehen wird, weil sie aufgrund ihrer rassischen Veranlagung bestimmten köperlichen und geistigen Anforderungen nicht gewachsen ist. Dennoch hat es seinen guten Sinn, auf die Verschiedenartigkeit der Rassen und die dadurch entstehenden Folgen bei Rassenmischung, an denen der Rassenmischling selbst am schwersten zu tragen hat, hinzuweisen. Das ist die Aufgabe der Eugenik oder angewandten Anthropologie.[328]

Die Debatte intensiviert sich, als 1952 die Einschulung der ersten Schwarzen Kinder ansteht. Noch der Versuch, Vorurteile zu überwinden, zeigt, wie prägend die alten rassistischen Denkmuster immer noch sind. »Die Lehrerschaft hat ihre ausgleichende Aufgabe erkannt und danach gehandelt«, so 1952 das baden-württembergische Kultusministerium. »Denn ein echter Erzieher verhält sich schon aus Berufsethos heraus zum farbigen Kind genau wie zu einem weißen Kind. Was kann denn das Kind dafür?«[329]

In dieser Atmosphäre wachse ich auf. Während meiner Kindheit redet niemand mehr davon, dass man Schwarze ausbeuten oder gar ermorden sollte. Vielmehr will man ihnen »helfen«, da sie »unterentwickelt« sind. Wenn ich meinen Teller nicht leer esse, werde ich ermahnt, an die armen Negerkinder zu denken, die froh wären … Ich besitze damals ein Kinderbuch mit dem Titel *Sambo, das kleine Negerlein*, mit einem niedlichen, aber tollpatschigen kleinen Schwarzen Jungen als Hauptfigur, der allerlei Abenteuer erlebt, und eine ganze Sammlung von kleinen »Negerpuppen« der Firma Schildkröt. Wenn man sie kauft, haben sie kleine Baströckchen an, die ich allerdings abreiße, um ihnen richtige Puppenkleider zu nähen, wie ich es gerade neu erlernt habe. Natürlich singe ich das Lied »Zehn kleine Negerlein« und lasse mir die Geschichte vom »kohlpechrabenschwarzen Mohr« aus dem *Struwwelpeter* vorlesen (»Was kann denn dieser Mohr dafür, dass er so weiß nicht ist wie ihr?«).

Im Dorf, in dem wir wohnen, gibt es kein Kino. Aber einmal im Monat wird im Nebenraum eines Wirtshauses ein Kulturfilm gezeigt. Ich erinnere mich noch gut an einen Film über Albert Schweitzer, einen gütigen Weißen Mann, der irgendwo in Afrika mehr oder weniger allein ein Krankenhaus aufgebaut hat und nach Feierabend auch noch exzellent Orgel spielt. Dieser »Urwalddoktor« ist damals ein allgemein geachteter Volksheld. Mit seiner Äußerung, die Afrikaner seien seine Brüder, jedoch seine »jüngeren Brüder«, passt er gut in die allgemeine Erwartungshaltung. Dass Schweitzer sich entschieden gegen die atomare Aufrüstung beider Großmächte ausspricht, findet man eher nicht so interessant.

In meiner Familie reden wir oft über die Missionare, von denen wir abstammen (über die dazugehörigen Ehefrauen sprechen wir nicht). Sie sind allesamt Helden. Afrika wird für mich das Traumland meiner Kindheit.

In dieser Situation erkläre ich eines Tages, ich bin ungefähr vier Jahre alt, ich wolle später einmal »einen Neger heiraten«. Ich erinnere mich nicht mehr an diese Äußerung, aber meine Eltern haben mir sehr oft davon erzählt. Ich will damals alle möglichen Leute heiraten: den zwei Jahre älteren Nachbarssohn, der schon in die Schule geht. Den Herrn Vikar, einen jungen Kollegen meines Vaters, der bereits einen wundervollen blauen VW-Käfer besitzt (mein Vater hat lediglich ein Motorrad). Meinen Onkel Uli. Den englischen Kronprinzen Charles. Daran erinnert sich niemand. Aber dass ich einen Afrikaner heiraten will, hat meine Eltern offensichtlich nachhaltig beeindruckt. Für meinen Vater muss diese Äußerung wie eine Wiederkehr des Verdrängten gewesen sein. Einmal predigt er sogar von der Kanzel darüber, dass Gott die Rassen unterschiedlich erschaffen habe und wir Menschen diese Unterschiede nicht überschreiten dürften. Ich sitze in meiner Kirchenbank und frage mich, ob er diese Predigt nicht eigens für mich hält. Ich bin damals etwa zehn Jahre alt.

Ungefähr zu dieser Zeit beschließt dann meine Großmutter Dora, endlich ihr Geheimnis preiszugeben. Sie hat alle ihre Geschwister überlebt. Am 30. April 1953 ist zudem Philipp gestorben, der Mann, der gelacht hat, als Dora ihm damals das Geheimnis ihres »Schwarzen Blutes« gestand. Der sie aber auch gebeten hat, nicht mehr »davon« zu reden. Nun muss sie auf niemanden mehr Rücksicht nehmen.

Am 27. August 1955 schreibt Dora an den damaligen Missionsinspektor der Rheinischen Missionsgesellschaft, Gustav Menzel, einen Brief in ihrer ordentlichen Handschrift. Menzel hatte in einer Missionszeitschrift einen kurzen Text über Johann Hinrich Schmelen veröffentlicht. »Welche Freude habe ich gehabt«, schreibt Dora, »als ich das August-Heft der Barmer Berichte bekam. Ist doch der alte Schmelen mein Urgroßvater. Er ist ja viel genannt in der Missionsliteratur.« [330] Dora schickt diesen Brief allerdings nicht ab, hält ihn aber für so wichtig, dass sie ihn nicht wegwirft, sondern bei den Familienpapieren aufbewahrt.

Drei Tage später macht sie einen neuen Anlauf. Diesmal tippt sie den Text ihres Briefes mit der Schreibmaschine. So öffentlich wie nur möglich, auf einer umschlaglosen Postkarte, maschinenschriftlich, sodass es wirklich jeder lesen kann, verrät sie das Familiengeheimnis, wie sie es sieht: »Viele verstanden ja nicht, dass er so lange unter diesem wankelmütigen Volk blieb, bis er verlaust und ganz abgerissen war und sich schließlich eine Frau aus diesem Volk als Eheweib holte.«[331]

Es gelingt Dora nicht mehr, ein positiveres Bild über ihre eigene Urgroßmutter zu entwickeln. Wenige Monate, nachdem sie die Postkarte abgeschickt hat, am 10. November 1955, stirbt sie mit 77 Jahren in Karlsruhe.

Dass Dora dem Missionsdirektor Menzel ihr Geheimnis gestanden hat, bleibt ohne Folgen. Menzel gibt die Postkarte weiter ans Missionsarchiv, wo sie sich heute noch befindet. In der Familie erfährt niemand etwas davon.

Während in Europa und den USA die Weißen sich schwertun, ihr rassistisches Weltbild zu revidieren, wird in Afrika die Forderung nach dem Ende von Kolonialismus und Rassismus immer lauter. »Independence Now!«, mit dieser Forderung gewinnt der Politiker Kwame Nkrumah die Wahl zum Premierminister der englischen Kronkolonie Goldküste. Am 6. März 1957 wird dieses Land als erster afrikanischer Staat unabhängig und nennt sich fortan Ghana. Danach gibt es kein Halten mehr. In den 1960er- und 1970er-Jahren befreien sich nahezu alle afrikanischen Staaten von ihren Kolonialmächten.

Ich beschäftige mich damals nicht so sehr mit Afrika, sondern bin, wie viele meiner Altersgenossen, fasziniert vom Kampf der Vietnamesen um ihre Unabhängigkeit. Jeden Morgen, wenn ich zur Schule radle, träume ich davon, alles hinzuwerfen und als Reporterin nach Vietnam zu gehen. Ich tue es natürlich nicht, sondern radle weiterhin brav zur Schule.

1968 mache ich Abitur. Ich beginne zu studieren, Theologie,

und ziehe aus meinem Elternhaus weg. Endlich die Freiheit. Es ist, als ob ich aus einem dumpfen, ungelüfteten Raum endlich an die frische Luft käme. Für mein Studium mache ich nur, was unbedingt nötig ist. Denn es ist so viel anderes zu tun. Es ist die Zeit der 68er-Bewegung. Mir dämmert, dass ich mein Leben selbst in die Hand nehmen kann. Ich schließe mich der Frauenbewegung an und sympathisiere mit linken Gruppen. Ich lese Karl Marx, Sigmund Freud und Wilhelm Reich. Ich will, dass auch andere frei sein dürfen: Ich sympathisiere mit der Kinderladen- und der Schwulenbewegung, den Katholiken in Nordirland, den Schwarzen in den USA, den kolonialisierten Völkern. Natürlich bin ich auch gegen die Apartheid in Südafrika.

Ich wechsle ziemlich oft die Universität, auch das gehört zur Freiheit. Bei all den vielen Umzügen nehme ich immer getreulich die alte Familienbibel mit, die mir mein Vater zur Konfirmation geschenkt hat. Nachdem ich mein Theologiestudium beendet habe und nach dem Examen umgehend aus der Kirche ausgetreten bin, arbeite ich ein paar Jahre in diversen Fabriken. Ich mache eine Ausbildung als Erzieherin und arbeite in einem antiautoritären Kinderladen. Parallel dazu studiere ich Geschichte. Schließlich lande ich in Berlin. 1989. Ich habe soeben mein Geschichtsstudium beendet und weiß nicht so recht, was ich damit anfangen soll.

Irgendwann erzähle ich grinsend einer Freundin, ich hätte »eine Schwarze im Stammbaum«. Ich nehme das nicht besonders ernst, sie aber schon. Sie schlägt mir vor, mich beim Senat von Berlin auf das »Förderprogramm Frauenforschung« zu bewerben, eine niedrigschwellige Stipendienvergabestelle für forschende Frauen. Ich bewerbe mich mit einem Projekt, dem ich den Titel »Die Frauen der Missionarsdynastie Schmelen-Kleinschmidt-Hegner« gebe, und werde angenommen.

Unterdessen überschlagen sich die historischen Ereignisse – in Deutschland und im südlichen Afrika. 1990 erlebt Namibia, bislang Südwestafrika, die ersten demokratischen Wahlen seiner Geschichte. Und zwar für alle – Schwarze wie Weiße. Vier Jahre später landet auch in Südafrika die Apartheid auf dem Müllhaufen der Geschichte. Vor diesem Hintergrund beginne ich mit meinen Forschungsarbeiten.

Im August 1990 steige ich zum ersten Mal die Betontreppe hinab in den Keller der London School of Oriental and African Studies, kurz SOAS genannt. Unter anderem hatte mein Vater in der Familienbibel geschrieben, dass mein Vorfahr Schmelen, der Mann, der »die Schwarze« geheiratet hatte, ein Missionar der Londoner Missionsgesellschaft gewesen sei. Ein erster Hinweis!

Sämtliche Briefe an die London Missionary Society LMS, die seit 1795 von Missionaren aus ihren jeweiligen Missionsfeldern an ihre Arbeitgeber in London gesandt wurden, sind im Archiv der SOAS wohlgeordnet in großen Kartons gesammelt – soweit sie nicht auf ihrer langen Reise von Übersee nach England verloren gegangen sind.

Die freundliche Archivarin der SOAS erklärt mir, wie ich einen Nutzerausweis bekommen kann, es sind Gebühren zu entrichten und diverse Formulare auszufüllen. Anschließend wird mir der erste Karton gebracht.

Und dann halte ich ihn in der Hand – den Brief, in dem mein Ururgroßvater vor fast zwei Jahrhunderten über die Hochzeit mit meiner afrikanischen Ururgroßmutter berichtet: »Zara, die jetzt meine Frau ist …«, steht da.

Zara!

Sie hieß also Zara.

Endlich hat die geheimnisvolle Afrikanerin einen Namen …

Zara oder das Streben nach Freiheit

Missionar Schmelen schreibt einen Brief

So könnte es gewesen sein:

Sünde! Einen anderen Grund konnten sich die Herren in Kapstadt wohl nicht vorstellen. Dabei ist ihm an besagtem Abend alles Mögliche durch den Kopf gegangen, nur nicht »Sünde«. Dazu war er einfach zu müde. Und lausig kalt war es obendrein. Keine Atmosphäre für unzüchtige Gedanken, falls es das war, was die Herren in Kapstadt meinten.

Er hatte eher daran gedacht, dass er bereits 36 Jahre alt war und noch immer Junggeselle. Und dass es schön wäre, endlich einmal einen Ort zu haben, wo man hingehört. Er hatte daran gedacht, dass er diese ganze Expedition unternahm, um irgendwo im Groß-Namaland eine Missionsstation zu gründen. Dass er dazu dringend eine Frau als Gehilfin brauchte. Und dass niemand besser dazu geeignet wäre als diese junge, intelligente, von der neuen Lehre begeisterte Frau. Natürlich hatte er sie auch begehrenswert gefunden, das tut er immer noch. Insofern hatte auch Fleischeslust eine Rolle gespielt. Aber das war ja wohl nichts Besonderes. Jeder dachte doch unausgesetzt »daran«, vermutlich auch die Herren in Kapstadt.

Bethanien im Groß-Namaland, am 16. November 1818: Johann Hinrich Schmelen, seit vier Jahren Missionar einer stattlichen Nama-Gemeinde, sitzt bei Kerzenschein in der kleinen Kirche, die er selbst gebaut hat. Dort findet er die Ruhe, um endlich seinen Brief nach London zu schreiben. Leise hat er sich aus seinem Wohnhaus hier herübergeschlichen, um Zara und die beiden Mädchen nicht aufzuwecken. Es ist früh am Morgen. Die Sonne ist noch nicht aufgegangen, und es ist angenehm kühl, doch der Himmel hat bereits eine grünlich graue Farbe angenommen. Bald wird es wieder gnadenlos heiß sein. Der November gehört zu den heißesten Monaten im südlichen Afrika. Spätestens in zwei Stunden wird er nicht mehr in der Lage sein, einen klaren Gedanken zu fassen. Wenn er also seinen heiklen Brief heute noch schreiben will, dann jetzt.

Während er sich Papier und Tinte zurechtlegt, fällt sein Blick aus dem Fenster auf den kleinen Platz zwischen seinem Haus und der Kirche. Nackte, von der Hitze hart gebackene Erde ist dort zu sehen. Sonst nichts. Schmelen seufzt. Wenn er sich aus dem Fenster beugt, kann er wenigstens die Quelle erkennen. Man sieht sie schon von Weitem, weil sie auch in der trockenen Zeit immer von grünen Büschen umgeben ist. Ansonsten kahle rötliche Erde, so weit das Auge reicht, gesprenkelt mit vereinzelten gelblichen Grasbüscheln, die trocken sind wie Heu. Ein Wunder, dass die einheimischen Kühe, Schafe und Ziegen sich davon ernähren können. Aber auch sie sind zurzeit erbärmlich mager und geben fast keine Milch.

Glücklicherweise sieht es hier nicht immer so trostlos aus. In zwei Monaten beginnt die Regenzeit, die bis März andauert. Dann wird die Landschaft ringsum zu einem Meer von grünem Gras und bunten Blumen. Die Kühe und Ziegen werden fett und geben Milch. Man kann sogar Mais säen und Gemüse anbauen. Für alle gibt es genug zu essen. Aber in manchen Jahren bleibt der Regen aus. Dann muss man hungern. Oder man begibt sich auf die Wanderschaft, wie die Nama, dem Regen hinterher.

Bethanien liegt am Rande der Namib-Wüste, im Süden des heutigen Namibia. /Ui‡gandes nennen die Nama diesen Platz, das heißt »dauerhafte Quelle, die man nicht mit einem Stein verschließen kann«, auf Afrikaans »Klipfontein«: Felsquelle. Als Schmelen sich dort niederließ, hatte er der Ansiedlung den Namen Bethanien gegeben, nach dem Ort in der Bibel, an dem Jesus getauft wurde.

Noch heute kann man in Bethanien das »Schmelenhaus« besichtigen. Es gilt als das älteste Steinhaus Namibias. Ob es wirklich von dem Missionar eigenhändig erbaut wurde, ist fraglich. Aber Schmelens Wohnhaus wird so ähnlich ausgesehen haben: ein kleines, schilfgedecktes Gebäude aus aufeinandergestapelten Steinplatten, winzige, schießschartenartige Fenster, die zwar das Licht einlassen, nicht aber die Hitze. Auch eine Kirche gab es damals schon. Noch nicht die Kirche, die heute gegenüber dem Schmelenhaus steht, sondern ein weiteres kleines Steinhaus mit einem Holzkreuz auf dem Giebel. Außerdem standen damals rund um diese beiden Gebäude einige Dutzend runde, halbkugelförmige Hütten, die aus gebogenen Holzstangen und Schilfmatten gefertigt waren. Die Wohnungen der Nama.

Schmelen greift zur Feder und schraubt sein Tintenfässchen auf. Machen sich seine Vorgesetzten in Kapstadt und London eigentlich klar, was es heißt, hier im Groß-Namaland als Missionar zu arbeiten? Ja, es stimmt – er hatte ihnen damals nichts mitgeteilt. Weder von seiner Eheschließung, noch von der Geburt der beiden Töchter. Er muss selbst zugeben, dass ihn das verdächtig macht. Und nun haben sie also herausgefunden, dass er auf seiner abgelegenen Missionsstation mit einer afrikanischen Frau zusammenlebt. Und gedroht, ihn aus dem Missionsdienst zu entlassen. Wegen Sünde. Das ist lächerlich. Er, Johann Hinrich Schmelen, ist mit seiner Frau genauso legitim verheiratet wie beispielsweise dieser widerwärtige Mr. Thom mit seiner Sklavenhalterin. Vielleicht nicht vor den Menschen, aber doch vor Gott. Und das wird er nun schreiben – und zwar nicht an Mr. Thom, seinen unmittelbaren Vorgesetzten in Kapstadt, sondern direkt an die Missionsdirektoren in London. Er wird schildern, wie Gott selbst ihn mit dieser Frau zusammengeführt habe. Gegen Gott können sie wohl schwerlich irgendwelche Einwendungen machen.

Zara, seine Frau. Er lächelt. Gwarretje nennt er sie. Ein Wort, halb Nama, halb niederländisch, das »kleine Wasserstelle« bedeutet.[332] Ja, dieser Kosename passt gut zu ihr. Zum einen ist sie wirklich klein. Sie geht ihm kaum bis zur Schulter. Und zum anderen ist sie für ihn tatsächlich so etwas wie eine Wasserstelle in der Wüste. Zu der man nach einem heißen Tag geht, um sich auszuruhen. Die einem den Durst stillt. Die, genau genommen, das Überleben überhaupt erst möglich macht.

Und seine Töchter. Seine eigenen Töchter! Lange Zeit hat er es sich nicht vorstellen können, dass er jemals Kinder haben wird. Wenn er an seine eigene Kindheit denkt mit den vielen Geschwistern – und jedes Jahr kam ein neues. Seine Mutter weinte immer tagelang, wenn sie merkte, dass sie wieder einmal schwanger war. Nach jeder Geburt wurde sie dünner und blasser. Bei Zara ist das nicht so. Sie strotzt nur so vor Gesundheit. Und sie scheint es selbst zu bestimmen, ob ein Kind kommt oder nicht. Er hat sie einmal gefragt, wie sie das mache, aber sie hat nur gelacht. Das seien Frauenangelegenheiten, hat sie gesagt. Nun, er muss nicht alles wissen. Die beiden Mädchen jedenfalls kamen genau dann zur Welt, als ihre Mutter es sich wünschte. Wie hübsch sie sind, die dreijährige Anna mit ihrem schwarzen Kraushaar, das Zara ihr zu lauter winzigen Zöpfchen geflochten hat, und die einjährige Hanna mit ihren großen dunklen Augen. Und klug sind die beiden! Anna spricht bereits ganz geläufig Nama und Niederländisch. Und auch die kleine Hanna fängt neuerdings an, in beiden Sprachen zu plappern. Wie leicht es kleinen Kindern doch fällt, eine oder mehrere Sprachen zu erlernen.

Von sich selbst kann er das leider nicht behaupten. Seine eigenen Versuche in der Nama-Sprache waren bisher noch nicht allzu erfolgreich. Allein diese Klick- und Schnalzlaute! Wieder und wieder hat er versucht, sie mit der Zunge zu bilden. Zur großen Erheiterung von Frau und Töchtern. Zara, seine Hauptlehrerin, hat ihn dann immer wieder getröstet und ihm versichert, er mache langsam Fortschritte. Ja, langsam. Zu langsam. Vielleicht ist er einfach schon zu alt. Im Januar ist er 40 geworden. In diesem Alter lernt man nicht mehr so leicht etwas Neues dazu. Er kann ja überhaupt froh sein, dass er als Kind regelmäßig in Holland war und Niederländisch gelernt hat. Denn das ist die wichtigste Sprache hier – vor allem die Weißen sprechen sie, aber auch viele Nama. Sogar in Bethanien. Auch Zara. Es ist die Sprache, in der er sich mit seiner Frau unterhält.

Wie wichtig diese Gespräche auch für seine Missionsarbeit sind, ist ihm erst nach der Heirat klargeworden. Zara ist diejenige, die ihn lehrt, die Nama zu verstehen. Ihre Hoffnungen und Ängste. Ihre Werte und Normen. Ihren Alltag. Ihre Erwartungen an ihn. Außerdem ist sie seine zuverlässigste Dolmetscherin. Früher hat er immer gedacht, ein Missionar dürfe nicht heiraten, um freier in seinen Entscheidungen zu sein. Aber das ist Unsinn. Vor allem in seinem Fall. Ohne Zara, als einsamer Weißer, der weder die Sprache noch die Kultur der Einheimischen versteht, wäre er im abgelegenen Groß-Namaland schon lange verrückt geworden. Da ist er sich sicher.

Eben erscheint die Sonne über dem Horizont und überflutet den ganzen Raum mit Licht. Er muss nun wirklich mit seinem Brief beginnen. Er bläst die Kerze aus und legt sich ein Blatt zurecht. Dann nimmt er seine Feder – die Schwungfeder irgendeines Raubvogels, die er irgendwann im »Veld« gefunden und zurechtgeschnitten hat – und taucht sie in das kleine Gefäß mit der kostbaren Tinte. Als ihn neulich seine Kollegen Kitchingman und Moffat besuchten, haben sie unter anderem auch Tinte und Schreibpapier mitgebracht.

Am besten, er schreibt an Mr. Hardcastle persönlich, den Schatzmeister der Londoner Missionsgesellschaft, der sich immer für die Rechte der Hottentotten und gegen die Sklaverei einsetzt. Der wird ihn verstehen …

Schmelen seufzt erneut. Drei Monate dauert die Reise im Ochsenwagen von Kapstadt nach Bethanien. Es ist äußerst selten, dass sich mal ein Händler hierher verirrt. Seit Monaten hat er kein Brot mehr gegessen. Sie können hier nur selten Getreide anbauen, in den meisten Jahren ist es dazu viel zu trocken. Auch Obst und Gemüse gedeihen hier nicht. Wie seine Nama ernährt er sich praktisch ausschließlich von Fleisch und Milch. Kleidung aus Stoff trägt er schon lange nicht mehr, sondern lederne Hosen, mit Tiersehnen zusammengenäht, eine Lederweste und, wenn es sehr kalt ist, einen Fellumhang, den man hier »Kaross« nennt.

Wieder fällt sein Blick durch die offene Tür auf den staubigen Vorplatz. Neben dem Eingang seines Hauses hat er ein Sonnensegel aufgespannt. Ein Tisch steht darunter und vier Stühle. Vor einiger Zeit hat er sie gezimmert, damit er mit seiner Familie nicht immer auf dem Boden sitzen muss. Allein das Holz zu beschaffen war schwierig gewesen. Es gibt hier einfach zu wenige Bäume. Einige Bretter hat er einem Farmer am Orange River abgekauft und dann mühsam mit dem Ochsenwagen hierhertransportieren lassen. Er ist sich gewiss nicht zu gut, das Leben seiner Nama-Gemeinde zu teilen. Aber an manche Dinge wird er sich nie gewöhnen. Beispielsweise an das Hocken auf der nackten Erde.

Der Himmel ist inzwischen strahlend blau und ohne jede Wolke. Manchmal, wenn sie nachts nicht einschlafen können vor Hitze, erzählt er seiner Familie vom fernen Europa. Am liebsten hören sie Geschichten von der großen Stadt London mit den hohen Steinhäusern und den vielen Menschen, wo es fast jeden Tag regnet. Dann schaut die kleine Anna ihn skeptisch an, als glaube sie ihrem Vater kein Wort. Zara aber bekommt diese großen sehnsüchtigen Augen, die sie auch hat, wenn er die Geschichte vom Paradies aus der Bibel vorliest.

Schmelen gibt sich einen Ruck. Es hat keinen Sinn, den Brief weiter vor sich herzuschieben. »Geehrte Väter!«, malt er sorgsam mit seiner zurechtgeschnittenen Raubvogelfeder. »Ich erhielt Ihr Schreiben mit dem Datum Februar 1818 von Reverend George Burder, in dem er mich rügt wegen der Regelwidrigkeit meiner Verheiratung. Ich selbst würde es auch so nennen, aber die Umstände werden Sie eines Besseren belehren. Ich werde deshalb das Ganze einfach darlegen, so wie Gott es geordnet hat.«[333]

So, das war doch schon mal ein Anfang. Nun muss er einfach weiter schildern, wie er damals von der Missionsstation Pella zu dieser großen Expedition über den Orange River in den Norden aufgebrochen ist. Übrigens nicht aus eigenem Entschluss, sondern auf Anweisung von Reverend Campbell von der Londoner Missionsgesellschaft. Sein Auftrag war es, neue Missionsmöglichkeiten zu erkunden im wilden Groß-Namaland, wo bisher außer ein paar Großwildjägern und den mutigen Brüdern Albrecht und Seidenfaden kein Weißer je seinen Fuß hingesetzt hatte.

Vor allem muss er die Schwierigkeiten schildern, die es bereits bei der Abreise gegeben hatte. Zum Beispiel die Sache mit dem Diener, der plötzlich krank wurde. Schmelen greift erneut zur Feder:

> Der Mann, den ich in meinen Diensten beschäftigte, war eingestellt für ein Jahr. Acht Monate waren bereits vergangen, bevor meine Reise nach Nama-Land begann. Er hatte mir versprochen, mich auf meiner Reise zu begleiten und bei mir zu bleiben, wo immer ich mich wieder niederlassen würde. Jedoch, die Wege des Herrn sind anders als unsere. Am Tage, bevor ich Pella verließ, erkrankte der Mann an einem blutigen Ausfluss.

Dass er sich damals einen neuen Reisebegleiter suchen musste, wird den geehrten Vätern ja wohl einleuchten. »Ich ging zu dem mittlerweile verstorbenen Bruder Albrecht, um mich mit ihm zu beraten, was nun am besten getan werden müsse. Wir versuchten einen anderen Mann zu engagieren, aber vergeblich. Schließlich versuchten wir, eine weibliche Bedienstete einzustellen, die zu mir passen würde.«

Ja, den Kollegen Albrecht zu erwähnen ist eine gute Idee. Er ist in London sehr angesehen. Dass er die Idee mit der weiblichen

Reisebegleitung gebilligt hat, wird die ganze Sache in einem seriösen Licht erscheinen lassen. Und jetzt mutig weiter:

> Zara, die jetzt meine Frau ist, war [...] am Samstagabend zur Kirche gekommen und wollte am Montag nach Hause zurückkehren, bevor mein Mann krank wurde. Br[uder] Albrecht und ich entschieden uns nun, sie zu fragen, ob sie mich begleiten könne. Aber sie wollte nicht. Schließlich überzeugten wir sie, und sie versprach, mitzugehen, wenn ihre Mutter ihr das erlauben würde. Da ihre Mutter nicht auf der Station war, sondern anderswo, in der Nähe von Steinkopf, waren wir gezwungen, nach einer Gelegenheit auszuschauen, sie dorthin zu bringen. Wir beschlossen, wenn ihre Mutter ihr erlauben sollte, mitzugehen, solle sie meinen Wagen in Klipfontein (ein Platz in der Nähe von Steinkopf) an einem bestimmten Tag erwarten.

Schon wieder lässt er die Feder sinken. Seltsam, dass dieser Platz Klipfontein in der Nähe von Steinkopf denselben Namen hat wie seine jetzige Missionsstation, bevor er ihr den Namen Bethanien gegeben hat. Das fällt ihm jetzt erst auf. Was für ein verrückter Zufall!

Er wendet sich wieder seinem Brief zu. Bisher ging es doch eigentlich ganz gut. Also weiter. »Ich war schon zehn Tage auf meiner Reise, bevor ich dorthin kam, und am selben Tag, an dem ich dort ankam, kam auch sie.«

Und nun ein Hinweis auf seine Vorsichtsmaßnahmen. »Bevor wir Pella verließen, beschlossen wir, sie solle den Vordersitz meines Wagens haben, bei meinem Wagenführer, wenn sie mitkommen würde.« Und wieder hatte der Herr eingegriffen. »Jedoch ein anderer unerwarteter Umstand trat ein. Der Ochse meines Übersetzers, auf dem er zu reiten pflegte, wurde lahm. Er war deshalb gezwungen, auf dem Vordersitz meines Wagens zu sitzen, und sie war gezwungen, in meinem Wagen Platz zu nehmen.«

So weit, so gut. Aber das Schwierigste kommt noch.

> Eines Nachts, als wir unsere Reise zur Mündung des Großen Flusses fortsetzten,[334] verirrten wir uns und mussten die ganze Nacht weiterfahren. Und da es außergewöhnlich kalt war, waren wir gezwungen, unseren Wagen geschlossen zu halten. [...] Sie und ich waren die einzigen Personen im Wagen. Ich bemerkte jetzt die Gefahr, in der ich mit einer weiblichen Bediensteten war, jedoch konnte ich sie nicht hinausschicken, noch konnte ich sie in der Wildnis lassen, wo keine menschliche Kreatur lebt. [...] Ich war in der größten Verlegenheit, allein mit einer einzelnen Frau im Wagen zu sein, nicht etwa, weil ich sündigen wollte, sondern um jeglichen Verdacht dieses schwatzhaften Volkes zu vermeiden, dessen Charakter ich so gut kenne.

Denn er war damals nicht allein gewesen. Ungefähr 150 Bewohner der Missionsstation Pella hatten sich auf die Suche nach besserem Weideland und neuen Quellen begeben, und er hatte sich ihnen angeschlossen. Und die dachten sich natürlich ihren Teil, als er mitten in der Nacht eine junge Frau in seinen Wagen holte.

> Meine Seele schrie unaufhörlich zu Gott, damit er mich leite, kein Hindernis zu werden in dem großen Werk, das mir aufgetragen ist. Was auch immer ich planen würde, ich würde dem Verdacht nicht entkommen. Deshalb beschloss ich zuletzt, bevor ich in irgendeinen Verdacht kommen könnte, ihr meinen Antrag zu machen, was ich auch tat, und heiratete sie in Gegenwart meiner Leute in derselben Form, in der ich auch sie verheirate.

Was hätte er auch anderes tun sollen? »Ich weiß, dass das kein verderbliches Beispiel für meine Leute war; wenn ich aber geblieben wäre, wie ich war, wäre ich in Gefahr gewesen.«

Nun nur noch erklären, warum er dieses freudige Ereignis

nicht schon früher nach London gemeldet hat. »Da ich keinen Fehler in meiner Heirat sehen konnte, hielt ich es nicht für notwendig, sie Ihnen gegenüber zu erwähnen.«

Vielleicht wäre es gut, die afrikanische Ehefrau wenigstens nachträglich den geehrten Vätern vorzustellen:

> Da sie zu meinen Versammlungen gehörte, hatte ich sie schon früher gesehen und sie immer als ein wahrhaft demütiges und frommes Mitglied meiner Gemeinde betrachtet. Ihr Ruf wurde geprüft, bevor sie getauft wurde, und sie hatte einen ausgezeichneten Ruf unter dem Volk, unter dem sie lebte. Ich glaube jetzt wirklich, dass ich eine bessere Lebenspartnerin in meiner jetzigen Lebenssituation nicht hätte finden können.

Und nun noch der Schluss:

> Meine sündigen Neigungen einen Augenblick beiseite gesetzt, wage ich vor Gott zu sagen, dass ich ebenso weit entfernt bin, mit ihr oder irgend einer anderen Frau in Afrika eine Sünde zu begehen, wie die Heiligen vor dem Throne Gottes. [...]. Ich werde weiterhin Missionar bleiben. Um Christi willen. H. Schmelen.

Er überlegt kurz. Dann fügt er noch eine Nachschrift an: »P.S. Eine Kopie von diesem Brief werde ich Mr. Campbell geben, und wenn er irgendetwas dazu zu sagen hat, werde ich mit ihm über den Gegenstand streiten.« Er hat nichts Schlechtes getan. Die Herren in London sollen nicht glauben, dass er um Gnade bettelt.

So, der Brief wäre geschafft. Sorgfältig faltet Schmelen die beiden großen Papierbogen zu einem handlichen Paket zusammen, versiegelt sie und versieht das Ganze mit der Adresse von Mr. Hardcastle, »Missionary Room, 9 Old Swan Stairs, London«.[335]

Nun heißt es abwarten. Wie auch immer die geehrten Väter in London entscheiden werden, er wird Missionar bleiben. Sollen sie ihn doch entlassen und ihm sein Gehalt entziehen. Er ist nicht mehr darauf angewiesen. Seine Frau hat eine stattliche Rinderherde in die Ehe eingebracht.[336] Seit sie kürzlich in Steinkopf waren, hat seine Schwiegermutter diese in aller Form an ihre Tochter übergeben. Das macht ihn unabhängig. Wenn es sein muss, wird er wie ein Nama leben. Sagt nicht der Apostel Paulus: »Ich bin den Juden ein Jude und den Griechen ein Grieche.« Und er kann sagen: »Ich bin den Nama ein Nama geworden.«[337]

Tief atmet Schmelen die noch kühle Morgenluft ein. Ist das nicht der Duft von Kaffee? Als ihn kürzlich die Kollegen Moffat und Kitchingman besuchten, haben sie ihm freundlicherweise außer Tinte und Papier auch Kaffee, diese Gottesgabe, mitgebracht.

Wie er jetzt erst wahrnimmt, ist Zara mittlerweile aufgestanden. Er hört, wie sie an der Kochstelle neben dem Wohnhaus mit dem Geschirr klappert. »Zy, die nooit von Jezus hoorden, / Heiden blind en woest von aard …«, singt sie gerade mit ihrem hellen Sopran. Was für ein blödsinniger Text übrigens. Wieso gibt es eigentlich Lieder, in denen die Heiden als »blind und wüst von Art« bezeichnet werden? Er selbst kennt viele Ungetaufte, bei denen das keineswegs der Fall ist. Aber Zara liebt dieses Lied, sie singt es immer morgens in der Küche, wenn sie wartet, bis das Kaffeewasser auf der Feuerstelle kocht. Vielleicht achtet sie einfach nicht auf den Text.

Jetzt hat sie mit dem Singen aufgehört und unterhält sich mit den beiden Mädchen, die ebenfalls schon wach sind. Wie mühelos die drei diese vertrackten Klicks bilden. Gelächter klingt herüber.

Plötzlich fällt ihm ein, dass er irgendwo gelesen hat, Gott habe jedem Menschen das Recht auf das Streben nach Glück verliehen. Er weiß nicht mehr, wo. Aber er muss dieser Behauptung zustimmen. Das Streben nach Glück hat der Herr den Menschen ins Herz gepflanzt. Und wenn sie bei diesem Streben keine Sünde begehen, darf ihnen dabei niemand Hindernisse in den Weg legen. Es ist ein göttliches Recht, das alle Menschen mit ihrer Geburt bekommen haben.

Zara und die Kinder und seine Missionsstation und seine

Nama mit ihrer schwierigen Sprache, das ist seine Form von Glück. Er wird dieses Glück verteidigen.

Kindheit und Jugend des Johann Hinrich Schmelen

Das Leben des Missionars Johann Hinrich Schmelen ist vergleichsweise gut dokumentiert. Er stammt aus dem kleinen Dorf Cassebruch bei Bremen im Kurfürstentum Hannover.[338] Im Kirchenbuch dieser Gemeinde ist unter dem 5. Januar 1778 vermerkt,[339] dass dem Claus Schmeelen – der Familienname wird damals noch mit zwei »e« geschrieben – und dessen Ehefrau Gesche ein Sohn namens Johann Hinrich geboren worden sei.

Vater Claus Schmeelen ist offensichtlich ein strebsamer Mann. Als er am 19. April 1763 die »Gesche Büsing, des Albert Büsings aus dem Oldenburg von Oldenbruch Tochter« heiratet, wird er noch als »Knecht« bezeichnet und zudem als »unehelich«, was im 18. Jahrhundert einen erheblichen Makel bedeutet. Im Sterberegister wird Claus Schmelen dann mit nur einem »e« in der Mitte geschrieben, und sein Status hat sich um einiges erhöht: »29.5.1820. Claus Schmelen, Brinksitzer in Cassebruch, der seel. Gesche geb. Büsing Ehemann, gestorben an der Schwindsucht, alt 81 Jahr.« Brinksitzer bedeutet Kleinbauer. Claus Schmelen ist es also gelungen, im Laufe der Jahre ein eigenes Haus und ein wenig Land zu erwerben. Offensichtlich betrieb er zeitweilig einen Ausschank für alkoholische Getränke, denn manchmal bezeichnet ihn das Kirchenbuch auch als »Krüger«. Zehn Kinder bringt Gesche Schmelen in ihren zwanzig Ehejahren zur Welt, von denen drei schon im Kleinkindalter sterben. Beides ist nicht ungewöhnlich für ein Frauenleben im damaligen Europa. Über Gesche Schmelen gibt es keinen Sterbeeintrag.[340]

Eine weitere wichtige Quelle zu Schmelens Leben sind die Briefe und Tagebücher, die er als Missionar der Londoner Missionsgesellschaft regelmäßig an seine Vorgesetzten schicken musste. Heute befindet sich das umfangreiche Archiv dieser Missionsgesellschaft in der Handschriftenabteilung der School of Oriental and African Studies in London (SOAS). Außerdem gibt es ein Missionstraktat über ihn: *Johann Hinrich Schmelen aus Cassebruch*, erschienen 1898, 50 Jahre nach seinem Tod. Derartige Schriften wurden damals in hoher Auflage von den Missionsgesellschaften herausgegeben. Sie sollten der Erbauung der Missionsfreunde in Deutschland dienen und natürlich auch dem Preis des HErrn, ein Wort, das man stets mit zwei großen Anfangsbuchstaben schrieb. In betulichem Ton und im Stil von Heiligenlegenden berichten sie über die Freuden und Leiden der Missionsarbeit in Übersee und schildern gelegentlich auch die Lebensgeschichte eines besonders verdienstvollen Missionars.

Die Informationen in diesen Missionstraktaten sind mit einer gewissen Vorsicht zu genießen. Sie sind in erster Linie Propagandaschriften, die in Deutschland Unterstützer für die Missionssache werben sollen. Was nicht ins Bild passte, wurde weggelassen oder vertuscht, auch in Schmelens Fall. Zuweilen nahm man es auch mit Details nicht allzu genau. Beispielsweise ist in besagtem Traktat Schmelens Geburtsjahr falsch angegeben.

Einiges in diesem Heft dürfte aber stimmen. Zum Beispiel, dass Schmelens Eltern »für ihre Kinder wohl das tägliche Brod hatten, aber an Butter zum Brode nicht denken konnten«. Um das karge Familienbudget aufzubessern, begab sich daher Vater Schmelen jeden Sommer als Saisonarbeiter für eine Weile ins Ausland. »Im Sommer suchte der Vater, wie es in dortiger Gegend allgemein geschah, seinen Verdienst in Holland durch Mähen.«[341] Hollandgänger nannte man diese Arbeitsmigranten auf Zeit.[342] Sein Vorbild mag später den Sohn ermutigt haben, ebenfalls sein Glück in der Fremde zu suchen.

Ein Jahr bevor Johann Hinrich zur Welt kam, waren seine beiden Schwestern, die Zwillinge Trine und Anne, unmittelbar nach der Geburt gestorben. So kann man sich gut vorstellen, dass die Mutter ihr nächstes Kind mit besonderer Sorgfalt behandelte. Schon früh ist der Junge davon überzeugt, dass er zu Außergewöhnlichem berufen sei. Er schreibt später im Rückblick:

> Ich glaube, dass ich ungefähr muss zehn oder zwölf Jahre gewesen sein. Damals habe ich eine lebendige Überzeugung durch den Geist Gottes in meinem Herzen gefühlt, dass ich müsste ein ander Kind werden, ja ich habe das feste Vornehmen gefasst, dass, wenn ich größer würde, ich dann nicht sollte leben, wie andere junge Leute thun.[343]

Überall in Europa diskutiert man damals die neuen Ideen von Freiheit, Gleichheit und Brüderlichkeit, verfasst darüber Gedichte und Theaterstücke und stellt Freiheitsbäume auf. Zwischen dem Amerikanischen Unabhängigkeitskrieg und der Französischen Revolution geboren, gehört der junge Schmelen zu einer Generation, die nicht mehr bereit ist, ihr Schicksal als unabänderlich hinzunehmen. Weder die Enge und Beschränktheit des Dorflebens noch die ärmlichen Verhältnisse und die untergeordnete soziale Stellung, in die man hineingeboren wird. Und auch nicht die Pflichten und Abgaben, die man seit ewigen Zeiten dem Gutsherrn von Wersabe auf dem Edelhof Cassebruch schuldig ist.

»Wir halten diese Wahrheiten für selbstverständlich: dass alle Menschen gleich geschaffen sind; dass sie von ihrem Schöpfer mit gewissen unabdingbaren Rechten ausgestattet sind, darunter das Recht auf Leben und Freiheit sowie das Streben nach Glück.« Diese Verheißung der Unabhängigkeitserklärung der Vereinigten Staaten drückt genau das Lebensgefühl aus, das damals viele Menschen erfüllt, nicht nur Künstler und Intellektuelle, sondern auch einfache Bauern und Handwerker.

»Streben nach Glück« – das heißt nicht etwa, ein möglichst bequemes Leben als wohlhabender Bürger anzustreben. Es bedeutet einfach das Recht, das eigene Leben so zu gestalten, wie man es für richtig hält. Dies kann durchaus mit harter Arbeit oder materieller Unsicherheit einhergehen. Schmelens Zeitgenosse Friedrich Schiller beispielsweise ist damals nicht nur wegen seines revolutionären Dramas *Die Räuber* berühmt, sondern auch, weil er den sicheren Job als Regimentsmedicus, den sein Herzog für ihn vorgesehen hatte, gegen die prekäre Existenz eines freien Schriftstellers eintauschte. Ein mutiger Schritt, der auch im Schuldturm hätte enden können.[344]

Ob man solche Ideen auch in der Gaststube von Krüger Schmelen diskutiert – abends beim Dämmerschoppen? Möglich ist es, denn in Cassebruch gibt es eine Gruppe von Menschen, die sich der sogenannten Erweckungsbewegung zurechnen, einer protestantischen Erneuerungsbewegung, die im 18. und 19. Jahrhundert in Europa und in den USA weit verbreitet ist. Weit entfernt vom Konservatismus, der in späteren Zeiten charakteristisch für sie sein wird (auch die heutigen Evangelikalen in den USA beispielsweise gehören zu ihren Erben), passt die Erweckungsbewegung des 18. und frühen 19. Jahrhunderts mit ihrer Hochschätzung des Individuums und ihren Gleichheitsidealen gut zu den neuen Ideen von den allgemeinen Menschenrechten und ist in vielem ihrer Zeit weit voraus. So sind in manchen »erweckten« Gemeinschaften Frauen und Männer nahezu gleichberechtigt. Die wichtigsten Autoren der amerikanischen Unabhängigkeitserklärung sind von ihren Idealen geprägt. Ebenso viele politische Kampagnen in England und den USA, die eine Verbesserung des Loses der Armen und Sklaven, der kolonisierten Völker und der eigenen Arbeiterschaft zum Ziel haben.

So unterschiedliche Gruppierungen wie die Quäker, die Siebenten-Tags-Adventisten, die Heilsarmee, die Methodisten, die Baptisten, um nur ihre bekanntesten Gruppierungen zu nennen, werden zur Erweckungsbewegung gerechnet. In Deutschland nennt man ihre Anhänger zuweilen auch Pietisten. Gemeinsam ist ihnen allen der Glaube, dass Gott selbst zu jedem einzelnen Menschen in Beziehung tritt. Durch allerlei Schicksalsschläge »erweckt« er ihn aus seinem »Sündenschlaf« und »erwählt« ihn für besondere Aufgaben.

Über die üblichen Gottesdienste hinaus treffen sich die »Erweckten« regelmäßig in privaten Hauskreisen, in denen sie gemeinsam in der Bibel lesen, singen, beten und sich gegenseitig über ihre religiösen Erlebnisse berichten. Die Atmosphäre in diesen Versammlungen ist gefühlsbetont und persönlich, anders als in der offiziellen protestantischen Kirche, die man für kalt und »rationalistisch« hält. Vor allem über ihr »Bekehrungserlebnis«, ihre persönliche »Erweckung« durch Gott, berichten die Gläubigen wieder und wieder. Manche von ihnen können sogar Tag und Stunde ihrer Bekehrung angeben. Um zu betonen, dass vor Gott alle Menschen gleich sind, sprechen sie sich mit »Bruder« oder »Schwester« an. Manche, wie beispielsweise die Quäker, gehen in ihrem Bedürfnis nach Gleichheit so weit, dass sie sich weigern, vor Höhergestellten den Hut zu ziehen, alle Welt mit »Du« anreden und sämtliche Titel und Ehrenbezeugungen ablehnen.

Johann Hinrich kommt in der Schule zum ersten Mal mit der Erweckungsbewegung in Berührung. »Christliche Eindrücke hat Schmelen im Elternhaus nicht empfangen«, so das Schmelen-Traktat, »aber seinem teuren Schullehrer Volkmann dankte er es noch im späten Alter, dass er in der Schule die ersten Eindrücke von Gottes Gnade erhalten habe.«[345] Dies bedeutet sicher nicht, dass die Eltern Schmelen ein religionsloses Leben führten. Das ist damals in ihrer bäuerlichen Umgebung völlig undenkbar. Aber sie sind wohl, anders als Lehrer Volkmann, nicht »erweckt«.

Für den jungen Johann Hinrich, der sich ja schon früh zu etwas Besonderem berufen gefühlt hat, muss diese Form der Religiosität eine große Anziehungskraft besessen haben.

> Im 14. Jahre besuchte er fleißig einen alten gottesfürchtigen Mann und hörte ihm mit Freuden zu, wenn er aus der Bibel las. Als er nach seiner Confirmation zum ersten Mal wieder das heilige Abendmahl genoss, weinte er bittere Thränen, und auf die Frage seiner Schwestern antwortete er: »Ich weine, weil ich mein Confirmationsgelübde nicht gehalten.«[346]

Was diese Selbstanklage konkret bedeuten soll, wird im Schmelen-Traktat nicht erwähnt. Auch Dinge wie Tanzen, das Trinken von Alkohol oder das Schwänzen des sonntäglichen Gottesdienstes gelten in pietistischen Kreisen als Sünde.

Nach der Konfirmation ist für den empfindsamen Krügersohn, wie für die meisten Bauernkinder, die Schulzeit zu Ende. Man gibt ihn zu einem Schmied in die Lehre, wo er laut eigener Aussage zunächst ein wenig frommes Leben führt.

> Mit den zunehmenden Jahren brach das ungebärdige Fleisch mächtiger durch; mancherlei tolle, wilde und auch liderliche Streiche werden von ihm erzählt. »Ich war losgelassen in allerlei Laster und Gottlosigkeit«, schreibt er später in seinem Lebenslauf, »und verfiel aus einer Sünde und schlechten Gesellschaft in die andere«.[347]

Das Niederschreiben des eigenen Lebenslaufes ist damals unter den erweckten Christen weit verbreitet, nicht nur bei Lehrern oder Pfarrern, sondern auch bei Handwerkern, Bauern und sogar bei einzelnen Frauen. Man geht dabei nach einem festen Schema vor: sündige Jugend, je sündiger, desto besser. Umso eindrucksvoller zeigt sich dann später der Wandel. Danach wiederholte Prüfungen durch Gott. Und schließlich als Höhepunkt das »Bekehrungserlebnis«, das zu einer völligen Veränderung des Lebensstils führt. Auch angehende Missionare sind gehalten, vor ihrer Aussendung eine solche Lebensgeschichte aufzuschreiben.[348]

Ob Johann Hinrich in seiner Jugendzeit wirklich ein derart lasterhafter Bursche war, wie er schreibt, oder ob er ein wenig übertrieben hat, um ins Schema zu passen? Das ist wohl nicht mehr zu ermitteln.

Schmelen wandert nach London aus

Unterdessen vollzieht sich im fernen Frankreich der kometenhafte Aufstieg eines bis dato weitgehend unbekannten Offiziers namens Napoléon Buonaparte zum Herrscher über halb Europa. 1803 marschieren seine Soldaten in das Kurfürstentum Hannover ein, und den jungen Hannoveraner Männern droht nun der Militärdienst bei den verhassten Franzosen.

Schmiedegeselle Schmelen verspürt dazu wenig Lust. Er beschließt, nach England auszuwandern, eine naheliegende Idee, denn der englische König George III ist in Personalunion auch Regent des Kurfürstentums Hannover. Zwischen den beiden Hauptstädten bestehen enge Verbindungen. Sogar einen gepflasterten Postweg gibt es von Hannover nach Cuxhaven, von wo aus Regierungsschreiben, Geschäfts- und Privatbriefe direkt nach London verschifft werden können. Dieser Postweg führt mitten durch Cassebruch und mag in dem jungen Schmelen schon früh die Sehnsucht nach einem Leben jenseits der engen Dorfgrenzen geweckt haben.

Der Wechsel aus seinem winzigen Heimatdorf, das noch nicht einmal über eine eigene Kirche verfügt, nach London, damals die größte Stadt der Welt, muss ein Schock für den jungen Schmied gewesen sein. Es ist das London von Charles Dickens, eine Megacity mit mehr als einer Million Einwohnern, geprägt durch schärfste soziale Gegensätze.

Zum Glück muss sich Schmelen nicht allein durch den Londoner Großstadtdschungel schlagen. Es gibt dort eine »deutsche Kolonie« von Auswanderern aus dem Kurfürstentum Hannover, deren Mitglieder ihre Freizeit gemeinsam verbringen, sich im Notfall gegenseitig unterstützen und die, wie Schmelens lebenslang äußerst holpriges Englisch vermuten lässt, sich miteinander vor allem in ihrer Muttersprache unterhalten.[349]

Sogar eine deutsche evangelische Gemeinde findet der junge Emigrant vor, die sich regelmäßig in der Londoner Savoy-Kirche trifft. Ihr Geistlicher ist der deutsche Prediger Karl Friedrich Adolf Steinkopf, auch er ein Anhänger der Erweckungsbewegung.

Dass der Prediger der deutschen Gemeinde in London dieser religiösen Strömung nahesteht, ist sicher kein Zufall. Viele Auswanderer identifizieren sich mit ihr. Um der Enge und Armut in ihrer Heimat zu entgehen, haben sie alle Sicherheiten und Bindungen hinter sich gelassen. Der Glaube, sie seien von Gott selbst »erweckt« und würden von ihm auch weiterhin durchs Leben »geführt«, bietet ein starkes Gegengewicht zu all den Unwägbarkeiten und Ängsten, die eine Auswanderung mit sich bringt. Zudem stellt die Erweckungsbewegung auch materiell ein wichtiges soziales Netzwerk bereit. Sie vermittelt ihren Mitgliedern Kontakte mit Menschen aus höheren Gesellschaftsschichten und an fernen Orten, Menschen, die über Einfluss und Geld verfügen, die ihren Glaubensbrüdern (und zuweilen auch Glaubensschwestern), wenn nötig, Geld oder eine Arbeit verschaffen oder sie an andere Gönner*innen weiterempfehlen können.[350] Besonders für Menschen, die den Sprung ins Ausland wagen, sind derartige Netzwerke geradezu überlebensnotwendig.

Der junge Schmelen, der sich ja schon als Kind der Erweckungsbewegung zugewandt hat, erlebt nun in der Fremde eine neuerliche Intensivierung seiner Religion. Steinkopfs Predigten, so das Schmelen-Traktat, »schlugen anders ein als das flaue Gewäsch des Rationalismus, welches Schmelen in seiner Heimat gehört hatte [...]. Schmelen erfuhr da, dass Gottes Wort ein zweischneidiges Schwert ist, welches durchdringet.«[351]

Da ist es endlich, das Bekehrungserlebnis! »Von Stund an fühlte er auch den Trieb in sich, dem HErrn [...] seine Gaben und Kräfte zum besonderen Dienste zu begeben. Aber wie? Zum Studium war der 27jährige Bursche zu alt und zu arm.«[352]

Doch es zeigt sich bald eine andere Möglichkeit. In der Savoy-Kirche erlebt Schmelen den Auftritt des Missionars Johannes Kicherer aus der Kapkolonie, der von drei »bekehrten Hottentotten« begleitet wird – eine Sensation. »Ein Missionar war damals eine sehr seltene Erscheinung, und bekehrte Hottentotten waren noch nie in England gewesen«, so das Schmelen-Traktat.

> Nichts war natürlicher, als dass Jeder, der ein Herz für Gottes Reich hatte, den Missionar und seine Hottentotten sehen und hören wollte. Die Savoy-Kirche war gedrängt voll von Zuhörern, und unter ihnen war auch Schmelen. Schon die Predigt Kicherers drang ihm ins Herz, aber noch tieferen Eindruck machten die Hottentotten auf ihn.[353]

Und damit ist der junge Schmelen nicht allein. In Europa gelten die Khoekhoe als ein besonders exotischer Menschenschlag. Verschiedene Reiseschriftsteller schreiben über sie. Je nach Ideologie des Autors gelten sie als besonders faul, verschlagen und lasterhaft – oder als edle Wilde, die alles teilen und kein Eigentum, keine Ausbeutung und keinen Diebstahl kennen.

Was ihre Sprache betrifft, da sind sich allerdings alle einig – mit ihren Klicklauten gilt sie als schlechterdings unerlernbar für Europäer. Bereits 1670 hatte der Schriftsteller Olfert Dapper geschrieben:

> Dann sie sprechen fort und fort mit Klukkern, wie die kalekuthischen Hähne tuhn, oder klatschen bey einem jeden Worte mit ihrem Munde, eben als wenn man mit dem Daumen ein Schnüpchen schlüge; dergestalt, dass ihr Mund fast als eine Klapper oder Klatsche gehet, indem sie mit der Zunge überlaut klatschen und iedes Wort bey nah ein Klatsch ist. [...] Und eben darüm haben ihnen die Holländer den Namen Hottentott gegeben: welches Wort auch bei den Niederländern selbsten von einem, der mit der Zunge anstößet, stottert und stammert, schimpfweise gesagt wird.[354]

Seither hat sich, was die Erforschung dieser Sprache angeht, noch nicht viel geändert. Zwar existieren zu Schmelens Zeiten einige Vokabelsammlungen, die verschiedene Reiseschriftsteller zusammengestellt haben. Aber noch niemand hat den Wortschatz des Khoekhoegowab und seine grammatikalischen Strukturen systematisch erfasst und aufgeschrieben.

Mit der schwierigen »Hottentotten-Sprache« muss sich die Londoner Missionsversammlung dann allerdings gar nicht auseinandersetzen. In fließendem Niederländisch, von Kicherer ins Englische übersetzt, berichten seine drei Schützlinge über ihre Bekehrung. Zudem sind sie ausgesprochen adrett gekleidet und haben tadellose Manieren. Wie wir heute wissen, sind die drei – das Ehepaar Maria und John van Rooij und eine junge Frau namens Martha Arendse – keineswegs die »Kinder der Wildnis«, als die der Missionar sie dem Londoner Publikum präsentiert. Vor ihrer Bekehrung haben sie und auch schon ihre Eltern als Farmarbeiter bei Weißen ihren Lebensunterhalt verdient. Die europäische Kultur ist ihnen also keineswegs fremd. Und auch nicht die niederländische Sprache, die man damals allgemein in der Kapkolonie spricht und die sich später zu der eigenständigen Sprache Afrikaans entwickeln wird.

Doch dies ahnen die Londoner Missionsfreunde nicht. Für sie

sind die drei jungen Leute ein »sichtbarer Beweis für die Macht der göttlichen Gnade an den Verworfensten der menschlichen Rasse«. Und eine Widerlegung all jener, »die an der Machbarkeit der Heidenbekehrung zweifelten«, wie das *Evangelical Magazine* vom Januar 1804 schreibt.[355]

Damit fügt sich der Auftritt der drei Khoekhoe in eine Debatte ein, die damals nicht nur in London geführt wird: Wie ernst nimmt man die Forderung, dass alle Menschen die gleichen Rechte haben sollten?

Im revolutionären Frankreich hatte die Nationalversammlung zunächst die rechtliche Gleichstellung der Juden (1791), der »Freien Farbigen« (1792) und sogar die Abschaffung der Sklaverei in den französischen Kolonien (1793) beschlossen. Letzterer Beschluss wurde allerdings nie umgesetzt. Da erhoben sich 1801 die Sklaven in der französischen Kolonie Saint-Domingue, dem heutigen Haiti. Der Schwarze General Toussaint Louverture erließ eine Verfassung, die sich ausdrücklich auf die französischen Menschen- und Bürgerrechte berief. Unter anderem war dort festgelegt: »Es gibt keine Sklaven mehr auf diesem Territorium. Die Sklaverei ist für immer abgeschafft. […] Jedermann, gleich welcher Hautfarbe, hat Zugang zu allen Berufen und öffentlichen Ämtern. Das Gesetz ist für alle gleich.«[356]

Doch mittlerweile hat Napoleon das Erbe der Französischen Revolution angetreten. Er beeilt sich, diese Entwicklung rückgängig zu machen, indem er Soldaten nach Saint-Domingue schickt, Toussaint Louverture verhaften lässt und umgehend die Sklaverei wieder einführt. »Ich bin für die Weißen, weil ich ein Weißer bin«, stellt er klar. »Das ist mein einziger Grund, und es ist ein sehr guter Grund.«[357]

Doch die Forderung nach Freiheit und Gleichheit für alle Menschen steht nun im Raum.

In London wird 1787 die Society for Effecting the Abolition of the Slave Trade gegründet. Es entwickelt sich eine einflussreiche Anti-Sklaverei-Bewegung, die viele und enge Verbindungen zur Mission pflegt. In diesen Kreisen beharrt man darauf, dass auch Schwarze ein Recht auf Leben, Freiheit und das Streben nach Glück haben. Natürlich, darin ist man sich einig, müssen sie erst dazu befähigt werden, von den allgemeinen Menschenrechten Gebrauch zu machen. Eine ähnliche Debatte entspinnt sich damals übrigens auch über Frauen, Juden, Arbeiter und andere Unterprivilegierte. Welche Bedingungen müssen sie erfüllen, damit man ihnen die Gleichberechtigung mit den besitzenden christlichen Weißen Männern zugestehen kann? Dass alle Menschen die gleichen Rechte haben sollten, einfach weil sie Menschen sind, so weit geht damals nur eine Minderheit der politischen Vordenker. Bei der Befähigung der Schwarzen zur Wahrnehmung ihrer Menschenrechte ist dem Christentum eine wichtige Rolle zugedacht. Es soll den »Heiden« nicht nur eine neue Religion bringen, sondern sie gleichzeitig zu respektablen, arbeitsamen Bürgern »zivilisieren«, die ganz genauso leben und fühlen wie die Europäer.

Dass dies funktioniert, können die Londoner täglich mit eigenen Augen sehen. Einige tausend »Freie Schwarze«, wie man sie nennt, leben damals in der britischen Hauptstadt mindestens ebenso christlich, fleißig, strebsam und rechtschaffen wie ihre Weißen Mitbürger. Viele von ihnen sind ehemalige Sklaven, die im Amerikanischen Unabhängigkeitskrieg auf der Seite der Engländer gekämpft hatten. 1787 hat man zwar einige von ihnen nach Sierra Leone umgesiedelt, aber viele haben es vorgezogen, sich nicht auf ein derartiges Abenteuer einzulassen, und sind in London geblieben. Im Stadtbild sind sie nicht zu übersehen mit ihren farbenfrohen Livreen und Uniformen. Denn die meisten von ihnen arbeiten als Kammerdiener oder als Militärmusiker. Andere Jobs sind für sie schwer zu finden. Einige freie Schwarze bringen es dennoch zu einiger Berühmtheit, wie etwa der Schwarze Komponist, Schriftsteller und Ladenbesitzer Ignatius Sancho, der auf einem Sklavenfrachter zur Welt gekommen ist. Oder der Geigenvirtuose George Bridgetower, der in London seine ersten Erfolge als Schwarzes Wunderkind feiert und dem Beethoven später seine *Kreutzersonate* widmen wird. Vor allem der ehemalige Sklave Olaudah Equiano ist eine Institution in London. Equiano, als Sklave Gustavus Vassa genannt, hatte 1789 seine Autobiografie veröffentlicht unter dem Titel *The Interesting Narrative of the Life of Olaudah Equiano*. Diese Schilderung des grausamen Loses der Sklaven durch einen, der dieses Joch jahrelang geteilt hat, wird auf Anhieb ein Bestseller. Im selben Jahr übersetzt man das Buch ins Deutsche und in mehrere andere Sprachen. Wieder und wieder wird es neu aufgelegt. Es gibt der Anti-Sklaverei-Bewegung einen gewaltigen Auftrieb.[358]

Auch Schmelen wird bald einen Freien Schwarzen persönlich kennenlernen, den ehemaligen Sklaven William Corner, der sich in dieser Zeit bei der Londoner Missionsgesellschaft zum Missionar ausbilden lässt …

Doch zurück zur Veranstaltung mit den drei Khoekhoe. Schmelen ist tief beeindruckt. Die alte Abenteuerlust meldet sich wieder in ihm, die ihn einst aus Cassebruch nach London geführt hat. Afrika, dieser geheimnisvolle Kontinent mit seinen wilden Tieren und wilden Menschen, wäre – anders als London mit seiner deutschen Kolonie und seiner deutschen Gemeinde – wirklich »die Fremde«. »Sollte dich der HErr nicht zum Missionar unter den Heiden gebrauchen können?«, fragt er sich.[359] Doch es vergehen noch drei Jahre, bis er schließlich diesem Wunsch nachgibt und sich Rat suchend an seinen Prediger Steinkopf wendet.

Das Jänicke'sche Missionsinstitut

Steinkopf ist nicht nur ein feuriger Prediger, er ist auch ein leidenschaftlicher Unterstützer des Missionsgedankens. Er ermutigt Schmelen, seine Idee in die Tat umzusetzen. Allerdings, so sein Rat, solle er seine Ausbildung nicht in London machen, sondern in Deutschland, genau gesagt in Berlin, am Jänicke'schen Missionsinstitut.

Dieses erste deutsche Missionsinstitut ist damals eine Art Zulieferbetrieb für die Londoner Missionsgesellschaft. Das Schmelen-Traktat hält fest:

> Die Engländer waren an Rührigkeit, praktischer Gewandtheit und Geldbeiträgen den Deutschen überlegen [...], sie hatten bessere Verkehrsmittel, Colonien und die Herrschaft in manchen Heidenländern, aber Deutschland lieferte die Arbeitskräfte und gewöhnlich, wenn es in England an Leuten fehlte, die man senden sollte, wandte man sich an Vater Jänicke, und der hatte meistens guten Vorrat.[360]

So ist es auch, als Missionar Kicherer zu Beginn des Jahres 1805 wieder in die Kapkolonie zurückkehrt. Im Auftrag der Londoner Missionsgesellschaft begleiten ihn drei weitere Kollegen, zwei von ihnen Absolventen des Jänicke'schen Missionsinstituts.[361] Ihr Auftrag ist es, im Groß-Namaland eine Missionsstation zu gründen.

Ein Jahr später kommt Schmelen in Berlin an, um Missionar zu werden. Sein erster Eindruck muss einigermaßen niederschmetternd gewesen sein. Nach der pulsierenden, weltoffenen Millionenstadt London wirkt die preußische Hauptstadt mit ihren 150 000 Einwohnern vermutlich eng und provinziell auf ihn. Wie Hannover ist auch Berlin von napoleonischen Truppen besetzt. Die Königsfamilie mitsamt dem Hof und Teilen der Verwaltung sind zunächst ins ostpreußische Königsberg und dann noch weiter nordöstlich in die Kleinstadt Memel geflohen, die heute in Litauen liegt. Die Regierung ist bankrott und kann seit Monaten die Gehälter ihrer Angestellten nicht bezahlen. Hinzu kommen die hohen Kriegskontributionen, die die Bürger an die Sieger bezahlen müssen. In Berlin herrscht der Hunger.

Nach dem Missionsinstitut muss der Neuankömmling nicht lange suchen. Jedes Kind auf der Straße kann ihm sagen, wo sich die Kirche von Vater Jänicke befindet, die Bethlehemskirche in der Mauerstraße. Johannes Jänicke ist damals eine weit über Deutschland hinaus bekannte Persönlichkeit.[362] »Bei ihm klopfte Schmelen an und bat um Unterricht; er war 30 Jahre alt, wo der ungeübte Geist zum Lernen schon etwas steif zu werden pflegt, aber Schmelen war guten Mutes und Jänicke nicht minder.«[363] Mit 30 Jahren noch einmal zur Schule zu gehen, um ein gänzlich neues Leben zu beginnen, das ist höchst ungewöhnlich im frühen 19. Jahrhundert, wo vor allem der Leitsatz gilt: »Schuster bleib bei deinem Leisten.«

Vor allem junge Handwerker melden sich im Jänicke'schen Missionsinstitut zum Unterricht an. Zu den Schülern gehört auch der junge Johann Leonhardt Ebner, ein ehemaliger Weber. Nach dem Abschluss ihrer Ausbildung wird Ebner gemeinsam mit Schmelen ins südliche Afrika ausgesandt und arbeitet eine Zeit lang eng mit ihm zusammen. Später verfasst er ein Buch über sein Leben mit dem umständlichen Titel: *Reise nach Südafrika und Darstellung meiner während acht Jahren daselbst als Missionaire unter den Hottentotten gemachten Erfahrungen; so wie einer kurzen Beschreibung meiner ganzen bisherigen Lebensschicksale.*[364] Ihm verdanken wir viele Informationen über das Leben des eher schweigsamen Schmelen.

Beispielsweise schildert Ebner, wie die Bewerbung für das Missionsinstitut vonstattenging. »Acht Männer, die das Committee ausmachten, waren zugegen; sie waren besonders in einem

Die 9-jährige Dora mit ihrer Familie. Von links: Dora, ihr Bruder Otto, ihr Vater Hermann Ludwig, ihre Mutter Elisabeth, ihre Schwester Marie.

Dora in Deutschland mit ihren Brüdern Hermann und Otto.

Dora in Deutschland mit ihren Geschwistern. Von links: Marie, Otto, Willi.

Die Eltern Hegner auf Heimaturlaub in Deutschland. Vorne: Elisabeth, Marie, Hermann Ludwig. Zweite Reihe: Dora, Otto mit seiner Verlobten Agnes, Willi.

Dora mit Familie als Missionarsfrau auf Borneo. Von links: Sohn Gotthilf, Dora, Sohn Diether, Philipp, Tochter Elisabeth.

Dora als alte Frau.

Tilly und ihre Geschwister. Von links: Tilly, ihre Brüder Gerhard und Heinrich, ihre Schwester Helene. Foto: Archiv Rainer Heller

„Hübschestes Mädel von Südwest" – Tilly. Foto: Archiv Rainer Heller

Tilly und ihr Verlobter Fritz Ewaldt. Foto: Archiv Rainer Heller

Das Schmelenhaus in Bethanien heute. Foto: Horst Kleinschmidt

Das Missionshaus in Kommaggas 1854, im Vordergrund am Tisch sind Zara und Johann Schmelen dargestellt. © Archiv- und Museumsstiftung der VEM

Wandernde Namaqua, zeitgenössische Darstellung von 1851. © Archiv- und Museumsstiftung der VEM

Südwestafrikanische Briefmarkenserie von 1989.
Rechts unten: Johann Hinrich Schmelen.

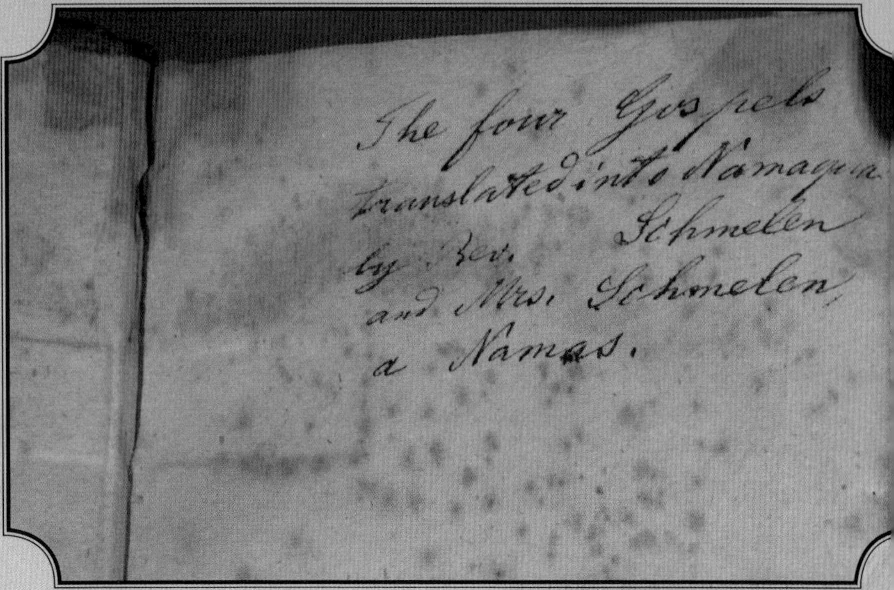

Deckblatt der von Zara und Johann Hinrich Schmelen ins Khoekhoegowab übersetzten Bibel mit Widmung. Schmelen verschweigt dort weder den Anteil seiner Ehefrau an den Übersetzungsarbeiten noch deren Hautfarbe. Foto: Horst Kleinschmidt

Schmelens Grabstein in Komaggas, Südafrika. Foto: Horst Kleinschmidt

Zimmer und wir auch. Es wurde jeder von uns besonders zu ihnen […] gerufen und nach der Bekehrung und den Beweggründen gefragt, die uns bewogen, in die Mission zu gehen.«[365] Das Leitungsgremium der Jänicke'schen Missionsschule gibt sich also nicht mit der allgemein üblichen Alltagsfrömmigkeit zufrieden. Vielmehr muss der Missionskandidat eine »Bekehrung« vorweisen können.

Sowohl Ebner als auch Schmelen können dies. Und so steht der Aufnahme nichts mehr im Wege.

»Den folgenden Tag fingen wir unser Studium in Gottes Namen an. Wir erhielten Unterricht in der deutschen, lateinischen, englischen und kurz vor unserer Abreise aus Berlin, etwas in der griechischen Sprache«, schreibt Ebner. Aber man nimmt auch Rücksicht auf die geringen Bildungsvoraussetzungen der Schüler, denn sie erhalten zudem Unterricht »im Rechnen, Schreiben, auch etwas in der Mathematik«.[366]

Die Missionsanwärter haben oft Mühe, dem Unterricht zu folgen.

> Was nun ferner das Lernen betraf im Missions-Seminar, so fanden sich bei demselben viel und mancherlei Hindernisse. Unübersteigliche Berge türmten sich auf vor unserm Gemüth, Zweifel und Unmuth bemächtigten sich unser. […] Gibt man dem Gedanken in der Seele erst Raum, dass es heißt: Ja, du wirst doch nicht durchkommen, das Lernen fällt dir zu schwer, gib es nur auf usw., dann ist man in Gefahr, zu weichen.[367]

Doch das Gefühl, von Gott selbst zu dieser Tätigkeit berufen zu sein, hilft ihnen über manche Schwierigkeiten hinweg, denn »der Herr ist getreu, dass Er uns nicht lässet versucht werden über unser Vermögen«.[368]

Und auch sonst ist das Leben im französisch besetzten Berlin vermutlich nicht einfach. Um dem allgemeinen Elend etwas entgegenzusetzen, eröffnet Jänicke zeitweilig eine Suppenküche, die täglich bis zu 6000 Menschen verköstigt. Die Missionsschüler selbst werden durch Missionsfreunde innerhalb und außerhalb Preußens unterstützt. »Obgleich Viele großen Mangel hatten im Leiblichen«, schreibt Ebner, »so hat es doch unser allmächtiger Herr so gnädig regiert, dass wir in unserem Seminar nicht Noth litten, und es hätten sich auch mehrere freiwillige Wohlthäter gefunden, wenn früherhin wäre allgemein bekannt geworden, dass in Berlin ein Missions-Institut existiere.«[369]

Direkt vor der Haustür ihres Missionsinstituts können die künftigen Missionare auch leibhaftige Afrikaner kennenlernen: die Schwarzen Heeresmusiker der preußischen Armee. Ihre Kaserne liegt in der nach ihnen benannten »Mohrenstraße«, nicht weit von der Bethlehemskirche. Viele von ihnen sind als Kinder nach Preußen verkauft worden. In Berlin sind sie zwar keine Sklaven mehr, aber als Angehörige des Heeres auch nicht wirklich frei. Aufgrund ihrer Nähe zum Hof ist ihr sozialer Status jedoch relativ hoch. Viele von ihnen heiraten Töchter aus angesehenen Berliner Familien. Dann übernehmen Hofdamen oder gar die Königin selbst die Patenschaft ihrer Kinder. Ohne Schwierigkeiten gehen ihre Nachkommen in der Berliner Bevölkerung auf.

Nach dem Ende ihrer Ausbildung müssen die Missionare darauf warten, dass eine andere Missionsgesellschaft sie übernimmt, denn »Jänicke konnte nicht selbst aussenden, dazu lag das Missionswesen in Deutschland noch zu sehr in den Windeln«.[370]

Im August 1810 werden schließlich fünf Jänicke-Absolventen, nämlich Johann Hinrich Schmelen, Leonhardt Ebner, Heinrich Helm, Johann Georg Messer und Christoph Sass nach London berufen. Dort sollen sie den letzten Schliff erhalten und dann ins südliche Afrika ausgesandt werden.

Zuvor besucht Schmelen noch einmal seine Heimatgemeinde Cassebruch, in die er nie mehr zurückkehren wird. Später schildert er seinem Missionskollegen Barnabas Shaw den herzzerreißenden Abschied von seiner Mutter: »Meine Mutter warf ihre Arme um meinen Hals, als ob sie mich festhalten und meine Abreise verhindern wolle. Aber ich riss mich resolut aus ihrer Umarmung und lief davon. Seit dieser Zeit habe ich sie nie mehr gesehen.«[371]

Warten auf die Ausreise nach Afrika

Im Oktober 1810 betritt Schmelen zum zweiten Mal in seinem Leben London. Trotz der Kontinentalsperre, die Napoleon um die britische Insel hatte legen lassen, war es findigen Unterstützern der Mission gelungen, ihn und seine Kollegen nach England zu schleusen.

Die jungen Männer werden im Stadtteil Islington bei einer Frau Smit untergebracht. Diese Missionsfreundin, so Schmelens Kollege Ebner, ist im Kreise der Missionsfreunde allgemein als Missionary Mother, als Mutter der Missionare bekannt.

> Das war sie auch; aber eine solche, die blos den Namen hat, und die Kinder Hunger leiden lässt, die man, mit einem Wort, eine harte Stiefmutter zu nennen pflegt, welches sie schon am ersten Sonntage bewies, da sie sich mit den Brüdern zankte und sagte, ob sie nicht früher aus der Kirche nachhause kommen könnten; hier wird um 1 Uhr gegessen, sagte sie, und wer nicht da ist, für den wird der Tisch nachher nicht gedeckt.[372]

Denn die fünf Jänicke-Absolventen gehen in die deutsche Gemeinde zu Prediger Steinkopf, dessen Gottesdienst offensichtlich sehr spät endet. Warum besuchen sie nicht eine näher gelegene englischsprachige Kirche? Das wäre ja schließlich, neben der geistlichen Erbauung, ein gutes Sprachtraining. Doch offensichtlich ist der regelmäßige Kontakt mit Landsleuten und mit dem Prediger Steinkopf wichtiger für sie, und so müssen sie sonntags weiterhin hungern.

Dies ist nicht die einzige Widrigkeit, mit der die jungen Deutschen kämpfen müssen. Die sparsamen Direktoren der LMS hatten den englischen König um die Erlaubnis ersucht, ihre Missionare unentgeltlich auf einem Regierungsschiff nach Afrika reisen zu lassen. Dies wird schließlich bewilligt, allerdings dauert es fast ein Jahr, bis ein entsprechendes Schiff startet. In der Zwischenzeit findet man für die wartenden Missionsanwärter Arbeit in einer Druckerei, sodass sie sich ihr tägliches Brot selbst verdienen können. Ihr Arbeitstag beginnt allerdings so früh, dass sie auch das Frühstück bei Frau Smit verpassen, wie Ebner missfällig bemerkt, und sich stattdessen selbst ihr Brot und ihren Käse mit zur Arbeit nehmen müssen.

Die »Hottentotten-Venus«

Nach Feierabend wird vor allem Schmelen, zeitlebens ein begeisterter Zeitungsleser, jede Gelegenheit genutzt haben, sich aus der vielfältigen englischen Presse über das Zeitgeschehen zu informieren. So wird er auch von dem Fall der »Hottentott Venus« erfahren haben, der damals in aller Munde ist. Seit dem Frühjahr 1810 tritt eine junge Frau aus der Kapkolonie unter diesem Bühnennamen auf einer Showbühne in London auf, in Piccadilly, einem Zentrum für Amüsieretablissements aller Art. Es gibt dort Zwerge, Riesen und siamesische Zwillinge zu besichtigen, aber auch Einrichtungen wie Bullock's Liverpool Museum, ein privates Naturkundemuseum, das sich brüstet, »mehr als 7000 Natur- und ausländische Sehenswürdigkeiten« zu beherbergen. Beides, die Freakshows und die naturwissenschaftlichen Sammlungen, ziehen täglich enorme Menschenmassen an. Und die berühmteste Attraktion von Piccadilly wird bald die »Hottentott Venus«. Ähnlich wie die drei »bekehrten Hottentotten«, die sieben Jahre zuvor nach London kamen, ist sie eine Sensation.

Während man jedoch die drei Letzteren als sichtbaren Beweis für die zivilisatorische Wirkung der Mission gefeiert und entsprechend respektvoll behandelt hat, inszeniert man die junge Frau als »Wilde« und, was in den Augen ihrer Zeitgenossen praktisch das Gleiche ist, als Sexsymbol. Ihr enges Trikot aus hautfarbener Seide erzeugt die Illusion, sie sei unter ihrem winzigen Lendenschurz völlig nackt. Um den exotischen Eindruck zu verstärken, tritt sie mit bemaltem Gesicht auf, im Mund eine qualmende Pfeife.

Auf der Bühne beweist die junge Südafrikanerin ein beträchtliches Talent: Sie tanzt, singt Lieder aus ihrer Heimat und begleitet ihren Gesang auf verschiedenen Instrumenten. Doch nicht davon sind die Tausende beeindruckt, die vom Frühjahr bis zum Spätherbst 1810 in das Theater 225 Piccadilly strömen, sondern vor allem von ihren körperlichen Merkmalen. Sie haben klare Erwartungen, wie eine »Hottentottin« aussehen soll: riesige Hinterbacken, enorme Brüste und überlange Schamlippen. So haben es zahlreiche Reiseschriftsteller immer wieder voneinander abgeschrieben. Folgerichtig wird auch die »Hottentott Venus« auf den zahlreichen Bildern, die man damals von ihr anfertigt, stets mit riesigem Hintern dargestellt. Man möge sich ruhig durch Betasten und Kneifen von dessen Echtheit überzeugen, ermuntert ihr Manager die faszinierten Zuschauer.

Eines Tages erlebt das Publikum, wie ihr Sexidol, offensichtlich schwer erkältet, sich weigert, weiter zu tanzen und zu spielen. Daraufhin greift ihr Manager zu einem Stock und bedroht sie so lange, bis sie, stöhnend und mit Tränen in den Augen, weitermacht. Dieser Vorfall geht durch die Presse und erregt die Aufmerksamkeit der einflussreichen African Institution, einer Einrichtung, die sich für die Abschaffung der Sklaverei einsetzt. Könnte es sein, so fragen sich deren Mitglieder, dass hier, mitten im freien London, eine junge Afrikanerin als Sklavin gehalten wird?

Der berühmte Anti-Sklaverei-Kämpfer Zachary Macaulay nimmt sich der Sache an und erreicht, dass die Südafrikanerin per Gerichtsbeschluss befragt wird, ob sie freiwillig nach England gekommen sei, ob sie jemals ihrer öffentlichen Zurschaustellung zugestimmt habe und ob sie lieber nach Hause zurückkehren oder in England bleiben wolle. Die Rechtssache wird am Court of the King's Bench verhandelt, dem obersten englischen Gerichtshof in Westminster Hall. Erstmalig wird nun auch ihr Name – wenn auch verniedlicht – in der Öffentlichkeit bekannt: Saartjie Baartman.

Ein großes Problem scheint zu sein, in welcher Sprache man mit ihr reden soll. Man geht davon aus, dass niemand in ganz London die »Hottentotten-Sprache« beherrscht. Als man Saartjie Baartman dann endlich selbst befragt, löst sich das Sprachproblem überraschend leicht. Wie schon zuvor Missionar Kicherers Schützlinge spricht sie fließend Niederländisch.

Dem Komitee ihrer Befrager erklärt sie, sie sei keine Sklavin, sondern eine freie Angestellte ihrer Manager. Denn diese hatten unter dem Druck eines drohenden Prozesses wegen Sklavenhalterei noch schnell einen Arbeitsvertrag mit ihrem Showgirl abgeschlossen, der ihr die Hälfte der Einnahmen aus ihren Auftritten garantiert. Außerdem wird ihr darin zugesichert, dass man sie in sechs Jahren in die Kapkolonie zurückbringen werde. Dieses Dokument präsentiert die junge Frau nun dem Befragungskomitee. Daraufhin ist der Verdacht auf Sklaverei nicht mehr zu halten. Das Gericht argumentiert, Saartjie Baartman führe ihre öffentlichen Auftritte freiwillig durch. Sie habe das Recht, sich selbst für Geld zu erniedrigen. Wenn auch offensichtlich ökonomisch und sozial von ihren Managern abhängig, so sei sie doch im rein juristischen Sinne frei. Worauf das Interesse der Anti-Sklaverei-Bewegung an ihr erlischt.

Für Saartjie Baartman selbst müssen die neuen Arbeitsbedingungen äußerst attraktiv gewesen sein. Plötzlich wird ihr schriftlich ein Einkommen zugesichert, das weit höher ist, als sie es sich je hat vorstellen können. Wie all die anderen Arbeitsmigranten (zu denen ja auch die Missionare gehören), die damals London bevölkern, will auch sie ihr »Recht auf das Streben nach Glück« wahrnehmen, ein Glück, das sie in ihrer Heimat nie hätte erreichen können: eines Tages, mit einigem Geld in der Tasche, ein selbstbestimmtes Leben zu beginnen. Doch ihr Traum geht nicht in Erfüllung. Fünf Jahre nach der Londoner Gerichtsverhandlung stirbt Saartjie Baartman, verarmt, krank und noch keine 30 Jahre alt, in Paris. Der berühmte französische Anatom Georges Cuvier seziert ihre Leiche, legt ihr Gehirn und ihre Genitalien in Spiritus und präpariert ihr Skelett für die weitere wissenschaftliche Nutzung, nicht ohne zuvor einen Wachsabdruck ihres Körpers angefertigt zu haben. Erst im Jahr 2002 erhält sie ein angemessenes Begräbnis in Südafrika.[373]

In Missionskreisen nimmt man regen Anteil an dem Fall Baartman. Als der Geistliche John Campbell einige Jahre später im Auftrag der Londoner Missionsgesellschaft eine Inspektionsreise durch die Kapkolonie unternimmt, lässt er sich das kleine Haus in der Nähe von Kapstadt zeigen, in dem Saartjie Baartman einst als Magd gelebt hatte, und fertigt davon eine Skizze an.[374] Und die Zeitschrift *Examiner* fragt: »Könnte nicht die Missionsgesellschaft viel Gutes tun, wenn sie diese Frau, die ja noch sehr jung ist, ausbilden ließe, um sie dann in ihr eigenes Herkunftsland zurückzusenden?«[375] Eine Idee, die dann aber nicht weiter verfolgt wird.

Ende des Jahres 1810 werden die fünf Jänicke-Absolventen durch den Prediger Steinkopf feierlich in ihr Missionarsamt eingesetzt. Ihr letztes großes Erlebnis in Europa ist das jährliche Fest der Londoner Missionsgesellschaft. Diese Feier ist ein ausgesprochener Publikumsmagnet, und zwar nicht nur für Missionsfreunde. »Leute um London und aus der Stadt [strömten] haufenweise herbei«, schreibt Ebner, »so dass die Surrey Chapel, eine der größten Kirchen in London, die doch in die Tausende Personen in sich fasst, schon sehr früh, ehe der Gottesdienst anfing, ganz angefüllt war mit Personen von allen Religionspartheien; viele Tausende mussten zu ihrem Leidwesen wieder zurückkehren, da sie keinen Platz mehr fanden.«[376]

Er und sicherlich auch Schmelen nehmen ebenfalls an diesem Großereignis teil. Ebner ist beeindruckt – von den Predigten, aber auch von der materiellen Seite des Missionsfestes, das nicht zuletzt dem Fundraising dient. »In diesen vier Tagen«, schreibt er, »kamen oft 12, 13 bis 14 Hundert Pfund Sterlinge ein, ohne die Subscriptionen und andere besondere Beiträge. Von diesen Geldern werden die Missionarien unterhalten, ausgestattet und die Lehrer und andere Kosten entrichtet.«[377] Das ist ein Riesenbetrag. 1400 Pfund Sterling entspricht etwa dem Jahresverdienst von 70 Missionaren im südlichen Afrika.

Und dann ist es endlich so weit. Zur Ausreise begeben sich die Missionare Ebner, Schmelen, Messer, Helm und Sass, die beiden Letzteren in Begleitung ihrer Ehefrauen, in den englischen Seehafen Spearhead. Auch William Corner, der ehemalige Sklave aus Westindien, »ein Mohr«, wie Ebner schreibt, ist unter den Ausgesandten.[378] Offensichtlich empfindet man damals Schwarze Missionare noch nicht als anstößig.

Am 21. Juni 1811 lichtet die »Lady Barlow« die Anker. Drei Monate brauchen sie für ihre Reise. Ziel ist das südliche Afrika, genauer gesagt: die Missionsstation Warmbad im Groß-Namaland. Dort sollen sie ihre Kollegen Abraham und Christian Albrecht unterstützen. Die beiden Brüder deutscher Herkunft sind ebenfalls Absolventen des Jänicke'schen Missionsinstituts und hatten 1805 den Missionar Kicherer nach Afrika begleitet. Abraham Albrecht jedoch war dem harten Leben im Groß-Namaland nicht gewachsen gewesen und nach wenigen Jahren an der Schwindsucht gestorben. Als er von Albrechts Tod hört, schreibt Ebner:

> Ein wunderbares Gemisch von Gedanken entstand jetzt in mir. Traurig war es mir, dass jetzt die Sehnsucht und das Vergnügen, in Bekanntschaft mit ihm zu kommen, verschwunden war. Auf der anderen Seite aber wurde mir der Gedanke recht lebhaft, ich könnte ja die Wittwe heirathen. Einer der Brüder bemerkte mein Lächeln; auf sein anhaltendes Fragen, warum ich lache, sagte ich endlich, wiewohl beschämt, doch aufrichtig meine Gedankenmischung. »O«, sagte er, »das kann wahr werden.«[379]

Und diesen Vorsatz wird Ebner später dann auch wirklich in die Tat umsetzen.

Den Missionaren wird klar gewesen sein, dass auf sie kein exotisches Paradies wartet. Wie hart die Lebensbedingungen in ihrem künftigen Missionsfeld sind, können sie ja schon aus dem frühen Tod ihres Kollegen Albrecht schließen. Aus seinen Briefen haben sie erfahren, wie trocken, heiß und unfruchtbar die Gegend um Warmbad ist. Sie haben Reiseberichte gelesen über die »Wilden«, die dort leben. Etwas bange ist ihnen vermutlich schon zumute.

Andererseits: Welche Perspektiven haben sie denn in ihren deutschen Heimatländern oder auch in England? In Deutschland herrscht noch das mittelalterliche Zunftrecht. Eigene Ideen verwirklichen, neue Wege beschreiten – dafür ist kein Platz. Ein Handwerkergeselle kann sich damals nicht einfach selbstständig machen, er kann höchstens einen Betrieb erben oder in einen solchen einheiraten. Ansonsten bleibt nur: lebenslang Geselle sein, mit einem kleinen Zimmer im Haus des Meisters, das man möglicherweise mit dem Lehrling teilen muss – ohne die Möglichkeit, ein eigenes Leben zu führen, zu heiraten oder sich auch nur eine eigene Wohnung zu mieten.[380] Und in England, wo sich gerade der Manchesterkapitalismus zu entwickeln beginnt, kann man darüber hinaus Arbeit in einer der neu gegründeten Fabriken finden. Miserabel bezahlt und mit überlangen Arbeitszeiten.

Als Missionare hingegen wartet ein Leben auf sie, das sie selbst gestalten können. Sie werden neue Ansiedlungen gründen und dort nach eigenem Ermessen schalten und walten. Sie werden Berichte nach Hause schreiben, die gedruckt werden und die man überall in den Missionszirkeln liest. Ihre Eltern und ihr ganzes Heimatdorf werden stolz auf sie sein. Viel Geld werden sie nicht verdienen, das wissen sie. Auf sie warten harte Arbeit und große Entbehrungen. Vielleicht sogar ein früher Tod. Das nehmen sie in Kauf.

Es ist das »Recht auf das Streben nach Glück«, das sie, wie viele Auswanderer ihrer Zeit, für sich in Anspruch nehmen.

Die unsichtbare Frau

Als ich das erste Mal im Archiv der Londoner Missionsgesellschaft die Briefe und Tagebücher des Johann Hinrich Schmelen einsehen konnte, hoffte ich, nun würde ich endlich etwas über das Leben meiner geheimnisvollen afrikanischen Ururgroßmutter erfahren. Atemlos verschlang ich sämtliche Dokumente, die Schmelen damals an seine Arbeitgeber in London geschickt hatte, vom ersten bis zum letzten Wort. Aber ich wurde enttäuscht.

Während seiner ganzen 17-jährigen Ehe hat Schmelen seine erste Frau nur äußerst selten in seinen Aufzeichnungen erwähnt, alles in allem höchstens vier- oder fünfmal. Mag er auch vergleichsweise vorurteilslos gewesen sein, so vermied er es doch, diese Ehe allzuoft zu erwähnen. Dies wird deutlich, wenn man vergleicht, wie ausführlich und mit Stolz er über das Wirken seiner zweiten Frau berichtet. Seine erste Frau jedoch bleibt praktisch unsichtbar.

Ein Beispiel für die Schmelen'sche Politik des Verschweigens ist sein Tagebuch von 1814. Dort schildert er, wie er eine Expedition ins Groß-Namaland unternimmt, die vom 13. April bis zum

3. Juni 1814 dauerte.[381] Dass er auf dieser Reise geheiratet hat, erwähnt er mit keinem Wort. Diese Tatsache geht erst aus dem bereits zitierten Brief von 1818 hervor, in dem er, unter dem Druck des drohenden Hinauswurfs, endlich seine Eheschließung nach London meldet.[382]

In dem Brief von 1818 gibt er immerhin einige, wenn auch wenige, Informationsbrocken über seine Ehefrau preis. Leider nennt er lediglich ihren Vornamen: »Zara, die jetzt meine Frau ist.« Aber es wird deutlich, dass er sie auf der Missionsstation Kamas im Klein-Namaland kennengelernt hat, dem heutigen Pella. Sie lebte dort aber nicht dauerhaft, sondern kam nur am Wochenende von »einem Außenposten« nach Pella, um »zur Kirche« zu gehen. Ihre Mutter hingegen wohnte »in der Nähe von Steinkopf«.[383] Vermutlich lebte Zara auch selbst dort, denn in dem Schmelen-Traktat steht, Schmelen habe »in Steinkopf [...] eine Hausfrau« gefunden.[384] Ein Vater wird nicht erwähnt.

Einige Monate vor seiner Hochzeit berichtet Schmelen in seinem Tagebuch von einer Taufschülerin namens »Zara Hendrich«. Es ist sehr wahrscheinlich, dass es sich dabei um ebendie Frau handelt, die er bald darauf heiraten wird. »Zara und Leentje Hendrich, zwei Schwestern«, schreibt er, »sind schon seit einigen Jahren unter dem Evangelium, und wie ich glaube, ergriffen von Gottes Gnade.«[385] Zara hatte also eine Schwester. Die europäischen Namen der beiden jungen Frauen zeigen, dass ihre Familie bereits Kontakt mit Weißen hatte. Darauf deutet auch ein Hinweis im Schmelen-Traktat hin: »Sie war eine Orlam.«[386] Schmelens Hinweis, die Schwestern Hendrich seien schon »seit einigen Jahren unter dem Evangelium«, macht zudem deutlich, dass sie schon früher in Berührung mit der Mission gekommen sind. Außerdem gibt es einen Bericht des Missionars Michael Wimmer, in dem dieser erwähnt, er habe mit Schmelens »Schwager« gesprochen.[387] Zara muss also auch einen Bruder gehabt haben.

Laut Schmelen stammen Zara Hendrich und ihre Schwester

»vom Klein Nama-Stamm ab«. Das Klein-Namaland liegt in Südafrika südlich des Orange River.[388] Am anderen Ufer beginnt das Groß-Namaland, der Süden des heutigen Namibia. Zu Schmelens Zeiten lebte im Klein-Namaland zwar kein einheitlicher »Klein Nama-Stamm«, wie es Schmelen sich vorstellte, aber mehrere Nama-Gemeinschaften, die man die »Klein-Nama« nannte. Zu einer von ihnen könnten Zara und ihre Familie gehört haben. War Zara nun also eine Klein-Nama, oder war sie eine Orlam? Wie schon erwähnt, fühlten sich die Menschen damals noch nicht in derart eindeutiger Weise als Mitglieder einer »Ethnie«, wie dies heute der Fall ist. Vielleicht bezeichnete man Zara einfach als eine »Orlam«, weil sie Niederländisch konnte.

Ein weiteres Dokument ermöglicht uns, annäherungsweise die Zeit von Zaras Geburt zu bestimmen. Es ist eine Liste für die Statistik der Londoner Mission, die Schmelen 1829 ausgefüllt hat. Dort macht er folgende Angaben zu seiner Familie:[389]

Jährliche Statistik der Missionare in Südafrika für die Londoner Missionsgesellschaft

	Namen	**Alter**
Missionar	J. H. Schmelen	53
Seine Frau	Zarra [sic!] Schmelen	ungefährt 35
Kinder	Anna, Hanna, Frederika, Nikolas	14, 12, 10, 8

Zara kam also irgendwann im Jahr 1794 zur Welt, vielleicht auch einige Jahre früher oder später. Als sie 1831 starb, vermutet Missionar Zahn, der sie beerdigt hat, sie sei zum Zeitpunkt ihres Todes 35 Jahre alt gewesen.[390] In diesem Fall wäre sie 1796 geboren. Den genauen Zeitpunkt ihrer Geburt oder auch nur das genaue Geburtsjahr wusste vermutlich niemand. Hinzu kommt, dass Schmelen generell mit Jahreszahlen auf Kriegsfuß stand, sogar bei seinem eigenen Alter. Beispielsweise war er 1829, als er die

Statistik für die Londoner Mission ausfüllte, erst 51 Jahre alt, nicht 53, wie er behauptet.

Ebenso gibt es zum Zeitpunkt von Zaras Tod unterschiedliche Angaben. Schmelen selbst gibt in einem Nachruf für seine Frau den 6. April 1831 als Todesdatum an, [391] ihre Tochter Hanna den 2. April,[392] während Missionar Zahn in seinem Tagebuch schreibt, sie sei am 5. April 1831 gestorben.[393]

Auch den Ort, an dem Zara starb und beerdigt wurde, kennen wir nicht genau. Alle Quellen nennen »Botmas Hof« auf dem Heuningberg, aber wo sich dieser Ort befindet, ist heute nicht mehr sicher zu lokalisieren. Allerdings sprechen einige Indizien dafür, dass es sich dabei um ein Gelände am Bergrivier handelt, am Zufluss der Vierentwintig Rivieren. Dort liegen zwei Farmen, die heute Heuningfontein und Heuningberg heißen. In den Cape-Archives Kapstadt befinden sich zwei Pachtverträge aus dem 18. und frühen 19. Jahrhundert über diese Farmen, die ein gewisser Lodewyk Botma unterschrieben hat. [394] Auf der Farm Heuningfontein steht heute noch ein zerfallenes Haus aus getrockneten Lehmziegeln, wie man sie damals zum Hausbau verwendet hat, möglicherweise die Überreste von Botmas Hof. Und es gibt dort einen uralten, völlig mit Gebüsch überwachsenen Friedhof. Einige Gräber aus der Mitte des 19. Jahrhunderts sind noch erhalten. Dies könnte der Platz sein, an dem Zara damals beerdigt wurde.

Aber viele Dinge wissen wir nicht: Wer waren Zaras Eltern? Waren sie reich oder arm? In meiner Familie gibt es eine mündliche Erzählung, unsere afrikanische Vorfahrin sei die »Tochter eines Häuptlings« gewesen. Wenn das stimmt, wie hieß dieser Kaptein? Wie hieß Zaras Mutter? Was ist aus ihren Geschwistern geworden, mit denen sie doch sicherlich auch nach ihrer Verheiratung Kontakt gehalten hat?

Und wie war Zaras ursprünglicher Name? Neben ihrem niederländischen muss sie auch einen afrikanischen Namen gehabt haben, den ihr ihre Mutter unmittelbar nach der Geburt gab. So war es bei den Nama der Brauch. Nach der Geburt durften die Mutter und das neugeborene Kind mehrere Tage das Haus nicht verlassen. Kein Mann, auch nicht der Ehemann und Vater, durfte sich ihnen nähern. Sobald diese Zeit der Abgeschlossenheit jedoch zu Ende war, wurde ein großes Fest gefeiert, bei dem der frischgebackene Vater seine Frau in Gegenwart aller Gäste fragte, welchen Namen sie dem Kind gegeben habe. Nachdem die Mutter diesen Namen öffentlich ausgesprochen hatte, wurde das Kind von allen Anwesenden mit seinem Namen gegrüßt und in die Gemeinschaft aufgenommen.[395] Außerdem hatte jedes Kind noch einen zweiten Namen, den »Groß-Namen«, mit dem ein Sohn nach der Mutter und eine Tochter nach dem Vater benannt wurden. Wüssten wir also Zaras afrikanische Namen, dann könnten wir daraus schließen, wie ihr Vater hieß.

Zu all diesen Fragen schreibt Schmelen nichts.

Die glückliche Kindheit der Zara Hendrich: Ethnologie

Einen weiteren Zugang zum Leben der »unsichtbaren« Frau Zara Hendrich bietet die ethnologische Forschung der 1910er- bis 1930er-Jahre. Damals forschten die südafrikanische Ethnologin Winifred Hoernlé und ihr Kollege Isaac Schapera ausgiebig unter den Nama und Orlam im Klein-Namaland und in Namibia.[396] Durch ihre Veröffentlichungen können wir uns eine ungefähre Vorstellung machen, wie der Alltag der jungen Zara verlaufen sein könnte. Gewiss, Hoernlé und Schapera betrieben ihre Forschungen ungefähr 100 Jahre nach Zaras Tod. Und natürlich hatte sich in dieser Zeit durch Weiße Einflüsse einiges verändert. Doch vieles muss sich erhalten haben. Beispielsweise die Art, wie die Nama ihre Kinder erzogen. Die Pädagogik der Nama widersprach in vielem fundamental dem, was Weiße zu Hoernlés und Schaperas Zeiten und erst recht im 19. Jahrhundert für eine gute Erziehung hielten.

Beispielsweise hielt man es damals in Europa und unter südafrikanischen Weißen für äußerst wichtig, Kinder nicht zu sehr zu »verwöhnen«. Wenn sie Hunger hatten oder sich unwohl fühlten und dies kundtaten, ließ man sie schreien. Man war der Ansicht, dies kräftige die Lungen. Vor allem aber sollte ein Kind sich beizeiten daran gewöhnen, dass seine Wünsche und Bedürfnisse nicht sofort erfüllt wurden, dass es lernen musste, sie zu »beherrschen«. Früh wurden die Kinder von der Mutterbrust entwöhnt. Wenn sie gerade nicht gestillt oder gewindelt wurden, ließ man sie allein in ihrem Bettchen liegen. Zu häufiges Herumtragen, vermutete man, habe negative Auswirkungen auf die Wirbelsäule. Der kleine Johann Hinrich wurde vermutlich als Säugling noch in ein Steckkissen gepackt. Ein solcherart zum Bündel verschnürtes Kind konnte weder strampeln noch greifen noch sich drehen, sein Körperkontakt zur Umwelt blieb auf ein Minimum beschränkt.

Ganz anders das Leben der Nama-Babys, die Schapera beobachtete. »Ein Kind wird oft gestillt von seiner Mutter, bis es drei oder vier Jahre alt ist«, schreibt er in seinem Buch *The Khoisan Peoples of South Africa*. »Wenn sie ihren täglichen Beschäftigungen nachgeht, trägt sie es mit sich auf ihrem Rücken, sie *aba* es, wie der Ausdruck lautet, in einem Lammfell, das unter ihren Armen durchgezogen und auf der Brust verknotet wird.«[397]

Die erste Lebensphase der Nama-Kinder war also, anders als die der gleichaltrigen kleinen Weißen, geprägt von Geborgenheit, Sicherheit und dem Gefühl satter Zufriedenheit.

Und während Weiße Kinder bis ins Erwachsenenalter hinein materiell und damit auch emotional abhängig blieben von ihren Eltern (»Solange du deine Füße unter meinen Tisch stellst …«), lernten die Nama-Kinder von klein auf, ihre Bedürfnisse auf eigene Faust zu erfüllen.

Von dem Moment an, an dem es auf seinen Füßen stehen kann, lernt das Kind, auch wenn es noch von seiner Mutter abhängig

> ist, nach und nach für sich selbst zu sorgen in seiner Umgebung [...]. In ärmeren Familien wird ihnen von der Mutter gezeigt, wie sie Wurzeln und Knollen für sich selbst ausgraben können; sie lernen, Mäuse, Eidechsen und ähnliche kleine Tiere zu fangen, die sie auf dem Feuer rösten. Sie suchen wilden Honig usw. In wohlhabenderen Familien bekommt jedes Kind eine spezielle Kuh, die es für sich selbst morgens und abends melken kann, und tagsüber, wenn das Vieh auf der Weide ist, wird es mit dieser Milch gefüttert.

Obwohl die Nama-Kinder nach Weißen Maßstäben also sehr »verwöhnt« wurden, wuchsen sie nicht zu unsozialen Egoisten heran. Sobald sie dazu in der Lage waren, beteiligten sie sich an der allgemeinen Arbeit.

> Die kleinen Jungen beginnen früh, die Ziegen zu hüten [...]. Die kleinen Mädchen bleiben immer bei ihrer Mutter und lernen nach und nach, ihr bei den täglichen Haushaltsaufgaben zu helfen: aufzupassen, dass immer eine gewisse Menge Feuerholz vorhanden ist, das Essen und die Körpersalben zuzubereiten, Wasser zu holen, Schilfmatten herzustellen, die Hütte zu reparieren usw.[398]

Soziale Regeln und Grenzen wurden den Nama-Kindern nicht von ihren Eltern oder anderen Erwachsenen eingebleut, sie lernten sie in der Gleichaltrigengruppe, deren Anführer sie selbst wählten.

> Kinder, die ungefähr gleich alt sind, sowohl Jungen wie Mädchen, die am selben Ort aufwachsen, betrachten einander als »Gefährten« (/gui //han) für den Rest ihres Lebens. [...] Als Kinder spielen sie in Gruppen zusammen, üblicherweise straff organisiert für ein Jahr oder mehr. Sie wählen sich einen Kaptein, der seinen Lieutenant bestimmt. [...] Sie bestimmen alle Spiele und andere

Aktivitäten und legen sogar die Liebes-Streitigkeiten der anderen bei. [...] Die Erwachsenen sind zufrieden, ihnen die Erziehung ihrer Gleichaltrigen zu überlassen und stärken das System der Selbstregierung der Jugendlichen. Im späteren Leben bleibt die enge Bindung zwischen Gleichaltrigen ungebrochen, und tatsächlich sind ihre Beziehungen geprägt von einem Geist tiefer Freundschaft und gegenseitiger Verpflichtung fürs ganze Leben.[399]

Gehorsam gegenüber den Eltern wurde für nicht so wichtig erachtet. Und schon gar nicht kamen die Erwachsenen auf die Idee, ihre Kinder zu schlagen. Die eigentliche Erziehungsinstanz war die Gleichaltrigengruppe. In den Weißen Gesellschaften in Europa, Nordamerika und auch im Weißen Südafrika galt hingegen bis weit in die Mitte des 20. Jahrhunderts kindlicher Gehorsam gegenüber den Eltern und sämtlichen »Respektspersonen« als ein wichtiges, wenn nicht als das wichtigste Erziehungsziel, das beinahe um jeden Preis erreicht werden musste. Notfalls mit offener Gewalt. »Wer die Rute schont«, so steht es ja schon in der Bibel, »der hasst seinen Sohn; wer ihn aber liebhat, der züchtigt ihn beizeiten.«[400]

Abgesehen von ihren alltäglichen Arbeiten in der Gemeinschaft und den Regeln, die sie in der Gruppe der Gleichaltrigen lernten, genossen die Kinder und Jugendlichen bei den Nama eine große Freiheit. Auch die Mädchen. Niemand schränkte ihre Neugier und Bewegungsfreiheit ein. »Man kann ein junges Mädchen antreffen«, schreibt Hoernlé, »die allein Meilen von zu Hause unterwegs ist; sie war in irgendeiner fernen Siedlung, um an irgendeiner Vergnügung teilzunehmen, und sie wird niemals Angst haben. Junge Männer durchstreifen tagelang die Berge und leben von dem, was sie finden. Tatsächlich scheint jedes Individuum genau das zu tun, was sie oder er möchte.«[401]

Zara muss eine glückliche Kindheit und Jugend gehabt haben – vermutlich eine glücklichere als ihr späterer Ehemann.

Besonders deutlich wird der Unterschied zwischen der Pädagogik der Khoekhoe und der Weißen bei der Erziehung der Mädchen. Während in den Weißen Gesellschaften bis weit ins 20. Jahrhundert hinein Mädchen als Kinder zweiter Klasse galten, für deren Entbindung die Hebamme weniger Geld erhielt, deren Neugier und Bewegungsdrang systematisch eingeschränkt wurden und deren Bildungschancen weit hinter denen ihrer Brüder zurückblieben,[402] wurde den Mädchen bei den Khoekhoe ein Ausmaß an Zuwendung und Wertschätzung entgegengebracht, von dem ihre Weißen Geschlechtsgenossinnen nicht einmal zu träumen wagten.

Wenn beispielsweise ein Nama-Mädchen zur Frau wurde, verbarg man dieses Ereignis nicht etwa schamhaft vor der Umwelt. Die erste Menstruation eines Mädchens, die Kharú, war eine öffentliche Angelegenheit, die von allen freudig begrüßt wurde.[403] In Europa gab es zu Schmelens Zeiten in manchen Gegenden noch den Brauch, dass eine Mutter ihre Tochter ins Gesicht schlug, wenn die erste Menstruation eintrat, vielleicht um sie gleich auf ihr untergeordnetes Dasein als Frau einzustimmen. Bei den Nama hingegen richtete die Mutter bei dieser Gelegenheit für ihre Tochter ein aufwendiges Fest aus, an dem das ganze Dorf teilnahm. Deutlicher kann eine Gesellschaft ihre Wertschätzung des Weiblichen wohl kaum demonstrieren.

Zara wird zur Frau

Wie könnte es gewesen sein? Wie mag Zara ihre Kharú-Feier begangen haben? Darüber gibt es natürlich keine Dokumente, und ich bin auf meine Phantasie angewiesen:

Ein Gewitter kündigt sich an. Endlich! Es wird den lebensspendenden Regen bringen, auf den alle schon seit Wochen hoffen. Immer mehr Wolken türmen sich auf und schieben sich vor die Sonne. Obwohl es erst früher Abend ist, wird es plötzlich stockdunkel. Dann das erste ferne Grollen. Gleich wird das Gewitter losbrechen.

Sturm kommt auf. Er wirbelt Blätter und kleine Äste in die Luft und zerrt an den Büschen und an der kleinen halbkugelförmigen Mattenhütte auf dem Viehposten der Familie Hendrich. Glücklicherweise haben Zara und Leentje noch heute früh die Matten mit großen Steinen beschwert. Die Hütte wird dicht halten. Nun sitzen die Schwestern im Finstern und lauschen nach draußen.

Zara ist aufgeregt. Heute, heute wird sie endgültig zur Frau werden. Vor einigen Wochen hat sie ihre Kharú gefeiert. Es war ein wundervolles Fest und dauerte drei Tage. Und sie war der Mittelpunkt. Alle Bewohner von /Kara Khois waren gekommen, hatten ihr Glück gewünscht und ihr Geschenke mitgebracht: Halsketten aus den Schalen von Straußeneiern, lederne Bänder für Arme und Beine, Perlen aus Holz und Samen, die man sich ins Haar flechten konnte. Ihre Mutter hatte ihr einen warmen Fell-Kaross gemacht und einen neuen Lendenschurz aus ganz weichem Leder.

Alle hatten mitgefeiert, zuerst die Frauen, später auch die Männer. Ihre Tanten hatten eine Menge Honigbier angesetzt, der Onkel mehrere Schafe geschlachtet, und die Mutter hatte sogar eine ihrer kostbaren Kühe herausgerückt. So viel wie auf diesem Fest hatte sie noch nie zuvor gegessen …

Plötzlich zerreißen Blitze die Dunkelheit. Immer schneller folgen sie aufeinander. Der Donner wird immer lauter. Und dann bricht der Regen los. Mit elementarer Wucht trifft er auf den ausgedörrten Boden, der das Wasser gar nicht so schnell aufnehmen kann. Es bilden sich kleine Flüsse und Seen rund um das Mattenhaus.

Seit Zara ihre Kharú-Feier hinter sich hat, hilft sie regelmäßig ihrer älteren Schwester Leentje beim Viehhüten. Der Viehposten, auf dem sie und Leentje sich augenblicklich aufhalten, ist ziemlich weit weg von /Kara Khois, wo die Eltern und der kleine Bruder leben, schon fast am Ufer des Orange River.

Leentje hatte schon lange geklagt, wie einsam es auf dem Viehposten sei. Zwar kommt manchmal die Mutter vorbei, bringt getrocknetes Fleisch mit und holt Milch und Butter ab, und in Kamas, dem nächsten größeren Ort, leben entfernte Verwandte und Freunde der Mutter. Aber die machen sich nur selten die Mühe, mal auf den Viehposten herauszukommen. Meist ist man dort sich selbst überlassen.

Da Zara nun offiziell als erwachsen gilt, kann sie ihrer Schwester Gesellschaft leisten. Sie liebt dieses Leben auf dem Außenposten. Gewiss, nachts ist es gruselig. Vor allem bei Neumond, wenn alles so dunkel und still ist und man nur das heisere Lachen der Hyänen in der Ferne hört. Aber am Tag ist es herrlich. Morgens und abends die Kühe melken, das ist keine große Arbeit. Auch das Buttermachen und das Herstellen von Sauermilch braucht nicht allzu viel Zeit. Manchmal muss man ins Veld gehen und nach wilden !Nara-Melonen, Nüssen oder Zwiebeln suchen. Aber das ist nicht jeden Tag notwendig. Ansonsten kann man tun, was man will. Besonders schön ist es, wenn man abends vor dem Schlafengehen am Feuer sitzt und sich Geschichten erzählt.

Zara hat sich neben dem Hütteneingang niedergelassen und versucht, durch das Binsengeflecht hindurchzuschauen. Sie denkt an ihre Kharú-Feier zurück und wie sie zuvor in der *Kharú oms* gesessen hat, in dieser kleinen engen Extra-Hütte, die man eigens für sie im Mattenhaus ihrer Mutter gebaut hatte. Eine ganze Woche lang war sie, in eine dicke Felldecke eingewickelt, dort eingeschlossen gewesen, in Hitze und Dunkelheit, während die anderen draußen feierten. Sie hatte nicht reden dürfen, nur flüstern, um später keine schwatzhafte Frau zu werden. Nur bei Nacht durfte sie diese Hütte verlassen, durch einen Hinterausgang. Das war manchmal schrecklich, vor allem, wenn sie dringend pinkeln musste und wusste, es würde noch eine Ewigkeit dauern, bis sie rausdürfte. Aber es musste sein: Sie war nun kein kleines Mädchen mehr, aber auch noch keine richtige Frau. Das hieß, dass ihr viele Dinge gefährlich werden konnten: Zugluft zum Beispiel oder kaltes Wasser. Dann und wann war ihre *Abá tarás* vorbeigekommen, eine Freundin ihrer Großmutter, und hatte eine Menge Dinge erzählt: Welche Kräuter man einem Mann ins Essen mischen konnte, um sein Herz zu gewinnen; was man tun musste, damit eine Geburt leicht vonstattenging. Und auch, wie man eine Schwangerschaft verhindern konnte. Höchstens drei Kinder, hatte die *Abá tarás* gesagt, mehr wirst du nicht ernähren können.

Dann, nach endlosen sieben Tagen war die Zeit des Eingeschlossenseins vorbei, und sie durfte ebenfalls an dem Gelage teilnehmen, das draußen vor der Tür stattfand. Sie hatte sogar ein wenig Honigbier getrunken, das ihr allerdings nicht schmeckte. Und am Schluss hatten alle getanzt. Alle Jungen aus /Kara Khois und den umliegenden Dörfern waren gekommen und hatten sie zum Tanz aufgefordert. Sie hatte ihren neuen Schmuck getragen und sich sehr schön gefühlt. Besonders oft hatte ein attraktiver Junge aus Kamas mit ihr getanzt. Er hieß Tsauxab, wie sie später erfuhr, und er hatte ihr sehr gefallen.[404] Die ganze Nacht hatte die Tanzerei angedauert. »So eine Feier bekommst du erst wieder, wenn du einmal heiratest«, hatte die Mutter lächelnd gesagt.

Seither gilt Zara als erwachsene Frau – fast.

»Bist du bereit?«, fragt Leentje. Und Zara nickt. Es ist mittlerweile stockfinster in der Hütte. Zara legt ihren neuen Kaross ab, den sie sich um die Schultern gelegt hatte, außerdem den Lendenschurz und sämtliche Ketten und Ohrgehänge. Dann wird sie von Leentje von Kopf bis Fuß mit Butterfett eingerieben, in das die große Schwester schon vor einigen Tagen süß duftendes Buchupulver mischte.

Und dann tritt sie nackt hinaus in das Unwetter. Wie Schläge trifft der Regen ihre glänzende Haut. Sie zittert. Sie friert. Sie hat auch Angst. Sie denkt daran, dass im letzten Jahr ein Hirte im Veld von einem Blitz erschlagen wurde. Am liebsten möchte sie sich einfach umdrehen und in die Arme ihrer großen Schwester flüchten. Das hat sie als Kind immer getan, wenn sie Angst verspürte. Aber das geht nicht mehr. Sie ist kein Kind mehr. Sie ist eine erwachsene Frau. Stark. Mutig. Plötzlich wird ihr bewusst, was es bedeutet, eine Frau zu sein: Sie kann jetzt selbst Kinder bekommen.

Sie ist eine Frau! Welch ein Fest!

Schreiend vor Glück und Kälte rennt sie los, hinaus in den Gewittersturm, um sich mit dem lebensspendenden Element Wasser zu verbinden. »Sie glauben, dass sie auf diese Weise fruchtbar sein und eine große Nachkommenschaft haben werden«, schreibt 100 Jahre später der Völkerkundler Theophilus Hahn, der diesen Brauch noch selbst beobachtet hat.[405] Eine große Nachkommenschaft – das wird sich auch die junge Zara gewünscht haben.

Die Afrikaaner

Einige Jahre vor Zaras Kharú-Feier ereignet sich 200 Kilometer weiter südlich ein Vorfall, der für die gesamte Region von nachhaltiger Bedeutung sein wird. Eines Morgens im März 1796 reitet der Weiße Farmer Michiel Bok gemeinsam mit seinem Knecht zur Farm seines Freundes, des *Veldwagtmeesters* Petrus Pienaar.[406]

Bok und Pienaar sind holländischstämmige Weiße Viehzüchter. Sie leben in einer Region, die man die Hantam nennt, nahe der heutigen Stadt Calvinia und weit entfernt von der Hauptstadt Kapstadt und ihren Behörden. Sie gehören zu den wenigen Weißen, die dort leben. Zu Beginn des 19. Jahrhunderts ist die Hantam so etwas wie der Wilde Westen Südafrikas. Ein Grenzgebiet zwischen der Kapkolonie mit ihren europäischen Strukturen und den »wilden«, von den Weißen Behörden nicht kontrollierten Gebieten, wo sich noch die Afrikaner die Regeln bestimmen, sich vor allem die Stärkeren, sprich, die mit den besseren Waffen, durchsetzten.

In diesen entlegenen Regionen der Kapkolonie ist der Veldwagtmeester der Repräsentant der staatlichen Macht, ein Farmer, den die Regierung in dieses Amt eingesetzt hat. Seine Aufgabe besteht unter anderem darin, im Fall von Viehdiebstahl unter den erwachsenen Weißen Männern der Umgebung ein »Kommando« einzuberufen, um die Diebe zu verfolgen, zu bestrafen und das gestohlene Vieh zurückzuerobern.

Vor allem die San gelten als notorische Viehdiebe. Lange bevor die ersten Europäer sich am Kap der Guten Hoffnung niederließen, haben sie im gesamten südlichen Afrika als Jäger und Sammler gelebt. Nun dringen immer mehr Weiße in ihre angestammten Jagdgebiete ein und dezimieren mit ihren europäischen Schusswaffen das dort lebende Wild. Und die San halten sich schadlos, indem sie hin und wieder ein Rind der Eindringlinge »erlegen«. Auf diesen Akt der Gegenwehr reagieren die Weißen Farmer ihrerseits mit äußerster Brutalität. In der Regel machen die Kommandos der Weißen Farmer keine männlichen Gefangenen. Lediglich die Frauen und Kinder – begehrte Arbeitskräfte, die nach dem Ende der Strafexpedition an die Teilnehmer aufgeteilt werden – kommen mit dem Leben davon.

Auch viele Weiße »erwerben« ihr Vieh durch Raub, indem sie die viehbesitzenden Khoekhoe-Gemeinschaften in ihrer Nachbarschaft überfallen. Doch darüber regt sich niemand auf in den Kreisen der Weißen Viehbesitzer. Khoekhoe und San zu berauben und zu ermorden wird als Kavaliersdelikt betrachtet, über das man kein Wort zu verlieren braucht.

Als Farmer Bok auf Veldwagtmeester Pienaars Farm ankommt, so schildert er es später in seinem Bericht für die Behörden in Kapstadt, merkt er bald, dass etwas nicht stimmt.[407] Türen und Fenster sind fest verschlossen, das ist höchst ungewöhnlich. Die Pienaars sind auch nicht auf Reisen, denn der Planwagen der Familie steht unbenutzt in seinem Verschlag. Bok und sein Knecht wagen sich nicht ins Haus, sondern reiten erst einmal rund um die Farm. Sie sehen bald, dass ihre Ahnung sie nicht getrogen hat: Mitten auf dem Veld liegen die beiden jüngsten Pienaar-Kinder, beide schwer verletzt. Der Junge ist bewusstlos. Aber das Mädchen kann noch sprechen. Sie erzählt, dass »Kaptein Afrikaaner« ihre Eltern ermordet habe. Nur sie und ihr Bruder hätten fliehen können.

Nachdem Bok die beiden Kinder in Sicherheit gebracht hat, holt er Verstärkung. Gemeinsam dringen die Männer in Pienaars Farm ein. Sie müssen nicht lange suchen. Auf der Diele seines Hauses liegt der Farmer in einer Blutlache, tot durch einen Schuss direkt ins Herz. Neben ihm seine Frau und seine älteste Tochter, beide mit schweren Kopfverletzungen. Sie sind ebenfalls tot.

Für Farmer Bok und seinen Knecht ist Kaptein Afrikaaner kein Unbekannter. Alle Farmer in der Hantam kennen den »Hottentotten-Captain« des Veldwagtmeesters Pienaar, seinen afrikanischen Dienstmann, der ihn regelmäßig bei der Ausübung seiner Pflichten unterstützt.

Kaptein Claas Afrikaaner und sein Clan stammen ursprünglich aus der Region des Winterhoek Gebirges in der Nähe der heutigen Stadt Tulbagh. Dort, so formuliert es später ihr Missionar Robert Moffat poetisch, weideten die Afrikaaner »ihre eigenen Herden, jagten ihr eigenes Wild, tranken aus ihren eigenen Flüssen und mischten die Musik ihrer heidnischen Gesänge mit dem Wind, der über den Witsenberg und das Winterhoek-Gebirge fegt«.[408]

Dieses freie Leben fand ein abruptes Ende, als Weiße Siedler in das Gebiet der Afrikaaner eindrangen und sie mit ihren Feuerwaffen vertrieben. Seither befanden sie sich auf der Wanderschaft in den Norden.

Irgendwann in den 1770er-Jahren erreichten sie die Hantam und traten in den Dienst des Farmers Petrus Pienaar.[409] Doch ihre alte Heimat im Winterhoek Gebirge haben sie nicht vergessen und gaben diese Überlieferung an ihre Kinder und Enkel weiter.

Dass der gesamte Afrikaaner-Clan in Pienaars Dienste getreten war, hatte für beide Seiten Vorteile. Die heimatlos gewordenen Afrikaaner mit ihren Rindern konnten unbehelligt auf Pienaars riesigem Landbesitz leben. Und der Farmer verfügte auf diese Weise über einen Pool von Arbeitskräften, die Frauen als Mägde im Haus, die Männer als Viehhirten, als Spurenleser bei der Jagd oder auch bei Kommandos gegen die San.

Es erwies sich bald, dass die Afrikaaner und ihr Weißer Dienstherr ausgezeichnet zusammenarbeiteten. Denn Jagd auf Viehdiebe – das war für Farmer Pienaar oft einfach ein Vorwand, den Khoekhoe der Umgebung gewaltsam ihre Rinder abzunehmen. Die Beute teilte er sich dann mit seinen Helfern aus dem Afrikaaner-Clan, für beide Parteien ein lukratives Geschäft. Er habe wieder einmal gestohlenes Vieh zurückerobert, meldete er dann an die fernen Kapbehörden und erwähnte auch regelmäßig lobend seinen »Hottentotten Captain Afrikaaner«. Stolz berichtete er einmal, Claas Afrikaaner habe bei einem Kommando »113 Buschmänner« getötet und 20 Gefangene gemacht. Die zuständigen Behörden beeilten sich zwar, in einem Antwortbrief zu betonen, dass auch die »Buschmänner« Menschen seien, deren Leben man möglichst schonen müsse. Doch sie waren auch beeindruckt von diesem »Erfolg«.[410]

So erwarb sich Farmer Pienaar bald den Ruf, er sei der richtige Mann, der in der abgelegenen Hantam für Ruhe und Ordnung sorgen könne. 1794 wurde er zum Veldwagtmeester ernannt, ein Amt, auf das er schon lange hingearbeitet hatte.

Auch der Afrikaaner-Clan gewann damals das Vertrauen der Regierung in Kapstadt. Claas Afrikaaner wurde im sogenannten Hottentotten-Corps registriert und wurde damit Teil der offiziellen Polizeikräfte.[411] Seit dieser Zeit waren die Afrikaaner – mit dem Segen der Behörden – stets reichlich mit Gewehren und Munition versorgt. Und das in einer Zeit, in der ebendiese Behörden den Zugang zu Waffen für »Nicht-Weiße« immer mehr einschränkten. Mehr als 20 Jahre hatten Pienaar und die Afrikaaner solcherart aufs Gedeihlichste zusammengearbeitet. Umso unverständlicher nun diese Tat. Was war geschehen?

Später, als die Afrikaaner Christen wurden, erzählten sie den Missionaren ihre eigene Version der Geschichte: Nachdem Veldwagtmeester Pienaar die Information von einem Viehdiebstahl erhalten habe, so schreibt es in der folgenden Generation der Missionsinspektor John Campbell auf, habe dieser den Afrikaanern den Befehl erteilt, die Viehdiebe zu verfolgen. Diesem Befehl seien jedoch Kaptein Claas Afrikaaner und seine Söhne Titus und Jager nicht nachgekommen. Sie hätten befürchtet, Pienaar wolle sich in ihrer Abwesenheit an ihren Frauen vergreifen. »Da sie sich seinem Befehl widersetzten, begann Pienaar auf Jager einzuschlagen, der daraufhin sein Gewehr ergriff und auf seinen Dienstherrn feuerte. Es kam zu einer Schlägerei, während der die Söhne von Afrikaaner nicht nur Pienaar selbst, sondern auch seine Frau und sein Kind erschossen. Einige sagen, dass diese grässliche Tat gegen die Wünsche und Einwände des Vaters begangen wurde. Aber andere behaupten, er sei mitschuldig gewesen.«[412]

Wie auch immer – die Weißen Farmer der Umgebung sind zutiefst schockiert, als diese Tat bekannt wird. Dass eine Gruppe von afrikanischen Dienstleuten den eigenen Herrn ermordet, Menschen, die man für »zuverlässig« gehalten und sogar mit Waffen ausgerüstet hat, diese Nachricht versetzt die Weißen der Hantam in höchsten Alarmzustand. Hastig werden mehrere Kommandos aufgeboten, die allerdings ohne Erfolg bleiben.

Schließlich werden auf Jager Afrikaaner, den man für den eigentlichen Täter hält, 1000 Rixdollar als Kopfgeld ausgeschrieben.[413] Eine erhebliche Summe, für die man sich zwei Ochsenwagen kaufen kann.

Kaltblütiger Mord oder berechtigte Notwehr – für die Situation der Afrikaaner macht das keinen Unterschied. Kein Gericht in der Kapkolonie würde bei einem Prozess irgendeinen mildernden Umstand gelten lassen. Nicht, wenn das Opfer Weiß ist und der Täter Schwarz. Es bleibt ihnen also nichts anderes übrig, als ein weiteres Mal zu fliehen. Hastig brechen sie mitsamt ihrem Vieh nach Norden auf und überqueren schließlich den Orange River. Dort, im Groß-Namaland, im heutigen Namibia, herrscht noch keine Kolonialmacht, dort ist man sicher vor polizeilicher Verfolgung. Darauf spekulieren auch die Afrikaaner. Den Ort, an dem sie sich niederlassen, nennen sie »Afrikaaners-Kraal«.

Ob die Afrikaaner auf ihrer Flucht auch durch die Ansiedlung Steinkopf gekommen sind? Möglich ist es, denn der Ort liegt auf dem Weg, und es gibt dort eine ergiebige Quelle, an der die Afrikaaner ihre Rinder und Pferde tränken konnten. Vermutlich drängelten sich eine Menge Kinder um die Quelle, die die Fremdlinge neugierig beäugten. Unter ihnen könnte sich ein etwa zweijähriges kleines Mädchen befunden haben, das mit Mutter und Geschwistern in Steinkopf lebte und die man später Zara nennen wird.

Kapteins und Missionare

Über die Kindheit und Jugend von Zara gibt es erwartungsgemäß keine schriftlichen Hinweise. Hingegen ist die Gründung des Ortes Bethanien, in dem sie später gemeinsam mit ihrem Ehemann leben wird, relativ gut dokumentiert. Dies soll im Folgenden ausführlicher geschildert werden, denn es gibt einen guten Eindruck von der Atmosphäre, die damals im Groß-Namaland herrschte:

Dort angekommen, steigen die Afrikaaner bald kraft ihrer überlegenen Bewaffnung zum mächtigsten Clan des Groß-Namalandes auf. Um diese Position zu halten, sind sie jedoch auf einen regelmäßigen Nachschub an Feuerwaffen, Pulver und Blei angewiesen. Und so setzen sie alles daran, legale kommerzielle Bande zur Kapkolonie aufzubauen.

Dies ist nicht einfach, denn auf Jager Afrikaaner, der inzwischen seinem Vater im Amt des Kapteins folgte, ist noch immer ein Kopfgeld ausgesetzt. Er ist also auf Vermittler angewiesen. In dieser Situation mag der Kaptein auf die Idee gekommen sein, seine weitverzweigte Verwandtschaft von den !Aman-Orlam um Hilfe zu bitten. Er ist mit dem !Aman-Kaptein Cobus Booij eng befreundet, später wird sein Sohn Jonker dessen Enkelin Beetje heiraten.[414] Ihn bittet Jager Afrikaaner, mit den Behörden in Kapstadt zu verhandeln.

Wie die Afrikaaner sind auch die !Aman im 18. Jahrhundert aus der Kapregion in den Norden ausgewandert. Ursprünglich haben sie an der Mündung des Berg River in Südafrika gelebt. Von den Weißen werden sie »Fredericks« oder »Boois« genannt. Bis heute können ihre Nachkommen erzählen, aus welcher Region in Südafrika ihre Familie ursprünglich stammt.

Im November 1799 treffen der !Aman-Kaptein Cobus Booij und dessen Bruder Platje in Kapstadt ein. Einerseits, um Waffen und Munition zu kaufen. Andererseits, weil sie von Jager Afrikaaner als Friedensunterhändler beauftragt sind.

Dieses Friedensangebot wird vom Gouverneur der Kapkolonie George Yonge mit äußerster Skepsis aufgenommen. Er lässt die beiden Brüder zunächst einmal verhaften. Im Januar 1800 kommen sie wieder frei mit der Zusage, Jager Afrikaaner werde freies Geleit nach Kapstadt gewährt, wenn er sich innerhalb eines halben Jahres einem Gerichtsverfahren stelle. Man werde dann sein Gnadengesuch möglichst wohlwollend prüfen. Ein Jahr später, im November 1800, erscheint Cobus Booij wieder in Kapstadt mit der Versicherung, Jager Afrikaaner sei weiterhin am Frieden mit der Kapregierung interessiert. Daraufhin wird die Zusage auf freies Geleit erneuert.

Für unsere Geschichte ist es wichtig, dass der !Aman-Kaptein Cobus Booij damals für seine Bemühungen die behördliche Erlaubnis erhält, sich mit seinem Clan an einem Platz im

Groß-Namaland niederzulassen, den die Khoekhoe »/Ui/gandes« nennen und die Niederländer »Klipfontein«.[415] Das Groß-Namaland liegt zwar weit nördlich der Kapkolonie. Doch offensichtlich halten sich die Kapbehörden für berechtigt, Siedlungsrechte auch außerhalb ihres Kontrollbereichs zu vergeben. Cobus Booij jedenfalls nutzt dieses Angebot, überquert 1804 mit einer größeren Gruppe !Aman den Orange River und lässt sich in /Ui/gandes nieder. Es ist der Ort, den Schmelen später Bethanien nennen wird.[416]

Die Zusage auf freies Geleit ist für Jager Afrikaaner wenig attraktiv. Er denkt nicht daran, sich den Kapbehörden auf Gedeih und Verderb auszuliefern. Schließlich gibt es noch andere Möglichkeiten, an europäische Waren und sogar an Waffen aus Kapstadt zu gelangen. Die wichtigste: Man versichert sich der Unterstützung durch einen Missionar.

Missionare sind damals für einen ehrgeizigen Kaptein in vielerlei Hinsicht von großem Nutzen in einer so weltabgeschiedenen Gegend wie dem Groß-Namaland: Sie unterhalten selbst Handelsbeziehungen zur Kapkolonie. Gewehre und Munition werden anstandslos an sie verkauft. Darüber hinaus verfügen sie über Fähigkeiten, an denen ein weitblickender Kaptein größtes Interesse haben muss: Sie beherrschen europäische Handwerke und können lesen, schreiben und rechnen. Außerdem sprechen sie Niederländisch oder Englisch, die Sprachen der potenziellen Handelspartner und der Behörden. All diese Fähigkeiten bringen sie bereitwillig den Menschen in ihren Gemeinden bei.

Orlam wie die Afrikaaner haben kein Interesse daran, ihr Dasein weltabgeschieden als »edle Wilde« zu fristen. Sie wollen durchaus an den zivilisatorischen Errungenschaften der Weißen teilhaben – allerdings nicht durch eine Kolonialmacht aufgezwungen, sondern zu ihren eigenen Bedingungen. Zudem kann die christliche Taufe den ersten Schritt bedeuten auf dem Weg zum »Freibürger«. Denn die vollen Bürgerrechte in der Kapkolonie werden nur an Menschen verliehen, die getauft sind. All das muss man mit bedenken, wenn immer wieder von der großen Begeisterung die Rede ist, mit der damals viele Orlam und Nama die ersten Missionare willkommen heißen.

Es gibt also Gründe genug für die Afrikaaner, sich nach einem eigenen Missionar umzusehen. Seit sie im Groß-Namaland leben, äußern sie immer wieder gegenüber durchreisenden Forschern, Händlern und Großwildjägern den Wunsch, man möge ihnen einen solchen schicken.

Dieser Wunsch geht schließlich in Erfüllung. 1805 gründen die Brüder Albrecht, Schmelens ehemalige Mitschüler aus dem Jännicke'schen Missionsinstitut, sowie der Missionar Johannes Seidenfaden ganz in der Nähe von Afrikaaners Kraal die erste Missionsstation im Groß-Namaland. Sie lassen sich bei bei der Nama-Gemeinschaft !Gami-ǂnun nieder, auch »Bondelswart« genannt. »Warmbad« nennen sie ihre Station, nach der heißen Quelle, die den Ort mit Wasser versorgt.

Die Arbeit lässt sich zunächst gut an: Nicht nur die Bondelswart besuchen die Gottesdienste und die Schule der Albrechts, auch Jager Afrikaaner geht mit gutem Beispiel voran. Er schickt nicht nur seine Kinder und Geschwister in die Missionsschule, sondern nimmt sogar selbst am Unterricht teil. Ein Jahr später kann Seidenfaden sogar eine weitere Missionsstation in Heirachabis eröffnen bei den !Kharakhoen, auch »Franzmanns« genannt, unter deren Kaptein Jantje Kaggap.[417]

Das lebhafte Interesse des mächtigen Jager Afrikaaner an der Mission erweckt in den europäischen Gottesmännern die größten Hoffnungen für ihre künftige Tätigkeit. Unter seinem Schutz, so hoffen sie, könnte es gelingen, die gesamte Region für das Christentum zu gewinnen. Stolz schreiben sie an ihre Vorgesetzten, der berüchtigte Räuberhauptmann habe versprochen, »in Zukunft niemanden zu verletzen«, stattdessen seien er und seine Leute »begierig, im Wege des Heils unterrichtet zu werden«.[418] 300 Bondelswart, 200 Orlam und mehrere »Flusshottentotten« (was immer damit gemeint ist) zähle die Gemeinde Warmbad, kann Abraham Albrecht 1807 nach London berichten.[419]

Doch es gibt auch Schwierigkeiten. Immer wieder müssen die Warmbader auf Wanderschaft gehen, um Wasser und neue Weideplätze für ihr Vieh zu suchen. In manchen Jahren fällt dort so wenig Regen, dass auch die namensgebende heiße Quelle nur noch spärlich tröpfelt. Wer nicht wegzieht, muss hungern. Manchmal schrumpft die Gemeinde zu einer Handvoll Menschen zusammen.

Abraham, der jüngere Albrecht-Bruder, ist den rauen Lebensbedingungen nicht gewachsen. Er beginnt, Blut zu husten, ein Symptom für Tuberkulose, die man damals »Schwindsucht« nennt. Im Sommer 1810 beschließt er, sich zu einem längeren Erholungsaufenthalt nach Kapstadt zu begeben. Doch auf der Reise verschlechtert sich sein Zustand so sehr, dass er auf der Farm Botmas Hof zurückbleiben muss.

Der Farmer Lodewyk Botma ist, anders als viele seiner Weißen Farmerkollegen, ein ausgesprochener Missionsfreund. Viele Missionare machen auf ihren Reisen Station bei ihm. Am 30. Juli 1810 stirbt Abraham Albrecht mit 32 Jahren. Er hinterlässt eine Frau und eine kleine Tochter.

Sein Bruder Christian, der ihn begleitet hat, muss den Sterbenden zurücklassen. Eilig reist er weiter nach Kapstadt, denn dort wartet seine Braut auf ihn. Die junge Niederländerin Sophie Burgmann ist von der Niederländischen Missionsgesellschaft ausgesandt worden mit der Instruktion, ihren unbekannten Kollegen nicht nur in seiner Arbeit zu unterstützen, sondern auch seine Frau zu werden.[420]

Sophie Burgmann bleibt wenig Zeit, sich an ihren neuen Ehemann und an ihre neuen Lebensumstände zu gewöhnen. Möglicherweise ahnt Christian Albrecht, dass sich auf seiner Missionsstation etwas zusammenbraut, und drängt daher auf schnelle Rückreise.

Im Oktober 1810 kommen Sophie und Christian Albrecht in

Warmbad an. Umgehend nimmt die junge Frau ihre Tätigkeit als Missionarin auf. Sie unterweist die Frauen der Missionsstation in religiösen Fragen, in Stricken und Nähen und bringt ihnen europäische Kirchenlieder bei, die sie auf ihrem aus Europa mitgebrachten Klavier begleitet.

Missionar Seidenfaden hat sich unterdessen südlich des Orange River ein neues Arbeitsgebiet gesucht. Seit 1809 wirkt er als Missionar in Kamas. Möglicherweise gehen auch die junge Zara Hendrich und ihre Schwester in Seidenfadens Schule.[421]

Dem Londoner Missionsinspektor John Campbell verdanken wir eine Beschreibung des Seidenfaden'schen Unterrichts, allerdings nicht in Kamas, sondern in Zuurbraak, einem späteren Wirkungsfeld des Missionars:

> Kurz nach fünf Uhr morgens wurde die Glocke geläutet, als Signal für die Schule, sich zu sammeln. Es kamen ungefähr achtzehn Frauen und vier Jungen zusammen und lasen ungefähr eine Stunde lang ihren Katechismus. Eine Vorleserin buchstabiert und spricht jede Silbe vor, und alle sprechen sie ihr nach. Sie singen zu Beginn und am Schluss. Ihr Lehrplan erfordert große Verbesserungen.[422]

Zara und ihre Schwester kommen mit der Mission in Berührung

Und nun tritt endlich Zara wieder auf den Plan. Auch über ihre erste Begegnung mit der Mission gibt es keinerlei Dokumente. Aber sie könnte sich durchaus so abgespielt haben:

An einem warmen Abend des Jahres 1809 sitzen Zara und Leentje Hendrich vor der Hütte ihres Viehpostens bei Kamas. Leentje ist wieder mal mit ihren Matten beschäftigt. Vor einigen Tagen haben die beiden Mädchen an einer Wasserstelle Schilf entdeckt, es abgeschnitten und zu ihrer Hütte gebracht. Seither fädelt Leentje, wann immer sie etwas Zeit übrig hat, an einer Schilfmatte. Für eine Cousine, wie sie behauptet, die bald heiraten wird. Immer wenn eine Frau heiratet, bekommt sie von ihren Angehörigen ein Mattenhaus geschenkt, damit sie mit ihrem Mann und ihren Kindern darin leben kann. Die dazugehörigen Matten werden von allen Frauen der Familie gemeinsam hergestellt.

Zara allerdings hat ihre Schwester im Verdacht, dass sie all die Schilfmatten, die sie so fleißig herstellt, für sich selbst bestimmt hat. Will sie etwa demnächst heiraten? Und wenn ja, wen denn nur? Etwa Tsauxab, diesen gut aussehenden jungen Mann aus Kamas, der sie neuerdings regelmäßig besucht auf ihrem einsamen Viehposten. Zara könnte das gut verstehen. Natürlich ist sie erst 13 Jahre alt. Aber manchmal fragt sie sich, ob sie nicht selbst ein wenig in Tsauxab verliebt ist. Damals bei ihrer Kharú-Feier hat er die ganze Nacht mit ihr getanzt. Und er sieht wirklich gut aus, mit seinem muskulösen Körper und seinen strahlend weißen Zähnen, über denen neuerdings ein Bärtchen sprießt. Außerdem hat er bereits seine erste Antilope erlegt und darf nun regelmäßig mit den anderen Männern zur Jagd gehen. Seither zeichnet sich sein Betragen durch eine gewisse Würde aus, wie es einem Jäger geziemt. Manchmal bringt er den Schwestern ein Stück selbst erlegtes Fleisch mit. Wenn man ihn lange genug darum bittet, erzählt er auch von seinen Jagdabenteuern. Wer das Wild zuerst gesichtet, wer ihm den Weg abgeschnitten, wer es auf den Schützen zugetrieben und wer den entscheidenden Schuss abgegeben hat. Dabei stellt sich dann oft heraus, dass es kein anderer als Tsauxab war, der die entscheidende Rolle für die Jagdgemeinschaft gespielt hat. Noch hat er kein eigenes Gewehr. Aber eines Tages wird er eines besitzen. Die Frau, die ihn heiratet, wird immer zu essen haben.

Und da, als hätte man ihn gerufen, taucht er plötzlich auf am Horizont. Alle Würde hat er abgelegt und ist völlig außer Atem. Er muss den ganzen Weg gerannt sein. »Los, kommt mit!«, keucht er. »Es gibt ein Fest in Kamas. Ein Weißer Mann ist angekommen.«

Leider kein Händler, wie Zara gehofft hatte, sondern ein Mann, »der das Wort des Herrn Jesus verkündigt«, wie Tsauxab mit salbungsvoller Stimme auf Niederländisch sagt, wobei er offensichtlich die Stimme des Fremden imitiert. »Missionare« nenne man diese Leute. Ein dickes Buch habe der Fremde bei sich, das er *Bybel* nenne. In diesem Buch stünden alle Geheimnisse, die die Weißen so mächtig machten. Das Beste aber sei, dieser Missionar, sein Name sei Seidenfaden, wolle den Nama und Orlam im Klein-Namaland beibringen, wie man es lesen kann.

Natürlich folgen Leentje und Zara dem aufgeregten Tsauxab nach Kamas. Es stellt sich heraus, dass der Missionar nicht allein gekommen ist. Er hat seine Frau mitgebracht[423] sowie einige Orlam, die für ihn als Übersetzer oder Wagenlenker tätig sind. Es wird ein großartiges Fest, das die ganze Nacht dauert, auch wenn der Missionar angesichts der ausgelassenen Tänze und des ausgiebigen Honigbierkonsums der Leute von Kamas zunehmend säuerlich dreinblickt.

Seit diesem Begrüßungsfest ist Zara fast nur noch in Kamas anzutreffen und lässt ihre Schwester auf dem Außenposten allein. Sie ist begeistert von den Fremden und will unbedingt Niederländisch lernen. Halb Kamas lernt in dieser Zeit Niederländisch, denn der Missionar und seine Frau sprechen kein Wort Khoekhoegowab.

Eine neue Sprache zu erlernen, dazu hätte *Mynheer* Seidenfaden auch gar keine Zeit. Er hat so viel anderes zu tun. Kaum angekommen, begnügt er sich nicht mit dem Mattenhaus, das die Frauen von Kamas für ihn und seine Frau aufgebaut haben, sondern beginnt damit, ein festes Wohnhaus zu errichten. Es dauert Wochen, bis dieses Haus fertig ist – ganz anders als eine Nama-Mattenhütte, die man in zwei Stunden auf- und wieder abbauen kann. Er möge ihm einige junge Leute zur Verfügung stellen, bittet der Missionar den Kaptein. Sie sollen ihm helfen, feuchten Lehm in Holzformen zu streichen, den man dann in der

Sonne trocknen lässt. Danach sind die Lehmziegel hart wie Stein und können verbaut werden. Die jungen Leute aus Kamas haben aber schon bald keine Lust mehr und bleiben schließlich, trotz der ernstlichen Ermahnungen des Kapteins, einfach weg. Und so muss der Missionar seine Ziegel selbst streichen.

Das neue Missionshaus besteht aus zwei Zimmern: einem Schlafzimmer, für das Mynheer Seidenfaden ein großes Gestell gezimmert hat, das er *katel* nennt und in dem er und *Mefrouw* Seidenfaden schlafen, sowie ein weiteres unförmiges Holzgebilde, *kas* genannt, in dem Mefrouw ihre und ihres Mannes Kleidung sowie ihre Nähsachen aufbewahrt. Und dann gibt es noch ein weiteres Zimmer für Mynheer, *kantoor* genannt. Für diesen Raum hat sich der Missionar weitere Möbel gezimmert, einen hölzernen Tisch, an dem er immer schreibt, und einen Stuhl. Außerdem steht dort eine massive Truhe, die er aus Europa mitgebracht hat und in der er seine Bücher aufbewahrt.

Mit all dieser Arbeit findet Mynheer Seidenfaden grade noch Zeit, jeden Sonntag Gottesdienst zu halten. Zara geht immer hin, wenn sie auch vieles seltsam findet, was sie dort lernt. Zum Beispiel die Sache mit dem *Nagmaal*, an dem nur Getaufte teilnehmen dürfen. Sie findet es immer gruselig, dass man dabei den Leib des HErrn Jesus isst und sein Blut trinkt. Oder die Sache mit Maria, der Mutter des HErrn Jesus, die durch den Heiligen Geist geschwängert worden sein soll. So etwas Ähnliches behaupten auch die Mädchen aus /Kara Khois, wenn sie unverheiratet schwanger werden und nicht sagen wollen, von wem. Ein Geist sei ihnen im Veld begegnet, sagen sie dann. Und natürlich glaubt ihnen kein Mensch. Oder die Geschichte, dass die Leute nach ihrem Tod irgendwann wieder lebendig werden sollen. Auch das kann Zara einfach nicht glauben. Auch Leentje ist skeptisch, mit der sie sich gelegentlich über die Gottesdienste unterhält. Wo sollen die denn alle leben? Wenn man den Missionar so etwas fragt, dann reagiert er äußerst gereizt. Er ist überhaupt ein unfreundlicher Mensch, der alle Welt herumkommandiert, sogar seine eigene Frau.[424] Zara geht ihm möglichst aus dem Weg.

Aber Mefrouw Seidenfaden liebt sie. Sie besucht die schüchterne Missionarsfrau regelmäßig, um sie zu fragen, ob sie ihr etwas helfen kann. Dann ist Mefrouw gerührt und gibt ihr kleine Aufträge. So lernt sie sehr schnell Niederländisch und auch diese wunderbaren Lieder, die Mefrouw immer bei der Arbeit singt. Natürlich, je besser sie die Sprache versteht, umso alberner findet sie die Liedtexte. Aber die Melodien sind so wunderschön.

Eines Tages hat Mefrouw Seidenfaden eine Überraschung für sie. »Zara«, sagt sie, »wir wollen ein Kleid für dich nähen.« Zara ist begeistert. Ein Kleid, wie es Mefrouw immer trägt, das ist wunderbar. Sie hilft eifrig beim Zuschneiden und Nähen. Natürlich näht sie schon seit der frühen Kindheit ihre Kleidung aus weichem Leder selbst. Aber Mefrouw zeigt ihr, wie man so feine Stiche macht, dass man die Naht praktisch nicht sieht. Man kommt dabei allerdings nur sehr langsam voran, und es ist ziemlich langweilig. Aber was für ein wundervoller Rock kommt am Ende dabei heraus. Dazu eine Bluse für den Oberkörper. Das betont Mefrouw immer wieder. »Zara«, sagt sie, »wenn du einmal eine Christin bist, musst du deine Brüste bedecken. Du musst überhaupt immer ein Kleid tragen. Nicht nur am Sonntag in der Kirche. Auch im Alltag.«

Zara versteht nicht, warum das so sein muss. So ein Kleid sieht ja ganz schön aus. Aber es ist doch sehr unpraktisch. Man kann sich an den Dornbüschen ein Loch in den Rock reißen. Außerdem wird es dauernd schmutzig, wenn man sich irgendwo hinsetzt. Und wenn die Sonne scheint, ist so ein Kleid einfach zu warm, und man schwitzt erbärmlich. Deshalb verbringt Mefrouw auch einen beträchtlichen Teil ihrer Zeit damit, ihre Kleidung und die ihres Mannes zu waschen und auszubessern. Sie besitzt ein schweres eisernes Gerät, das sie *strykyster* nennt. Das füllt sie mit Holzkohlen aus ihrem Küchenherd, um es heiß zu machen, und glättet damit die Hemden von Mynheer Seidenfaden und ihre eigenen Kleider, sodass die wieder wie neu aussehen. »Ich werde dir alles zeigen, Zara«, sagt sie immer, »nähen, bügeln, kochen. Wenn du einmal eine Christin bist, musst du das können.« Vor allem das Bügeln gefällt Zara. Eifrig lernt sie alles, was Mefrouw Seidenfaden ihr beibringt.

Noch aufregender findet sie aber, in die neue Schule zu gehen. Regelmäßig besucht sie den Unterricht in Kamas. An Tsauxab und sein Bärtchen denkt sie überhaupt nicht mehr. Früh am Morgen, sobald die Kühe gemolken sind, macht sie sich auf den Weg. Den Unterricht hält zum Glück meistens der Dolmetscher. Denn Mynheer Seidenfaden bekommt immer schreckliche Wutanfälle. Und wenn ihn ein Schüler nicht gleich versteht, dann greift er zu einem Stock und prügelt auf den Ärmsten ein.

Zara muss nicht unter den missionarischen Wutausbrüchen leiden. Sie lernt sehr schnell: Niederländisch, Lesen und Schreiben. Rechnen kann sie schon, von Kindheit an verschaffen sie und ihre Schwester sich regelmäßig einen Überblick über den Rinderbestand der Familie. Auch den Katechismus kann sie bald auswendig. Mynheer Seidenfaden ist höchst zufrieden. Eines Tages macht er sie sogar zur Vorleserin in seiner Schule, sehr zum Missfallen von Mefrouw Seidenfaden, denn für die hat sie jetzt fast keine Zeit mehr. »Zara«, sagt der Missionar manchmal, »ich glaube, bei dir können wir bald mit dem Taufunterricht beginnen.«

Zaras Mutter findet das gut. »Lernt, so viel ihr könnt«, sagt sie immer, wenn sie die Mädchen auf dem Außenposten besucht. »Die Zeiten ändern sich so schnell, und ihr werdet es brauchen.«

Leentje kommt nicht mit zur Schule. Sie lässt sich nur überreden, an den Sonntagen mit in den Gottesdienst zu gehen. Denn die Lieder gefallen auch ihr. Aber jeden Tag Schule? »Eine muss hier schließlich die Arbeit tun«, brummt sie und fädelt weiter an ihren Schilfmatten.

Wie sich bald herausstellt, hatte Zara richtig vermutet: Die Matten sind gar nicht für die Cousine in /Kara Khois bestimmt, sondern für Leentje selbst. Vor Kurzem haben sie und Tsauxab beschlossen zu heiraten. Noch sind die beiden nicht offiziell verlobt. Aber demnächst werden sein Vater und sein Onkel deswegen mit der Familie Hendrich in Kontakt treten. Bis es so weit ist, besucht Tsauxab seine Leentje jeden Tag auf dem Viehposten, während Zara in der Schule oder bei Mefrouw Seidenfaden ist. Das ist im Sinne aller Beteiligten, und Leentje beschwert sich nicht, dass sie die ganze Arbeit allein tun muss.

Im Übrigen ist Mynheer Seidenfaden weiterhin mit anderen Dingen beschäftigt, je länger, desto mehr. Eines Tages taucht Kaptein Jager Afrikaaner mit zwei Männern aus seinem *Raad* in Kamas auf. Sie reden lange mit Mynheer und reiten dann wieder zurück. Am nächsten Tag fällt der Schulunterricht aus, und alle Schulkinder müssen tagelang Lehmziegel formen. Dieses Mal gibt es keine Drückebergerei.

Dann baut Mynheer einen dritten Raum an sein Haus. Seither kommen immer mal wieder Afrikaaners Leute mit schwer beladenen Reitochsen nach Kamas. Sie bringen Elefantenzähne mit, große Mengen von Elefantenzähnen. Die werden dann in dem neuen Zimmer gelagert. Vor der Tür hat der Missionar ein solides Schloss angebracht, sodass niemand hinein kann, außer ihm selbst.

Die Flucht vor Jager Afrikaaner

So könnte es gewesen sein:

Warmbad im Januar 1811. Bereits lange vor Sonnenaufgang herrscht auf der kleinen Missionsstation rege Geschäftigkeit. Wieder einmal bricht der ganze Ort auf. Mit routinierten Bewegungen rollen die Frauen die Schilfmatten ihrer Hütten ein und ziehen die gebogenen Holzstützen aus dem Boden, während die Männer sämtlichen Hausrat und zuletzt auch die zusammengepackten Matten und Stützstäbe auf die Reitochsen laden und mit Lederriemen festzurren. Unterdessen treiben die jungen Burschen das Vieh zusammen. Die jungen Mädchen kochen den Morgenkaffee, bereiten den Reiseproviant vor und versuchen, die kleinen Kinder zusammenzuhalten, die aufgeregt überall herumwuseln und jedermann im Weg sind.

So ein Aufbruch ist normalerweise immer ein Anlass für allerlei Scherze und Gelächter. Doch dieser Morgen ist anders als sonst. Die Einwohner*innen von Warmbad legen eine ungewohnte Hast an den Tag. Und sie sind ungewöhnlich leise. Weder brüllen die jungen Burschen nach ihren Ochsen, die sie alle mit Namen nennen können, noch die jungen Mädchen nach ihren kleinen Geschwistern. Niemand lacht, niemand singt.

Denn die Warmbader*innen sind auf der Flucht. Sechs Jahre lang war alles gut gegangen. Sechs Jahre lang haben sie friedlich mit Jager Afrikaaner zusammengelebt. Nun hat er gedroht, er werde Warmbad überfallen. Er wolle »den Frauen die Brüste und den Männern die Köpfe abschneiden und aus ihrer Haut Schuhe machen«, soll er gesagt haben.[425]

Niemand zweifelt daran, dass er das tun wird. Darum packen nun alle hektisch ihre Habe zusammen. Auch das junge Paar Sophie und Christian Albrecht, ihre verwitwete Schwägerin Catharina und deren kleine Tochter sowie das ebenfalls in Warmbad anwesende Missionarsehepaar Tromp laden eilig Haushaltsgegenstände, Kleider, Bücher und Proviant auf die wartenden Planwagen. Die Möbel und andere sperrige Gegenstände haben sie schon am Vortag im trockenen Sand vergraben. Dann endlich ist alles verstaut. »Hoooo«, rufen die Wagentreiber, und schwerfällig setzen sich Ochsen und Planwagen in Bewegung.

Als Jager Afrikaaner und seine Leute wenig später in die verwaiste Station einreiten, sind sie vermutlich bitter enttäuscht. Möglicherweise war die Drohung, Köpfe und Brüste der Warmbader*innen abzuschneiden, nicht ganz so ernst gemeint. Doch ganz sicher haben sie es auf ihre Waffen und ihr Vieh abgesehen. Und da sie beides nicht vorfinden, beginnen sie, den verlassenen Ort zu plündern.

Dabei haben sie ein schockierendes Erlebnis, das in die mündliche Überlieferung der Afrikaaner eingehen wird. Einer von ihnen habe sich damals auf den Friedhof verirrt, erzählen sie später ihrem Missionar Moffat. »Er ging über etwas, das er für ein frisches Grab hielt, und hörte zu seiner Überraschung sanfte Töne unter sich erklingen. Bewegungslos blieb er stehen, blickte mit aufgerissenem Mund und Augen über seine Schulter und zögerte. Sollte er dableiben und zusehen, wie die Toten auferstehen, worüber er die Missionare hatte predigen hören? Oder sollte er lieber Fersengeld geben?« Nach einigem Zögern habe er einen zweiten Versuch unternommen, »denn die Töne, die er gehört hatte, waren inzwischen verklungen. Sein zweiter Sprung erweckte wieder die Grabesharfe, die nun mit einer leisen, aber scheußlichen Kadenz in sein Ohr drang«. Ohne sich noch einmal umzublicken, sei der Mann zurückgerannt und habe seinem Kaptein über die bestürzende Entdeckung berichtet. Jager Afrikaaner, ein furchtloser Mann, der sich auch von Gespenstern nicht habe einschüchtern lassen, habe seinen Männern befohlen, ihm zu dem Platz zu folgen. Einer nach dem anderen sei auf das vermeintliche Grab gesprungen, und bei jedem Sprung seien ihnen »Töne der sanftesten Musik von unten ans Ohr« gedrungen. Auf der Stelle habe der Kaptein eine »Exhumierung« veranlasst. »Der geheimnisvolle Musiker wurde bald ans Licht gezogen. Er erwies sich als Frau Albrechts Klavier, das sie aus London mitgebracht hatte.«[426]

Jager Afrikaaner erlaubt seinen Leuten, das Klavier in seine Einzelteile zu zerlegen und diese als Andenken mit nach Hause zu nehmen. Dann werden alle Häuser und Hütten in Brand gesetzt.

Bald sind von der Missionsstation Warmbad nur noch qualmende Ruinen übrig. Das Experiment, nördlich des Orange River Mission zu treiben, scheint gescheitert, noch ehe es richtig begonnen hat.

Während dies geschieht, irren die vertriebenen Missionare gemeinsam mit ihrer Gemeinde von 1500 Menschen aus verschiedenen Nama-Clans ziellos in der Umgebung von Warmbad umher.[427] In dieser Situation wittern andere Kapteins die Chance, die Missionare für sich zu gewinnen. Einer von ihnen ist Kaptein Vleermuis von den Kai/khauan.[428] Er begleitet mit seinen Männern die verängstigten Flüchtlinge, wobei er wiederholt in Geplänkel mit den Anhängern von Jager Afrikaaner verwickelt wird. Als den Missionaren und ihrer Gemeinde nach einigen Tagen Wasser, Proviant und Munition knapp werden, beschließt Vleermuis, einen neuen Platz zu suchen, und fordert Albrecht auf, ihn zu begleiten. Der stimmt zunächst zu. Doch es lässt sich nicht so schnell eine ergiebige Wasserstelle finden für so viele Menschen. Gleichzeitig kommt ein Nama-Kaptein namens Tsamgewap zu Albrecht und bittet ihn, zu ihm zu kommen, was dieser aber aufgrund der unsicheren Situation ablehnt.[429]

Bereits vor der Flucht hatte Christian Albrecht einen Brief an die Behörden in Tulbagh geschrieben und ein Strafkommando gegen die Afrikaaner angefordert. Doch bis sich dieses endlich gebildet hat und im August 1811 aufbricht, ist Warmbad längst in Schutt und Asche gelegt.

Schließlich wenden sich Albrecht und seine Gemeinde nach Süden, um auf der Missionsstation Kamas bei Missionar Seidenfaden Schutz zu suchen. Dort angekommen, müssen sie feststellen, dass die Afrikaaner bereits vor ihnen dagewesen sind. Sie haben das Haus der abwesenden Seidenfadens völlig verwüstet und bei dieser Gelegenheit auch das im Missionshaus gelagerte Elfenbein mitgenommen. Seidenfaden gibt später an, ihm sei ein Schaden von 4000 Rixdollar entstanden, ungefähr 16 Mal so viel, wie er in einem Jahr verdiene.[430] Jager Afrikaaner habe gesagt, er werde die Missionare »nackt ausziehen, ihnen Gewehre und Munition wegnehmen und ihnen nur ein Gespann Ochsen zurücklassen, womit sie zum Kamiesberg fliehen könnten«, notiert Sophie Albrecht schockiert in ihrem Tagebuch. Und: »Wenn es ihm gelungen sei, die Fremden zum Kap zurückzutreiben, müsse der Gouverneur selbst sich ihm zu Füßen werfen und um Frieden bitten.«[431]

Diese und andere Drohungen werden später wieder und wieder kolportiert und festigen Jager Afrikaaners Ruf als gefährlichsten Räuberhauptmann jenseits des Orange River.

Schmelen landet am Kap der Guten Hoffnung

Unterdessen segelt die »Lady Barlow« mit Schmelen und seinen Kollegen an Bord nach dreimonatiger Reise unaufhaltsam auf die südafrikanische Küste zu. Am 13. September 1811 können sie endlich Kapstadt in der Ferne sehen.

Missionar Ebner, dem fleißigen Chronisten, verdanken wir eine detaillierte Schilderung ihrer Ankunft.

> Je näher wir dem Lande kamen und den Tafelberg, der dicht an der Capstadt liegt, schon erblickten, desto heftiger wehete der Südostwind uns entgegen. Bei schrecklichem Donnern und Blitzen, begleitet von starkem Winde, stieg der Sturm zu einem vollkommenen Orkan, der vom 11. September nachmittags bis des andern Tages früh währte. Es war in der That furchtbar anzusehen, wie die Wellen das Schiff bedeckten und einige der Cajütten mit Wasser angefüllt wurden. In der Nacht erwarteten wir jeden Augenblick, dass das Schiff durch die heftigen Wellenstöße zertrümmert würde.[432]

Aufgrund des Sturmes kann die »Lady Barlow« nicht in den Hafen von Kapstadt einlaufen, und der Kapitän beschließt, in der nächsten Bucht, der False Bay, zu ankern. »Während wir in den Hafen einliefen, war alles freudig und vergnügt und sprach über die wunderbaren Wege, Werke und Führungen Gottes.« Doch das Abenteuer ist noch nicht ausgestanden.

> Plötzlich aber wurde unsere Freude mit Schrecken verwechselt. Feuer! Feuer! rief man jetzt, was uns in große Bestürzung setzte. Da man aber nicht gleich wusste, wo es war, sondern nur den Rauch sahe, so wurde den Matrosen befohlen, schnell nachzusehen. Sie fanden denn auch gleich einen Sack, angefüllt mit Rauchtaback, der da mit dem Feuer braunte, und dicht neben Pulver stand. Der Taback wurde gleich herausgenommen und das Feuer gelöscht. Da die Gefahr vorüber war, wurden unsere Herzen mit Freuden- und Dankesthränen über die gnädige Hülfe Gottes erfüllt. Hier konnte man buchstäblich sagen, dass nur ein Schritt, ja nur ein Haar zwischen Tod und Leben war.[433]

Simon's Bay heißt der kleine Hafen noch heute, wo die Reisenden nun endlich afrikanischen Boden betreten.

Von dort fahren die angehenden Missionare am nächsten Morgen mit dem Pferdefuhrwerk weiter nach Kapstadt. Schon auf dem Weg dorthin werden sie sich gewundert haben. Das sollte Afrika sein? Sie fahren an weiß gekalkten Bauernhäusern unter dicken Strohdächern vorbei, in den Gärten blühen Apfel- und Kirschbäume. Es gibt Hühner, Ziegen und wachsame Hofhunde. Auch die Stadt Kapstadt sieht aus wie direkt aus Europa importiert. Bürgerhäuser im niederländischen Stil mit geschwungenen Giebeln, prächtige Kirchen, öffentliche Gebäude mit klassizistischen Säulen davor und dann die wunderbaren Kompaniegärten in der Mitte der Stadt – ursprünglich von der Niederländischen Ostindien-Kompanie als Gemüsegarten angelegt und inzwischen zum Park umgewandelt. Gut gekleidete Menschen gehen dort spazieren. Weiße Menschen. Ehrbare Kapstädter Bürger mit heller sommersprossiger Haut und blondem Haar, die Frauen in weiten gefältelten Röcken, mit hohen Kragen, schneeweißen Schürzen und gestärkten Hauben, die Männer in steifen Anzügen und mit hohen Filzhüten.

Auch die allgemein verwendete Sprache passt zu dieser Umgebung. Alle Welt redet hier Niederländisch. Für Schmelen, der seit seiner Kindheit Plattdeutsch spricht, ist dies ein großer Vorteil, denn Plattdeutsch ist dem Niederländischen wesentlich näher als dem Hochdeutschen. Im Lauf der Zeit wird er die deutsche Sprache fast verlernen: »Ich muss erst anmerken«, schreibt er kurz vor seinem Tod an den Schullehrer Meier in Cassebruch, »dass ich nimmer ein Brief of letter shryve im Deutschen, denn diesen, und ist mir die Deutsche und Hollandsche Schreibenart so nahebey, dass ich viele Worte half in Deutsch und Englisch schreibe.«[434]

Natürlich gibt es nicht nur Weiße in Kapstadt. Die alltägliche Arbeit wird von Schwarzen erledigt. Manche von ihnen sind Sklaven. Den neu angekommenen Missionaren wird die Slave Lodge aufgefallen sein, ein Gefängnis, in das man die Sklaven einsperrt, bis sie auf dem Green Market verkauft werden. Andere Afrikaner sind zwar formal frei, haben aber praktisch keine Rechte. Man nennt sie freie Schwarze. Sie wohnen in eigenen Quartieren oder in kleinen Hütten auf dem Gelände ihrer Arbeitgeber. Und dann gibt es auch noch die winzige Gruppe der Übriggebliebenen, die einstigen Herren des Kaps: Khoekhoe und San.

Laut dem Barmer Missionsblatt leben 1818 in Kapstadt »18 173 Einwohner, davon 7460 Weiße (Engländer, Holländer, Deutsche), 1905 Freie Schwarze, 7462 Sklaven, 536 Hottentotten usw.«.[435]

Zu Schmelens Zeiten leben in der gesamten Kapkolonie ungefähr 20 000 Weiße, die allermeisten im Großraum Kapstadt. Doch ihre Anwesenheit hat Auswirkungen bis weit in den Norden und Osten, beispielsweise in das 600 km nördlich gelegene

Klein-Namaland. Ihr Arbeitgeber ist die Niederländische Ostindien-Kompanie VOC (Vereenigde Oostindische Compagnie), eine private Handelsgesellschaft mit Sitz in Amsterdam.

Die VOC hatte zunächst kein Interesse an einer wirtschaftlichen Eroberung des südlichen Afrika, sie brauchte lediglich einen Hafen, in dem man beschädigte Schiffe auf ihrer Reise nach Asien reparieren und frischen Proviant aufnehmen konnte. Diesen Zweck erfüllte die kleine Ansiedlung Kaapstad vollkommen. Dort konnten die Seefahrer von den lokalen Khoekhoe Frischfleisch erhandeln. Um auch Weizen, Obst, Gemüse und Wein zur Verfügung zu haben – Letzterer wurde als Gegenmittel zur Seefahrerkrankheit Skorbut betrachtet –, siedelte die VOC rund um Kapstadt sogenannte »Freibürger« an. Sie bekamen ein Stück Land zugesprochen und produzierten ihren Weizen und ihren Wein zunächst ausschließlich im Auftrag der VOC für die anlandenden Schiffe.

»Buren« – Bauern – nennen sich diese Ansiedler. Es sind vor allem Niederländer und Deutsche, die damals am Kap der Guten Hoffnung leben. Später kommen noch Hugenotten dazu, französische Protestanten, die vor der religiösen Verfolgung aus ihrer Heimat geflohen sind und die neue Impulse in den bis dato mit eher mäßigem Erfolg betriebenen Weinanbau bringen.[436]

Zu Beginn des 18. Jahrhunderts beginnen verschiedene Weiße Familien weiter ins Landesinnere zu ziehen. Man nennt sie »Trekburen«: Wanderbauern. Sie bringen eine neue Dynamik in die bislang eher friedliche Koexistenz von Afrikanern und Weißen am Kap. Sie bauen weder Gemüse noch Wein an, sondern züchten Vieh für den Fleischmarkt in Kapstadt. Ihre Rinderherden beschaffen sie sich von den benachbarten Khoekhoe-Gemeinschaften, entweder durch Tauschhandel, wobei sie oftmals die Tiere weit unter Wert erhandeln, oder einfach durch Raub. Das Land für ihre Farmen eignen sie sich an, indem sie riesige Flächen von den VOC-Behörden pachten und die dort lebenden San und

Khoekhoe vertreiben. Als Standardgröße für eine Farm gelten 2400 Hektar.[437] Die Pacht bleiben sie oftmals schuldig – es gibt niemanden, der sie eintreiben könnte. Ist der Boden einer Farm durch Überweidung erschöpft, pachten sie neue Gebiete und vertreiben weitere San- und Khoekhoe-Gemeinschaften.

Mit den inzwischen reich und vornehm gewordenen Weißen Familien aus der Umgebung von Kapstadt haben diese ungehobelten Gesellen, die oftmals kaum ihren eigenen Namen schreiben können und außer der Bibel kein Buch besitzen, wenig gemein – bis auf eine Überzeugung: dass sie einem von Gott auserwählten Volk angehören, wie die Juden des Alten Testaments. Auch die Position der Schwarzen ist ihrer Meinung nach bereits in der Bibel festgelegt. Dort wird berichtet, dass Ham, der jüngste Sohn von Noah, einst seinen Vater nackt und betrunken im Zelt liegen sah und dies seinen Brüdern weitererzählte. Daraufhin verflucht Noah seinen taktlosen Sohn, den er Kanaan nennt: »Verflucht sei Kanaan und sei seinen Brüdern ein Knecht aller Knechte!« (1. Mose, 9, 25). Da die Schwarzen Afrikas als Nachkommen des Ham gelten, so die Logik der Buren, seien sie von Gott dazu bestimmt, Knechte der Weißen zu sein. Bis zum Ende der Apartheid 1990 wurde diese Bibelstelle häufig zitiert als Rechtfertigung der Ungleichbehandlung von Schwarzen und Weißen.

Im Verlauf des 18. Jahrhunderts verschieben die Trekburen die Grenze der neu sich bildenden Kapkolonie um 400 km in den Norden und um 800 km in den Osten. Auch der uns bereits bekannte Veldwagtmeester Petrus Pienaar gehört zu ihnen. Vor seinem Ableben hat er immer wieder neues Weideland im Norden erkundet und genutzt. Er gehörte zu den wenigen Weißen, die damals bereits bis an den Orange River vorgedrungen sind. Dabei hatte ihn sein »Hottentottenkapitän Afrikaaner« mit seinen Ortskenntnissen tatkräftig unterstützt.[438]

Eine andere Gruppe, die das Bild von Kapstadt prägt, sind die Sklaven. Viele von ihnen stammen aus Malaysia, andere aus anderen afrikanischen Ländern. Ihrer Arbeit vor allem haben die Weißen ihren stetig wachsenden Reichtum zu verdanken. Erst 1834 wird die Sklaverei abgeschafft. Doch schon vorher gelingt es immer wieder einzelnen von ihnen, ihren Herren zu entkommen. Sie fliehen bevorzugt in abgelegene Regionen wie beispielsweise das Klein-Namaland, weit entfernt von den Kapstädtischen Polizeibehörden.

Missionarische Anfänge

Unterdessen sieht der bedrängte Missionar Christian Albrecht im Groß-Namaland keinen anderen Ausweg mehr, als sein Missionsgebiet zu verlassen und mit seiner Familie nach Kapstadt zu reisen. Dort kommen sie im September 1811 an – wenige Tage nach Schmelen und seinen Kollegen. Gouverneur Cradock lässt sich durch Albrecht von den Ereignissen berichten und verspricht dem verängstigten Missionar »zweihundert Pfund Pulver, vierhundert Pfund Blei und zwanzig Gewehrschlösser«.[439]

Als der Leiter der Londoner Mission in der Kapkolonie, Theodosius van der Kemp, von dieser Entwicklung erfährt, ist er entsetzt. Vor allem, dass die Missionare eine Strafexpedition angefordert haben, verurteilt er aufs Schärfste. Er besteht darauf, dass Albrecht den Gouverneur ausführlich über die Hintergründe des Konfliktes informieren müsse.

Dabei stellt sich heraus, dass Missionar Seidenfaden den Afrikaanern erhebliche Geldbeträge für gelieferte Elefantenzähne schuldet. Hinzu kommen einige weitere Ereignisse, die ein neues Licht auf die Vorgänge in Warmbad und Kamas werfen: Einige Zeit vor seinem Überfall hatte Jager Afrikaaner einen Knecht beauftragt, in Kapstadt eine Rinderherde gegen einen Wagen einzutauschen. Dieser war unterwegs auf eine Weiße Farmerin getroffen, die ihm die Rinder kurzerhand abnahm mit der Begründung, er schulde ihr Geld. Der unglückselige Knecht ahnte, dass dieser Diebstahl schreckliche Folgen haben werde, nicht für die Farmerin, aber für ihn selbst. Er versuchte, sich zuerst in Warmbad und später in Kamas zu verstecken. Vergeblich, denn Jager Afrikaaner stöberte ihn auf und tötete ihn auf der Stelle.

Van der Kemp bringt Verständnis auf für das Verhalten des Afrikaaner-Kapteins. Er erkennt, dass dieser sich offensichtlich anschickt, selbst in den lukrativen Elfenbeinhandel einzusteigen. Der Wagen, den sein Knecht hätte kaufen sollen, war wahrscheinlich für den Transport von Elefantenzähnen bestimmt. Nun, da sich diese Möglichkeit zerschlagen hat, ist der Kaptein außer sich vor Wut. Schließlich kann er, wie van der Kemp betont, als behördlich gesuchter Outlaw kein Gericht anrufen, das ihm gegen die Weiße Farmerin beistehen könnte.[440] Noch immer ist eine Prämie auf seinen Kopf ausgeschrieben. Dies hindert ihn daran, das Geschäft mit dem Elfenbein selbst in die Hand zu nehmen. Er ist nach wie vor auf Vermittlung angewiesen und hat dabei wohl auf die Missionare gezählt. Als ihm Missionar Seidenfaden das Geld für seine Elefantenzähne schuldig bleibt und sein Knecht sich eine komplette Rinderherde wegnehmen lässt und dann auf den Missionsstationen Warmbad und Kamas Schutz sucht, kommt der Kaptein offensichtlich zu dem Schluss, die Missionare und ihre Anhänger hätten sich gegen ihn verschworen. Und als Missionar Albrecht gar ein Kommando anfordert, sieht er sich in seinem Verdacht bestätigt.

Jager Afrikaaner ist nicht der Einzige, der mithilfe der Missionare seine Handelsbeziehungen zu Kapstadt ausbauen will. Auch der Kaptein von Warmbad hatte sich handfeste Unterstützung versprochen, als er Seidenfaden und die Brüder Albrecht zum Bleiben einlud. Denn die Missionare waren nicht allein gekommen, sondern in Begleitung von 14 Angestellten, die allesamt mit Gewehren ausgerüstet waren. Die Bondelswart hatten gehofft, sich mit der Hilfe »ihrer« Missionare ebenfalls Waffen und Munition zu beschaffen, was diese jedoch stets verweigert hatten. Nun, nach dem Konflikt mit Jager Afrikaaner, sieht die Sache natürlich anders aus. Die Munition und die Gewehrschlösser, die die Kapbehörden dem Missionar Albrecht bewilligen, kommen vor allem den Bondelswart zugute. Auch Kaptein Vleermuis wird für seine Unterstützung der Warmbader Flüchtlinge mit einer beträchtlichen Menge Feuerwaffen ausgestattet. »Ich befürchte«, so die abschließende Einschätzung van der Kemps, »dass die wandernden Horden von Bruder Albrecht seinen nachgiebigen Charakter ausgenutzt und ihn ans Kap geschickt haben, um mit seiner Hilfe so viel Pulver und Feuerwaffen wie möglich zu bekommen, um damit mehr Raubüberfälle zu begehen, als man es Afrikaaner jemals nachgesagt hat. Und dass sie aus diesem Grund lügen, täuschen oder die Gefahr übertreiben.«[441]

Missionsdirektor van der Kemp ist damals eine der bekanntesten – und umstrittensten – Persönlichkeiten in der Kapkolonie. Anders als die meisten Missionare ist er hochgebildet und stammt aus einer wohlhabenden und geachteten Familie in Rotterdam. Er hat in Leyden und Edinburgh Medizin, Theologie und Philosophie studiert, wurde später einer der Begründer der Niederländischen Missionsgesellschaft und hat eine Bekehrungsgeschichte wie aus dem Bilderbuch vorzuweisen. Als junger Mann, so schreibt er in seiner Autobiografie, habe er sich dem Trunk und sexuellen Ausschweifungen hingegeben.[442] Später heiratete er – zum Entsetzen seiner Familie – nicht nur ein »armes Mädchen aus dem Volk«, eine junge Weberin, sondern hat sich auch zu seiner aus einer früheren außerehelichen Beziehung stammenden kleinen Tochter bekannt, die er in seine neue Familie aufnahm. Offensichtlich waren ihm schon damals Konventionen und soziale Unterschiede herzlich gleichgültig. Als er durch einen Unfall Frau und Tochter verlor, fasste er dies als einen Fingerzeig des Himmels auf, sein Leben von nun an der Mission zu weihen.

In der Kapkolonie erwirbt sich van der Kemp alsbald den Ruf eines energischen Kämpfers für die Rechte der Khoekhoe, wodurch er sich bei seinen Weißen Zeitgenossen äußerst unbeliebt macht. Besonders schockiert ist man in der guten Gesellschaft Kapstadts jedoch, als er mit fast 60 Jahren die junge Sklavin Sara Janse heiratet, die er zuvor freigekauft hat. Die junge Frau ist die Tochter eines muslimischen Imams aus Madagaskar, hat also in den Augen der Weißen Kapstädter nicht nur die falsche Hautfarbe, sondern auch die falsche Religion. Ein Kritikpunkt an van der Kemp ist jedoch durchaus berechtigt: Sara Janse zählt zum Zeitpunkt ihrer Eheschließung noch keine 14 Jahre![443]

Nach dem Fiasko in Warmbad hatte die Familie Albrecht eigentlich beschlossen, die Missionsarbeit aufzugeben und sich für immer in Kapstadt niederzulassen. »Hier wären sie auch geblieben«, schreibt Ebner, »wenn sie nicht unerwartet uns, die wir aus Europa hier waren, angetroffen hätten. Dies machte Albrecht wieder neuen Muth, sodass er den Entschluss fasste, mit uns wieder auf seinen Posten ins Namaqualand zurückzukehren.«[444]

Doch zuvor macht Ebner den Vorsatz wahr, den er schon in England gefasst hat, und heiratet die Witwe des verstorbenen Abraham Albrecht. Eine Verbindung, die aus mehreren Gründen höchst wünschenswert erscheint: Zum einen bekommen Catharina Albrecht und ihre kleine Tochter auf diese Weise wieder einen Versorger, zum anderen hat die junge Witwe jahrelange Praxis im Missionsalltag vorzuweisen, eine unschätzbare Hilfe für die Arbeit ihres völlig unerfahrenen Ehemannes.

Als Schmelen und seine Kollgen sich ihrem berühmt-berüchtigten Vorgesetzten vorstellen, ist dieser 64 Jahre alt und wird nur noch wenige Monate zu leben haben. Doch noch immer führt er ein eisernes Regiment. Beispielsweise besteht er darauf, dass seine Missionare die Armut ihrer Gemeinden teilen. Vergeblich wendet Christian Albrecht ein, dass die Missionare im wasserarmen Namaland nicht in der Lage seien, selbst Gemüse oder Getreide für ihre Versorgung anzubauen, wie das auf anderen Missionsstationen möglich ist, sondern alles kaufen müssten und daher mehr Geld bräuchten. Van der Kemp fertigt ihn grob ab. »Er gab dem armen Bruder Albrecht solch schneidende Antworten«, schreibt Missionar Sass empört nach London, »dass mein Herz zu weinen begann. Zum Beispiel sagte er: Wo es nichts gibt, da ist das Leben am billigsten usw., bis es mir nicht mehr möglich war, weiter zuzuhören.«[445]

Aufbruch in den Norden

Drei Monate später, am 10. Dezember 1811, brechen die Missionare Albrecht, Ebner, Helm und Sass mit ihren Ehefrauen sowie der Junggeselle Schmelen zu ihrer Reise in den Norden auf. »Mit der nötigen Provision versehen«, schreibt Ebner, »traten wir unter Gottes gnädigem Beistand die Reise an. 12, [manchmal] auch mehrere, Ochsen spannten wir an, je nachdem es Noth that. Die Sommerhitze war schon ziemlich groß, was uns Europäern sehr ungewohnt war; sie stieg aber immer höher, bis sie am Weihnachtsfest so groß war, daß man sich vor der brennenden Hitze nicht mehr zu bergen wußte. Der Wind wehete einem so heiß entgegen, als ob man vor einem brennenden Backofen stand.«[446] Der Dezember gehört zu den heißesten Monaten im südlichen Afrika.

Über die Weihnachtsfeiertage macht die Reisegesellschaft eine Pause: »Die Feiertage brachten wir bei Missionsfreunden zu, die uns sehr liebreich aufnahmen. Einer davon wohnte am Honigberg, auf dessen Gebiet der liebe Bruder A. Albrecht, meiner Frau ihr erster Mann, begraben liegt.«[447] Später wird auch Zara Schmelen auf dieser Farm, Botmas Hof, ihre letzte Ruhestätte finden.

Nur ungern begeben sich die Missionare nach dem Weihnachtsfest wieder auf die Reise.

> Obgleich diese Zeit die beschwerlichste und in vielen Hinsichten gefährlich zu reisen ist, wegen der ungemein drückenden Hitze, Mangel an Wasser und Weide; denn Futter für die Zugochsen kann man nicht mitschleppen, weshalb man, dieses Mangels wegen, oft mehrere von den Ochsen zurücklassen musste; so mussten wir doch nach dem gesegneten Weihnachts-Feste unsere Reise verfolgen, damit nicht durch Zögerung die Kosten der Mission gehäuft würden. Unsere geliebten Freunde Botma und Marais entließen uns mit vielen Segenswünschen. Bruder Sass allein nebst seiner Frau blieben noch zurück, weil letztere tödlich krank war.[448]

Deutlich ist hier Ebners Kritik herauszuhören über den Umgang der Missionsleitung mit ihren menschlichen Ressourcen. Und auch den tierischen: »Es blieben allein auf dieser einzigen Reise 30 Ochsen zurück, zum Theil todt, zum Theil zu schwach, um länger ziehen zu können.«[449] Insbesondere seinem Vorgesetzten van der Kemp wirft er vor, dass er auf keine Ratschläge höre, sondern »als Oberster der Missionarien thun und lassen konnte, wie er es am zweckmäßigsten befand«[450].

Wie befürchtet, ist die Reise eine Tortur, vor allem für die Frauen. Sowohl Sophie Albrecht als auch Charlotte Helm sind schwanger. »Weil nun die Schwester Helm ihrer Entbindung sehr nahe stand und ich die stärksten Ochsen an meinem Wagen hatte«, schreibt Ebner, »so wurde einmütig beschlossen, dass Herr Helm und seine Frau mit mir die Reise so eilig wie möglich verfolgen sollte.«[451] Auf Sophie Albrechts Schwangerschaft nimmt man offensichtlich keine Rücksicht.

Am 21. Februar 1812 kommen die Familien Ebner und Helm in Steinkopf an, wohin viele Warmbader*innen nach der Drohung Jager Afrikaaners geflohen sind. »Es war auf beiden Seiten Freude über unsere glückliche Ankunft«, schreibt Ebner. »Jetzt wurde alles in Thätigkeit gesetzt, um unsere Häuser an diesem

Tag noch schnell aufzubauen, und am Abend waren sie schon damit fertig.«[452] Und das ist auch gut so, denn bereits am nächsten Tag bringt Charlotte Helm ihren ersten Sohn zur Welt.

Sobald sie sich in Steinkopf etwas eingerichtet haben, nehmen die Missionare unverzüglich ihre Arbeit auf. »Wir machten jetzt Anstalt, Kirche und Schule zu halten, und hielten des Tages 2mal gottesdienstliche Versammlung, oder was wir hier Kirche nennen.« Da sie kein Kirchengebäude haben, halten sie die Versammlungen in ihren eigenen Mattenhütten, »welches freilich sehr störend ist, wenn kleine Kinder vorhanden sind. Wir sprachen über freie Texte in der holländischen Sprache, jedoch durch einen Dolmetscher, der die kurzen Phrasen, die wir aussprachen, in die Hottentotten-Sprache übersetzte«.[453]

»Eine freie Nation, ohne Polizei, ohne Civilisation, ganz verschieden in ihrem Leben, Charakter, in ihren Sitten und Manieren von den Europäern«, charakterisiert Ebner die Menschen, die er bekehren will.[454] Das soll sich nun ändern – nicht zuletzt mithilfe der christlichen Religion. Wie selbstverständlich beginnen die Missionare, in ihren Gemeinden einen europäischen Lebensstil einzuführen. Beispielsweise versuchen sie, trotz der Trockenheit Gartenbau zu betreiben. Ebner behauptet sogar, er sei es gewesen, der damals den Pflug im Klein-Namaland eingeführt habe.

> Die übrige Zeit wendeten wir an, etwas Grund zu bearbeiten, um Gartenfrüchte zu ziehen, die in jenem Lande wachsen. Und da es nicht regnete, mussten wir alles Wasser aus der Quelle in den Garten tragen, das Gepflanzte zu begießen. Aber leider war all unsere Bemühung vergeblich, denn der Salpeter-Boden verdarb alles, was gesät und gepflanzt war.[455]

In Steinkopf tritt bald das gleiche Problem auf wie damals in Warmbad: Aufgrund der Trockenheit begeben sich einzelne Familien immer wieder auf die Wanderung.

Die Kinder wurden unterrichtet im Singen, Buchstabiren, Lesen und mehrere im Schreiben auf Sand. Einige Wenige kamen soweit, dass sie schon, wiewohl gebrechlich, Briefe auf Papier schreiben konnten. Da aber die Namaquas von der Milch und von der Jagd leben, so müssen ihre Kinder immer mit ihnen herumziehen. Auf solche Weise vergessen sie bald wieder, was sie gelernt haben,[456]

ärgert sich Ebner.

Die Missionsstation Pella

Zwei Monate später kommen endlich auch Schmelen und Christian Albrecht in Steinkopf an. Letzterer ist wieder allein. Sophie Albrecht hatte während der Reise ein totes Kind zur Welt gebracht und war am nächsten Tag an dem hohen Blutverlust gestorben.

Albrecht und Schmelen bleiben nicht lange in Steinkopf, sondern reisen nach kurzem Aufenthalt weiter ins nahe gelegene Kamas, das spätere Pella. Dort haben sich ebenfalls mehrere Bewohner von Warmbad niedergelassen. Ein Jahr später kann Schmelen nach London berichten, dass inzwischen 750 Menschen auf der neuen Missionsstation leben. 150 Kinder und Erwachsene besuchten täglich die Schule, und 57 hätten »annehmbar« lesen gelernt.[457]

Vieles, was die Missionare ihnen predigen, ist den Khoekhoe fremd. Wiederholt schildert Schmelen in seinen Berichten, wie er versuche, seinen verwirrten Zuhörern christliche Konzepte wie »Sünde«, »Schuld«, »Vergebung«, »Seele« oder »Auferstehung von den Toten« nahezubringen. Erstaunt stellt er fest, dass sie nicht zwischen »Seele« und »Körper« unterscheiden. Von der Höhe seines christlich-europäischen Überlegenheitsgefühls herab schreibt er nach London:

> Einer meiner Leute konnte nicht glauben, dass er eine Seele habe. Seinen Ideen zufolge dachte er, wenn er stürbe, so sei nichts mehr zu erwarten für ihn. Als ich ihn fragte, ob es dann sein Körper sei, der in ihm denke, konnte er es nicht sagen. Ich sagte ihm, dass es nicht unser Körper ist, der denkt, sondern unsere Seele.[458]

Vor allem aber versucht er immer wieder, seinen Zuhörern ihre Sündhaftigkeit zu beweisen. Denn ohne Sünde keine Sünden-Vergebung und damit auch keine Notwendigkeit, sich zum Christentum zu bekehren. Missbilligend berichtet er nach London, dass die meisten Khoekhoe im Großen und Ganzen mit sich und ihrem Verhalten zufrieden seien. Über einen seiner Gesprächspartner schreibt er:

> Er konnte auch nicht erkennen, dass er ein Sünder war, denn all seine Werke, die er getan hatte, nannte er gut. Gefragt, ob er das ein gutes Werk nenne, als er letztes Jahr betrunken war, antwortete er: Es kann nicht gut sein, es ist nicht gut, dann muss es schlecht sein. Ich antwortete: Und also ist es Sünde. Ich hielt ihm noch mehrere Dinge vor, von denen ich weiß, dass er sie getan hat, und die nicht recht waren. Und schließlich sagte er, er müsse fast glauben, dass er ein Sünder sei.[459]

So leicht lassen sich jedoch nicht alle von ihrer Sündhaftigkeit überzeugen. Eine deutliche Gereiztheit ist herauszuhören, wenn ein »alter Nama« beharrt: »Als er jung war, habe er Sünden begangen, aber seit er alt geworden sei, habe er niemals mehr Sünden begangen. Die Brüder versuchten, ihn von seiner Narrheit zu überzeugen, aber er setzte sich gegen sie durch und erzählte ihnen schließlich, dass er glaube, dass sie Sünder seien, er aber habe keine Sünde.«[460] Manchmal hält Schmelen wörtlich in seinem Tagebuch fest, wie so ein Bekehrungsgespräch verlief:

Habt ihr jemals von Jesus Christus gehört? – Nein, niemals, aber hier haben wir jetzt davon gehört.

Welche Werke nennt ihr gut? – Wir sind dumm.

Was sind die schlimmsten Taten, die ihr begehen könnt? – Das ist kein Tag zum Nachdenken.

Was ist die beste Tat, die ihr tun könnt? – Einer rief den anderen, um Antwort zu geben. Der Älteste sagte dann: Ich bin das erste Mal hier und kann nicht antworten. Einer von ihnen sagte schließlich: Einen anderen zu töten, denke ich, ist schlecht [...]

Welcher Unterschied besteht zwischen Menschen und Tieren? – Was das betrifft, sind wir dumm.

Wisst ihr, dass ihr eine Seele habt? – Einer: Ich weiß nicht. Ein anderer: Der Herr hat uns eine Seele gegeben, durch deren Kraft wir leben.

Denkt ihr, durch euer Fleisch und Blut, oder durch etwas anderes? – Ich denke, es ist unsre Seele.

Findet ihr es nicht wunderbar, dass alle Menschen, die seit Beginn der Welt gestorben sind, wieder lebendig werden und vor Gott geprüft werden hinsichtlich der Art des Lebens, das sie in der Welt geführt haben? – Das ist wunderbar. Ein anderer: Ich frage mich, wie all diese Leute wieder hier auf den Feldern herumgehen sollen.[461]

Dieser Dialog zeigt die große Ratlosigkeit der Khoekhoe angesichts der bohrenden Fragen des Missionars und eines ihnen völlig fremden Denksystems. Bei anderer Gelegenheit schreibt Schmelen: »Als ich sie fragte, ob sie jemals gehört hätten, dass es einen Gott gab, konnten sie nicht verstehen, was ich meinte. Als ich sie fragte, wer ihrer Meinung nach den Himmel, die Erde usw. gemacht habe, sagten sie, ich müsse das gemacht haben.«[462]

Einige von Schmelens Gesprächspartnern wissen jedoch bereits die »richtige« Antwort. Dies ist ein Hinweis auf die Tätigkeit der einheimischen Hilfskräfte, die sich teils auf Anregung der

Missionare, oft aber auch aus eigenem Antrieb und weitgehend selbstständig an dem Missionsprojekt beteiligen. »Ich wage also zu sagen, jedes Rad ist in Bewegung, um sich für die Rettung unsterblicher Seelen zu bewegen«[463], fasst Schmelen stolz seine Arbeit zusammen.

Nicht selten sind es Angehörige der lokalen Elite, die sich als Hilfsmissionare betätigen. Beispielsweise die Engelbrechts, eine Familie von People of Colour. Sie spielen bereits eine wichtige Rolle in der Region. Nun können sie mithilfe der Religion ihren Einfluss festigen. Wilhelm Engelbrecht habe früh den Wunsch geäußert, »seine Landsleute im Weg des Heils zu unterrichten«, berichtet Schmelen. Er erweise sich als »nützlich unter unseren Leuten, indem er mit ihnen über geistliche Dinge sprach und auch manchmal für uns übersetzte in unseren Versammlungen«.[464] Auch sein Cousin Gert predige öfter, was auf seine Zuhörer einen tiefen Eindruck mache »und ihre Tränen fließen ließ«. Und »die Brüder Paul und Gert Engelbrecht« – sie waren die Väter von Wilhelm und Gert junior – »sind ebenfalls sehr nützlich unter unserem Volk, indem sie mit ihnen über geistliche Dinge reden und Schwester Mietje, Pauls Frau, tut dasselbe unter ihrem eigenen Geschlecht«.[465]

Warum ein Missionar heiraten muss

Denn es sind nicht zuletzt die Frauen, die aktiv das Missionsprojekt vorantreiben.

Für Schmelen, den unverheirateten Missionar, sind weibliche Missionsgehilfen besonders wichtig. Denn die Tatsache, dass er nicht verheiratet ist, erweist sich bald als ein schwerwiegendes Handikap bei seiner Missionsarbeit unter den Frauen.

Um keinerlei Verdacht auf sexuelle Absichten aufkommen zu lassen, vermeidet er es, jemals mit einer Frau allein zu sein: »Solange ich in diesem Lande lebte und unverheiratet war, trug ich immer Sorge, keine weibliche Hausangestellte zu beschäftigen«, schreibt er später über seine Anfangszeit. »Ja, ich litt nicht einmal, dass eine Frau mit mir in meinem Haus sprach, es sei denn, ein Dolmetscher oder ein anderer Mann oder Frau kamen mit.«[466] In dieser Atmosphäre muss es schwierig gewesen sein, offen über religiöse Erlebnisse, moralische Verfehlungen, Reue, Buße und ähnlich emotionsgeladene Dinge zu sprechen. Und so beginnen manche Frauen, ihrerseits dem Missionar aus dem Weg zu gehen. Auf seine Frage, warum sie ihn meide, ob sie etwa Angst vor ihm verspüre, habe ihm eine Frau geantwortet: »Nein, es sei nicht so, dass sie Angst habe. Aber sie wolle mir nicht den Zustand ihrer Gefühle schildern.«[467]

Unter den Missionaren der Londoner Missionsgesellschaft in der Kapkolonie herrscht daher auch allgemein die Ansicht, ein Missionar müsse eine Ehefrau haben, um seine Arbeit gut verrichten zu können. Bereits 1809 hatte der Missionar Carl August Pacalt davor gewarnt, unverheiratete Missionare in die Kapkolonie auszusenden.[468] Missionarsfrauen, so schreibt er, seien nicht nur »nützlich [...], sondern sogar sehr nötig in den Schulen, um lesen, arbeiten oder stricken zu lehren«. Zudem könnten sie »ihre Geschlechtsgenossinnen in der Zeit der Krankheit besuchen, wo es für einen Mann unschicklich ist, hinzugehen. Und auch bei vielen anderen Gelegenheiten können sie Gutes tun, die einen Mann, der keine Frau dabei hat, verdächtig machen könnten in den Augen der Heiden«. Diese Frauen sollten aber, laut Pacalt, auf jeden Fall Europäerinnen sein, denn: »Eine schwarze Hottentottin zu heiraten, ist ein großer Skandal unter all den Leuten hier und selbst unter den Farbigen.«[469]

Von diesem Skandal lässt sich mancher Missionar jedoch nicht abschrecken. So schreibt beispielsweise Schmelens Kollege Johann Gottfried Ulbricht[470] aus der südafrikanischen Missionskolonie Bethelsdorp nach London: »Die Brüder werden aus dem oben erwähnten Bericht erfahren haben, dass ich mich verheiratet habe mit einer unserer Hottentotten-Schwestern, Elisabeth Windvogel. Ich glaube fest, dass sie dem Herrn gehört, und hoffe, die Brüder werden nichts gegen diese Heirat haben.«[471]

Oft versuchen die lokalen Verwaltungsbeamten, eine solche Eheschließung zu verhindern. Diese Erfahrung macht beispielsweise der Missionar Michael Wimmer.[472] Als er mit seiner afrikanischen Frau vor dem Standesbeamten von Uitenhage, Landdrost Cuyler, erscheint, erhält er einen abschlägigen Bescheid. »Im Fall von Mr. Wimmer empfand der Colonel Cuyler seine Heirat mit einer Hottentottin als unpassend und riet ihm ab. [...] Da er aber nicht überzeugt werden konnte, hielt es Mylord für sein Recht, seine Autorität zu brauchen und das Zertifikat zu verweigern.«[473] Und als Missionsdirektor Theodosius van der Kemp im April 1806 die freigekaufte Sklavin Sara Janse heiratet, wird diese Eheschließung erst ein Jahr später behördlich registriert.[474]

Für viele Weiße am Kap bedeutet die Partnerwahl von Ulbricht, Wimmer, van der Kemp und einigen weiteren Londoner Missionaren eine Provokation. Nicht die sexuellen Beziehungen Weißer Männer zu afrikanischen Frauen sind ihnen ein Dorn im Auge – solche Beziehungen sind damals gang und gäbe –, sondern die Tatsache, dass die Missionare durch eine offizielle Eheschließung die Schwarzen Frauen als ebenbürtig anerkennen.

Die Londoner Missionsgesellschaft und die Rechte der Khoekhoe

Seit 1795 ist die Kapkolonie – mit einer kurzen Unterbrechung zwischen 1803 und 1806, als sie an das französisch kontrollierte Holland geht und »Batavische Republik« genannt wird – eine britische Kolonie, und das wird so bleiben bis ins 20. Jahrhundert hinein.

Die britischen Kolonialbehörden haben allerdings wenig Einfluss auf die Verhältnisse auf dem platten Land. Und so herrschen auf den Burenfarmen oft katastrophale Arbeitsverhältnisse für die Khoekhoe-Landarbeiter. Diese sind zwar formal frei, doch vielen bleibt, nachdem man sie ihres Landes und ihrer Rinder beraubt hat, keine andere Möglichkeit, als sich Arbeit auf einer Weißen Farm zu suchen. Da sie nicht, wie die Sklaven, Eigentum ihrer Herren sind, haben diese in der Regel kein besonderes Interesse an der Erhaltung ihrer Gesundheit. Während der Tod eines Sklaven einen Wertverlust für seinen Besitzer bedeutet, kann ein »freier« Khoekhoe jederzeit durch einen anderen ersetzt werden, falls er krank wird oder stirbt.

Besonders perfide ist das sogenannte Lehrlingssystem. Es erlaubt den Weißen Farmern, die Kinder ihrer Khoekhoe-Arbeiter bis zu zehn Jahre lang als »Lehrlinge« für sich arbeiten zu lassen – ohne Bezahlung und ohne die Möglichkeit, sich anderswo eine lukrativere Stelle zu suchen. Ist diese Zeit dann für ein Kind vorüber, so hat der Farmer oftmals bereits seine Geschwister zu Lehrlingen gemacht. So werden ganze Khoekhoe-Familien, die sich nicht von ihren Kindern trennen wollen, über Generationen an eine Farm gebunden.

Als die Briten nach 1806 wieder die Herrschaft in der Kapkolonie übernehmen, fürchten viele Buren, nun werde derartigen Zuständen ein Ende bereitet. Doch diese Befürchtung erweist sich bald als unberechtigt. Dies zeigt sich beispielsweise am Caledon Code, einem Gesetzeswerk des südafrikanischen Gouverneurs Lord Caledon aus dem Jahr 1809, das damals von manchen als die »Magna Charta der Hottentotten« gefeiert wird.[475] Zwar werden dort den afrikanischen Landarbeitern Arbeitsverträge garantiert, was ihre Rechtlosigkeit beenden soll. Andererseits muss von nun an jeder und jede reisende Khoekhoe einen Pass mit sich führen. Wer nicht im Dienst irgendeines Farmers steht oder auf einer Missionsstation lebt, bekommt dieses Papier nicht und kann jederzeit wegen Landstreicherei bestraft werden. Der Caledon Code bedeutete also keine Verbesserung für die Khoekhoe. Vielmehr, so Missionsdirektor John Philip, seien sie von nun an »zu einem dauernden Zustand der Knechtschaft verurteilt und haben nicht die Macht, sich durch irgendeine Anstrengung, wie groß und lobenswert sie auch sein möge, selbst von den Fesseln zu befreien«.[476]

In dieser Pionierzeit der Mission sehen sich viele Missionare als Anwälte der Khoekhoe. Sie informieren ihre afrikanischen Gemeinden über deren Rechte und unterstützen sie vor Gericht. Durch ihre enge Verbindung mit einflussreichen politischen Kreisen in England gelingt es den Missionsgesellschaften immer wieder, im Mutterland die öffentliche Meinung zu beeinflussen und durch diese die englische Regierung, welche wiederum Druck auf die Verwaltung der Kapkolonie ausübt.

Vor allem die Missionare der Londoner Missionsgesellschaft, junge Männer aus Europa, die oft selbst in ihrer Heimat Hunger und Ausbeutung erlebt haben, behandeln damals ihre Schwarzen Mitchristen bemerkenswert gleichberechtigt – bei aller christlich-europäischen Überheblichkeit, die ihnen natürlich nicht fremd ist. »Nachdem der Gottesdienst am Mittwochabend beendet ist«, schreibt Schmelen beispielsweise aus Kamas, »treffen sich die getauften Brüder und Schwestern in unserem Haus, und wir führen Herzens-Gespräche mit ihnen.«[477] Bereits eine Generation später wird dies nur noch in Ausnahmefällen möglich sein.

1812 setzen die Behörden in Kapstadt – nicht zuletzt aufgrund der Berichte der Londoner Missionare – einen Gerichtshof ein, bei dem Schwarze sich über die schlechte Behandlung durch ihre Arbeitgeber beschweren können, die sogenannten Black Circuits. Allein die Tatsache, dass Schwarze gegen ihre Weißen Herren vor Gericht ziehen können, erzeugt bei Letzteren heftige Empörung und führt 1815 sogar zu einer Rebellion einiger Buren gegen die englische Kolonialverwaltung. Dieser Aufstand wird jedoch rasch niedergeworfen, die fünf Rädelsführer werden hingerichtet.[478]

Im September 1813 kommt der Geistliche John Campbell im Auftrag der Londoner Missionsgesellschaft nach Kamas, um sich vom Stand der bisherigen Missionsarbeit zu überzeugen. »Die Missionare scheinen wackere Männer zu sein«, schreibt er anerkennend in seinem Reisebericht, »und durch die extreme Kargheit der Erde, den allgegenwärtigen Sand, mit dem das Land bedeckt ist, seine Kahlheit zusammen mit der großen Hitze, ertragen sie größere Härten als irgendeiner der anderen Brüder in Südafrika.«[479]

Campbell begnügt sich nicht damit, über die verschiedenen Stationen der Londoner Mission in der Kapkolonie Berichte zu schreiben. Er führt bei einigen auch grundsätzliche Reformen ein. Den Bewohnern der Station Griquatown, die er zuvor besucht hatte, unterbreitete er beispielsweise einen Codex von 14 Gesetzen, eine Art Bürgerliches Gesetzbuch, das die Bestrafung bei Vergehen wie Mord, Diebstahl, Bestechung usw. regeln soll.[480] Er schlägt ihnen zudem vor, die Grenzen ihres Gebiets – Campbell nennt es *country* – zu markieren sowie ein Warenhaus einzurichten, in dem Kleidung, Messer und anderes verkauft werden sollen. Sogar eigene Münzen mit der Prägung »Griquatown« soll die Londoner Missionsgesellschaft für das neu zu strukturierende Gemeinwesen anfertigen, um den Handel mit den umliegenden Khoekhoe-Gemeinschaften zu erleichtern.[481]

Etwas Ähnliches schwebt ihm auch für Kamas vor. »Die Menschen versammelten sich«, schreibt er in sein Tagebuch, »sie stimmten zu, dieselben Gesetze wie in Griquatown einzuführen, wählten Personen, die gemeinsam mit den Kapteins als Richter fungieren sollten, und legten die Grenzen des Landes fest, das sie besiedeln, wo die Gesetze durchgesetzt werden sollen. Ich ermutigte die Leute, einen Handel zu beginnen mit den Corannas, Groß Namas und Damaras usw.«[482]

Während die Buren die Unterlegenheit der Schwarzen unter die Weißen für gottgewollt und unveränderlich halten, herrscht in

Missionskreisen die Ansicht, dass man die Ersteren durch gezielte Maßnahmen kulturell und ökonomisch »heben« könne und solle. Beispielsweise durch das Christentum, aber auch durch regelmäßige, gewinnbringende Arbeit, durch europäische Rechtsverhältnisse und einen europäischen Lebensstil. »Christianity, Civilisation, Commerce«, mit Hilfe dieser drei Cs sollen sich die Afrikaner nicht nur zu gläubigen Christen, sondern auch zu wohlhabenden und angesehenen Bürgern des britischen Weltreichs entwickeln. Auf die Idee, die Kultur der Afrikaner als gleichberechtigt mit der eigenen zu respektieren, kommt damals keiner der europäischen Afrikafreunde.

Am 20. September 1813 hält Campbell in seinem Tagebuch fest, dass die Kapteins von Kamas, /Obib und sein Sohn /Garimûb, diesen unfruchtbaren und trockenen Ort verlassen wollten. Sie bestünden aber darauf, dass ein Missionar mit ihnen ziehen solle. Campbell unterstützt diese Idee. Zuvor aber schlägt er vor, der Siedlung Kamas einen biblischen Namen zu geben: Pella, »da es eine Zuflucht gewesen ist für sie vor den Verwüstungen Afrikaaners, wie das alte Pella für die jüdischen Christen, als die Römer in Jerusalem eingefallen sind«.[483] Und so heißt der Ort heute noch.

Campbell ist sich bewusst, dass sich Mission und Handel in dieser Gegend nur weiterentwickeln können, wenn Frieden herrscht. Man muss sich also irgendwie arrangieren mit dem gefährlichsten Mann der Region, mit Jager Afrikaaner. Und so schreibt er einen entsprechenden Brief an den Orlam-Kaptein.

Die Antwort kommt postwendend: Jager Afrikaaner nimmt das Friedensangebot nicht nur gern an, er wünscht sich auch – trotz der enttäuschenden Erfahrungen der Vergangenheit – nach wie vor einen »eigenen« Missionar. Und bereits in seinem allerersten Brief wird deutlich, was er sich von einem solchen verspricht: Er soll als Lehrer fungieren und der Afrikaaner-Gemeinschaft Lesen und Schreiben beibringen.

Sehr geachteter und guter Herr! Wenn ich ersuche, dass dort [ein] Lehrer ist, müssen es die Schulkinder hören, und er bringe 90 Abc-Bücher, 66 Fragbücher und 96 rot gefärbte Gesangbücher. Ich schreibe ferner um 42 Bibelbücher [...]. Ich wünsche von Herzen, dass ich kann einen Lehrer bekommen [...] gez. Hendrik Afrikaaner.[484]

Hendrik Afrikaaner ist der Bruder des Kapteins. Er dient seinem Bruder als Sekretär. Die Fähigkeit zu schreiben hat er bei den Missionaren Albrecht auf der Station Warmbad erworben. Auch Jager Afrikaaners konkrete Vorstellungen, was ein Lehrer für einen ordnungsgemäßen Schulunterricht braucht, gehen auf diese Zeit zurück. Acht Angehörige der Afrikaaner-Gemeinschaft können damals bereits lesen, einschließlich des Kapteins selbst, außerdem die meisten seiner Brüder und zwei seiner Söhne.[485]

Bald nach dem Erhalt dieses Briefes beschließen die erfreuten Missionare, Missionar Ebner solle zu den Afrikaanern gehen. Und der kann bald erste Erfolge vermelden: Er benennt die Ansiedlung »Afrikaaners Kraal« um in »Friedensberg«, tauft Jager Afrikaaner auf den Namen »Christian«, dessen Bruder Hendrik auf den Namen »David« und ernennt den Letzteren zu seinem Missionsgehilfen und Dolmetscher. Denn nur eine Minderheit der Afrikaaner versteht Niederländisch oder Englisch.[486] Und natürlich beherrscht noch immer kein Missionar die Sprache der Khoekhoe.

Zara wird getauft und betätigt sich als Missionsgehilfin

Die zurückbleibenden Missionare teilen sich nun ihre Arbeit auf: Einige bleiben in Pella, das sich immer mehr zu einem Zentrum für die Khoekhoe der Umgebung entwickelt.[487] Andere schließen sich dem nomadisch lebenden Teil der Gemeinde an. »Zu diesen gesellte sich Schmelen«, schreibt das Schmelen-Traktat. »Er brachte ein warmes Herz mit für seine Hottentotten, griff sein Werk mit großem Eifer an und ließ sich keine Mühe verdrießen. Mit der wandernden Schar wanderte er am [Orange-]Fluss auf und nieder, wo eben dürftige Weide für das Vieh zu finden war, um ihre Seele auf die grüne Weide des göttlichen Wortes zu führen.«[488]

Von Anfang an ist Schmelen bestrebt, sich Hilfskräfte heranzuziehen, die ihn in seiner missionarischen Tätigkeit unterstützen können. Regelmäßig fragt er seine Taufschüler, »ob sie nicht eine Gelegenheit hatten, mit dem einen oder anderen unserer Leute zu reden über das Wort Gottes, und was sie zu ihnen gesagt und gehört haben«.[489] Bald kann er feststellen: »Einige meiner jungen Leute hier beginnen jetzt, öffentlich zu sprechen über das, was der Herr für ihre Seele getan hat. Das scheint auch die anderen zu berühren, die sonst gegenüber göttlichen Dingen gleichgültig sind.«[490]

Dass neuerdings junge Leute es wagen, öffentlich zu predigen, bedeutet einen gewaltigen Bruch mit der Khoekhoe-Tradition. Öffentliches Reden ist eigentlich dem Kaptein und den älteren Männern vorbehalten.

Am 6. Februar 1814 kann Schmelen die ersten Taufen vornehmen. Wie er in einem Brief nach London berichtet, handelte es sich um zwei Männer und zwei Frauen, die er namentlich anführt: Jantje Oortman, Tonis April sowie die Schwestern Zara und Leentje Hendrich.

Alle vier setzt er als Missionsgehilf*innen ein. Über die beiden Frauen schreibt er:

> Sie haben auch gute Fortschritte gemacht im Lesen und haben mir jede Frage, die ich ihnen stellte, über meine Erwartung hinaus beantwortet. [...] Hinsichtlich ihrer Nützlichkeit kann ich nicht

viel sagen, denn sie sind erst jung, die eine ungefähr 18 und die andere 20 Jahre alt und etwas ängstlich. Dennoch kann ich sagen, dass oft die jungen Leute ihres eigenen Geschlechts sich am Abend nach dem Gottesdienst in ihrem Haus getroffen haben, um zu singen. Das war so manches Mal ein Segen für mich, und, wie ich nicht zweifle, auch für andere. Ich habe sie oft ermutigt, mit den jungen Leuten ihres eigenen Geschlechts zu reden, und ich zweifle nicht im Mindesten, dass sie das getan haben. Denn ich habe sie oft gesehen, wie sie vor dem einen oder anderen Haus zusammen saßen.[491]

Eine wahre Bekehrungswelle erfasst nun Schmelens kleine Gemeinde. Mehr als einmal berichtet er über die große emotionale Erschütterung, die die neue Lehre auslöst.

Die meisten meiner Zuhörer am Vormittag waren ertränkt in gerührten Tränen. Einige waren so sehr gerührt, dass sie zitterten wie bei einem Anfall, während das Wort Gottes sich ihrer bemächtigte; andere gingen, bevor die Predigt zu Ende war, aus unserer Versammlung weinend und betend ins Feld, um sich dem Herrn Jesus Christus zu übergeben.[492]

Zwei Monate nach der Taufe der vier Neu-Christ*innen bricht Schmelen, von Campbell angeregt, auf zu einer Expedition in das Gebiet nördlich des Orange River, ins Groß-Namaland.

Nun, da Jager Afrikaaner seinen Frieden mit der Mission gemacht hat, ist Campbell überzeugt, dass es »sehr erfreulich wäre für die Missionsgesellschaft und auch für die große Öffentlichkeit, diese Länder zu erforschen«.[493] Zudem hat Kaptein Vleermuis eine Nachricht gesandt, er habe im Groß-Namaland einen passenden Ort gefunden.

Schmelen begibt sich nicht allein auf diese gefährliche Reise, er wird begleitet von Kaptein Vleermuis und ungefähr 150 Gemeindemitgliedern aus Pella.[494] Unter ihnen möglicherweise auch einige !Aman, die sich wieder der Hauptgruppe ihres Clans in /Ui/gandes anschließen wollen.

In einem ausführlichen Brief an Campbell und in einem noch ausführlicheren Tagebuch, das er an die Direktoren der Londoner Missionsgesellschaft schickt, schildert Schmelen später seine Reiseerlebnisse: die Orte, die er erkundet, die Kapteins, die er besucht, die religiösen Gespräche, die er geführt hat, und dass er sich schließlich gemeinsam mit Kaptein Vleermuis und dessen Leuten in Klipfontein-/Ui/gandes, dem Ort des Kaptein Kobus Booij, niedergelassen hat. Vier Monate dauert die Reise. Wiederholt ist die Reisegruppe in Gefahr zu verdursten. Es gibt Löwen und andere wilde Tiere, und Titus Afrikaaner, ein ungetaufter Bruder des Kapteins, macht die Gegend unsicher.

Eine Tatsache erwähnt er allerdings nirgendwo in seinen Berichten: dass er während dieser Reise eines Nachts eine Frau namens Zara geheiratet hat …

Zara bespricht sich mit ihrer Mutter

Es ist anzunehmen, dass es sich bei ihr um keine andere als um Schmelens Taufschülerin Zara Hendrich handelt. Sie muss dem Missionar schon früh als die dringend benötigte Kulturmittlerin für seine Arbeit unter den Frauen erschienen sein. Bereits vor ihrer Taufe hat sie sich ja als Missionsgehilfin betätigt. Aus eigenem Antrieb sprach sie mit den anderen jungen Frauen über die neue Religion und sang christliche Lieder. Sie muss Niederländisch gesprochen haben, sonst hätte sie keinen Taufunterricht nehmen können. Vielleicht setzten die Missionare sie gelegentlich als Übersetzerin ein. Für einen Missionar, der daran denkt, sich im Groß-Namaland dauerhaft niederzulassen und dort eine neue Missionsstation zu gründen, ist eine Mitarbeiterin wie sie eigentlich unverzichtbar.

Als er Zara bat, ihn ins Groß-Namaland zu begleiten, spielte Schmelen vielleicht bereits mit dem Gedanken, diese intelligente und vom Christentum begeisterte junge Frau zu heiraten. In diesem Fall war es ihm vermutlich bewusst, dass viele Weiße, auch viele seiner Kollegen, diese Ehe nicht billigen würden. Doch wenn er sich mit ihr im abgelegenen Groß-Namaland niederließe, so hoffte er wohl, erführe niemand davon.

Zara, die vermutlich ahnt, worauf diese Reise hinauslaufen soll, ist zunächst keineswegs begeistert. »Br. Albrecht und ich entschieden uns, sie zu fragen, ob sie mich begleiten könne«, schreibt Schmelen. »Aber sie wollte nicht.«

Doch so leicht gibt der Missionar nicht auf. »Schließlich überzeugten wir sie, und sie versprach, mitzugehen, wenn ihre Mutter ihr das erlauben würde.«

Zaras Mutter hält sich nicht auf der Missionsstation Pella auf, sondern irgendwo in der Nähe von Steinkopf.

> Daher waren wir gezwungen, nach einer Gelegenheit auszuschauen, [Zara] dorthin zu geleiten. Und wir beschlossen, wenn ihre Mutter ihr erlauben sollte, mitzugehen, sollte sie meinen Wagen in Klipfontein (ein Platz in der Nähe von Steinkopf) an einem bestimmten Tag erwarten. Und wenn sie es nicht erlauben würde, sollte ein Mann mir Nachricht dahin bringen. Ich war schon zehn Tage auf meiner Reise, bevor ich dorthin kam. Und am selben Tag kam auch sie.[495]

Zara hat also Zeit, sich zu überlegen, ob sie sich auf eine möglicherweise für sie so folgenreiche Reise einlassen will. Was mag sie damals mit ihrer Mutter besprochen haben?

Da gibt es sicherlich einiges, das reiflich erwogen werden muss. Beispielsweise ist zu befürchten, dass der Weiße Mann die afrikanische Frau, auf die er offensichtlich ein Auge geworfen hat, nicht zur Ehefrau, sondern zur Geliebten machen wird. Solche

Beziehungen sind damals in den abgelegenen Regionen der Kapkolonie gang und gäbe, und sie sind manchmal sehr stabil. Da es, wie wir gesehen haben, schwierig ist, bei den Behörden einen offiziellen Trauschein für eine Schwarz-Weiße Ehe zu erhalten, verheirateten sich damals manche Weiße Siedler nach dem Ritual der Khoekhoe mit ihrer afrikanischen Ehefrau.

Für eine Nama- oder Orlam-Hochzeit waren (und sind es bis heute) die Eltern und Verwandten beider Partner von zentraler Bedeutung. Es geht nicht nur darum, dass sich zwei Individuen zusammentun, es gilt vor allem, zwei Familien miteinander zu verbinden. In seinem Werk *The Khoisan Peoples of South Africa* beschreibt Isaac Schapera die Hochzeitsrituale der Nama im Klein-Namaland: Sobald das junge Paar sich einig ist, bittet der Bräutigam einige seiner Verwandten, mit der Familie der Braut in Verhandlung zu treten. Dieser Verhandlungsprozess dauert längere Zeit, denn die Familie der Braut lehnt zunächst ab. Man erwartet, dass der Bräutigam sich dadurch nicht entmutigen lässt, sondern von nun an seine Anstrenungen verstärkt. Vor allem die Zustimmung seiner künftigen Schwiegermutter muss er gewinnen. Wann immer sich die Gelegenheit ergibt, schenkt er ihr ein Stück Fleisch oder auch ein Schmuckstück. Kurz vor der Hochzeit bekommt sie von ihm sogar eine fette Milchkuh, zum Dank, dass sie seine künftige Frau so gut erzogen hat. Unterdessen handeln die einflussreichsten Männer aus beiden Familien aus, wie viele Kühe seine Familie ihren Eltern übergeben muss, eine Entschädigung für die Arbeitskraft der Braut, die ihnen nach der Hochzeit nicht mehr zur Verfügung stehen wird. Am Hochzeitsmorgen werden diese Rinder ins Dorf der Braut getrieben.

Auch nach der Hochzeit hat der Clan der Frau ein Auge darauf, wie der neue Schwiegersohn seine Frau behandelt. Bis zur Geburt seines ersten Kindes muss er in ihrer Familie leben. Mit seinem Schwiegervater und ihren Brüdern geht er regelmäßig auf die Jagd, und wenn es irgendeine schwere Arbeit zu tun gibt, erwartet man, dass er mithilft. Danach kann er mit seiner Frau wieder zu seinem eigenen Clan zurückkehren. Doch viele Frauen überreden ihren Mann, bei ihrer Familie zu bleiben.[496]

Heiratet eine Khoekhoe jedoch einen Weißen Mann, dann ist alles anders. Keine lange Werbung, keine Geschenke an die Schwiegermutter, kein großes Fest, an dem das ganze Dorf teilnimmt. Wenn die Familie der Braut dem Schwiegersohn mit Zugochsen oder Milchkühen aushilft oder ihn sonstwie unterstützt, kann sie nie sicher sein, dass sie dafür jemals etwas zurückbekommt.

Die Familie der Braut kann auch nicht dafür sorgen, dass der Weiße Schwiegersohn ihre Tochter gut behandelt. In der Regel lässt er sich von »Hottentotten« nichts sagen und denkt nicht daran, bis zur Geburt seines ersten Kindes bei den Schwiegereltern zu leben. Wenn er nach einiger Zeit beschließt, nun eine Weiße zu heiraten, kann er die erste Ehefrau und die gemeinsamen Kinder einfach wegschicken. Und auch wenn er dies nicht tut – bei seinen Weißen Freunden und Bekannten wird seine afrikanische Frau nie als gleichberechtigt anerkannt. Wenn Gäste kommen, sitzt sie nicht mit am Tisch. Eine Ehe mit einem Weißen Mann, mag sie auch aus tiefer Liebe geschlossen worden sein, bringt für die afrikanische Ehefrau jeden Tag viele große und kleine Demütigungen mit sich.

Im Fall von Schmelen kommt noch dazu, dass er – rein materiell gesehen – keine gute Partie ist. Vermutlich besitzt er damals noch kein oder nur sehr wenig Vieh, von einer fetten Kuh für die Schwiegermutter oder gar von einer Rinderherde für die Familie der Braut kann also keine Rede sein. Als Missionar bezieht er ein Jahresgehalt von 245 Rheinischen Gulden.[497] Das bedeutet ein Leben an der Armutsgrenze.

Dennoch, einen Weißen in der Familie zu haben, bringt auch erhebliche Vorteile. Bei Streitigkeiten mit anderen Weißen kann er sich ohne Weiteres an die Behörden in Kapstadt wenden und sich und seiner Familie Recht verschaffen. Nach seinem Tod kann er seine Kinder als Erben einsetzen, und diese können so auf der sozialen Stufenleiter aufsteigen. Das ist damals noch möglich.

Und dann: Missionar Schmelen steht für eine Lehre, die auf viele Khoekhoe eine große Anziehungskraft ausgeübt haben muss. Dass vor Gott alle Menschen gleich sind, dass sie auch auf Erden bereits gleichberechtigt sein sollten und dass die Londoner Missionsgesellschaft sie bei der Wahrnehmung ihrer Rechte unterstützt, das ist eine Botschaft, die nicht nur bei der jungen Zara große Begeisterung hervorruft in der rassistischen Kapkolonie.

Abgesehen davon: Für eine intelligente und ehrgeizige junge Khoekhoe bietet das Klein-Namaland nur wenige Möglichkeiten. Sie kann einen Mann aus einem benachbarten Clan heiraten und ihr Leben im Kampf gegen die Übergriffe der Weißen Siedler beziehungsweise auf der Flucht vor ihnen verbringen. Oder sie kann als Magd bei einem Weißen anheuern, der ihre Arbeitskraft und ihre Sexualität ausbeutet und generell der Ansicht ist, die »Hottentotten« seien Menschen zweiter Klasse. Viel mehr Möglichkeiten bleiben ihr nicht.

Die junge Zara wird das nicht eingesehen haben. Sie und viele Khoekhoe ihrer Zeit sind der Ansicht, dass auch ihnen das Recht auf Leben, Freiheit und das Streben nach Glück zusteht – auch wenn sie vermutlich noch nie von der amerikanischen Unabhängigkeitserklärung oder der Französischen Revolution gehört haben.

Und so ist Zara pünktlich am verabredeten Treffpunkt, und das Schicksal kann seinen Lauf nehmen.

Bethanien

Ende Mai 1814 erreicht die Expedition mit dem frisch vermählten Ehepaar Schmelen schließlich die Ansiedlung /Ui/gandes-Klipfountain. Für eine Missionsstation scheint dieser Ort gut geeignet.

Da ist zunächst die Wasserfrage: »Diese Quelle ist die stärkste, die ich in diesem Lande gesehen habe«, so Schmelen. »Es gibt noch eine andere, ebenso starke, in etwa einer Meile Entfernung.« Und es kommt zu regelmäßigen Regenfällen: »Hatte ein Gespräch mit dem Häuptling Kobus. Zu welcher Zeit habt ihr den meisten Regen in diesem Land? – Wenn die Bäume zu blühen anfangen, dann haben wir drei oder vier Tage Gewitter. – Habt ihr keinen anderen Regen? – Ja, wir bekommen Regen von Norden, manchmal stärker.«

Außerdem, besonders wichtig: Der Kaptein von Klipfontein lebt in Frieden mit seiner Umgebung. Schmelen fragt ihn:

> Gehört dieser Platz dir? – Ja, ich habe ihn für fünf Rollen Tabak gekauft. – Ist der Mann [dem der Platz gehört] mit dem Preis zufrieden? – Ja. – Wo ist er jetzt? – Er ist nicht weit von hier. – Wie lange bist du schon hier? – Zehn Jahre. – Hast du immer in Frieden mit den umwohnenden Stämmen gelebt? – Ja, ich habe niemals Streit mit ihnen gehabt. – Bist du und dein Volk willens, Unterricht zu erhalten? – Ja, ich habe ihn lange gewünscht. – Bist du willens, Klipfontein zur Missionsstation herzugeben? –Ja, von ganzem Herzen. – Willst du zugeben, dass auch Fremde herkommen, um Unterricht zu erhalten? – Ja, jeder der will, mag kommen und hier wohnen.[498]

Kaptein Kobus ist eben jener Kobus Booij, der einst versuchte, zwischen Jager Afrikaaner und den Kapbehörden zu vermitteln. Als Belohnung hat er von Letzteren die Erlaubnis erhalten, sich in /Ui/gandes niederzulassen. Gemeinsam mit der Mehrheit der !Aman war er 1804 dorthin übergesiedelt. Natürlich haben die Behörden der Kapkolonie keinerlei Macht, im Groß-Namaland Niederlassungsgenehmigungen durchzusetzen. Dies ist auch Kaptein Kobus Booij klar, der sich daher selbst mit den ursprünglichen Bewohner*innen einigt. Die fünf Rollen Tabak, die er als eine Art

Pacht für das Niederlassungsrecht zahlt, werden von diesen offensichtlich als ausreichend empfunden.

Nach seinem Gespräch mit Kaptein Kobus Booij begibt sich Schmelen zu Kaptein Vleermuis, der ihn auf der Expedition begleitet hat. Auch dieses Gespräch gibt der Missionar in wörtlicher Rede wieder.

> Plauderte mit dem Häuptling Fleremuis. Ich fragte: Willst du und dein Volk Unterricht haben? – Ja. […] – Hast du einen Platz zur Niederlassung? – Nein. – Willst du nach Klipfontein ziehen, wenn ein Missionar dorthin kommt? – Ja, gern. Ich fragte Kobus, den Häuptling zu Klipfountain, welcher mitgekommen war: Bist du es zufrieden, dass Fleremuis mit seinem Volk zu deinem Platz kommt und sich niederlässt? – Ja. – Seid ihr beide willens, mitzuhelfen, einen Platz herzurichten, wo Unterricht gehalten werden kann? – Ja.[499]

Danach lässt sich das Ehepaar Schmelen nicht sofort in /Ui/gandes nieder, sondern die beiden ziehen, gemeinsam mit einigen Begleitern, zunächst noch einige Wochen weiter durch das Groß-Namaland. »Wir setzten unsre Reise ohne besondere Vorfälle bis zum 21. [Juni] fort«, schreibt Schmelen in sein Tagebuch, »wo wir verschiedene Fremde in der Ferne bemerkten, die vor uns flohen. Ich schickte zwei meiner Leute zu Pferde hinter ihnen her, um den Grund ihrer Flucht kennenzulernen. Sie sagten, Titus Afrikaaner habe einen Namaquakraal angegriffen, dessen Leute ihm 36 Stunden Widerstand geleistet hätten, dann aber weichen mussten.«

Titus Afrikaaner ist der Bruder des Orlam-Kapteins Jager Afrikaaner.

Schmelen beeilt sich, weiter ins schützende Klipfontein zu reisen, »welches wir gegen Abend glücklich in Sicherheit erreichten. Wir fanden, dass sich die Männer hinter Felsen verbargen und die Frauen in die Berge flohen, weil sie vor Afrikaaner und seinem

Volk, für das sie uns hielten, Furcht hatten. Aber als sie diesen Irrtum entdeckten, freuten sie sich, als ob wir sie vom Tode errettet hätten.«

Und zwei Wochen später: »Die Leute bestanden darauf, ich solle sie nicht verlassen, sondern beständig bei ihnen wohnen. Sie sagten schließlich, sie würden mich nicht wieder fortlassen und würden meinen Wagen, meine Schafe und Ochsen sowie mich selbst festhalten. Da willigte ich ein, bei ihnen zu bleiben und eine Missionsstation zu gründen.«[500]

Schmelen nennt die neue Missionsstation »Bethanien«. Mit ihr hat sich die Londoner Missionsgesellschaft besonders weit nach Norden ins »Heidenland« gewagt. Es gibt keine Weiße Ansiedlung in der Nähe, nicht einmal eine Weiße Farm. Wie einst die Brüder Albrecht kann Schmelen nicht mit der Hilfe der Kapbehörden rechnen, falls es Probleme gibt. Ob er und seine Botschaft akzeptiert werden, dafür kann ausschließlich er selbst sorgen.

Und zunächst ist er über eigenes Erwarten erfolgreich in seinen Missionsbemühungen, wohl nicht zuletzt dank der Unterstützung seiner Frau. Das Schmelen-Traktat hält fest:

> Das Volk wurde mächtig angefasst. Sehr oft konnte Schmelen nicht weiterreden, so schrieen und heulten die Leute unter der Last ihrer Sünden. Manchmal lagen die Erweckten wie Tote am Boden und mussten weggetragen werden. [...] Im Jahre 1815 waren schon 65 Erwachsene und 40 Kinder getauft. 140 Kinder besuchten seine Schule und lernten lesen und schreiben. [...] 8–10 Tagereisen weit kamen die Häuptlinge auf ihren Reitochsen mit Weib und Kind an und schlugen ihre Hütten [...] auf.[501]

Wie alle Missionare des 19. Jahrhunderts legt Schmelen den allergrößten Wert darauf, seiner Herde nicht nur das Christentum, sondern auch die Segnungen der europäischen Zivilisation zu vermitteln, insbesondere den Wert regelmäßiger Arbeit. Auch die frischgebackene Missionarsfrau Zara Schmelen beteiligt sich an diesem Programm. »Meine Frau begann eine Hutmacher-Schule«, schreibt der Missionar nach London.

Schon vor seiner Übersiedlung ins Groß-Namaland hatte er sich in Pella an einem ähnlichen Projekt versucht, nicht gerade zur Begeisterung der Kinder. »Ohne dass ich sie zusammenrufe und an die Arbeit setze, fangen sie aber nicht an«, hatte er damals notiert.[502] In Bethanien bereiten dann nicht nur die unwilligen Kinder, sondern auch das widerspenstige Material Schwierigkeiten. »Wir machten verschiedene Versuche, in der gleichen Art Hüte zu machen, wie wir es am Orange River getan hatten, aber die *mantje* oder Binsen, die hier wachsen, sprechen nicht gut darauf an.«[503] Dies ist für die Schmelens allerdings kein Grund, mit dem Hütemachen aufzuhören. Es soll offensichtlich nicht in erster Linie einem praktischen Zweck dienen, sondern die Kinder vom »Müßiggang« abhalten.

Bald nachdem sich das Ehepaar Schmelen in Bethanien niedergelassen hat, beginnt der unternehmungslustige Missionar, einen Zugang zum Meer zu suchen. Er hofft, auf diese Weise einfacher und billiger an Versorgungsgüter zu kommen. Auf der Landkarte kann er sehen, dass der Atlantik nur ungefähr 200 km von Bethanien entfernt liegt. Allerdings muss man, bevor man das Meer erreicht, die Wüste Namib durchqueren. Schmelen geht das Wagnis ein. Im Mai 1815 reist er gemeinsam mit Kaptein Vleermuis und einigen seiner Leute das erste Mal zur Bucht Angra Pequena. Keiner seiner einheimischen Reisebegleiter ist bisher am Meer gewesen. Auf halbem Weg kehrt Schmelen jedoch mit einem Teil der Reisegesellschaft um, da es zuwenig Wasser gibt. Vleermuis reist weiter und erreicht tatsächlich die Küste. Er trifft dort auf ein Walfangschiff und tauscht einige Zugochsen seines Wagens gegen europäische Waren.

Reise nach Kapstadt und Geburt der Töchter Anna und Hanna

Am 28. November 1815 kann Schemelen in seinem Tagebuch über ein freudiges Ereignis berichten: »Meine Frau wurde von einem weiblichen Kind entbunden.«[504] Es handelt sich um die älteste Schmelen-Tochter Anna. Ein Jahr später muss Schmelen nach Kapstadt reisen, weil, wie er schreibt, »ich beinahe nackend war, und mich schon länger als ein Jahr ohne Hemd, Schuhe, Hut und Rock hatte behelfen müssen«.[505]

Die Fahrt nach Kapstadt muss für Schmelen, nach dem jahrelangen Leben im abgelegenen Groß-Namaland, wie eine Reise in eine andere Welt gewesen sein. Endlich hat er wieder Zugang zu politischen Informationen. Und zu Lebensmitteln, die im Groß-Namaland nicht zu haben sind. »Gebt mir ein Stück Brot, und gebt mir Zeitungen, dass ich wieder weiß, was auf der Welt vor sich geht«, soll er gesagt haben, als er eines Abends auf einer Missionsstation am Weg um ein Nachtlager bittet. »Und als man ihn am anderen Morgen wecken wollte, war das Bett unberührt; der Gast aber saß mit einem Stück Brot in der Hand noch in das Studium der Zeitung vertieft«, weiß eine Schmelen-Anekdote zu berichten.[506]

Nun erfährt er endlich, was in den letzten Jahren im Land seiner Geburt geschehen ist, dass es dort keine französische Besatzung mehr gibt, dass in Europa endlich Frieden herrscht. Und dass man auf dem Friedenskongress im fernen Wien den Sklavenhandel abgeschafft hat (es wird dann allerdings noch ein weiteres Vierteljahrhundert dauern, bis die Sklaverei in Südafrika tatsächlich verboten wird). Und schließlich, dass der Mann, der ihn einst zum Verlassen seines Heimatdorfes gezwungen hat, ihm nunmehr recht nahe gerückt ist. Seit Oktober 1815 ist Napoleon Gefangener auf der Insel St. Helena, mitten im Atlantischen Ozean, gerade mal 2000 Kilometer von Angra Pequena entfernt.

In Kapstadt macht Schmelen die Bekanntschaft des methodistischen Missionars Barnabas Shaw, der soeben aus London eingetroffen ist.[507] Shaw und seine Frau beschließen, den Kollegen in den Norden zu begleiten und sich dort ein Betätigungsfeld zu suchen. Auf dieser Reise begegnen sie einem Kaptein, der für seine Siedlung am Kamiesberg im Klein-Namaland einen Lehrer sucht. Als er erfährt, dass es in Kapstadt zurzeit keine Missionare gibt, besteht er darauf, dass Shaw mit ihm kommen solle. Shaw stimmt zu und lässt sich am Kamiesberg in der Siedlung Lilyfountein nieder.[508]

Missionar Shaw hat später ein Buch über seine Erlebnisse als Missionar geschrieben. Er gehört zu den ganz wenigen Zeitzeugen, die auch Schmelens Ehefrau erwähnen, wenn er sie auch nicht beim Namen nennt. »Herr Schmelen reiste ab Richtung Groß-Namaland«, schreibt er über den Abschied von den beiden. »Die Freundlichkeit dieses deutschen Bruders und seiner trefflichen Frau ist unauslöschlich in unsere Herzen geschrieben, und ihre Abreise ging uns sehr nahe.«[509]

Zara und sicherlich auch die kleine Anna haben Schmelen also auf dieser langen Reise begleitet. Wie mag sich Zara in Kapstadt gefühlt haben, unter all den Weißen? Und auch schon auf der Reise, in den Missionsherbergen? Es kann nicht einfach gewesen sein für die junge Familie, ein gemeinsames Zimmer zu bekommen oder auch nur eine gemeinsame Mahlzeit einzunehmen.

Auf ihrer Rückreise kommen die Schmelens auch durch Steinkopf, wo ja vermutlich Zaras Familie lebt. Dort erfahren sie von Einheimischen, dass es auf dem ganzen Weg nach Bethanien kein Wasser gebe. Sie entscheiden sich, vorerst in Steinkopf zu bleiben. Das erscheint auch deshalb wünschenswert, weil es in der ganzen Region keinen Missionar mehr gibt, seitdem Christian Albrecht 1815 gestorben ist.

Wie ein traditioneller Khoekhoe-Schwiegersohn lebt Schmelen nun mit der Familie seiner Frau zusammen, wenn er ihr auch kein Vieh als Gegenwert für die Arbeitskraft ihrer Tochter übergeben kann. Zara jedoch besitzt vermutlich eine Rinderherde. Die kann sie nun in den ehelichen Haushalt einbringen, was für den Lebensstandard der Schmelens eine große Verbesserung bedeutet haben muss. Vielleicht bekommt sie auch von ihrer Mutter nachträglich zur Hochzeit ein Mattenhaus geschenkt, in dem sie mit Mann und Tochter wohnen kann.

Schmelen setzt zwei Persons of Colour, Engelbrecht und Moddel, als Missionsgehilfen in ihr Amt ein. Beide sind nicht nur »wahrhaftig bekehrt«, sondern sie können auch lesen und schreiben und besitzen »die Gabe, öffentlich zu sprechen, sowohl auf Holländisch wie auch in der Eingeborenen Sprache«.[510] Ein unschätzbarer Vorteil für den Missionar, der das Khokhoegowab noch immer nicht beherrscht.

Außerdem führt Schmelen eine Art Volkszählung durch. Rund 400 Menschen leben damals verstreut eine Tagereise weit rund um Steinkopf. Gemeinsam mit seiner Gemeinde errichtet er eine Kirche und hält dort regelmäßig Gottesdienste ab.[511] Und schließlich versucht er, ein wenig Ackerbau zu treiben. Er sät Mais an und kann eine zufriedenstellende Ernte einfahren. Lauter vielversprechende Entwicklungen. Damals gibt Schmelen dem Ort, der ursprünglich /Kara Khois hieß, den Namen »Steinkopf« – zu Ehren seines einstigen Mentors in London, Karl Friedrich Adolf Steinkopf.

Als ihn nach einiger Zeit die Anweisung der Missionsleitung erreicht, bis auf Weiteres in Steinkopf zu bleiben, wird Schmelen darüber nicht allzu traurig gewesen sein. Auch wenn er immer wieder nach Möglichkeiten sucht, nach Bethanien zurückzukehren. Vor allem Zara ist wahrscheinlich glücklich, dass sie mit ihrer Familie und ihren alten Freunden und Bekannten zusammenleben kann.

Vermutlich, wenn auch nicht sicher belegt, bringt Zara in Steinkopf auch ihr zweites Kind zur Welt: Johanna, meine Ururgroßmutter, Doras Großmutter. Sie wird am 4. August 1817 geboren.[512]

Die Synode

Während sich Zara in Steinkopf von der Geburt ihres zweiten Kindes erholt und ihr Mann in der lange verwaisten Gemeinde allerlei Neuerungen einführt, braut sich in Kapstadt ein veritables Unwetter über der nichts ahnenden Missionarsfamilie zusammen.

Am 15. Dezember 1811 war der umstrittene Missionsdirektor Theodosius van der Kemp gestorben.[513] Bald darauf brach der schon lange schwelende Konflikt zwischen seinen Anhängern und seinen Gegnern offen aus.

Eindeutig zu den Letzteren gehörte der Schotte George Thom. Einige Monate nach dem Tod van der Kemps war er gemeinsam mit Missionsinspektor John Campbell in Kapstadt gelandet. Ursprünglich als Missionar für Indien bestimmt, hatte er beschlossen, stattdessen in der Kapkolonie zu bleiben. Während Campbell sich im Auftrag der Londoner Missionsgesellschaft auf den Weg zu den abgelegenen Missionsstationen machte, blieb Thom in Kapstadt. Als Campbell dann nach Europa zurückkehrte, übernahm Thom, gemeinsam mit Missionar James Read, die Leitung der Londoner Mission in der Kapkolonie.

Dies konnte nicht lange gut gehen. James Read war ein glühender Bewunderer van der Kemps. Gemeinsam hatten sie auf der abgelegenen Missionsstation Bethelsdorp gearbeitet. Gemeinsam hatten sie für die Rechte der Khoekhoe gekämpft und sich bei den Behörden und den anderen Weißen unbeliebt gemacht. Und wie van der Kemp hatte auch Read eine Nicht-Weiße Frau geheiratet. Thom hingegen integriert sich alsbald in die Weiße Kapstädter Oberschicht, heiratet 1814 eine wohlhabende Weiße Südafrikanerin und übernimmt auch die Vorurteile der südafrikanischen Weißen.[514] Insbesondere das regierungskritische Verhalten seines Co-Direktors Read missbilligt er zutiefst, und dessen Ehe mit einer Khoekhoe hält er für einen Beweis des niedrigen zivilisatorischen Niveaus seines Rivalen.[515]

Und es ist ja nicht nur Read, der eine afrikanische Frau geheiratet hat! Thom beginnt, alarmierte Briefe an seine Vorgesetzten zu schicken.

> Drei Missionare haben Hottentottenfrauen, was ihren Charakter in den Augen der [Kap-]städter und in der Tat der ganzen Kolonie erniedrigt. Man darf nicht erwarten, dass die Manieren und die Kleidung einer Hottentottin einem Missionar nützen. Auch kann er sie niemals in irgendeine Familie einführen. Der Nutzen einer solchen Frau für die Sache erscheint [...] klein nach allem, was man in Beth[elsdorp] sehen und hören kann.[516]

Reads Missionsstation Bethelsdorp gilt unter südafrikanischen Weißen als ein Hort der Faulheit und Unordnung.[517]

Als Thom bei den Kapbehörden die Erlaubnis einholen will, außerhalb der Grenzen der Kapkolonie neue Missionsstationen zu gründen, erhält er eine Absage. Der zuständige Regierungsbeauftragte, Colonel Bird[518], zieht die Moral einiger Missionare, unter ihnen auch James Read, in Zweifel. Zudem behauptet er, die Missionsstationen »jenseits der Grenze«, beispielsweise Bethelsdorp, Theopolis und Griquatown, seien schlecht geführt und dem Wohlergehen der Kolonie abträglich.

Der letztere Vorwurf hat vermutlich seinen Grund in der hartnäckigen Weigerung der dort tätigen Missionare, entlaufene afrikanische Landarbeiter und Sklaven an die Behörden auszuliefern. Missionsdirektor Thom sieht sich jedoch in seinen schlimmsten Befürchtungen bestätigt. Dass auf den Missionsstationen außerhalb der Kapkolonie katastrophale Zustände herrschen, hat er schon immer vermutet. »Wie kann es auch anders sein«, fasst er seine Kritik in einem Brief nach London zusammen, »wenn den Hottentotten sowohl in der Religion als auch in der Welt die Gleichheit gepredigt wird.«[519]

Thom beschließt, der Politik der Londoner Mission in der Kapkolonie eine neue Richtung zu geben. Ohne sich mit London abzusprechen, beruft er für den 12. August 1817 eine »Synode« ein, zu der er allerdings lediglich die Missionare aus der Region um Kapstadt einlädt.[520] Bei dieser Synode werden einige wirkliche Missstände angesprochen. Unter anderem werden die Einkommensverhältnisse der Londoner Missionare neu geregelt. Die Missionare im Klein- und Groß-Namaland werden als Zeugen angeführt, dass sie von ihrem Gehalt nicht leben können, sondern gezwungen sind, neben ihrer religiösen Tätigkeit Handel zu betreiben. Man beschließt, die Missionarsgehälter von 245 Rixdollar jährlich auf 600 zu erhöhen, dazu kommen weitere 300 Rixdollar, wenn sich ein Missionar verheiratet, und zusätzliche 120 für jedes Kind.[521] Schmelens Einkommen erhöht sich also von einem Tag auf den anderen auf das Fünffache.[522] Damit kann man auch im abgelegenen und daher teuren Groß-Namaland einen »Weißen« Lebensstandard aufrechterhalten.

Des Weiteren wird auf der Kapstädter Synode die Frage der Sklaverei angeschnitten.[523] Was sollen Missionare tun, denen man Sklaven geschenkt hat oder die mit einer Sklavenhalterin verheiratet sind? Die Forderung steht im Raum, dass ein Missionar alle Sklaven in seinem Besitz freilassen müsse. Dem widersprechen einige Missionare, unter ihnen Thom, dessen eigene Ehefrau Sklaven besitzt und in die Ehe gebracht hat. Man einigt sich schließlich auf den Minimalkonsens, dass kein Missionar Sklaven kaufen oder verkaufen dürfe.

Der Hauptpunkt der Synode ist jedoch die Moral der Missionare, die mit afrikanischen Frauen verheiratet sind. Es sind insgesamt sieben, unter ihnen auch der Schwarze Missionar William

Corner, der damals mit Schmelen aus London ausgereist war. Nicht die Hautfarbe ihrer Ehefrauen wird ihnen vorgehalten. Der Anfangsverdacht gegen sie lautet »Unmoral«. Sämtliche Beschuldigten sind nicht anwesend auf der Synode.

Der »Fall von Mr. Schmelen«

Am 17. August 1817 wird der »Fall von Mr. Schmelen« verhandelt.[524] Man wirft ihm vor, dass er sich auf einer Reise an die Mündung des Orange River »selbst verheiratet« habe. Als »Beweis« wird angeführt, dass er selbst dies mehreren Personen berichtet habe. Missionsdirektor Thom sagt aus, Schmelen habe ihm, als er in Kapstadt gewesen sei, erzählt, dass er auf besagter Reise beschlossen habe, »seine eigene Haushälterin zu heiraten, um einen schlechten Eindruck zu vermeiden, da er [...] nur mit einem Wagen gereist sei. Und dass er davor keine illegitime Beziehung zu ihr gehabt habe.«[525] Er habe damals seine Leute zusammengerufen, in ihrer Gegenwart die niederländischen Formeln der Eheschließung verlesen und sie so zu Zeugen gemacht, dass diese Frau nunmehr mit ihm verheiratet sei. Er habe »zugegeben, dass er unklug gehandelt habe. Er habe aber keine Sünde begangen«. Missionar Marquard berichtet noch, zu ihm habe Schmelen gesagt, dass er zuvor mit keiner anderen Person verheiratet gewesen sei. Und dass die Bibel schließlich keine spezielle Form des Heiratens vorschreibe.

Schmelen wird schließlich vom Verdacht der Unmoral freigesprochen. Man belässt es bei einem scharfen Brief seines Vorgesetzten, der ausdrücklich »die große Unklugheit und Regelwidrigkeit seines Verhaltens« missbilligt.[526] Auf diese Rüge reagiert Schmelen dann mit dem bereits bekannten Antwortbrief. Auch sein Kollege Wimmer, der ebenfalls der Unmoral verdächtigt wurde, bleibt im Dienst. Er kann nachweisen, dass er versucht hat, seine Ehe mit einer Khoekhoe behördlich zu legitimieren, dass ihm aber die dazu notwendigen Papiere verweigert wurden.[527] James Read und einige andere Missionare müssen allerdings bekennen, dass sie tatsächlich »in Sünde gefallen« seien und unverheiratet mit einer Frau zusammenlebten. Sie werden – zumindest zeitweilig – aus dem Missionsdienst entfernt.

George Thoms Intermezzo als Missionar ist nur von kurzer Dauer. 1818 wird er Pfarrer an einer niederländischen Kirche in Caledon und verschwindet damit aus den Akten der Londoner Missionsgesellschaft. Im selben Jahr kommt Missionsinspektor Campbell ein zweites Mal in die Kapkolonie, begleitet von seinem Kollegen John Philip.

Philip bleibt in der Kapkolonie und übernimmt nun für viele Jahre das Amt des Direktors des südafrikanischen Zweiges der Londoner Missionsgesellschaft. Er ist ein kämpferischer Verfechter der Rechte der Khoekhoe und der anderen »Free Persons of Colour« in der Kapkolonie. 1828 veröffentlicht er sein Werk *Researches in South Africa*, in dem er über deren rechtlose Situation und die inhumane Behandlung durch die Weißen Siedler berichtet. Dieses Buch löst in England einen Sturm der Empörung aus. Der öffentliche Druck, der durch seinen Bericht entsteht, ist der Anlass, dass am 17. Juli 1828 auf Drängen des englischen Mutterlandes die Kolonialbehörden die berühmte »Ordinance No 50« verabschieden. In diesem Erlass wird festgestellt, dass die Khoekhoe und andere »Freie Farbige« rechtmäßige Bewohner der Kapkolonie sind, die den Schutz der Behörden verdienen, Passzwang und Lehrlingssystem werden für diesen Personenkreis abgeschafft und Grundbesitz gestattet. In den abgelegenen Gegenden weitab von Kapstadt lässt sich dieses neue Gesetz jedoch nie durchsetzen. Und einige Jahre später, 1841, wird es durch die »Masters and Servants Ordinance" ersetzt, die die meisten Rechte für die Khoekhoe wieder aufhebt.

John Philip ist ein großer Bewunderer van der Kemps. Aber in einem Punkt übt er Kritik an seinem Vorgänger:

> Während der ersten Jahre seines Aufenthalts in Südafrika kaufte [van der Kemp] aus seinem eigenen Privatvermögen sieben Sklaven frei und heiratete eine von ihnen. [...] Bei diesem Beispiel muss seine Mildtätigkeit mehr bewundert werden als seine Kenntnis der menschlichen Natur. Und er lebte, seine Fehler zu erkennen und zu bedauern. Hier möchte ich anmerken, dass aus der Biegsamkeit des menschlichen Gemütes, sich leicht an seine Verhältnisse anzupassen, eine der größten Gefahren erwächst, denen Missionare unter unzivilisierten Stämmen entgegentreten müssen; und sie brauchen alle Hilfe, die sie aus der Gesellschaft kultivierter Frauen bekommen können, um ungebrochen die Gewohnheiten zu bewahren, die sie früher im Verkehr des zivilisierten Lebens angenommen haben.

Zur Illustration dieser Gefahr fügt Philip dann noch eine Fußnote hinzu:

> Einige Missionare haben mir berichtet, dass sie, nachdem sie mehrere Jahre unter wilden Stämmen gelebt hatten, bei ihrer Rückkehr in die Kolonie des Kaps der Guten Hoffnung die Etikette der Gesellschaft als große Bürde für sich empfanden. So war es für sie oft eine Erleichterung, sich aus der Gesellschaft zu schleichen, um sich zurückzuziehen in die Freiheit, an die sie gewöhnt waren, unter die Eingeborenen, die sie begleiteten und die auf ihre Wagen aufpassten.[528]

Ob er dabei auch an den Missionar Schmelen dachte?

Philip hält Eheschließungen zwischen afrikanischen Frauen und europäischen Missionaren also nicht für wünschenswert. Doch er verbietet sie auch nicht. Und so meldet Missionar Wimmer 1824 nach London, dass er sich an einem neuen Platz in der Nähe von Silverfontein niederlassen und sich nach dem Tod seiner ersten Frau wieder verheiraten wolle: »Dieser Platz gehört dem Baster David Gert Buikes. [...] Vor zwei Wochen habe ich eine Beziehung mit Margaretha Buikes befestigt, einer Tochter von David Gert Buikes, einem der neuen Bekehrten. Um mit ihr getraut zu werden, werde ich sie mit nach Kapstadt bringen, um dort zu heiraten. Ich hoffe durch Pfarrer Dr. John Philip.«[529]

Jager Afrikaaner macht seinen Frieden mit den Kapbehörden

Bald nach der Kapstädter Synode, im Dezember 1817, besuchen die Missionare Robert Moffat und das Ehepaar Kitchingman die Schmelens in Steinkopf. Wenig später kommen dort auch mehrere Bethanier an. Sie bitten Schmelen, zurückzukommen, und berichten, in Bethanien fänden auch in seiner Abwesenheit weiterhin regelmäßig gut besuchte Gottesdienste statt. Daraufhin beschließt Schmelen, endlich ins Groß-Namaland zurückzukehren. Sein Nachfolger in Steinkopf wird der Missionar Kitchingman.

Der ehrgeizige Robert Moffat hingegen wird zu Jager Afrikaaner gesandt.[530]

Kurz zuvor hatte Ebner die Afrikaaner im Streit verlassen. Dem üblichen Missionsbrauch folgend, hatte er stets nur an die Getauften Waffen oder Munition ausgehändigt, sehr zum Ärger des Kapteins. Zudem war Jager Afrikaaner enttäuscht von Ebners sprachlichen Fähigkeiten. Er hatte seinen Plan, mit der Kapkolonie Handel zu treiben, keineswegs aufgegeben und war daher daran interessiert, dass seine Gefolgsleute Englisch lernten. Ebner beherrschte diese Sprache jedoch nur rudimentär, wie man sehr gut in seinen Briefen an die Londoner Missionsgesellschaft nachlesen kann.[531] Jager Afrikaaner – der Name Christian hat sich nie durchgesetzt – hatte daher verlangt, man möge ihm einen Missionar schicken, welcher der englischen Sprache wirklich mächtig sei.[532] Gleichzeitig hatte Titus, der ungetaufte Bruder des Kapteins, den eingeschüchterten Ebner so massiv bedroht, dass dieser schließlich dem gar nicht mehr friedlichen »Friedensberg« endgültig den Rücken kehrte.

Mit dem neuen, intelligenten und perfekt Englisch sprechenden Missionar entwickelt sich Jager Afrikaaner nun zu einem eifrigen Missionsschüler. »Zum Lesen, das er nicht sehr gut konnte, erschien er mit dem Fleiß und der Energie eines jugendlichen Gläubigen. Das Neue Testament wurde sein ständiger Begleiter, und der Nutzen, den er daraus zog, war für alle sichtbar«[533], schreibt Moffat. Und das nicht nur in religiösen Dingen. »Er unterstützte eifrig meine Bemühungen, die Reinlichkeit und den Fleiß der Leute zu verbessern, und es war sicher ein amüsanter Anblick, wie Christian Afrikaaner und ich ungefähr 120 Schulkinder überwachten, wie sie sich an der Quelle wuschen.«[534]

Doch kaum hat sich Moffat ein wenig eingerichtet in Afrikaaners Kraal, da erklärt ihm der Kaptein, er wolle mit seiner Gemeinschaft einen neuen Platz suchen in der Nähe der Ansiedlung Griquatown, wo bereits einige Angehörige seines Clans lebten. Er betont dabei, dass er ohne den Missionar nirgendwohin gehen werde.

Diese Bemerkung zeigt nicht nur Afrikaaners Interesse an christlicher Religion und europäischer Bildung, sie ist auch ein Hinweis darauf, dass den Afrikaanern allmählich das Pulver knapp wird. Dies macht sie angreifbar für die Rache ihrer früheren Opfer:

»Sie bekennen, dass sie einen starken Wunsch nach einem Missionar haben«, so Moffats Kommentar, »aber nur, um sich Gewehre und Pulver zu beschaffen, und sie sehen, dass die, die auf Missionsstationen leben, eine bessere Gelegenheit haben, sich diese Dinge zu beschaffen, als die, die keinen Missionar haben.«[535]

Noch immer freilich wird Jager Afrikaaner von der Kapregierung als Outlaw betrachtet, auf dessen Kopf 1000 Rixdollar ausgeschrieben sind. Moffat erinnert sich später:

> Einmal hatte ich eine interessante Unterhaltung mit Afrikaaner über den Zustand und die Aussicht der Mission und die Tatsache, dass nicht nur der Zustand des Landes und das Klima, sondern auch der fehlende Verkehr mit der Kapkolonie ein Hindernis für die Zivilisation darstellen. Da schoss mir die Idee durch den Kopf, dass Afrikaaner gut daran tun würde, mich nach Kapstadt zu begleiten. Und sofort machte ich den Vorschlag. Der gute Mann schaute mich wieder und wieder an und fragte feierlich, ob das mein Ernst sei, und es schien, als ob er gern gefragt hätte, ob ich denn noch ganz bei Verstand sei. Er fügte in großer Erregung hinzu: Ich hatte gedacht, Sie lieben mich, und nun wollen Sie mir wirklich raten, zur Regierung zu gehen, um aufgehängt zu werden als ein öffentliches Schauspiel der Gerechtigkeit! Und indem er seine Hand auf seinen Kopf legte, sagte er: Wissen Sie nicht, dass ich ein Gesetzloser bin und dass tausend Rixdollar auf diesen armen Kopf ausgesetzt sind?[536]

Auch die anderen Mitglieder des Afrikaaner-Clans sind entsetzt. »Während drei Tagen war dieses Thema Gegenstand der öffentlichen Diskussion, und mehr als einer kam zu mir mit ernstem Blick und fragte mich, ob ich Afrikaaner geraten hätte, zum Kap zu gehen.«[537]

Doch schließlich lässt sich der Kaptein überzeugen und begleitet den Missionar auf seiner Reise – auf die Gefahr hin, festgenommen und hingerichtet zu werden. Er nimmt sogar seinen Sohn Jonker mit, den er zu seinem künftigen Nachfolger bestimmt hat.

Und das Wagnis geht gut aus. »Als wir in Kapstadt ankamen«, schreibt Moffat, »suchte ich seine Exzellenz, den Gouverneur Lord Charles Somerset, auf.[538] Der, so hatte es den Anschein, nahm meine Aussage, dass ich den weitberühmten Afrikaaner zu einem Besuch bei seiner Exzellenz mitgebracht hätte, mit beträchtlicher Skepsis auf.« Aber wohl auch mit Neugierde, denn bereits am nächsten Tag empfängt der Gouverneur den Kaptein »mit großer Leutseligkeit und Freundlichkeit«.

Jager Afrikaaners Auftritt an der Seite seines Missionars erweist sich als überwältigender Erfolg – sowohl für den Kaptein als auch für die Mission. »Seine Exzellenz war offensichtlich sehr beeindruckt von diesem Ergebnis missionarischer Unternehmung, an deren Nutzen er zuweilen gezweifelt hatte«, schreibt Moffat triumphierend. Er beschenkt den ehemaligen Räuberhauptmann nicht nur »mit einem ausgezeichneten Wagen im Wert von achtzig Pfund Sterling«[539], sondern lässt ihm auch einen Pass ausstellen, mit dem dieser sich jederzeit frei in der Kapkolonie bewegen kann. Damit steht Afrikaaners Elfenbeinhandel nichts mehr im Wege.

Bei den Kapstädtern und Kapstädterinnen erregt der Auftritt des Khoekhoe-Kapteins, über den sie seit mehr als zwanzig Jahren Schauergeschichten gehört haben, »beträchtliches Aufsehen«, so Moffat. »Viele waren beeindruckt von der unerwarteten Milde und Sanftheit seines Benehmens, andere von seiner Frömmigkeit und genauen Bibelkenntnis. Sein Neues Testament war ein interessanter Gegenstand der Aufmerksamkeit – es war vollständig abgegriffen durch den Gebrauch.«[540]

Nach ihrem Aufenthalt in Kapstadt müssen Jager Afrikaaner und seine Begleiter ohne ihren Missionar nach Hause zurückkehren. Denn der begleitet Missionsinspektor Campbell auf dessen zweiter Reise durch das südliche Afrika. Erst ein Jahr später, 1820, sehen ihn die Afrikaaner wieder. Da leben sie bereits in Latakoo, das man heute Kuruman nennt, im Northern Cape/Südafrika. Die Zeit ohne Missionar, so Moffat, habe Jager Afrikaaner »damit verbracht, abwechselnd mit seinen Brüdern David und Jacobus die Gottesdienste abzuhalten und in der Schule auf der Missionsstation zu unterrichten, während ich auf Reisen war mit der Deputation«.[541]

Doch der alte Jager Afrikaaner wird in der neuen Umgebung nicht mehr heimisch. Nachdem er das Amt des Kapteins an seinen Sohn Jonker weitergegeben hat, kehrt er ins Groß-Namaland zurück. 1823 stirbt er an seinem alten Platz Afrikaaners Kraal.

Konflikte und die Vertreibung der Schmelens

Unterdessen kehrt die Familie Schmelen im Verlauf des Jahres 1818 wieder nach Bethanien zurück. Dort schreibt Schmelen seinen Rechtfertigungsbrief bezüglich seiner Heirat nach London, der mit den trotzigen Worten endet: »Ich werde weiterhin Missionar bleiben.« Und wie zur Bestätigung dieses Beschlusses beginnt er im Januar 1819, für sich und seine Familie ein dauerhaftes Haus in europäischem Stil zu erbauen, aus flachen Steinplatten, die er zu Wänden aufschichtet.

Das Interesse der Nama an der neuen Lehre ist nach wie vor ungebrochen. Eines Tages wird Schmelen von den Kapteins Tsawoep, Nanimaap Tsawoep, Tsauggamaap und Tsaumap, begleitet von einem Gefolge von zwanzig Mann, in Bethanien aufgesucht. Alle drei äußern den Wunsch, »unterrichtet« zu werden. Um dies zu ermöglichen, versprechen sie, in die Nähe der Missionsstation zu ziehen.

Doch es gibt auch Konflikte. Beispielsweise mit Moses Vleermuis, einem Sohn des Kapteins Piet Vleermuis. Der interpretiert die christliche Lehre von der Sündenvergebung auf seine eigene Weise. »Die Prinzipien seiner Doktrin sind«, schreibt Schmelen empört nach London: »Wir können tun, was immer wir wollen, und leben, wie wir es wünschen. Wenn wir hinterher nur beten, wird Gott uns wieder vergeben.«[542]

Moses Vleermuis tut sich mit einigen jungen Männern aus Bethanien zusammen und bricht mit ihnen gemeinsam zur Küste auf. Sie hoffen, dort auf ankernde Schiffe zu treffen, mit denen sie Handel treiben wollen. Auf dem Weg überfallen sie eine Nama-Ansiedlung und rauben eine Menge Rinder und Schafe. Dann kehren sie mit ihrer Beute bis in die Nähe von Bethanien zurück, um dort in aller Öffentlichkeit einige geraubte Rinder zu schlachten und gemeinsam zu verspeisen.

Dies ist eine Kampfansage an den Missionar, der den Viehraub untersagt hat. Schmelen wendet sich an Moses' Vater Piet und verlangt von ihm, diesem Treiben ein Ende zu setzen. Doch der alte Vleermuis weigert sich. Daraufhin beauftragt der Missionar kurzerhand seine eigenen Angestellten, die fraglichen Rinder den jungen Leuten wegzunehmen und zu ihren rechtmäßigen Besitzern zurückzutreiben. Kurz darauf verlässt die ganze Familie Vleermuis die Missionsstation. Wenig später überfallen sie wiederholt Bethanien, töten mehrere Bewohner, rauben eine Menge Vieh und ziehen mit ihrer Beute in die Nähe von Afrikaaners Kraal.

Schmelen ist nun in einer schwierigen Lage. Moralisch hat er keinen Einfluss mehr auf die Familie Vleermuis, und zur Rückgabe des Viehs zwingen kann er sie auch nicht. An die Stelle der einstigen Begeisterung für den Missionar und seine Religion tritt nun bei einigen Bethanier*innen offene Feindseligkeit. Es ist der alte Streitpunkt: »Die grundsätzliche Feindschaft, die sie gegen mich hegen«, so Schmelen in einem Bericht nach London, »beruht darauf, dass ich ihnen kein Pulver und Blei geben kann. Da ich selten nach Kapstadt reise, kann ich nur meine eigenen Leute, die auf mein Vieh und auf meine Schafe aufpassen, damit versorgen. Die, die ich nicht beschäftige, kann und will ich nicht unterstützen, weder damit noch mit irgendetwas anderem.«[543]

Entmutigt fügt er hinzu: »Bezüglich geistlicher Dinge kann ich nicht viel sagen. Es ist dunkle Jahreszeit für Namaland. […] Ihre

Ohren sind verstopft, und ihre Herzen sind verhärtet, sodass sie mich nicht mehr so gut verstehen wie vorher.«[544]

Mehr Erfolg haben unterdessen Schmelens einheimische Hilfsmissionare. Sie wagen sich ins Innere von Groß-Namaland. Bei ihrer Rückkehr berichten sie über »ein allgemeines Verlangen nach göttlichen Dingen unter allen, die sie antrafen«.[545]

Irgendwann in diesem schwierigen Jahr 1819 kommt die jüngste Schmelen-Tochter Friederika zur Welt. Dieses Ereignis wird in Schmelens Tagebüchern nicht erwähnt, man kann es lediglich aus der »jährlichen Statistik« schließen, die er 1829 für die LMS ausfüllt.[546]

Im Juni 1819 sendet Schmelen einige seiner Angestellten aus, um ein weiteres Mal einen Zugang zum Meer zu erkunden und herauszufinden, ob man in der Nähe eines natürlichen Hafens, beispielsweise an der Bucht Angra Pequena, eine Missionsstation errichten kann. Er gibt seinen Leuten einen Brief mit für den Fall, dass sie dort ein Schiff vorfinden. Tatsächlich erreichen sie Angra Pequena unter großen Mühen und treffen sogar ein ankerndes Walfangschiff an. Dessen Kapitän Barker tauscht mit ihnen einige Güter und gibt ihnen einige Flaschen Wein und Bier sowie einen kleinen Sack Zwieback mit, als Geschenk an ihren Missionar. Die Männer verabreden mit der Besatzung, im nächsten Jahr wiederzukommen. Im August kehren sie nach Bethanien zurück. Durch ihre Berichte ermutigt, bricht nun auch Schmelen mit seiner Familie auf, in der Hoffnung, den Segler noch anzutreffen. Aber der ist bereits wieder auf hoher See.[547]

Im März 1820 sucht Schmelen gemeinsam mit seinem Dolmetscher Karrasip die Kapteins Tsauggamap, Tsaumap und Nanimap Tsawoep am Fish River auf. Dort erreicht ihn die Botschaft eines weiteren Kapteins, Gammap Tsawoep. Dieser lässt ihm ausrichten, der Missionar möge seinen Übersetzer schicken. Der solle sein Gebiet erkunden, um einen für eine Missionsstation geeigneten Platz zu finden.

Zu dieser Zeit sind im Klein-Namaland wieder mehrere Missionare tätig: in Lilyfountain die Missionare Archbell und Shaw, die der Wesleyan Methodist Missionary Society angehören, so benannt nach ihrem Vorbild John Wesley. Und in Steinkopf besagter Missionar Kitchingman, wie Schmelen Mitarbeiter der Londoner Missionsgesellschaft.

Im Mai 1820 besuchen die Shaws und die Kitchingmans die Familie Schmelen in Bethanien. Während die Frauen auf der Missionsstation bleiben, nehmen die drei Missionare die Gelegenheit wahr, eine weitere Expedition an den Fish River zu unternehmen. Nach einer wochenlangen Reise treffen sie auf die Kapteins, die sich einen Missionar gewünscht haben. Dabei sprechen sie souverän untereinander ab, wer wen übernehmen wird. Diese Unterredung wird wörtlich von Missionar Kitchingman festgehalten: »Gammap: Ich werde Shaw zum Lehrer nehmen. – Tsaumap: Ich werde Kitchingman zu meinem nehmen, damit ist dies erledigt.«[548] Doch die beiden Auserwählten erklären, sie könnten nicht bleiben. Sie versprechen aber, den bekehrungswilligen Kapteins andere Missionare zu schicken.

Ende Mai 1820 kehren die Missionare erschöpft und ausgehungert zurück nach Bethanien. Dieser Tatsache ist es zu verdanken, dass auch Zara Schmelen wieder erwähnt wird. Missionar Shaw schreibt: »Schwester Schmelen hatte reichlich für unsere Ankunft vorgesorgt, und wir genossen ihre Großzügigkeit mit Dankbarkeit.«[549]

Zu dieser Zeit beherrscht eine Dürreperiode das Groß-Namaland. Viele Bethanier*innen müssen ihre nomadische Lebensweise wieder aufnehmen. Einige statistische Angaben verdeutlichen den Niedergang der einst mit so großem Enthusiasmus aufgebauten Missionsstation Bethanien. Noch 1815 hatte Schmelen dort 100 Hütten der Khauas und !Aman gezählt, außerdem noch 150 Hütten der Veldskoendraers sowie einige »Damara«. Während der folgenden Jahre klagt er beständig darüber, dass

Mitglieder seiner Gemeinde mit ihren Familien wegziehen müssten.[550] Schließlich vermeldet er 1821 in seinem Tagebuch, dass nur noch 15 Haushalte in Bethanien übrig geblieben seien und lediglich 20 Kinder die Schule besuchten. »Beinahe alle Leute, die zu uns gehören, sind dahin gezogen, wo Regen fiel, um von der Milch ihrer Kühe und Ziegen zu leben.«[551]

Hinzu kommt, dass sich auch nach dem Wegzug der Familie Vleermuis die Spannungen zwischen dem Missionar und seiner Gemeinde keineswegs gelegt haben. Immer wieder vermerkt Schmelen in seinem Tagebuch, dass nur noch wenige Bethanier seine Gottesdienste besuchten und sie davon nicht mehr so stark beeindruckt seien wie früher.

Der langsame Zerfall seiner Gemeinde löst bei Schmelen eine tiefe persönliche Krise aus. Wiederholt schreibt er in sein Tagebuch, er sei sehr niedergeschlagen und trage sich mit Todesgedanken. Zu seiner Gemeinde verhält er sich schroff und ungeduldig. »Ich ermahnte sie wegen ihrer Dummheit, wie es möglich sei, dass die Prinzipien unserer Religion, die ihrem Geist über Jahre hinweg eingeprägt worden seien, ihnen erschienen, als ob sie sie niemals gehört hätten«, wirft er den verbliebenen Gläubigen vor – und trägt dadurch sicher nicht zum Abbau der gegenseitigen Spannungen bei.[552]

Doch es gibt auch Lichtblicke in dieser schwierigen Zeit. 1821 bringt Zara Schmelen einen Sohn zur Welt: Nicolaas. Auch die Geburt dieses Kindes erwähnt Schmelen weder in seinen Tagebüchern noch in seinen Briefen nach London. Dies ist umso verwunderlicher, als er sicherlich in diesem Sohn einen künftigen Nachfolger und Bewahrer seines Werkes sieht. Manche Tagebücher sind wohl verloren gegangen. In einem Brief schreibt Schmelen beispielsweise, sein ehemaliger Unterstützer und späterer Widersacher Kaptein Vleermuis habe Briefe von ihm abgefangen und verbrannt.[553]

Erhalten ist hingegen ein Tagebuch, in dem Schmelen über

seine fünfjährige Tochter Hanna berichtet: »Mein armes Kind Hanna hat einen entzündeten Finger, von dem wir fürchten, dass er amputiert werden muss.« Das Amputieren des kleinen Fingers ist damals eine weitverbreitete Heilmethode der Khoekhoe. »Mein Herz schrie zum Herrn um Beistand«, so der besorgte Vater. »Mutter und Kind waren einverstanden, dass er abgenommen werden sollte, aber ich konnte nicht meine Zustimmung dazu erteilen.«[554] Und so bleiben der kleinen Hanna alle zehn Finger erhalten.

1821 besuchen Missionar Archbell und seine Frau Bethanien. Auch diesmal überredet Schmelen seinen Kollegen, mit ihm nach Angra Pequena zu reisen, wo sie Waren eintauschen wollen. Es ist eine der seltenen Gelegenheiten, bei denen er seine Familie in seinem Tagebuch erwähnt:

> Meine Absicht war, dass meine Frau und Kinder zu Hause bleiben sollten, aber das Land rund um uns ist in solcher Unruhe, dass sie sich fürchtete, während unserer Abwesenheit [allein] auf dem Platz zu bleiben. Bruder A[rchbell] und ich beschlossen daher, unser Haus abzuschließen, und dass sie mit uns gehen sollte.[555]

Die Reise kommt jedoch nicht zustande, da auf dem Weg kein Wasser zu finden ist. So muss die Reisegesellschaft nach kurzer Zeit wieder umkehren.

Wie berechtigt Zara Schmelens Befürchtungen sind, wird ein Jahr später deutlich. Als sich ihr Mann ein weiteres Mal auf einer Reise nach Angra Pequena befindet, kommt es zu einem ernsthaften Zusammenstoß zwischen ihr und dem Kaptein Jantje Kaggap.

Jantje Kaggap ist ein Kaptein der !Kharakhoen oder Franzman People. Es handelt sich bei ihm um einen von Schmelens Missionsassistenten, der auch schon bei Seidenfaden und den Albrechts eine wichtige Rolle spielte.[556] In Bethanien hat er die Schmelen'sche Schafherde in seiner Obhut. Als Schmelen jedoch den Eindruck gewinnt, dass aus seiner Herde immer wieder

Schafe verschwinden, entzieht er Kaggap das Hirtenamt, um die Herde von seinen eigenen Leuten bewachen zu lassen. Kaptein Kaggap fasst dies vermutlich als schwerwiegende Beleidigung auf. Zudem bedeutet diese Maßnahme, dass der Missionar ihn in Zukunft nicht mehr mit Gewehren und Munition ausrüsten wird. Schmelen schreibt nach London:

> Als ich mein Heim verließ, war alles noch friedlich. Ich ließ meine Frau, meine Kinder und eine Magd zu Hause. Am selben Tag, an dem ich ging, kam abends ein Knecht von Jantje Kaggap, genannt King Kwap, und klopfte an meine Tür und Fenster, als ob er hereinkommen wollte. Da sie Angst hatten, aufzumachen, fragten sie zuerst, wer er sei, bekamen aber keine Antwort, und öffneten daher nicht.[557]

Bald darauf kann die verängstigte Familie hören, wie im Viehkraal neben dem Haus die Schafe blöken. Am nächsten Morgen finden sie acht Schafe, deren Beine gebrochen sind. Zara sagt nichts dazu, sondern weist lediglich ihre Leute an, die verletzten Schafe zu schlachten.

Doch damit ist diese Angelegenheit noch nicht ausgestanden. Als der neue Hirte der Schmelens die restliche Herde auf die Weide treibt, entdeckt er einen Mann, der bereits zwei weiteren Schafen die Beine gebrochen hat. Er verfolgt ihn und erkennt den Knecht des Kapteins Kaggap, King Kwap, der einen großen Stein fallen lässt und wegläuft. Der Hirte nimmt den Stein und bringt ihn Zara als Beweisstück. In der folgenden Nacht werden erneut 13 Schafen die Beine gebrochen. Wieder hört man drinnen im Haus das Blöken der Tiere. Am nächsten Nachmittag kommt King Kwap zum Missionshaus und gibt auf die eindringlichen Fragen der Missionarin zu, dass er es gewesen sei, der den Schafen die Beine gebrochen habe. Sein Herr habe ihm dies befohlen.

Dieses Geständnis seines Knechts in aller Öffentlichkeit bedeutet einen weiteren Gesichtsverlust für Kaptein Kaggap. Es entspinnt sich ein Streit mit dessen Frau und Zara Schmelen, der sogar in tätliche Angriffen gegen die Missionarsfrau ausartet – was es zuvor noch nie gegeben hatte. Glücklicherweise mischen sich einige Bethanier*innen ein, holen die Bedrohte aus dem Tumult heraus und bringen sie in ihr Haus.

Am nächsten Tag kehren die Missionare von ihrer Reise zurück. Sobald er erfährt, was in seiner Abwesenheit geschehen ist, reitet Schmelen wutentbrannt zu Kaggap und stellt ihn öffentlich zur Rede: Da der Kaptein schuld sei am Verlust von 21 seiner Schafe, werde er ihm nun ebenso viele aus der Herde des Kapteins wegnehmen! Was er auch tut.

Diese Aktion führt zu einer weiteren Eskalation der Situation. Auch Schmelens wiederholtes gereiztes Nachfragen, warum Kaggap sich an seinen Schafen vergriffen habe, und seine Forderung, Kaggaps Knecht King Kwap solle sein Geständnis öffenlich wiederholen, trägt nicht gerade zur Entspannung der Atmosphäre bei. In die Enge getrieben, erschießt der Kaptein seinen Knecht, bevor dieser eine Aussage machen kann. Dann greifen Kaggaps Leute auch den Missionar selbst an, auch das ein Novum.

> Als sie sahen, dass ich entschlossen war, die Schafe nicht zurückzugeben, begannen sie, Steine und Stöcke zu werfen auf mich und auf die Leute, die an meiner Seite waren. Danach rannte jeder, sein Gewehr zu holen, und sie feuerten aufeinander. Den folgenden Tag kamen zwei Frauen und baten um Verzeihung und Frieden. Ich sagte ihnen, dass beides gewährt würde, wenn sie ihre Gewehre bei uns ablieferten, was sie nicht taten.[558]

Daraufhin spalten sich die Bethanier*innen auf in Parteigänger*innen des Kapteins und solche des Missionars, wobei Letztere nicht davor zurückschrecken, nun ihrerseits auf Viehraub auszugehen.

Diejenigen von ihnen, die auf meiner Seite waren, griffen am folgenden Tag [Kaggaps Anhänger] an. Ein Mann ist auf unserer Seite gefallen und einer auf ihrer, und einer wurde verwundet. Als sie zurückkamen, brachten sie eine Anzahl von Rindern und Schafen mit, die sie aufgeteilt haben. Sie wollten einige davon mir geben, aber ich wollte sie nicht haben.

Schließlich willigt die Partei des Kapteins ein, »ihre Gewehre an uns auszuliefern«.[559] Damit ist bis auf Weiteres der Friede wiederhergestellt.

Nach diesem Vorfall will sich Schmelen nicht mehr auf das Wohlwollen seiner Gemeinde verlassen. Er zieht mit seiner Familie von Bethanien weg und beschließt, die Behörden in Kapstadt zu Hilfe zu rufen.

Meine Absicht ist, dass einige dieser Gewehre an sie zurückgegeben werden sollten. Wenn ich mich nicht irre, sind es 19 an der Zahl. Bruder Archbell und ich haben ein Gesuch an die Regierung gerichtet, dass sie sich dieser auswärtigen Angelegenheiten annehmen möchten. Wenn sie uns helfen, werde ich sie in ihre Hand ausliefern, und sie mögen mit ihnen tun, wie es ihnen beliebt.[560]

Es geht aus dem Text nicht hervor, ob der Missionar die Gewehre oder seine rebellischen Gemeindeglieder an die Behörden ausliefern will.

Gegen Ende seines Briefes zieht Schmelen eine bittere Bilanz mit Blick auf seine so hoffnungsvoll begonnene Arbeit auf der Missionsstation Bethanien.

Meine Absicht ist, nicht so bald nach Bethanien zurückzukehren, sondern ich will einige Zeit an der Mündung des Orange River bleiben. Ich glaube, es ist gut für sie, derzeit ohne das Evangelium zu bleiben. Ich habe sie fast auf meinen Knien angefleht, dass sie zur Kirche kommen sollen, aber sie wollten nicht. Ich habe diese letzten drei Jahre nur wenige Hörer gehabt, und die, die kamen, waren ganz gleichgültig gegenüber dem Evangelium. Einige wollten lieber, dass ich sie verlassen solle. Sie haben wieder ein Verlangen, in ihren früheren Heiden-Sitten fortzufahren, und wenn ich dagegen sprach, entweder privat oder öffentlich, wollten sie es nicht hören. Dennoch hätte ich sie nicht verlassen, aber ich wurde wirklich durch Verfolgung gewaltsam vertrieben und durch die Trockenheit.[561]

Seinen nächsten Brief nach London schreibt Schmelen 1823 aus Kamiesberg, der Missionsstation seines Freundes Barnabas Shaw. In diesem Brief berichtet er, dass die beiden Kapteins Tsaumap und Tsaugamap mittlerweile in Bethanien lebten. Und dass sie ihn aufgefordert hätten, zurückzukommen, da inzwischen wieder Friede herrsche. Aber er weigere sich. »Diese Mission ist schwieriger, als jede andere«, schreibt er, »und das liegt an Angra Pequena, denn ich bin dagegen, dass jemand von ihnen die Freiheit haben soll, dort Pulver zu bekommen, bevor ich dem zustimme.«[562]

Mit Schmelens tatkräftiger Unterstützung haben die Bethanier einen Zugang zur Küste gefunden. Nun können sie bei den Walfangschiffen, die regelmäßig in Angra Pequena vor Anker gehen, jederzeit Waffen und Munition gegen Vieh eintauschen, während sie vorher auf das angewiesen waren, was der Missionar ihnen aus seinen eigenen Beständen überließ. So besteht neuerdings immer die Gefahr, dass ein Streit um ein paar Schafe in eine Schießerei ausartet und mehrere Todesopfer fordert.

Zu dieser Zeit glaubt der Missionar noch, irgendwann den aufgebrachten Kaptein Kaggap versöhnen zu können: »Die Gewehre von Chief Kaggaps Leuten werde ich ihnen zurückgeben, wenn auch nicht sofort, und dabei werde ich auch Gelegenheit haben, mit ihnen zu sprechen.«[563] Aber hier irrt sich Schmelen.

»Jeden Satz, den ich übersetze, muss sie überarbeiten«: Die erstmalige schriftliche Erfassung des Khoekhoegowab

Nach den Aufregungen in Bethanien findet das Ehepaar Schmelen in Kamiesberg Zeit und Muse, ein Projekt ernstlich in Angriff zu nehmen, das es bereits in Bethanien begonnen hatte: Die Übersetzung der vier Evangelien des Neuen Testaments aus dem Niederländischen ins Khoekhoegowab. Dies ist ein mutiges Unterfangen, bei dem sie auf keinerlei Vorarbeit zurückgreifen können. Bis zu diesem Zeitpunkt hatte sich noch niemand wirklich mit der Struktur dieser Sprache auseinandergesetzt. Es gibt weder eine Grammatik noch ein Wörterbuch, lediglich einige unsystematische Vokabelsammlungen, die verschiedene Reiseschriftsteller zusammengetragen haben.

Die Folge davon ist, dass die europäischen Missionare damals vollkommen abhängig von ihren Übersetzern sind. So klagt beispielsweise der Missionar Carl Hugo Hahn:

> Durch die Unkenntnis der Sprache bleibt der Missionar ein Fremdling unter dem Volke, und bei dem geringsten, auch nur vermeintlichen Anstoß, wirft sich ihr ganzes Mißtrauen gegen die Weißen auf ihn. Sie bewachen ihn mit Argusaugen und erblicken in ihm einen Spion des englischen Gouvernements. Was soll er tun, er kann sie eines Besseren nicht überzeugen; der Dolmetscher selbst glaubt es vielleicht auch. Über den eigentlichen Stand seiner Gemeinde ist [der Missionar] immer im Unklaren. Der Dolmetscher sagt ihm eben so viel, als er für richtig hält.[564]

Begreiflicherweise sind daher die Direktoren der Missionsgesellschaften sehr an der Erforschung der Sprachen in ihren jeweiligen Missionsfeldern interessiert. Und was liegt näher, als die eigenen

Missionare mit dieser Aufgabe zu betrauen? Dass diese meist aus dem Handwerkerstand stammenden Männer nur eine elementare Schulbildung genossen haben und über keinerlei linguistische Schulung verfügen, ist ihnen natürlich bewusst. Aber was sollen sie tun? Sie haben niemanden sonst, der für diese Aufgabe infrage kommt.

Noch heute gilt Johann Hinrich Schmelen als der große Sprachpionier, der als Erster das Khoekhoegowab verschriftlicht hat. Er habe mehrere Texte aus dem Niederländischen in die Nama-Sprache übersetzt und bei dem Drucker und Verleger William Bridekirk in Kapstadt veröffentlicht, steht beispielsweise im *Dictionary of South African Biography*, einem Lexikon über berühmte Männer und Frauen der südafrikanischen Geschichte, das zwischen 1968 und 1987 erschienen ist:

> Schmelens frühestes Nama-Werk [...] war eine Übersetzung von H. Westers holländischem Katechismus der Geschichte des Alten und Neuen Testaments, denen noch ein Kirchenlied beigefügt wurde. Dieser Text [...] scheint der erste praktische Versuch zu sein, die vier Klicks in der Nama-Sprache zu unterscheiden. S[chmelen]s Nama-Lesebuch, das schriftliche Auszüge für Kinder und Erwachsene enthielt, wurde 1830 von Bridekirk veröffentlicht und S's Büchlein mit 13 Kirchenliedern in Nama erschien 1831. Im selben Jahr veröffentlichte Bridekirk auch S's Hauptwerk, die Evangelien; aus diesem Grund reiste er nach Kapstadt, gemeinsam mit seiner Frau, die ihm beim Korrekturlesen half. [...] S's Übersetzungen in die Nama-Sprache mit ihren Klicks und anderen besonderen Lauten [müssen] als seine größte Leistung bewertet werden.

Und: »Er hatte eine profunde Kenntnis dieser Sprache erlangt, da er vor 1815 eine fromme Nama-Frau geheiratet hatte. Sie half ihm bei der Übersetzung der vier Evangelien.«[565]

Das hört sich an, als sei Schmelen der eigentliche Übersetzer gewesen und seine Frau habe ihn lediglich bei seiner Arbeit unterstützt. Schmelens Briefe an seinen Vorgesetzten Dr. Philip in Kapstadt sprechen jedoch eine andere Sprache. »Jeden Satz, den ich übersetze, muss sie überarbeiten«, schreibt er über die Zusammenarbeit mit seiner Frau.[566] Oder: »Ich kann nur sagen, dass ich weit davon entfernt bin, [Khokhoegowab] zu sprechen. [...] Es ist extrem schwer, die richtige Aussprache zu finden.« Und: »Manchmal muss mir meine Frau immer und immer wieder ein Wort sagen, bevor ich die richtige Bedeutung treffen kann.«[567] Insbesondere die Klicklaute machen ihm zu schaffen. »Zunächst bemühte ich mich, herauszufinden, wie viele verschiedene Klicks sie haben; und welcher Teil des Mundes tätig ist für die Aussprache. Deshalb nahm ich einen Spiegel, und ich und meine Frau saßen davor, damit sie mir genau zeigen und später beschreiben könne, wo und wie die Klicks gebildet würden.«[568]

Dies klingt nicht so, als habe Schmelen flüssig Khoekhoegowab gesprochen. Der Missionar mag die Texte aufgeschrieben haben, aber die eigentliche Übersetzerin muss seine Ehefrau Zara gewesen sein. Khoekhoegowab war ihre Muttersprache! Im 19. Jahrhundert werden die Leistungen von Frauen häufig dem Konto des Ehemannes zugeschlagen. Und dies gilt umso mehr, wenn der Mann Weiß und die Frau Schwarz ist.

Dass es nicht Schmelen selbst war, der die linguistische Pioniertat vollbrachte, deutet auch das Schmelen-Traktat an:

> Schon damals, als sie noch auf Bethanien waren, hatte Schmelen den Versuch gemacht, aus seines lieben Weibes Munde die vier Evangelien niederzuschreiben. Sie hat gewiss mit wichtiger Zunge gedolmetscht, aber ihres Mannes Feder hat nicht folgen können, und das Werk war nicht zu gebrauchen, die Hottentotten konnten's nicht lesen. So setzten sie zum zweiten und zum dritten Male an.[569]

Dabei ist sie offensichtlich die treibende Kraft: »Wenn [Schmelen] ermüden wollte, so ließ sein Weib ihm keine Ruhe, bis er sich wieder ans Werk setzte. Diese treue Seele hatte ihr Volk herzlich lieb und hätte es um alles in der Welt gern gesehen, wenn eine Hottentottenbibel gedruckt werden könnte.«[570]

Doch auch Zara ermüdet manchmal angesichts dieser aufwendigen und zeitraubenden Tätigkeit, die ihr keinerlei Anerkennung einbringt. Dann sucht ihr Mann die Unterstützung seines Vorgesetzten, um ihren Eifer wieder anzuspornen: »Ich würde es sehr gern sehen«, schreibt er an Dr. Philip in Kapstadt, »wenn Sie einige Zeilen an meine Frau schreiben könnten, sie möge eifrig und gewissenhaft bei dieser interessanten Arbeit sein.«[571]

Trotz aller Schwierigkeiten, 1824 ist es dann endlich so weit: Innerhalb eines Jahres hat das Ehepaar Schmelen die vier Evangelien sowie einige weitere Texte in eine druckfähige Khoekhoegowab-Fassung gebracht. Die ganze Familie reist nun nach Kapstadt, um das Ergebnis ihrer Arbeit Schmelens Vorgesetztem zu übergeben. »Nachdem der Dr. [Philip] die Übersetzung der Bibelgesellschaft vorgestellt hatte, stimmten sie zu, dass sie gedruckt werden solle«, kann Schmelen nach London berichten.

Doch es geht nicht so glatt, wie er gehofft haben mag: Für die Klicklaute gibt es noch keine Drucktypen.

> Mir war nicht bewusst gewesen, dass der Drucker nicht in der Lage sein würde, die kleinen Zeichen zu drucken, die ich wegen der Aussprache aufgeschrieben hatte. Und da ich jetzt an sie gewöhnt bin, bin ich eigentlich dagegen, sie zu ändern. Der Dr. beschloss daher, dass wir [Drucktypen] aus England anfordern, damit sie dort gegossen werden – und dann erst zu beginnen [...]. Wir nehmen an, dass es mindestens acht oder zehn Monate dauern wird, bevor wir mit diesen Typen rechnen können. Daher beschloss ich, nach Namaland zurückzukehren und werde Kapstadt in wenigen Tagen verlassen.[572]

Als die Schmelens wieder zurück in den Norden reisen, lassen sie ihre drei Töchter Anna, Hanna und Friederika bei der Familie des Missionars Miles zurück. Anna ist damals zehn, Hanna sieben und Friederika vier Jahre alt.

Es gibt einige Gründe, die für diese frühe Trennung der drei Schmelen-Kinder von ihren Eltern sprechen. Zum einen sind sie in Kapstadt in Sicherheit vor Nama-Überfällen. Zum anderen aber sollen sie dort so viel Bildung wie irgend möglich erwerben. »Ich lasse meine drei Töchter in Kapstadt«, schreibt ihr Vater im November 1824 nach London, »damit sie im Holländischen gefördert werden. Und sobald die Evangelien usw. usw. gedruckt sind, werde ich damit beginnen, dass sie zuerst die Namasprache lesen lernen sollen. Und da sie sie verstehen und sprechen, hoffe ich, sie werden sie korrekter lesen als ich selbst. Und danach beschäftige ich sie als Schullehrerinnen, und so werde ich das Nama-Lesen einführen anstelle des Holländischen.«[573]

Dass seine Gemeinde in ihrer Muttersprache unterrichtet werden sollte, diese Ansicht teilt Schmelen mit vielen deutschen Missionaren seiner Zeit. Es ist kein Zufall, dass die meisten frühen Erforscher afrikanischer Sprachen Deutsche waren, davon ein beträchtlicher Anteil deutsche Missionare.[574] Auch in der Heimat dieser Missionare, im Deutschland vor der Reichsgründung, konstituiert sich das damals entstehende Nationalgefühl vor allem über die Sprache. Schmelen und seine Kollegen sind Zeitgenossen der Brüder Grimm und teilen mit diesen die Idee der deutschen Romantik, das Spezifische eines Volkes, seine »Seele«, liege in seiner Sprache. Demgegenüber findet beispielsweise Schmelens britischer Kollege Robert Moffat: »Es wäre kein großer Verlust, wenn die Hottentotten-Sprache vernichtet würde. Obwohl es bei dem zerstreuten Zustand der Bevölkerung nicht wahrscheinlich ist, dass das bald der Fall sein wird.«[575]

Die Ermordung des Missionars Threlfall: Die Spannungen verschärfen sich

Nach ihrer Rückkehr aus Kapstadt führen die Schmelens zunächst ein nomadisches Leben an der Mündung des Orange River. Von dort schickt der Missionar einen Brief nach Kapstadt an seinen Vorgesetzten Dr. Philip: »Ich hoffe«, so schreibt er 1825, »dass es allen meinen Kindern gut geht und dass sie im Lernen Fortschritte machen. Richten Sie ihnen aus, dass wir sie lieb haben, und erzählen Sie ihnen, dass es Vater und Mutter und [dem Bruder] Nicolaas gut geht. Und dass wir eines Tages zurückkommen werden, um sie zu besuchen. Wenn ich [hier] nicht weitermachen kann, beabsichtige ich, nach Kapstadt zurückzukehren, um die vier Evangelien drucken zu lassen.«[576]

Es wird noch vier Jahre dauern, bis die Mädchen ihre Eltern wiedersehen.

Aufgrund der Trockenheit sind viele Bethanier mittlerweile an die Walvis Bay gezogen. Schmelen beschließt, ihnen zu folgen. Begleitet wird er von ungefähr 80 Anhängern, die ihm geblieben sind. Seine Frau und den vierjährigen Nicolaas lässt er vorerst mit dem Planwagen am Orange River zurück. In einem ausführlichen Bericht schildert er, wie er und seine Begleiter immer weiter nach Norden vordringen würden, weiter als jeder andere Missionar zuvor. Wie sie das trockene Flussbett des Kuiseb überqueren und schließlich den ebenfalls trockenen Fluss Swakop erreichen.

> Zwischen dem Ausflusse dieser zwei Flüsse liegt ein Hafen, der jährlich von den Walfischfängern besucht wird, sowohl von Engländern und Amerikanern als auch von Franzosen und Portugiesen, die hier von März bis September diese Leviathane fangen und von einem Hafen zum anderen gehen. Die Küste ist von

Buschmännern, Damaras und Namaquas bewohnt, welche vom Fischfange leben und auch einiges Vieh haben.[577]

Dieser Bericht ist nicht an die Londoner Mission gerichtet, die dabei ist, sich aus dem Groß-Namaland zurückzuziehen, sondern an die Rheinische Missionsgesellschaft mit Sitz im westfälischen Barmen. Schmelen hofft, diese neugegründete Gesellschaft werde das Gebiet der Londoner Mission übernehmen, und macht auch gleich praktische Vorschläge. Beispielsweise regt er an, an der Walvis Bay eine Missionsstation zu gründen. Andernfalls sei man

nicht im Stande, diesen westafrikanischen Völkern das Wort Gottes zu verkündigen. Denn die Entfernung von der Capstadt ist zu groß, dazu müssen die Missionare durchaus Kleider und andere Dinge haben; und dies alles von der Capstadt zu holen, verursacht außerordentlich hohe Unkosten. Dort hingegen können die Missionare bekommen, was sie nöthig haben. Die Walfischfänger werden ihnen gerne Kleider und andere Gegenstände gegen frisches Fleisch bringen.[578]

Zur Senkung der Kosten und zur Belebung des Handels könne man den Schiffsverkehr von und nach St. Helena nutzen, der inzwischen durch den prominenten Gefangenen Napoleon recht lebhaft geworden sei, auch nach dessen Tod 1821.

Die Missionare müßten sich eine Thür nach St. Helena öffnen. Diese Insel kann nicht fern von hier sein, und ist zu Schiffe sicher in einigen Tagen zu erreichen. Dies würde alle Unkosten der Mission tilgen, da den Heiden ein Weg geöffnet wäre, ihr Vieh, Hörner, Elfenbein und Felle an die Schiffe von St. Helena gegen andere Produkte zu vertauschen. [...] Diese Mission wäre von der größten Wichtigkeit, und in einigen Jahren würde von da aus der Weg ins Innere von Afrika geöffnet sein.[579]

Doch der alte Konflikt, der zur Flucht der Schmelens aus Bethanien geführt hat, schwelt immer noch. Ein Opfer dieses Konflikts wird der junge wesleyanische Missionar Threlfall, der im Juni 1825 in Warmbad ankommt. Er und seine beiden Begleiter werden dort, anders als alle anderen Missionare vor ihnen, extrem feindselig empfangen. Als sie sich mit dem Nama-Kaptein Tsaumap treffen, der noch wenige Jahre zuvor so entschieden auf einem eigenen Missionar bestand, beklagt sich dieser mit heftigen Worten, wobei er vermutlich auf die Schießerei in Bethanien anspielt:

> Wenn Missionare ins Land kommen, kommen sie zunächst als Lehrer, aber wenn sie dann als Gäste aufgenommen wurden, dann sind sie keine Lehrer mehr, sondern Richter oder Kapteins, und sie verfahren mit uns, wie sie wollen. Sie nehmen uns unser Eigentum weg und befehlen dann, dass wir totgeschossen werden mit den Gewehren, die sie uns gegeben haben. Wir nehmen den Frieden an, von dem sie sprechen und denken, sie sind Männer des Friedens, dabei sind sie unsere größten Feinde und verlieren keine Zeit, uns zu töten.[580]

So notiert es Threlfalls Assistent Jacob Links in seinem Tagebuch.

Auch der Kaptein der Bondelswart in Warmbad, /Garimub, unterstützt diese Beschwerden. Harsch weist er Threlfall und seine Begleiter darauf hin, sie hätten nur von ihm allein Anweisungen entgegenzunehmen, denn »er sei all der süßen Reden müde«, in die er das Vertrauen verloren habe. Sein Sohn !Naugab hingegen, einst nach den beiden ersten Warmbader Missionaren auf den Namen Abraham Christian getauft, zeigt sich versöhnlicher. »Wenn ein Lehrer kommen sollte, werden all diese Kriege ein Ende haben, und wir werden in Frieden miteinander leben. Sie werden uns auch Pulver geben – seit die letzten Lehrer gegangen sind, konnten wir keines mehr bekommen«[581], fasst er die in die Missionare gesetzten Erwartungen zusammen.

Da Threlfall sich weigert, die Bondelswart mit Munition zu versorgen, bleibt die Atmosphäre frostig. Als die kleine Reisegruppe weiter ins Innere des Groß-Namalandes aufbrechen will, weigert sich Kaptein /Garimub, sie mit Proviant zu unterstützen und ihr einen wegekundigen Führer mitzugeben. Während des Sonntagsgottesdienstes verlassen einige Männer von Warmbad demonstrativ die Kirche. Dies hätte für Threlfall eine Warnung sein können. Doch der unerfahrene junge Missionar besteht darauf, weiterzureisen, notfalls auf eigene Faust. Schließlich gibt /Garimub nach und stellt der Reisegesellschaft einen Führer. Dann lässt er die drei ein Papier unterzeichnen, das ihn von aller Verantwortung freispricht, sollte ihnen auf dem Weg ein Unglück zustoßen.

Wenige Tage später sind Threlfall und seine beiden Begleiter tot. Wie sich später herausstellt, hat ihr Führer, ein gewisser Naugaap, auf dem Weg einige San angestiftet, den Missionar zu ermorden. Naugaap ist ein Schwager des Kapteins Tsaumap, und dieser hatte in der Zeit, während der Mord geschah, Warmbad verlassen.

Zur selben Zeit wird dem Missionar Shaw die Warnung zugetragen, Schmelen, der sich noch auf seiner Expedition an die Walvis Bay befinde, sei ebenfalls in ernster Gefahr. Als Threlfall ermordet wurde, schreibt Shaw,

> gingen einige Leute von der Bande nach dem Hause des Bruders Schmelen, wie man annimmt, in der Absicht, ihn umzubringen und sein Pulver und seine Flinten usw. zu rauben. Glücklicherweise war jener nicht zu Hause; aber Frau Schmelen versicherte uns, sie hätten ziemlich lange bei ihr gesessen, einer mit der Flinte in der Hand, bereit, sie zu erschießen, und es ist gewiss nur einer unsichtbaren Macht zuzuschreiben, dass er es nicht tat, da sie außer ihrem Kinde und ein paar Mägden allein war, denn die Männer waren alle fort.[582]

Auch Missionar Wimmer, der mittlerweile in Steinkopf lebt, erwähnt in seinem Tagebuch diesen Vorfall. Er habe gehört, dass Zara Schmelen »von einer Bande von Räubern angegriffen worden war, zehn an der Zahl«, einige Tage nach Schmelens Aufbruch in den Norden. Sie habe gerade noch Zeit gefunden, »nach ihren Leuten zu rufen, sie zu warnen, sie sollten wachen und auf der Hut sein«. Daraufhin seien die Räuber abgezogen, »mit der Drohung, sie kämen wieder«. Wimmer lädt Zara ein, »zu ihrer Sicherheit zu uns heraus zu kommen. So kam sie zu uns nach Steinkopf.«

Dort erfährt Zara, dass die unbekannten Räuber ihren Mann verfolgt hätten, ihn aber nicht einholen konnten. Später wird ihr die Geschichte zugetragen, die Räuber »hätten einen weißen Ochsen getötet und in Stücke geschnitten«, und vermutet, dass dies eine Umschreibung für den Mord an einem Weißen sein soll. »Unsere Angst wurde größer und größer«, schreibt Wimmer. Schließlich machen sich einige Männer von Steinkopf auf, um Schmelen zu suchen. »Am 27. Nov. trafen sie ihn auf der Straße zwei Tagereisen von hier, und am 29. ungefähr bei Tagesanbruch kam er hier mit seinen Leuten an, [...] zu unserer großen Freude.«[583]

Bald danach verlassen die Schmelens Steinkopf wieder. Im Dezember 1825 schreibt Missionar Wimmer in sein Tagebuch: »Von Herrn H. Schmelen habe ich lange Zeit nichts gehört. Vor vier Monaten war sein Schwager hier. Er hat gesagt – nicht zu mir, aber zu meinen Leuten, dass er keine Anhänger bei sich hat. Sie sagen, sie wollen einen Missionar, aber er müsse eine christliche Frau haben. Das habe ich schon vor langer Zeit gehört, und mehr als einmal.«[584]

Diese Aussage des Missionars Wimmer ist in mehrerer Hinsicht interessant. Zum einen spricht er von einem »Schwager« Schmelens, von dem sonst nirgendwo die Rede ist. Zara muss also einen Bruder gehabt haben, der sich ebenfalls im Umfeld der Mission bewegte.

Zum anderen gibt sie einen Hinweis auf den Grund für die andauernden Feindseligkeiten der Bethanier*innen gegenüber ihrem einst so geschätzten Missionar. Offensichtlich sind sie verärgert, dass dieser mit einer Frau verheiratet ist, die ihre Sprache spricht, und fürchten, Zara könne ihren Mann mit Informationen versorgen, die eigentlich nicht für seine Ohren bestimmt sind. Daher ihre Forderung, ein künftiger Missionar müsse eine »christliche« – sprich eine europäische – Ehefrau haben. Hinzu kommt, dass der Streit mit Kaptein Kaggap nicht vergessen ist. »Ich habe gehört, dass sie gegen ihn sind«, schließt Wimmer seinen Bericht. »Die Schafe, die er von Jantje Kaggaps Kraal herausgeholt hat und der darauf folgende Kampf hat in der Tat sehr viel Schaden angerichtet.«[585]

Als Schmelen von der Ermordung des Missionars Threlfall hört, ist er außer sich. Er bietet den Kapbehörden an, eine Strafexpedition ins Groß-Namaland anzuführen. Doch dazu kommt es nicht. Denn die Kapteins des Groß-Namalandes haben ein starkes Interesse daran, diese Angelegenheit allein, ohne Einmischung aus Kapstadt, zu regeln. Titus Afrikaaner, der Bruder des amtierenden Kapteins Jonker, bietet ein Kommando auf, stöbert den Mörder Naugaap in seinem Versteck auf und lässt ihn durch seine Männer nach Clanwilliam bringen, wo er ihn den Behörden ausliefert. Ein gewisser Congaap, der ebenfalls in den Mord verwickelt ist, muss auf Befehl seines Kapteins Kobus Booij mitreisen, um als Zeuge auszusagen.

In Clanwilliam vermutet man zunächst, dass die beiden Angeklagten auf Befehl des Warmbader Kapteins /Garimub gehandelt hätten. Sogar von einer allgemeinen Khoekhoe-Verschwörung gegen die Weißen im Groß-Namaland ist die Rede. Doch dieser Verdacht erweist sich als unbegründet.

Da das Verbrechen außerhalb der Grenzen der Kapkolonie geschah, beschließen die zuständigen Behörden, die beiden Gefangenen dem amtierenden Kaptein von Warmbad zur Bestrafung zu übergeben. Dies soll in Silverfontein geschehen, einem Ort an der Grenze zur Kapkolonie. Ende Oktober 1827 kommt eine Gruppe von Regierungsvertretern, bestehend aus dem Magistrat von Clanwilliam, seinem Sekretär, zwei Feldkornetts sowie mehreren bewaffneten Männern, die die beiden Gefangenen bewachen, in Silverfontein an. Dort müssen sie erst einmal warten. Kaptein Abraham Christian, der inzwischen das Amt seines Vaters /Garimub übernommen hat, zögert, nach Silverfontein zu kommen. Er weiß nicht, wie gefährlich diese Begegnung für ihn selbst werden kann – immerhin hat man seinen Vater der Mitwirkung an dem Mord verdächtigt.

Unterdessen kommt ein weiterer Kaptein in Silverfontein an – Kido Witbooi, der Kaptein der /Khowesin, in Begleitung einiger Reiter. Kido Witbooi ist der Großvater von Hendrik Witbooi, des legendären späteren Kämpfers gegen die deutsche Kolonialmacht. Zur Mitte des 19. Jahrhunderts hin wird Kido Witbooi den Orange River überqueren und ins Groß-Namaland ziehen. Aber noch lebt er mit seiner Gemeinschaft im Klein-Namaland. Er fühlt sich als der eigentliche Herr des Gebietes um Steinkopf und Pella und hat ein existenzielles Interesse daran, dass die lokalen Nama und Orlam ihre Konflikte allein lösen und keine Weißen in ihre Belange eingreifen.

Als Abraham Christian endlich aus Warmbad eintrifft, lässt ihn der Magistrat von Clanwilliam wissen, man bestehe auf der Todesstrafe für den Mörder. Und so wird Naugaap am 3. September 1827 durch ein Erschießungskommando des Kapteins Abraham Christian in Silverfontein hingerichtet und dort begraben. Congaap hingegen, der durch seine Aussagen Naugaap schwer belastet hat, wird lediglich ausgepeitscht und kommt mit dem Leben davon.

Gleich nach der Exekution nehmen die beiden Kapteins Witbooi und Christian Verhandlungen mit den anwesenden Regierungsvertretern auf. Unter anderem schlagen sie vor, in Zukunft als eine Art Grenzpolizei im Auftrag der Kapregierung zu fungieren. Im Gegenzug verlangen sie, mit Feuerwaffen ausgestattet zu werden. Dieser Vorschlag wird jedoch abgelehnt.

Dem Mörder Naugaap ist es übrigens nicht vergönnt, Ruhe in seinem Grab zu finden. 1830 lässt der deutsche Forschungsreisende Carl Friedrich Drège seine Leiche wieder ausgraben. Drège trennt den Kopf vom Köper und verkauft diesen an ein Museum irgendwo in Europa, wo er sich vermutlich noch heute befindet.[586]

Schmelen versucht, nach Bethanien zurückzukehren

Unterdessen hofft Schmelen immer noch, eines Tages nach Bethanien zurückzukehren. Im August 1827 besucht er gemeinsam mit einigen Begleitern seine alte Missionsstation. Der Anblick, der sich ihm bietet, ist deprimierend. Nach London berichtet er:

> Ich schaute mir den ganzen Platz an, ob es für mich möglich sei, hier zu bleiben. Auf jedem Stück unseres Feldes, von dem ich wusste, dass dort früher Gras im Überfluss gewachsen war, gab es jetzt gar nichts. Das ganze Feld war so kahl, wie ich es noch nie zuvor gesehen hatte. Heuschrecken hatten nicht nur das Gras vertilgt, sondern auch die Büsche, die grün gewesen waren. Die Blätter waren aufgefressen. Ich hörte von denen, die sich uns zuletzt angeschlossen hatten, sie hätten gesehen, dass jeder Fleck zehn Tage nordwärts genauso kahl ist, wie hier, und dass alle Nama ununterbrochen von einer Wasserstelle zur anderen ziehen, um ihr Vieh am Leben zu erhalten, und dass sie dennoch vor Hunger sterben. Ich rief meine Leute zusammen und fragte sie, was wir in unserer jetzigen Situation machen sollten, und alle bestanden darauf, dass es unmöglich sei, hier zu bleiben.[587]

Entmutigt zieht die kleine Reisegesellschaft an den Fish River, wo Schmelen einige San und verarmte Nama um sich versammelt. Bei dieser Gelegenheit lernt er auch Verwandte des Mörders von Threlfall kennen. Die vermuten, der Missionar sei gekommen, um Rache zu nehmen, und versuchen daher ihrerseits, Schmelen und seine Leute zu überfallen. Als der Missionar dies erfährt, lässt er die San und Nama der Umgebung zusammenrufen. Er erklärt ihnen, dass sie nichts zu fürchten hätten und er und seine Begleiter nach Bethanien zurückkehren würden, sobald der Regen falle. »Aber wenn sie es wagen sollten, uns anzugreifen, würden wir sie in die Berge jagen und sie dort festhalten, sodass sie nicht ins Veld kommen und [Nahrung] für ihren Lebensunterhalt suchen könnten. Sie baten uns schließlich, sie nicht anzugreifen. Ich riet ihnen dann, zu kommen und das große Wort Gottes zu hören«[588], donnert Schmelen seinen Zuhörern eine Mischung aus Drohung und Verheißung entgegen.

Ein halbes Jahr später, im Januar 1828, reist Schmelen erneut nach Bethanien. Und wieder muss er vor den Heuschrecken kapitulieren. Enttäuscht schreibt er an seinen Kollegen Kitchingman in Paarl, bei dem mittlerweile sein Sohn Nicolaas und seine Tochter Friederika leben, dass er Bethanien endgültig verlassen werde: »Da die Station in einem so schlechten Zustand ist, können ich und die Leute, die bei mir sind, hier nicht existieren. Wir beschlossen also, die Station für eine Weile zu verlassen. [...] Letztes Jahr haben die Heuschrecken den ganzen Landstrich verwüstet [...] und dieses Jahr ist beinahe noch schlimmer.«[589]

Doch es sind nicht nur die Heuschrecken, die die Missionarsfamilie letztendlich aus Bethanien vertrieben haben. In bester Absicht hatte Schmelen nach einem Weg zu der Schiffsanlegestelle Angra Pequena gesucht und Handelsbeziehungen zu den dort Ankernden geknüpft. Nun muss er feststellen, welche schrecklichen Nebenwirkungen diese Errungenschaft hat:

> Namaland war noch nie in einem so bemitleidenswerten Zustand wie zur Zeit. Wir hören von nichts als von Unterdrückung und Verfolgung. Die armen Nama werden von den Orlam oft so schlecht behandelt, dass mein Herz blutet. Die Afrikaaner und die meisten meines Volkes[590] behandeln die Eingeborenen auf abscheuliche Weise, indem sie ihnen nicht nur alles rauben, sondern indem sie auch die Frauen und Kinder als Huren missbrauchen und sie schlechter als Sklaven behandeln. Wenn wir die Küste an dieser Seite nicht schließen können, so dass die Walfänger aufhören, dort Pulver zu verkaufen, dann, glaube ich, wird in Zukunft wenig Gutes hier geschehen.[591]

Seit die Bethanier*innen einen eigenständigen Zugang zu Waffen und Munition gewonnen haben, besitzt der Missionar keinerlei Kontrolle mehr über sie. Schmelens Absicht, Mission zu betreiben außerhalb der Reichweite der Kapbehörden, lediglich auf seine religiöse Botschaft gestützt, ist offensichtlich gescheitert.

Die Gründung der Missionsstation Komaggas und der Tod von Zara Schmelen

»Ich habe eine Mission in Komaggas begonnen, einem Ort in der Nähe des Cause Rivers«, schreibt Schmelen Ende 1828 nach London. »Dieser Fluss war früher die Grenze der Kapkolonie. Aber die hat sich jetzt ausgedehnt bis an den Orange River.«[592] Wenn die Schmelens also in Komaggas Schwierigkeiten mit ihrer Gemeinde bekommen, können sie wenigstens behördliche Hilfe herbeirufen. Außerdem lebt Zaras Familie in der Nähe, in ungefähr 100 km Luftlinie von Komaggas liegt Steinkopf. Auch sie könnte den Schmelens im Konfliktfall zu Hilfe kommen.

Den Ort Komaggas gibt es heute noch. Zwischen Juli und Oktober, je nachdem, ob Regen fällt, ist diese ansonsten trockene Wüstenregion bedeckt mit einem wundervollen Blütenteppich in Orange und Gelb. Namaqua Daisies nennt man diese Blumen. Alljährlich ziehen sie Tausende von Touristen an.

Bald nachdem sich die Schmelens in Komaggas ein wenig eingerichtet haben, holen sie ihre beiden Töchter, die zwölfjährige Hanna und die zehnjährige Friederika, wieder zu sich. Zara Schmelen leidet zu dieser Zeit schon mehrere Jahre an einer schweren Krankheit, die ihre Zeitgenossen »Auszehrung« nennen. Damit ist vermutlich Lungentuberkulose gemeint, eine Krankheit, die man damals nicht heilen kann und die dazu führt, dass die Betroffenen in einem schleichenden Prozess immer schwächer und schwächer werden.

In ihren letzten Lebensjahren muss Zara sehr einsam gewesen sein. Ihr Mann kann weder ihre Sprache noch ihre Kultur wirklich verstehen. Für viele Khoekhoe in ihrer Umgebung, vielleicht sogar für ihre Verwandten in Steinkopf, ist sie eine Verräterin, die mit dem Missionar kollaboriert und der sie daher mit Misstrauen begegnen. Für die meisten Weißen, mit denen ihr Mann zu tun hat, ist sie hingegen eine Afrikanerin, schlimmer noch, sie gehört zu den besonders verachteten Hottentotten. Und die einzigen Wesen, die ihr wirklich nahestehen, ihre Kinder, hat man ihr ebenfalls weggenommen. Kurz nachdem man ihr jüngstes Kind, den sechsjährige Nicolaas, zur Erziehung ans Kap geschickt hatte, waren die ersten Symptome der Auszehrung aufgetreten.

Gegen Ende des Jahres 1830 macht sich die ganze Familie Schmelen erneut auf nach Kapstadt, um die übersetzten Texte endlich in Druck zu geben. Mehrere gedruckte Exemplare dieser Bücher befinden sich heute in der National Library Kapstadt. Übrigens ohne gedruckte Zeichen für die Klicks.[593]

Ein Exemplar der gedruckten Nama-Bibel widmet Schmelen dem Gouverneur der Kapkolonie, Sir Lowry Cole. Auf dem Deckblatt steht ein handschriftlicher Vermerk: »The four Gospels translated into Namaqua by Rev. Schmelen and Mrs. Schmelen, a Namas.«[594] War es Schmelen, der diesen Satz geschrieben hat als Widmung für den Gouverneur? Es könnte tatsächlich seine Handschrift sein. Dies würde bedeuten, dass Schmelen selbst weder die Hautfarbe seiner Frau noch ihren Anteil an der gemeinsamen Übersetzungsarbeit verheimlicht hat. Auch aus dem Schmelen-Traktat geht hervor, dass Zara Schmelen bei dieser linguistischen Pionierarbeit unverzichtbar war. »Die Frau musste mit, denn in der [Kap]Stadt verstand kein Mensch das Hottentottische zu lesen, und Schmelen getraute sich nicht, allein die Verbesserung der Druckbogen zu übernehmen. Die Frau musste helfen.«[595] Erst spätere Generationen versuchen dann, die Leistung der Schwarzen Frau herunterzuspielen oder ganz zu verschweigen.

Zara überlebt die Reise nach Kapstadt nicht.

»Als der letzte Bogen fertig war, legte sie die Feder nieder und sagte: ›Nun ist mein Werk auf Erden gethan, nun kann ich heimgehen‹«, so das Schmelen-Traktat. »Schmelen spannte seinen großen Reisewagen an und wollte nach Komaggas zurückkehren. Sie kamen aber nur […] von Capstadt bis zu Botmas Hof, einer alten Missionarsherberge. Da schlief sie ein, sanft und müde, aber voll Friedens, und Schmelen begrub sie bei Botmas Hofe.«[596]

Botmas Hof, die Farm des Missionsfreundes Ludwig Botma, gehört zum Distrikt Tulbagh. Dort ist damals Gustav Adolf Zahn als Missionar tätig.[597] Er schildert in seinem Tagebuch ausführlich (und in etwas holprigem Deutsch) die Umstände von Zara Schmelens Tod.

Gestern hörte ich, dass ein Miss. bei Ludewig Botma sei, der auf seiner Durchreise da sei liegen geblieben, weil die Frau krank sei, und denselben Abend hörte ich schon, dass sie todt sei. Ich beschloß dann sogleich, mich dahin zu begeben, u. diesen Morgen früh ritt ich dahin, um doch den armen Miss. Bruder zu sehen in seiner betrübten Lage. […] Er kam aus der Kapstadt, wo er

6 Monate mit seiner Familie gewesen war. Da er von der Capstadtschen Bibelgesellschaft versucht war, um die 4 Evangelisten in die Namacqua-Sprache zu übersetzen. Er sagte: Er habe nicht gewollt, denn es habe ihn gegraut vor der Kapstadt, da seine Frau so kränklich war, doch auch sie hatte stets gewünscht, zu wollthun und gesagt um doch zu gehen, auf dass die Namacqua das Wort Gottes könnten bekommen. Sie war eine geborene Namaquainn, verstund die Sprache gut, u. auch holländisch u. sie musste stets mit arbeiten beim Übersetzen. Sie sagte bei diesem Werk stets, wenn dieses fertig ist, so sterbe ich, dann habe ich Feierabend u. wie gesagt, so geschehen. Als sie in der Kapstadt fertig war, nahm ihre Krankheit zu, denn sie hatte die Auszehrung schon 4 Jahr, u. wollte nun außer der Capst. zu sein. Schmelen wollte nicht, denn er sah die Gefahr. Doch durch ihr Anhalten bewogen, that er es u. nach einigen Tagen kamen sie bei Lud. Botma an, sie wurde da sehr schwach u. nach einigen Tagen, den 5. April, starb sie, war völlig überzeugt von der Gnade des Herrn Jesu an ihr bewiesen. So war denn ihre Lebenszeit in 35 Jahren schon geendigt.[598]

Auch die Tochter Hanna schildert den Tod ihrer Mutter in einem Lebenslauf, den sie später für die Rheinische Missionsgesellschaft anfertigen wird:

Gegen Ende des Aufenthaltes in der Stadt wurde unsere liebe Mutter, welche schon lange einen gefährlichen Husten gehabt hatte, kränker, und als der Drucker das letzte Blatt durchgeschickt und Vater und Mutter dies durchgesehen hatten, sagte Mutter: »Nun habe ich mein Werk beendet hier auf Erden, nun kann ich sterben« (und das sagte sie prophetisch). Denn kurz darauf, als wir nach Hause reisen wollten, ist sie am 2. April 1831 auf Botmas Platz (ein frommer Bauer) selig entschlafen, nachdem sie uns Kinder noch liebevoll ermahnt hatte.[599]

Schmelen selbst veröffentlichte im *Missionary Register*, einer Londoner Missionszeitschrift, folgenden Nachruf:

> Der Druck der vier Evangelien war zu Beginn des März 1831 beendet. [...] Sobald wir in Kapstadt die Korrektur beendet hatten, äußerte sie den ernsten Wunsch, dass wir wieder aufs Land zurückkehren sollten, wenn möglich nach Namaland. Sobald also der Druck der Evangelien beendet war, traf ich Vorbereitungen zu diesem Zweck und kam in Komaggas am 3. April an.
> Wir waren noch nicht drei Tage zu Hause, da beobachtete ich, dass meine Frau nicht atmen konnte, nur mit großer Schwierigkeit. Ich betete mit ihr und befahl sie in die Hand unseres Himmlischen Vaters. [...] Sie ihrerseits befahl mich und unsere Kinder der Obhut unseres Gottes und Erlösers, des Herrn Jesus Christus. [...] Ungefähr eine Stunde später weckten mich meine Magd und eine meiner Töchter. Sie weinten. Meine Frau war so schwach geworden, dass sie fast nicht sprechen konnte. Aber offensichtlich unter Aufbietung aller Kräfte gelang es ihr, diese Worte zu äußern: »Herr Jesus, komm nun und nimm mich auf in dein ewiges Königreich. Ich habe das Werk beendet, das du mir zu tun aufgetragen hast. Ich bin dieser Welt müde und wünsche nun, bei dir zu sein!«[600]

Drei Berichte – und drei verschiedene Todesdaten. Darüber hinaus behauptet Schmelen, seine Frau sei zu Hause in Komaggas gestorben, und widerspricht damit der Version sowohl des Missionars Zahn als auch der seiner Tochter Hanna. Sein Artikel im *Missionary Register* erfüllt aber ziemlich genau die Vorstellung der Erweckungsbewegung vom gottseligen Ende eines guten Christen. Offensichtlich haben Schmelen oder die Redakteure der Missionszeitschrift versucht, diesen Erwartungen ihrer Leser zu entsprechen. Solch ein Zurechtbiegen der Wirklichkeit kam damals nicht selten vor in Missionsveröffentlichungen.

Alles in allem spricht einiges dafür, dass die Version des Missionars Zahn die zutreffende ist. Vielleicht empfand Schmelen Schuldgefühle, weil er seiner todkranken Frau eine derart strapaziöse Reise zugemutet hatte, sodass sie sozusagen »auf der Straße« sterben musste. Und es ist durchaus möglich, dass Hanna, die ihren Lebenslauf erst zehn Jahre nach dem Tod ihrer Mutter niedergeschrieben hat, sich im genauen Datum irrte. Missionar Zahn hingegen verfasste seinen Tagebucheintrag unmittelbar nach Zara Schmelens Tod.

Zwar sagt Schmelen vermutlich nicht die Wahrheit, was den Ort und die genaue Zeit des Todes seiner Frau angeht. Aber eines in seinem Nachruf dürfte stimmen: Wie unentbehrlich sie für ihn war, auch in seinem Kerngeschäft, der religiösen Unterweisung der Nama.

> Besonders arbeitete sie immer, um sich ihrem eigenen Geschlecht als nützlich zu erweisen, indem sie über göttliche Dinge redete. Einige von ihnen fürchteten sich, mit mir zu reden; aber ihr gegenüber öffneten sie frei ihr Gemüt [...]. Tatsächlich schienen ihre Gebete manchmal mehr Eindruck zu machen auf meine Zuhörer, als mein eigenes Predigen.[601]

Schmelen, der zu Zaras Lebzeiten nicht allzu viel Rücksicht auf die Bedürfnisse seiner Frau genommen hat, stürzt nach ihrem Tod in eine tiefe Krise: »Wir Kinder fühlten viel, aber unser geliebter Vater noch mehr«, schreibt die Tochter Hanna über den Tod ihrer Mutter, »und es ist nicht mit Worten zu beschrieben, in welch schlechtem Zustand er sich die erste Zeit befand.«[602]

Nach Zaras Tod veröffentlicht Schmelen keine weiteren Übersetzungen ins Khoekhoegowab mehr, ein deutlicher Hinweis, wie sehr er bei seiner linguistischen Tätigkeit auf sie angewiesen war.[603]

Die Bams

Zwei Jahre nach Zaras Tod heiratet Schmelen dann erneut: eine junge Frau aus Kapstadt namens Elizabeth Bam.

Elizabeth Bam ist ebenfalls keine Weiße. Sie stammt aus einer angesehenen Familie von People of Colour, hat also Weiße und Schwarze Vorfahren. Ihr Vater besitzt ein gut gehendes Fuhrunternehmen in Kapstadt. Ihr älterer Bruder, Johanes Hendrik, genannt Jan, ist Schneider und Inhaber einer Schneiderwerkstatt. Der jüngere, Christiaan, ist Schreiner.[604] Sie selbst ist Lehrerin.[605] Eine respektable, aufstiegsorientierte Handwerkerfamilie, deren Lebensgewohnheiten sich in nichts von denen der Weißen Kapstädter unterscheiden. Am 29. Januar 1833 heiraten Elizabeth und Johann Hinrich Schmelen in der Lutherischen Kirche in Kapstadt.[606]

Nach der Hochzeit begleiten Elizabeths Brüder Jan und Christiaan ihre Schwester nach Komaggas. Später wird ihnen auch ihr Halbbruder Ferdinand folgen. Die Bam-Geschwister tauschen also ein vergleichsweise bequemes Leben in Kapstadt gegen das harte, entbehrungsreiche Leben auf einer abgelegenen Missionsstation.

In der Nähe größerer Weißer Ansiedlungen haben damals auch wohlhabende, gebildete und angesehene People of Colour keine Chance, sich als vollwertige Bürger zu etablieren. Doch im abgelegenen Komaggas, so mögen die Bams gehofft haben, besteht die Chance, dem immer drückender werdenden Rassismus in der Kapkolonie zu entgehen und wenn nicht für sich, so doch für ihre Kinder schließlich eine sozial geachtete Position zu erreichen.

Jan Bam bringt es dabei am weitesten. In Komaggas arbeitet er nicht als Schneider, sondern unterstützt seinen Schwager Schmelen bei seiner Missionstätigkeit. Später wird er ein enger

Mitarbeiter von Schmelens Schwiegersohn, dem Missionar Franz Heinrich Kleinschmidt werden, den er in den Norden, ins Groß-Namaland begleitet. Mehr als einmal müssen ihn seine Kollegen Kleinschmidt und Hahn gegen Vorurteile anderer (Weißer) Missionare in Schutz nehmen:

> Br. Terlinden nennt [Jan Bam] »ungeeignet« zum Missionsdienste. Worin das Ungeeignetsein besteht, wissen wir nicht. Er besitzt mehr technische Fertigkeiten als alle unsre Missionsgehülfen, [...] ist sehr fleißig, sparsam, scheut keine Arbeit. Sucht aber Terlinden die Ungeschicklichkeit in s. Farbe, dann wundern wir uns nicht, da dann seine l[iebe] Frau aus ihm spricht, die ohne Scheu die Gekleurden »swarte goed« nennt u. in deren Herz die alte schändliche Feindschaft der [Weißen] Colonisten gegen die Gekleurden nur zu tief [steckt].[607]

»Swarte Goed« ist kapholländisch und bedeutet »Schwarze Ware«, »Gekleurd« kann man mit »Farbig« übersetzen.

Jan Bam lässt sich von solchen Vorurteilen allerdings nicht einschüchtern. Er verrichtet nicht nur die gleiche Arbeit wie die Weißen Missionare, er stellt auch die gleichen Ansprüche wie sie. 1847 heiratet er eine Weiße Südafrikanerin, die Hausangestellte Johanna Petronella Jooste. Als die Leiter der Rheinischen Missionsgesellschaft davon erfahren, sind sie empört. So stellt man in Barmen klar:

> Ihr scheint anzunehmen, liebe Brüder, dass Jan Bam von uns in ganz gleicher Weise angesehen werde wie Ihr selbst [...]. Das ist aber doch keineswegs der Fall. Wir freuen uns, dass er ein so tüchtiger Gehülfe in der Namaqua-Mission ist, wir erkennen es dankbar an, dass er sich so treu in seinem Kathechetendienst bewährt hat, wir haben auch nichts dagegen, dass er sich verheirathet – allein, dass er auf unsere Kosten nach der Kapstadt

reist, um sich dort eine Frau zu suchen und dass ihr ihn ohne weiteres ermächtigt, alle mit solcher Reise verbundenen Auslagen [...] zu erheben, das, liebe Brüder, dünkt uns sehr unweise [...]. Unmöglich werdet ihr mit der Ausrede: was dem einen recht ist, ist dem anderen billig, euer Verhalten vertheidigen wollen. Jan Bam steht euch ja nicht gleich.[608]

Doch Jan Bam wird er es am Ende schaffen. 1856, nach beinahe 30 Jahren Missionsdienst, wird er zum ersten Nicht-Weißen Missionar der Rheinischen Missionsgesellschaft ordiniert, wenn auch erst wenige Wochen vor seinem Tod. Damit wird er als gleichberechtigt mit den Weißen Missionaren anerkannt. Wie die anderen Missionskinder auch wird sein Sohn Johannes in Deutschland erzogen, und er wird, wie sein Vater, Missionar. Er ist es, der später als Zeuge den betrügerischen Vertrag zwischen Lüderitz und dem Kaptein Frederiks von Bethanien als Zeuge gegenzeichnet.

Die Schmelentöchter auf Komaggas

Seit dem November 1831 ist Komaggas in aller Form zur Missionsstation erklärt worden – eine nachträgliche Belohnung für die linguistische Pionierarbeit von Zara und Johann Hinrich Schmelen. Immer wieder hatte der Missionar in der Vergangenheit vergeblich die Kapregierung ersucht, diesen Ort offiziell als Missionsstation anzuerkennen, um die Bewohner des Ortes vor Weißem Landraub zu schützen. Als Schmelen nun dem Gouverneur die neue Nama-Bibel überreicht, erinnert sich dieser an dessen alte Forderung. Umgehend wird ein Landvermesser nach Komaggas entsandt, und dieser billigt nach eingehender Beratung mit den lokalen Honoratioren der Gemeinde eine großzügig bemessene Fläche des umliegenden Landes zu.[609] »Ich meinte, dass Sie eine

Farm ausmessen lassen würden, aber Sie haben eine Grafschaft ausmessen lassen«, soll der dankbare Schmelen an Gouverneur Cole geschrieben haben.[610]

Für die Komaggasser*innen bedeutet diese offizielle Anerkennung zwar nicht, dass ihnen von nun an das Land gehört, das sie bebauen und auf dem sie ihr Vieh weiden. Nach wie vor ist es Eigentum der südafrikanischen Regierung. Aber nun sind die Grenzen der Gemeinde offiziell vermessen, notariell beglaubigt und als Missionsstation anerkannt – keine Chance mehr für landgierige Weiße Siedler.

Und noch ein weiterer Faktor trägt zur Entwicklung von Komaggas bei. Im Sommer 1833 verfügt das britische Parlament die Abschaffung der Sklaverei, und zwar im weltweiten Einflussgebiet des Empire, also auch in Südafrika. Um für die Sklavenhalter den materiellen Verlust erträglicher zu machen, müssen die Versklavten allerdings noch weitere fünf Jahre ohne Lohn bei ihren ehemaligen Herren arbeiten. Im August 1838 werden sie dann aber wirklich frei. Viele ehemalige Sklaven und Sklavinnen aus der Kapregion ziehen damals in den Norden. Einige von ihnen lassen sich in Komaggas nieder. Sie sind zumeist geschickte Handwerker*innen und hoch willkommen in der aufblühenden Ansiedlung. Noch heute leben dort ihre Nachkommen, wie man an den Namen erkennen kann: Die Familien Fortuin, Damon, Beukes, Adonis beispielsweise stammen von Sklaven ab. Auch zwei Missionsassistenten von Schmelen, April und Adam, sind noch als Sklaven geboren.[611]

Schmelen baut in Komaggas nicht nur ein Missionshaus für seine Familie und eine Kirche – beide Gebäude stehen heute noch –, er führt dort auch den Getreideanbau ein und kann endlich wieder regelmäßig Brot essen. »Schmelen hat uns die Bibel gebracht und das Brot«, sagen heute noch viele Komaggasser*innen. Nach den aufreibenden Pionierjahren gönnt er sich nun einen sicheren und relativ komfortablen Altersruhesitz.

Nach und nach entwickelt sich der Ort zu einer Zwischenstation für Reisende, wo sie sich – nach den Strapazen einer wochenlangen Reise durch die Wüste – eine Weile ausruhen können. So schreibt beispielsweise der Forschungsreisende James Edward Alexander:

> Komakas besteht aus einem langgestreckten einstöckigen Missionshaus, einer Kirche sowie Wirtschaftsgebäuden, die am Fuße eines etwa tausend Fuß hohen Berges liegen, mit Blick nach Süden und auf ein paar felsige Hügel. In dem Tal und den Gebäuden gegenüber standen die Mattenhütten der Bastaards und Namaquas dieser Einrichtung. [...] Es gab eine kleine Windmühle zum Mahlen von Korn, ebenfalls einen guten Garten und nicht weniger als fünf Quellen vorzüglichen Wassers lagen in diesem grünen abgeschiedenen Tal, wo das ferne Rauschen des Meeres zu hören ist und über welchem der Friede seinen Olivenzweig zu fächeln schien.[612]

Die Ehe von Elizabeth und Johann Hinrich Schmelen bleibt kinderlos. Umso eifriger beteiligt sich die junge Missionarsfrau an der Arbeit ihres Mannes. »Frau Schmelen ist hier sehr nützlich in unserer Schule«, schreibt Schmelen stolz nach London. »Sie war einige Zeit beschäftigt in der Gewerbeschule in Kapstadt und hat viel Freude an dieser Arbeit, Kinder zu unterrichten. Allgemein mögen sie die Kinder hier sehr. Sie unterrichtet sie nicht nur, sondern erklärt ihnen jedes Wort, wodurch sie aufmerksamer werden.«[613]

Solche detaillierten Schilderungen hat Schmelen nie von Zaras Arbeit gemacht. Kein Zweifel, er ist stolz auf seine zweite Frau, die sich ganz genauso verhält wie eine Weiße. Auch für das Seelenheil der Erwachsenen fühlt Elizabeth sich zuständig. »Am Sabbat Nachmittag nimmt sie ein Traktat und geht zu einem der Häuser der Leute hier, liest ihnen vor und erklärt es ihnen.«[614]

Außerdem unterrichtet sie, wie die anderen Ehefrauen und Töchter der Missionare, die afrikanischen Mädchen im Nähen. Zara wird das nicht getan haben, denn eigentlich musste man den Nama das Herstellen von Kleidungsstücken nicht beibringen. Erstaunt schildern die Missionare immer wieder in ihren Berichten, dass die Khoekhoe, Frauen wie Männer, ihre Kleidung aus weichem Leder mit Nadeln aus Knochensplittern und Tiersehnen zusammennähen. Oder dass sie, nachdem sie mit Händlern in Berührung gekommen sind, europäische Kleidungsstücke sehr geschickt reparieren oder umarbeiten. Das Nähen unter Anleitung der Missionarin dient also nicht in erster Linie einem praktischen Zweck, sondern eher der Einübung in ein europäisch-weibliches Verhaltensmuster.

»Letztes Jahr«, schreibt Schmelen, »unterhielt [meine Frau] eine Näh-Schule. Wir waren gezwungen, sie aufzugeben, weil wir nicht die Mittel haben, damit weiter zu machen. Es würde die Kinder hier sehr fördern, wenn die [Missions-]Direktoren uns mit Näh-Material versorgen könnten. Dadurch würden die Kinder beständiger und sauberer und vom Müßiggang abgehalten.«[615]

Wieder das Schreckgespenst »Müßiggang« bei Kindern! Vor allem Mädchen, die ja zur fleißigen Hausfrau nach europäischem Vorbild erzogen werden sollen, müssen möglichst oft »vom Müßiggang abgehalten« werden.

Was eine vorbildliche Hausfrau zu tun hat, das können die Komaggasser Mädchen an den fünf Frauen im Schmelen'schen Haushalt studieren. Inzwischen ist auch Schmelens älteste Tochter Anna auf Komaggas angekommen, außerdem eine Tante von Elizabeth, Cornelia van Laar.

Bei ihrem langen Aufenthalt in Kapstadt haben die drei Schmelen-Töchter in Weißen Missionarsfamilien gelebt und jahrelang die Schule besucht. Sicherlich arbeiten Hanna und Friederika, wie es ihr Vater ja bereits früher für sie vorgesehen hat, gemeinsam mit ihrer Stiefmutter als Lehrerinnen. Anna ist sehr schwerhörig, fast taub. Sie ist vermutlich mit ihrer Tante Cornelia van Laar für die Haus- und Gartenarbeiten zuständig.

Im 19. Jahrhundert ist eine Missionsstation wie ein europäischer Handwerkerbetrieb organisiert: mit klarer Aufgabentrennung für Männer und für Frauen. Die Missionare haben, neben ihrer geistlichen Tätigkeit, die Aufgabe, Häuser und Möbel zu bauen, den dringend notwendigen Ochsenwagen instand zu halten, Gärten anzulegen und sich um das Großvieh zu kümmern. Die Arbeit in den Gärten und mit dem Vieh macht in der Regel der Missionar nicht selbst, sondern er stellt dafür Männer aus seiner Gemeinde ein.

Die Missionarsfrauen hingegen sind für das Kochen und Sauberhalten des Hauses, die Versorgung des Gartens und des Kleinviehs und für die Betreuung ihrer Kleinkinder zuständig. Da jede Missionsstation immer viele Menschen beschäftigt, nicht zuletzt, um sie im Einflussbereich des Missionars zu halten, muss täglich für zahlreiche Menschen gekocht werden. Außerdem müssen Kerzen, Seife und Kleidung selbst hergestellt, muss Fleisch eingepökelt, Gemüse und Obst eingemacht, Brot gebacken, Milch zu Sauermilch oder Butter verarbeitet werden, und nicht zuletzt sind das Missionshaus und die Kirche sauber zu halten.

Leider haben die Frauen im Hause Schmelen nirgendwo aufgeschrieben, was sie den ganzen Tag über so taten. Glücklicherweise führte jedoch Mary Moffat, die Ehefrau des Missionars Robert Moffat und eine Zeitgenossin der Schmelens, ein Tagebuch. Es lässt erahnen, wie damals der Tagesablauf einer Missionarin aussah.[616]

> Alle Missionare schlachten [...] jede Woche [...] ein Schaf. Sie müssen es tun wegen der Leute, die sie um sich haben im Garten etc etc. [...] Mit dem Talg machen wir Kerzen & manche Leute machen Seife, aber das ist ein immens mühsames Geschäft. [Die Seife] ist 3 Wochen lang jeden Tag auf dem Feuer & erfordert

die beständigste Aufmerksamkeit. [...] Frisches Fleisch hält sich während dieser Jahreszeit keinen Tag. Manchmal wird ein Ochse oder eine Kuh geschlachtet & und der Hauptteil davon wird eingesalzen [...]. Die meisten Missionare haben einen Ziegelsteinofen für ihr Brot.

Dabei ist es den Missionarsfrauen wichtig, nicht nur ihre Arbeit zu tun, sondern unter den afrikanischen Frauen als Vorbild für die weibliche Variante europäischer »Zivilisation« zu wirken. Vor allem die Sauberkeit einer Missionsstation ist dafür ein wichtiger Gradmesser.

Wir beschmieren unsere Zimmerböden mit Kuhmist, mindestens einmal in der Woche. Wir haben Böden, die eine Mischung aus Lehm und Kuhmist sind. [Der Kuhmist] bannt den Staub am besten & tötet die Flöhe, die sich sonst übermäßig vermehren. [...] Er wird mit Wasser verquirlt und so dünn wie möglich aufgetragen. Ich betrachte nun meinen mit Kuhmist eingeschmierten Fußboden mit ebensoviel Zufriedenheit, wie ich früher unser bestes Gästezimmer zu betrachten pflegte, wenn es gut gescheuert war.[617]

Wie ihre Männer führen auch die Missionarsfrauen all diese Arbeiten zumeist nicht selbst durch, sondern bringen den einheimischen weiblichen Hausangestellten die entsprechenden Fertigkeiten bei. Dies durchaus in dem Gefühl, auf diese Weise die Afrikanerinnen kulturell zu »heben«.

1835 kommt der Forschungsreisende James Edward Alexander nach Komaggas. Ihm verdanken wir eine kurze Schilderung des Missionars Schmelen:

Herr Schmelen ist von untersetzter Gestalt und verbindet starke Energie mit vorzüglichem Urteilsvermögen. Seine erste Frau war eine Groß-Namaqua, die ein höchst vorbildliches Leben führte und mit der er mehrere Kinder hat; seine zweite Frau stammt vom Kap und ist als Schulleiterin äußerst aktiv und unermüdlich. Mögen diese beiden noch lange in ihrem Tätigkeitsbereich wirken![618]

Allerdings, dass er sich mit den *Baster*-Töchtern der vorbildlichen »Groß-Namaqua« an einen Tisch setzen würde – so weit geht die Weltoffenheit des Herrn Forschungsreisenden dann doch nicht. »Die Töchter von Schmelen«, so erzählt man sich in der Kapkolonie, »wurden nicht zu Tische miteingeladen, als er da mit Captain Alexander war. Sie wurden angesehen und waren anzusehen wie Dienstboten.«[619]

Spätestens da muss es den drei Schmelen-Töchtern aufgegangen sein, in welcher Zwickmühle sie sich befinden. Sie sind sehr gebildet, bei Weitem gebildeter als alle Menschen in der weiteren Umgebung von Komaggas – Schwarze wie Weiße, Frauen wie Männer –, wenn man von ihrem Vater und ihrer Stiefmutter einmal absieht. Sie haben in Kapstadt nicht nur Lesen und Schreiben, sondern auch Englisch und Niederländisch gelernt, außerdem Nähen, Sticken, Kochen und überhaupt alle wichtigen Frauenarbeiten, sie können tadellos einen europäischen Haushalt führen. Dennoch werden sie von Weißen nicht als gleichberechtigt anerkannt. Sie sitzen zwischen allen Stühlen. Wie soll ihre Zukunft aussehen? Wen zum Beispiel sollen sie heiraten? Etwa einen der freundlichen, aber analphabethischen Männer aus ihres Vaters Gemeinde? Das wird nicht gut gehen. Aber wo können sie einen Mann finden, der einen ähnlichen sozialen Status und ein ähnliches Bildungsniveau hat wie sie selbst?

Im Januar 1840 kommt ein weiterer Besucher in Komaggas an, der Botaniker und Missionar James Backhouse. Zu seinem Bedauern ist der Missionar jedoch nicht zu Hause, sondern hält sich mit einigen seiner Leute zum Fischen an der nahe gelegenen

Küste auf. Backhouse beschließt, ihm nachzureisen. An einem Ort, den er Robben Bay nennt, das heutige Hondeklip Bay, findet er die Missionarsfamilie und einige Komaggasser*innen. Es wird ihm ein »herzliches Willkommen von J. H. Schmelen, seiner Frau und ihren Brüdern« zuteil.[620]

Backhouse kommt nicht mit leeren Händen. »Wir waren die Überbringer einiger Briefe für sie, unter denen einer für J. H. Schmelen war, von einem seiner Brüder, von dem er 10 Jahre lang nichts gehört hatte. Außerdem einen aus dem letzten Vierteljahr, der ihn über die Ernennung eines jungen Mannes der Rheinischen Missionsgesellschaft informierte, der ihm helfen sollte.«[621]

Schmelens Arbeitgeberin, die Londoner Missionsgesellschaft, ist damals bereits entschlossen, alle Missionsstationen nördlich des Orange River aufzugeben. Darunter auch Bethanien, wo Schmelen seine strahlendsten Triumphe und bittersten Niederlagen erlebt hat und das ihm offensichtlich immer noch am Herzen liegt. Als dann 1838 sein einziger Sohn und potenzieller Nachfolger Nicolaas stirbt, wendet er sich noch im selben Jahr an die Rheinische Missionsgesellschaft in Deutschland und bittet sie um Missionare für das Groß-Namaland.

Die deutet seinen Brief als göttlichen Fingerzeig und beschließt, ihm einige ihrer Missionare zu Hilfe zu schicken. Einer von ihnen ist der ehemalige Schreinergeselle Franz Heinrich Kleinschmidt.

Missionar Kleinschmidt wird dann nicht nur dem alten Missionar Schmelen zur Hand gehen, er wird auch seine Tochter Hanna heiraten – meine Ururgroßmutter. Gemeinsam mit ihr wird er ins Groß-Namaland aufbrechen. Beide werden, oft ohne zu wissen, was sie da anrichten, dem deutschen Kolonialismus nach Kräften den Weg bereiten. Da ihr Ehemann ein Weißer ist, gilt Hanna als Weiße, wenn auch ihr Status immer wieder angezweifelt wird. Als sie 1884 stirbt, wird das Groß-Namaland gerade zur Kolonie »Deutsch-Südwestafrika« erklärt.

Auch Hannas Schwester Friederika wird heiraten. Keinen Weißen, sondern den Bruder ihrer Stiefmutter Christiaan Bam. Da die Bams als People of Colour gelten, verortet Friederike sich und ihre Familie mit ihrer Heirat endgültig in dieser Personengruppe. Das wird später, in der Zeit der Apartheid, weitreichende Folgen haben.

Hanna Kleinschmidt und Friederika Bam werden die Stammmütter von zwei Familien: einer, die man als People of Colour, und einer, die man als Weiße klassifiziert. Anderthalb Jahrhunderte lang werden sich diese Familien in völlig getrennten Lebenssphären aufhalten und sich nie kennenlernen. Erst im Jahr 2014, nach dem Ende der Apartheid in Südafrika und Namibia … Aber das ist eine andere Geschichte.

Die Geschichte der Familie Schmelen im historischen Kontext

Jahr	Historischer Kontext und die **Familie Schmelen**
1652	Südafrika: Am 16. April lassen sich die ersten Weißen im Auftrag der Niederländischen Ostindien-Kompanie (VOC) dauerhaft am Kap der Guten Hoffnung nieder.
1737	Deutschland:[622] Der von der damaligen Goldküste, heute Ghana, stammende Aufklärungsphilosoph August Wilhelm Amo beginnt an der Universität Halle seine Tätigkeit als Philosophieprofessor.
1776	USA, 4. Juli: Die amerikanische Unabhängigkeitserklärung wird verabschiedet. Thomas Jefferson (1743–1826) ist der Hauptautor des ersten Entwurfes der Unabhängigkeitserklärung. Obwohl er zu der Zeit selbst 170 Sklaven besitzt, nimmt er in den Beschwerdekatalog gegen den britischen König George III (1738–1820) auch den Vorwurf des Sklavenhandels auf. Die entsprechende Passage wird jedoch vor der Unterzeichnung gestrichen.
1775	Deutschland: Immanuel Kants Schrift *Von den verschiedenen Racen der Menschen* erscheint: »Die Menschheit ist in ihrer größten Vollkommenheit in der Race der Weißen. [...] Die Negers von Afrika haben von der Natur kein Gefühl, welches über das Läppische stiege.«
1778	**Deutschland, 5. Januar: Johann Hinrich Schmelen wird geboren in Cassebruch im Kurfürstentum Hannover.**
1781	Aufhebung der Leibeigenschaft in Böhmen, Mähren und Österreich-Schlesien durch Kaiser Franz Josef II. Deutschland: In seiner Schrift *Über die bürgerliche Verbesserung der Juden* fordert der preußische Beamte und Aufklärer Christian Wilhelm Dohm die rechtliche Gleichstellung der Juden.

Jahr	Historischer Kontext und die **Familie Schmelen**
1787	Großbritannien, 22. Mai: Gründung der *Gesellschaft zur Abschaffung der Sklaverei* in London.
1788	Frankreich, 19. Februar: Gründung der Gesellschaft *Freunde der Schwarzen* in Paris. Sie fordert die Gleichberechtigung von Schwarzen und Weißen.
zwischen 1789 und 1830	USA: Alle Staaten nördlich von Maryland schaffen zu unterschiedlichen Zeiten nach und nach die Sklaverei ab.
1789	Frankreich, 14. Juli: Sturm auf die Bastille, Erklärung der Menschen- und Bürgerrechte.
1791	Frankreich: uneingeschränkte rechtliche Gleichstellung der Juden.
1792	Frankreich: Nach einigem Hin und Her beschließt die französische Nationalversammlung die Gleichstellung der »Freien Farbigen« mit den Weißen
1793	Deutschland: Parallel zur lauter werdenden Forderung nach Judenemanzipation wächst auch der Antisemitismus. Beispielsweise schreibt der Philosoph Johann Gottlieb Fichte in seiner anonym veröffentlichten Schrift *Beitrag zur Berichtigung der Urteile des Publikums über die französische Revolution:* »Fast durch alle Länder Europas verbreitet sich ein mächtiger, feindselig gesinnter Staat, der mit allen übrigen im beständigen Krieg steht, und der in manchem fürchterlich schwer auf die Bürger drückt; es ist das Judentum. […] Menschenrechte müssen sie haben […]. – Aber ihnen Bürgerrechte zu geben, dazu sehe ich wenigstens kein Mittel, als das, in einer Nacht ihnen allen die Köpfe abzuschneiden und andere aufzusetzen, in denen auch nicht eine jüdische Idee sei.«[623] Frankreich: Der korsische Adlige Napoleon Buonaparte wird zum jüngsten General der französischen Nationalarmee ernannt. Der französische Nationalkonvent beschließt die Abschaffung der Sklaverei in den französischen Kolonien. Dieser Beschluss wird allerdings nicht umgesetzt.

Jahr	Historischer Kontext und die **Familie Schmelen**
1794	**Südafrika: Zara Hendrichs wird geboren, vermutlich in der Ansiedlung Steinkopf im Klein-Namaland.**
1795	Südafrika wird britische Kolonie. Südafrika: Der Weiße Farmer Petrus Pienaar wird durch Angehörige der Orlam-Gemeinschaft »Afrikaaner« ermordet. Die Afrikaaner fliehen über den Orange River ins Groß-Namaland. Sie schicken einen Verbündeten, Cobus Booij, von der Orlam-Gemeinschaft !Aman nach Kapstadt, um für die Afrikaaner Friedensbedingungen auszuhandeln. Für seine Vermittlerdienste erhält Booij die Erlaubnis, sich in Klipfontein im Groß-Namaland, dem späteren Bethanien, niederzulassen. Großbritannien, 21. Oktober: Gründung der *Londoner Missionsgesellschaft (LMS).*
1798	Deutschland: Rechtliche Gleichstellung der Juden in allen linksrheinischen, von Frankreich besetzten deutschen Gebieten.
1800	Deutschland: Gründung des *Jänicke'schen Missionsinstituts* in Berlin.
1801	Saint-Domingue, das heutige Haiti, 9. Mai: Der Schwarze General Toussaint Louverture erlässt eine Verfassung, die sich auf die französischen Menschen- und Bürgerrechte beruft. Unter anderem ist dort festgelegt: »Es gibt keine Sklaven mehr auf diesem Territorium. Die Sklaverei ist für immer abgeschafft. [...] Das Gesetz ist für alle gleich.«[624]
1802	Frankreich: Napoleon schickt Soldaten nach Saint-Domingue, um diese Entwicklung rückgängig zu machen. 1. Februar: Landung französischer Truppen auf Haiti. 20. Mai: Im *Code Noir* wird die Sklaverei wieder eingeführt. 15. Juni: Toussaint Louverture wird verhaftet.

Jahr	Historischer Kontext und die **Familie Schmelen**
1803	Frankreich, 27. April: Toussaint Louverture stirbt als Gefangener der französischen Regierung im französischen Fort de Joux. Südafrika: Gründung von Bethelsdorp, der ersten Missionsstation der LMS für die Khoekhoe. Leitung: Theodosius van der Kemp. Der LMS-Missionar Read heiratet eine Khoekhoe aus seiner Gemeinde. Die Kapkolonie fällt als »Batavische Republik« an das von Frankreich kontrollierte Holland. Missionar Kicherer tritt in London mit drei »bekehrten Hottentotten« auf. **Großbritannien: Schmelen geht nach London.** **Er beschließt, Missionar zu werden.**
1804	Frankreich: Krönung Napoleons I. zum Kaiser der Franzosen.
1805	Südafrika: Die LMS-Missionare Abraham und Christian Albrecht und Johannes Seidenfaden gründen im Groß-Namaland die Missionsstation Warmbad.
1806	Südafrika: Die Kapkolonie wird wieder britisch. LMS-Missionar Theodosius van der Kemp heiratet die Schwarze Sklavin Sarah Janse, nachdem er sie und ihre Familie freigekauft hat.
1807	Deutschland, 9. Oktober: Im *Oktoberedikt* wird die Aufhebung der Leibeigenschaft in Preußen veranlasst. Schmelen besucht die Jänicke'sche Missionsschule in Berlin. **Südafrika: Schmelens zweite Frau Elizabeth Bam kommt zur Welt. Das genaue Geburtsdatum ist nicht bekannt, aber das ihrer Taufe: 29. März 1807.**
1809	Südafrika, 1. November: Der *Caledon Code* wird verabschiedet.[625]
1810	Südafrika: Missionar Read schreibt einen Brief an den Gouverneur Lord Caledon, in dem er Gerechtigkeit für die Khoekhoe fordert. Read und van der Kemp begeben sich in dieser Angelegenheit nach Kapstadt.

Jahr	Historischer Kontext und die **Familie Schmelen**
1811	Südafrika: Zu Beginn des Jahres überfallen die Afrikaaner die Missionsstation Warmbad. Missionar Albrecht flieht mit seiner Familie nach Kapstadt. Aufgrund der Berichte von Read und van der Kemp werden erstmals Klagen von Schwarzen Arbeitskräften gegen ihre Herren zugelassen. Diese Gerichte werden *Black Circuits* genannt. Ein Direktor der LMS, John Campbell, unternimmt eine Inspektionsreise ins südliche Afrika. Der LMS-Missionar George Thom begleitet ihn und lässt sich danach in Kapstadt nieder. Dort übt er die Funktion eines Superintendenten der LMS für Südafrika aus. **15. September: Mehrere Missionare der LMS, unter ihnen Schmelen, landen am Kap. Sie begegnen dort dem Missionar Albrecht und beschließen, mit ihm wieder in den Norden zu ziehen.** **10. Dezember 1811 – Juni 1812: Schmelen, Albrecht und andere Missionare der LMS reisen von Kapstadt nach Steinkopf.**
1812	Deutschland: Mit dem Erlass des Emanzipationsedikts werden den Juden in Preußen erheblich mehr bürgerliche Freiheiten als bisher zugestanden, wenngleich ihnen die volle rechtliche Gleichstellung mit Nicht-Juden nicht eingeräumt wird. **25. Oktober: Doras Großvater, der Schustersohn Franz Heinrich Kleinschmidt, kommt in dem Dorf Blasheim/Westfalen zur Welt.**
1813	Südafrika: John Campbell besucht Schmelens Missionsstation Pella. Er schreibt an den Kaptein der Afrikaaner, Jager Afrikaaner, einen Versöhnungsbrief. Daraufhin bittet Afrikaaner um einen Missionar.

Jahr	Historischer Kontext und die **Familie Schmelen**
1814	**Südafrika, 6. Februar 1814: Schmelen kann die ersten Bekehrten taufen. Unter den Täuflingen ist auch eine junge Frau namens Zara Hendrich.** **13. April – 3. Juni: Schmelen begibt sich auf eine Erkundungsreise ins Innere des heutigen Namibia. Während dieser Reise heiratet er eine Frau namens Zara. Er lässt sich in Klipfontein nieder, das er Bethanien nennt.**
1815	Südafrika: Rebellion am Slagtersnek. Europa: Auf dem Wiener Kongress wird die Abschaffung des Sklavenhandels beschlossen. **Namibia, 28. November: Die älteste Tochter der Schmelens, Anna, kommt in Bethanien zur Welt.**
1816	**Südafrika: Die Schmelens reisen nach Kapstadt.**
1817	In Kapstadt findet eine Synode statt, in der es unter anderem um die Moral von Missionaren geht, die mit Schwarzen Frauen verheiratet sind. Manche werden aus dem Missionsdienst entlassen. Schmelen kann glaubhaft versichern, dass er in aller Form verheiratet ist, und entgeht diesem Schicksal. **Südafrika, 4. August: Die zweite Tochter der Schmelens, Johanna, kommt zur Welt, vermutlich in Steinkopf.**
1818	Südafrika: Die LMS verbietet ihren Missionaren das Halten von Sklaven. **Die Familie Schmelen lebt wieder in Bethanien.**
1819	Deutschland: Hep-Hep-Unruhen. Mit dem Kriegsruf »Hep-Hep« greifen in ganz Europa Händler, Handwerker und Studenten jüdische Einrichtungen und auch einzelne Juden an. **Südafrika/Namibia: Die jüngste Tochter der Schmelens, Friederika, wird geboren.** **Schmelen reist erstmalig nach Angra Pequena, um einen Zugang zum Meer zu finden und Handelsbeziehungen mit den Besatzungen der dort landenden Walfangschiffen zu knüpfen.**

Jahr	Historischer Kontext und die **Familie Schmelen**
1820	Südafrika: Dr. John Philip wird Superintendent der LMS in der Kapkolonie. **Schmelen reist mit den Missionaren Shaw und Kitchingman in die Region des Fish River.**
1821	**Namibia: Der einzige Schmelen-Sohn Nicolaas wird geboren, vermutlich in Bethanien. Der wesleyanische Missionar James Archbell besucht Schmelen und reist mit ihm an den Fish River und nach Walvis Bay.**
1822	**Namibia: Überfall auf Zara Schmelen. Die Familie Schmelen zieht sich zurück aus Bethanien und lebt an der Mündung des Orange River.**
1823	**Südafrika: Die Familie Schmelen lebt bei dem befreundeten Missionar Barnabas Shaw in Kamiesberg (auch Lilyfontein genannt). Zara und Johann Hinrich Schmelen beginnen mit der Übersetzung der vier Evangelien aus dem Niederländischen ins Khoekhoegowab.**
1824	**Südafrika: Die Familie Schmelen reist nach Kapstadt, um die Übersetzung drucken zu lassen. Es gibt keine passenden Drucktypen für die Klicklaute in Khoekhoegowab. Bis diese in England hergestellt sind, reisen die Schmelens wieder zurück in den Norden. Die beiden ältesten Töchter, Anna und Hanna, bleiben in Kapstadt, um eine europäische Erziehung zu erhalten.**
1825	Namibia: Der wesleyanische Missionar William Threlfall und seine afrikanischen Assistenten werden ermordet. **Während ihr Mann sich auf einer Erkundungsreise nach Walvis Bay befindet, wird Zara Schmelen erneut überfallen.**
1826	**Südafrika: Die jüngeren Schmelen-Kinder, Friederika und Nicolaas, werden zur Erziehung nach Südafrika geschickt.**
1827	**Namibia: Schmelen geht nach Bethanien. Er findet seine Missionsstation verlassen vor. Die gesamte Region ist von einer großen Dürre betroffen**

Jahr	Historischer Kontext und die **Familie Schmelen**
1828	Südafrika: J. Philip veröffentlicht sein Werk *Researches in South Africa*, in dem er die schlechte Behandlung der südafrikanischen Schwarzen anprangert. Dieses Buch löst in Großbritannien einen Sturm der Empörung aus und setzt die britische Regierung und damit auch die Verwaltung der Kapkolonie unter Druck. Die »Order No 50« wird verabschiedet. Deutschland: Die *Rheinische Missionsgesellschaft* wird gegründet. **Namibia: Schmelen besucht erneut Bethanien. Zur Dürre ist noch eine Heuschreckenplage gekommen.** **Gegen Ende des Jahres lassen sich die Schmelens in Komaggas nieder.**
1829	**Südafrika: Die beiden Töchter Hanna und Friederika Schmelen kehren zu ihren Eltern nach Komaggas zurück.**
1830	**Südafrika: Die Familie Schmelen reist nach Kapstadt, um endlich die ins Khoekhoegowab übersetzten Texte drucken zu lassen.** **Schmelen widmet ein Exemplar dem Gouverneur von Südafrika, Sir Lowrey Cole. Dort erwähnt er ausdrücklich den Anteil seiner Frau an der Übersetzung und verschweigt auch nicht, dass sie eine Nama ist.**
1831	Im November wird die Siedlung Komaggas mitsamt dem umliegenden Land offiziell zur Missionsstation erklärt, ein Schutz vor landhungrigen Weißen Siedlern. **Südafrika, 2. oder 4. April: Zara Schmelen stirbt während der Rückreise von Kapstadt nach Komaggas auf dem Hof des Missionsfreundes Ludwig Botma und wird dort beigesetzt.**
1833	**Südafrika: Schmelen heiratet in zweiter Ehe Elizabeth Bam. Elizabeth stammt aus einer alten wohlhabenden Familie von People of Colour in Kapstadt. Ihre Tante Cornelia van Laar und ihre Brüder Jan, Christiaan und später Ferdinand Bam begleiten sie nach Komaggas und lassen sich dort nieder.**

Jahr	Historischer Kontext und die **Familie Schmelen**
1834	Großbritannien, 28. August 1833: Verabschiedung des *Slavery Abolition Act*. Ab dem 1. August 1834 werden alle Sklaven in den britischen Kolonien (also auch in Südafrika) für frei erklärt.
Ca. 1835	Pella/Südafrika: Hendrik Witbooi wird geboren.
1837	Deutschland: In seinen *Vorlesungen über die Philosophie der Geschichte* verteidigt der Philosoph G. W. Hegel die Sklaverei: »Der einzige wesentliche Zusammenhang, den die Neger mit den Europäern gehabt haben und noch haben, ist der der Sklaverei. In dieser sehen die Neger nichts ihnen Unangenehmes.«[626]
1838	**Komaggas, Südafrika: Tod von Nicolaas, dem einzigen Sohn der Schmelens.** **4. Dezember: Schmelen schreibt an die Rheinische Missionsgesellschaft und bittet um Hilfe, da die LMS die Mission im heutigen Namibia aufgeben will.** **Barmen, Deutschland, 29. September: Doras Großvater Franz Heinrich Kleinschmidt tritt ins Rheinische Missionsseminar ein.**
1839	**Barmen/Deutschland: Franz Heinrich Kleinschmidt wird ins südliche Afrika ausgesandt.**
1840	**Komaggas/Südafrika: Franz Heinrich Kleinschmidt kommt in Komaggas an.** **Deutschland, 27. November: Doras Vater Hermann Ludwig Hegner wird auf dem Gut Zoepel in Ostpreußen geboren.**
1842	**Komaggas/Südafrika, 23. Mai: Doras Großeltern Hanna Schmelen und Franz Heinrich Kleinschmidt heiraten.**
1844	**Windhoek, 13. September: Doras Mutter Elisabeth Kleinschmidt kommt zur Welt.**
1847	**Namibia: Jan, der Bruder von Schmelens zweiter Frau Elizabeth Bam, der sich als Missionsassistent betätigt, heiratet eine Weiße Frau aus Kapstadt: Petronella Jooste.**

Jahr	Historischer Kontext und die **Familie Schmelen**
1848	**Komaggas/Südafrika, 26. Juli: Doras Urgroßvater Johann Hinrich Schmelen stirbt.** **Komaggas, 14. November: Schmelens zweite Frau Elizabeth stirbt.**
1853–1855	Frankreich: Mit dem *Essai sur l'inégalité des races humaines* wird der französische Diplomat Arthur de Gobineau zu einem der Vordenker des »wissenschaftlichen Rassismus«.
1854	Okahandja/Namibia: Samuel Maharero, Sohn des Herero-Omuhona Mahahrero und dessen Frau Katare, kommt zur Welt.
1856	**Südafrika: Jan Bam wird als erste Person of Colour von der Rheinischen Mission zum Missionar ordiniert.**
1859	Großbritannien: Charles Darwins *Die Entstehung der Arten durch natürliche Zuchtwahl oder die Erhaltung der begünstigten Rassen im Kampf ums Dasein* erscheint in London und wird sofort ein Bestseller. Deutschland: Der Erste Inspektor der Rheinischen Missionsgesellschaft Friedrich Fabri, liefert mit seiner Schrift *Die Entstehung des Heidentums und die Aufgabe der Heidenmission* eine theologische Begründung für Kolonialismus und Herrenmenschentum. Er vertritt die theologische These, es seien die Afrikaner gewesen, die »Söhne Hams«, die sich besonders eifrig am Turmbau zu Babel beteiligt hätten. Eine Mittelstellung hätten die »Söhne Sems«, die Juden, eingenommen. Besonders wenig hätten sich jedoch die »Söhne Japhets«, die Weißen, an dieser Auflehnung gegen Gott beteiligt. Infolgedessen seien sie dazu berufen, eine führende Rolle in der Völkergeschichte zu übernehmen.
1861	**Deutschland: Doras Vater Hermann Ludwig Hegner tritt ins Rheinische Missionsseminar ein.**
1863	USA: Durch die Emanzipationsproklamation wird auch in den Südstaaten die Sklaverei abgeschafft.

Jahr	Historischer Kontext und die **Familie Schmelen**
1864	Großbritannien, 19. Januar: Die *Anthropological Society*, eine international renommierte wissenschaftliche Gesellschaft, organisiert in London eine Tagung zum Thema »Das Aussterben der minderwertigen Rassen«.
1865	**Deutschland: Hermann Ludwig Hegner wird als Missionar ins südliche Afrika ausgesandt.**
1869	Großbritannien: Der britische Forscher und Autor Francis Galton, ein Cousin von Charles Darwin und von diesem stark beeinflusst, veröffentlicht sein berühmtestes Werk: *Hereditary Genius*.
1871	Versailles/Frankreich, 18. Januar: Das deutsche Kaiserreich wird proklamiert. **Concordia/Südafrika, 5. Januar: Doras Eltern Elisabeth Kleinschmidt und der rheinische Missionar Hermann Ludwig Hegner heiraten.**
1875	**Berseba/Namibia, 4. September: Doras Bruder Hermann Hegner jr. kommt zur Welt.** **Deutschland, 21. Februar: Der Webersohn Georg Philipp Zimmermann kommt in Oberschwarzach/Baden zur Welt.**
1878	**Berseba/Namibia, 12. Dezember: Dora Hegner wird geboren.**
1880	Namibia: Hendrik, der älteste Sohn des amtierenden Witbooi-Kapteins Moses Witbooi, entkommt knapp einem Mordanschlag der Herero und hat daraufhin eine religiöse Vision.
1881	**Namibia, 30. August: Doras Bruder Otto Hegner wird in Berseba geboren.**
1883	Bethanien/Namibia, 1. Mai: Der Khoekhoe-Kaptein Josef Frederiks und ein deutscher Kaufmannsgehilfe im Auftrag des Bremer Kaufmanns Adolf Lüderitz unterzeichnen einen Kaufvertrag über ein Stück Land der Bethanier. Dieses betrügerische Papier legt den Grundstein für die erste deutsche Kolonie: Deutsch-Südwestafrika. **Barmen/Deutschland, 10. Januar: Doras Cousin Gerhard Kleinschmidt wird geboren.**

Jahr	Historischer Kontext und die **Familie Schmelen**
1884–85	Deutschland: Berliner Konferenz. Das heutige Namibia wird zur ersten deutschen Kolonie »Deutsch-Südwestafrika« erklärt. **Berseba/Namibia, 26. Februar: Doras Schwester Marie Hegner wird geboren.** **Barmen/Deutschland, 17. März: Doras Cousin Heinrich Kleinschmidt wird geboren.** **Mitte Dezember: Doras Bruder Hermann Hegner jun. wird nach Deutschland geschickt.** **Otjimbingue/Namibia, 18. Dezember: Doras Großmutter Hanna Kleinschmidt stirbt.**
1885	**Doras Onkel Heinrich Kleinschmidt, der lange in Deutschland gelebt hat, kehrt mit seiner Ehefrau Mathilde Sophie, geb. Krause, und seinen Söhnen Gerhard und Heinrich nach Namibia zurück.**
1886–1892	Frankreich: Im Rahmen einer in Montpellier gehaltenen Vorlesungsreihe entwickelt der französische Zoologe Georges Vacher de Lapouge eine rassistische Geschichtsphilosophie, wonach die gesamte Menschheitsgeschichte ein Kampf der »Herrenvölker« (also der Weißen) gegen die »niederen Rassen« sei.
1886	Deutschland, 17. April: Nach dem »Gesetz, betreffend die Rechtsverhältnisse in den deutschen Schutzgebieten« wird für sämtliche deutschen Kolonien ein duales Rechtssystem eingeführt: eines für »Eingeborene« und ein anderes für »Nichteingeborene«. Für die »Nichteingeborenen« gilt weiterhin das reichsdeutsche Recht. Für »Eingeborene« hingegen gilt das Gewohnheitsrecht ihres »Stammes« – auch wenn sie mit diesem niemals Kontakt gehabt haben. Im Deutschen Reich selbst gilt weiterhin ein unterschiedsloses Rechtssystem für Schwarze und für Weiße.[627] **Berseba/Namibia, 8. November: Doras Bruder Willi Hegner wird geboren.**

Jahr	Historischer Kontext und die **Familie Schmelen**
1887	Deutschland, 7. Mai: In einer *Denkschrift betreffend die Schließung von Ehen zwischen Weißen und Farbigen in den deutschen Schutzgebieten* fordern führende Vertreter der *Rheinischen Missionsgesellschaft* die Erleichterung von Ehen zwischen »Weißen und Farbigen«. Gründung der *Deutschen Kolonialgesellschaft*, die eine aggressive und effektive Kolonialpropaganda entfaltet.
1888	Gibeon/Namibia, im Januar: Hendrik Witbooi wird Kaptein der Witbooi. **Dora Hegner wird nach Deutschland geschickt.** **Otjimbingue/Namibia, 25. August: Doras Cousine Tilly Kleinschmidt kommt zur Welt.**
seit 1889	Namibia: In immer größerer Zahl und mit immer massiveren Waffen ausgerüstet werden »Schutztruppen« in der neuen Kolonie eingesetzt.
1893	Hornkrans/Namibia, 12. April: Überfall der Schutztruppe auf das Lager der Witbooi. Es werden vor allem Frauen und Kinder getötet.
1894	Namibia: Hendrik Witbooi schließt einen Friedensvertrag mit dem Landeshauptmann Theodor Leutwein, in dem er sich verpflichtet, den Deutschen gegen »aufständische Stämme« militärisch beizustehen.
1896	Südliches Afrika: Rinderpestepidemie. In Berlin findet die Erste Deutsche Kolonialausstellung statt. **Otjimbingue/Namibia, 7. Februar: Tod von Tillys Vater Heinrich Kleinschmidt.**
1899	Deutschland: Mit seiner Schrift *Die Grundlagen des neunzehnten Jahrhunderts* verfasst der Brite Houston Stewart Chamberlain das Standardwerk des rassistischen und ideologischen Antisemitismus im frühen 20. Jahrhundert. Zu seinen Bewunderern zählt Kaiser Wilhelm II., der Chamberlain wiederholt an den kaiserlichen Hof einlädt. Später auch der junge Adolf Hitler. **Deutschland: Die Eltern Hegner kommen zum Heimaturlaub nach Deutschland und nehmen Dora danach mit nach Afrika.**

Jahr	Historischer Kontext und die **Familie Schmelen**
1904	Namibia, 12. Januar: Die Herero erheben sich gegen die deutsche Kolonialmacht. Europa: Nachdem die SPD zunächst eine klare antikolonialistische und antirassistische Position vertreten hat, werden Kolonialismus und Rassismus auch in dieser Partei mehrheitsfähig. Die Zweite Sozialistische Internationale in Amsterdam spricht sich zwar gegen den Imperialismus aus, verabschiedet aber gleichzeitig Sätze wie den folgenden: »Der Kongress anerkennt das Recht der Einwohner zivilisierter Länder, sich in Ländern niederzulassen, deren Bevölkerung sich in niederen Stadien der Entwicklung befindet.«[628] Namibia, August: Schlacht am Waterberg. Versuch des Generals von Trotha, die Herero (und später die Nama) zu vernichten. September: Hendrik Witbooi, dem sich fast alle Nama-Kapteins anschließen, erklärt den Deutschen den Krieg. **Namibia: Hermann Hegner jr. kehrt nach Südwestafrika zurück und schließt sich der »Schutztruppe« an.**
1905	Namibia, 29. Oktober: Hendrik Witbooi fällt bei Vaalgras. Doch der Kampf geht weiter. Erst 1907 muss der letzte Nama-Verband aufgeben. Fortführung des Völkermordes in Konzentrationslagern. Lediglich 20 Prozent der Herero und 50 Prozent der Nama überleben. Schädel von gefallenen Nama und Herero werden zu Forschungszwecken nach Deutschland geschickt, wo sie sich z. T. bis heute in den Asservatenkammern der Forschungsinstitute befinden. Erst 1908 wird das letzte KZ aufgelöst. Namibia, 23. September: Auf Weisung des stellvertretenden Gouverneurs der Kolonie Deutsch-Südwestafrika, Hans Tecklenburg, an alle Standesbeamten in der Kolonie dürfen keine standesamtlichen Trauungen zwischen Weißen und Schwarzen mehr vorgenommen werden. Damit sind rechtskräftig geschlossene Ehen zwischen Schwarz und Weiß in der Kolonie Deutsch-Südwestafrika nicht mehr möglich, auch wenn es nie ein explizites »Mischehenverbot« gibt. →

Jahr	Historischer Kontext und die **Familie Schmelen**
→ 1905	Deutschland: Der Mediziner Alfred Ploetz und der Ethnologe Richard Thurnwald gründen die weltweit erste *Gesellschaft für Rassenhygiene*, deren Ziel die Höherzüchtung der »arischen Rasse« ist. **Deutschland: Die Familie Hegner kehrt zurück nach Deutschland und lebt fortan in Gütersloh.**
1907	Deutschland, 25. Januar: Neuwahlen für den deutschen Reichstag anlässlich der Frage, ob weitere Mittel für die koloniale Kriegsführung in Deutsch-Südwestafrika bewilligt werden sollen (»Hottentottenwahlen«). Verschiebung der Mehrheitsverhältnisse im Reichstag zugunsten der Kolonialbefürworter. Namibia, 18. August: »Verordnung des Gouverneurs betreffend Maßregeln zur Kontrolle der Eingeborenen«: Schwarze dürfen hinfort kein Land besitzen, keine Reittiere und Großvieh halten und sich nicht überall niederlassen. Außerdem müssen sie stets einen Pass mit sich führen, der von jedem Weißen kontrolliert werden kann. Um nicht zu verhungern, müssen sich die besiegten Afrikaner bei den deutschen Farmern Arbeit suchen, nicht selten auf dem Land, das früher ihnen gehört hat. Namibia, 3. September: »Im Interesse der Entwicklung des Schutzgebietes« werden Grundstücke durch die Bezirksverwaltung nicht an Weiße verkauft, die mit einer Afrikanerin verheiratet sind oder zusammenleben. Namibia, 26. September: In einem Grundsatzurteil (Ehescheidungsangelegenheit des Kaspar Friedrich Leinhos und Ada Maria Leinhos, der Tochter einer Herero und eines Kanadiers) wird näher aufgeführt, wer als »Eingeborener« zu verstehen ist: »Eingeborene sind sämtliche Blutsangehörige eines Naturvolkes, auch die Abkömmlinge von eingeborenen Frauen, die sie von Männern der weißen Rasse empfangen haben, selbst wenn mehrere Geschlechter hindurch nur eine Mischung mit weißen Männern stattgefunden haben sollte.«[629] →

Jahr	Historischer Kontext und die **Familie Schmelen**
→ 1907	**Hermann Ludwig Hegner wird der Königliche Kronen-Orden vierter Klasse verliehen, weil seine Missionsstation Berseba sich aus dem Krieg gegen die Deutschen herausgehalten hatte.**
1908	Namibia, 30. Oktober: »Eingeborene« können Kredite nur mit Genehmigung der lokalen Verwaltungsbehörden aufnehmen. In Namibia werden immer noch insgesamt 42 »Rassenmischehen« gezählt, also rechtskräftig geschlossene Ehen zwischen einer Schwarzen Frau und einem Weißen Mann.
1909	Namibia, 28. Januar: »Verordnung des Reichskanzlers betreffend die Selbstverwaltung in Deutsch-Südwestafrika«: Weiße, die mit einer »Eingeborenen« verheiratet sind oder mit ihr zusammenleben, werden vom Wahlrecht zum Landesrat für Südwestafrika ausgeschlossen. Namibia: Der Arzt und Anthropologe Eugen Fischer führt in Deutsch-Südwestafrika eine Untersuchung der »Rassenmerkmale« von 2567 »Rehobother Bastards« durch. Bei dieser Untersuchung wendet er erstmalig die wiederentdeckten Mendelschen Regeln auf die Anthropologie an, wodurch der »wissenschaftliche Charakter« dieser Untersuchung besonders unterstrichen wird. Finanziert durch eine Stiftung der Preußischen Akademie der Wissenschaften. Fischer will durch diese systematische Untersuchung der »Rassenkreuzung« eine Grundlage zur »Praktischen Eugenik« legen. **Kaiserswerth/Deutschland: Die Schwesternschülerin Helene Kleinschmidt, Urenkelin von Zara und Johann Hinrich Schmelen, wird entlassen – vermutlich aufgrund ihrer Hautfarbe. Helenes Bruder Heinrich Kleinschmidt jr. wird aufgrund seiner »Race« nicht in den Missionsdienst aufgenommen.**
1911	Großbritannien: First International Race Congress in London. Dort wird u. a. diskutiert, ob »Mischlinge« nicht, ähnlich wie Maultiere, eine Kreuzung zwischen Esel und Pferd, unfruchtbar sind.

Jahr	Historischer Kontext und die **Familie Schmelen**
1912	Deutschland, 17. Januar: Für die deutsche Kolonie Samoa erlässt der Staatssekretär des Reichkolonialamtes Wilhelm Solf auf dem Verordnungsweg ein ausdrückliches Verbot von Ehen zwischen »Eingeborenen« und »Nichteingeborenen«. Dies ruft im Deutschen Reich, vor allem bei den Abgeordneten der Sozialdemokratischen und der Zentrumspartei, Proteste hervor. Es kommt zu einer öffentlichen Debatte zum Thema »Mischehen«. 2. Mai: Mischehendebatte im Deutschen Reichstag. Die Mehrheit fordert die Regierung auf, einen Gesetzesentwurf vorzulegen, »welcher die Gültigkeit der Ehen zwischen Weißen und Eingeborenen sicherstellt«. Der angemahnte Gesetzesentwurf wird nie vorgelegt.
1912/13	Namibia: Laut dem Jahresbericht der Kolonie leben – neben 14 830 Weißen und einer unbekannten Anzahl Schwarzer – 1746 »Mischlinge« in Deutsch-Südwestafrika, von denen die meisten aus nichtehelichen Lebensgemeinschaften hervorgegangen seien.[630]
1913	Deutschland: *Die Rehobother Bastards und das Bastardisierungsproblem beim Menschen*, das Standardwerk des Arztes und Anthropologen Eugen Fischer, erscheint. Der Autor wird durch dieses Werk international bekannt. Während der Weimarer Republik, der NS-Zeit und noch in der Nachkriegszeit wird er ein angesehener Wissenschaftler sein. Um nur wenige Beispiele zu nennen: Zwischen 1927 und 1942 ist er Direktor des Kaiser-Wilhelm-Instituts für Anthropologie, menschliche Erblehre und Eugenik in Berlin, 1933/1934 Rektor der Berliner Universität. Noch 1952 wird er zum Ehrenmitglied der *Deutschen Anthropologischen Gesellschaft* ernannt. **Namibia: Ludwig Baumann, Urenkel von Zara und Johann Hinrich Schmelen, wird anlässlich eines Prozesses zum »Eingeborenen« erklärt.** **Tilly Kleinschmidt, Urenkelin von Zara und Johann Hinrich Schmelen, kann in Namibia ihren deutschen Verlobten nicht heiraten, da sie als »Eingeborene« eingestuft wird.** →

Jahr	Historischer Kontext und die **Familie Schmelen**
→ 1913	**Tillys Bruder Gerhard Kleinschmidt hingegen hat keinerlei Probleme. Er gründet eine Familie mit einer Weißen Frau, Klara Heuer, mit der er drei Kinder hat. Die Familie gilt stets unbestritten als Weiß.** **Gütersloh, Deutschland, 2. September: Doras Mutter Elisabeth Hegner stirbt.**
1914	Während des gesamten Deutschen Kaiserreiches kommt es zu keiner rechtlichen Klärung, ob »Mischehen« erlaubt sind und wer als »Weißer« oder als »Mischling« zu gelten hat. Der Ausbruch des Ersten Weltkrieges und mit ihm der Verlust der deutschen Kolonien machen ein solches Gesetz dann schließlich überflüssig.
1915	Namibia: Ende der deutschen Kolonialhoheit in Südwestafrika durch den Einmarsch südafrikanischer Truppen. **Leipzig/Deutschland, 1. Juli: Doras Cousine Tilly Kleinschmidt heiratet den deutschen Kaufmann Fritz Ewaldt.** **Gütersloh, 26. Oktober: Doras Vater Hermann Ludwig Hegner stirbt.** **31. Dezember: Dora Hegner und der Rheinische Missionar Philipp Zimmermann heiraten.**
1916	**Deutschland, 2. Februar: Erika Ewaldt, Tillys und Fritz Ewaldts Tochter, wird geboren.** **Dezember: Tod von Fritz Ewaldt.**
1917	**Buer-Erle, Deutschland, 7. April: Dora und Philipp Zimmermanns Sohn Diether wird geboren.** **22. Juli: Tod von Hermann Hegner jr**
1918	Die ehemalige deutsche Kolonie Deutsch-Südwestafrika wird von Südafrika verwaltet. Deutschland: Nach dem Ende des Ersten Weltkrieges wird das linke Rheinufer durch französische Truppen besetzt, zu denen auch 30000 Schwarze Soldaten aus den französischen Kolonien gehören. Das Thema wird in der Öffentlichkeit unter dem Begriff »Schwarze Schmach« rassistisch ausgeschlachtet.

Jahr	Historischer Kontext und die **Familie Schmelen**
1919	Deutschland verliert im Rahmen des Versailler Vertrags alle Ansprüche auf seine Kolonien.
1920	Namibia: Die ehemalige deutsche Kolonie Deutsch-Südwestafrika wird Mandatsgebiet des Völkerbundes unter südafrikanischer Verwaltung. **Banjarmasin/Indonesien: Dora und Philipp Zimmermann reisen mit ihren beiden kleinen Söhnen nach Banjarmasin im heutigen Indonesien (damals Niederländisch-Indien). Philipp arbeitet dort als Leiter eines Seminars für einheimische Lehrer. Er wird Mitarbeiter der Basler Missionsgesellschaft.** **14. September: Dora und Philipp Zimmermanns Tochter Elisabeth wird geboren.**
1921	Deutschland: Der deutsche Anthropologe Eugen Fischer ruft dazu auf, menschliche Schädel aus den Kolonien zu Forschungszwecken nach Deutschland zu schicken.
1923	**Banjarmasin/Indonesien, 12. Juni: Dora erkrankt schwer.**
1924	Deutschland: Das politische Programm eines weitgehend unbekannten jungen Rechtsradikalen namens Adolf Hitler, *Mein Kampf* betitelt, erscheint. Dort spitzt Hitler die Propaganda von der »Schwarzen Schmach« antisemitisch zu: Es seien die Juden, die Schwarze an den Rhein schickten – »immer mit dem gleichen Hintergedanken und klarem Ziel, durch die dadurch zwangsläufig eintretende Bastardierung die ihnen verhaßte weiße Rasse zu zerstören«.[631]

Jahr	Historischer Kontext und die **Familie Schmelen**
1927	Ein weiteres Grundlagenwerk des inzwischen international sehr angesehenen deutschen Anthropologen Eugen Fischer, *Rasse und Rassenentstehung beim Menschen*, erscheint. Dort schreibt Fischer: »Wenn die Bastards dem Weißen gleichgesetzt werden, kommt ganz unweigerlich Hottentottenblut in die weiße Rasse. [...] Ausnahmslos jedes europäische Volk (einschließlich der Tochtervölker Europas), das das Blut minderwertiger Rassen aufgenommen hat – und dass Neger, Hottentotten und viele andere minderwertig sind, können nur Schwärmer leugnen –, hat diese Aufnahme minderwertiger Elemente durch geistigen, kulturellen Niedergang gebüßt.« Daher sei unter allen Umständen eine »Rassenmischung« zu vermeiden. »Hier handelt es sich geradezu um den Bestand – ich sage das in vollem Bewusstsein – unserer Rasse, das muss in jeder Beziehung der oberste Gesichtspunkt sein, da haben sich eben ethische und rechtliche Normen darnach zu richten.«[632] In der NS-Zeit wird sich Fischer, gemeinsam mit anderen Wissenschaftlern, für die Zwangssterilisierung der »Rheinlandbastarde« einsetzen. **Deutschland, 8. März: Willi Hegner stirbt.**
1928	**Deutschland: Die Familie Zimmermann kehrt nach Deutschland zurück und lebt in Karlsruhe. Marie Hegner zieht zu ihnen.**
1930	Die letzten Besatzungstruppen aus dem Rheinland ziehen ab. Rassistische Propaganda.
1933	Deutschland, 30. Januar: Hitler wird Reichskanzler. 27./28. Februar: Die Nationalsozialisten nutzen den »Reichstagsbrand« als Vorwand zu einer Terrorwelle gegen Nazigegner. In den Wochen vor und nach der Reichstagswahl profiliert sich die NS-Organisation »Sturmabteilung« (SA) mit massiven antijüdischen Ausschreitungen und Straßenterror gegen politisch Andersdenkende in einem bis dahin unbekannten Ausmaß. →

Jahr	Historischer Kontext und die **Familie Schmelen**
→ 1933	21. März: »Tag von Potsdam«. Eröffnung des neuen Reichstages in der evangelischen Potsdamer Garnisonkirche. Hindenburg schüttelt Hitler öffentlich die Hand und macht ihn dadurch vor allem für konservative Bürger akzeptabel. 1. April: Die neuen Machthaber erlassen einen Aufruf zum Boykott jüdischer Geschäfte, der durch die verschiedenen NS-Organisationen gewaltsam durchgesetzt wird. 7. April: Im »Gesetz zur Wiederherstellung des Berufsbeamtentums« wird angeordnet, dass Beamte, die das neue Regime aus politischen oder rassischen Gründen ablehnt, umgehend aus dem Staatsdienst zu entlassen sind. 14. Juli: Mit Hitlers Unterstützung setzt die NS-nahe »Glaubensgemeinschaft Deutsche Christen« reichsweite Kirchenwahlen durch und besetzt seitdem die meisten wichtigen Kirchenämter. 6. September: Generalsynode der Evangelischen Kirche der altpreußischen Union. Dort wird beschlossen: 1. Einrichtung eines zentralen Landesbischofsamtes anstelle der bisherigen Generalsuperintendenten. 2. Verabschiedung eines kirchlichen »Arierparagrafen«. Ende September 1933 wird der D. C.-Pfarrer Ludwig Müller zum »Reichsbischof« gewählt. **Hans Kleinschmidt jr., ein Ururenkel von Zara und Johann Hinrich Schmelen, schließt sich der SA an.** **30. Mai: Hans Kleinschmidt, ein Urenkel von Zara und Johann Hinrich Schmelen und Vater von Hans Kleinschmidt jr., wird nicht in die NSDAP aufgenommen, da man »Zweifel an seiner arischen Abstammung« hegt.** **Otto Hegner wird als Generalsuperintendent entlassen.** **Dezember: Otto Hegner wird Vorsteher des Diakonissen-Mutterhauses des Königin Elisabeth Hospitals in Berlin.**

Jahr	Historischer Kontext und die **Familie Schmelen**
1934	Ab 1934 in ganz Deutschland: Sterilisierungen von »Schwachen« und »Asozialen«. Mai: Gründung der protestantischen Oppositionsbewegung *Bekennende Kirche (BK)*. Die Rheinische Missionsgesellschaft schließt sich der BK an. Die BK wendet sich zwar gegen eine Verfälschung des Christentums durch die D. C., schweigt aber zur Politik der Nazis. »Wer 1933 nicht an Hitlers Mission glaubte«, so der Schweizer Theologe Karl Barth im Rückblick, »der war ein verfemter Mann, auch in den Reihen der Bekennenden Kirche.«[633] 2. August: Tod Hindenburgs. Hitler wird Staatsoberhaupt. **August: Marie Hegner wird in die Nervenheilanstalt Tannenhof/Westfalen eingewiesen.**
1935	Deutschland, 10.–16. September: Nürnberger Reichsparteitag. In den »Nürnberger Gesetzen« wird die deutsche Bevölkerung in »Arier« und »Nichtarier« aufgeteilt. Die Rechte der Letzteren werden massiv eingeschränkt. Im ebenfalls auf dem Nürnberger Parteitag verabschiedeten »Gesetz zum Schutze des deutschen Volks und der deutschen Ehre« werden die »Rassenmischehe« und auch der außereheliche Sexualverkehr zwischen Juden und »Staatsangehörigen deutschen oder artverwandten Blutes« verboten. Zuwiderhandlungen werden mit Zuchthaus und anschließender Einweisung in ein KZ geahndet. Dieses Gesetz richtet sich vor allem gegen die Juden, es wird aber auch auf Afrikaner angewandt. **Namibia: Der 20-jährige Wilhelm Kleinschmidt, Ururenkel von Zara und Johann Hinrich Schmelen und Sohn des Gerhard Kleinschmidt, erhält als Vertreter der deutschen Jugend in Südwestafrika eine Einladung zum Reichsjugendtag in Nürnberg.**

Jahr	Historischer Kontext und die **Familie Schmelen**
1936	**Deutschland:** **1. Januar: Die Töchter von Hans Kleinschmidt, Helga und Ingeborg, werden aufgrund »negroider Abstammung« aus dem BDM ausgeschlossen.** **21. Juli: Marie Hegner stirbt in der Nervenheilanstalt Tannenhof.**
1937	Deutschland: Die von Rassenhygienikern schon lange geforderte Sterilisierung der »Rheinlandbastarde« wird nun durchgeführt – im Geheimen, um im Ausland kein unliebsames Aufsehen zu erregen.
1938	5. Oktober: Einziehung der Reisepässe von Juden, Neuausstellung mit einem aufgedruckten »J«. 5. November: Verbot öffentlicher Schulen für jüdische Kinder. 9. November: Staatlich gelenkte Pogrome gegen Juden, jüdische Einrichtungen und Geschäfte. **Deutschland, im April: Hans Kleinschmidt jr. wird aus SA und NSDAP entlassen, da er »nicht frei von negroidem Bluteinschlag« sei.**
1939	Deutschland, 1. Januar: Einführung zusätzlicher Zwangsvornamen für Juden (Sara, Israel). 15. März: Einmarsch deutscher Truppen in die »Rest-Tschechei« unter Bruch des Münchner Abkommens. 23. März: Einmarsch deutscher Truppen in das zu Litauen gehörende Memelgebiet. 23. August: Nichtangriffspakt mit der Sowjetunion. 1. September: Angriff Deutschlands auf Polen. **Februar: Hans Kleinschmidt jr. wird »unter Vorbehalt« erneut in die SA aufgenommen.** **Dezember: Der jüngste Sohn von Hans Kleinschmidt, Elger, darf trotz »nicht reinblütiger Abstammung« zur Hitlerjugend.**
1941	**Deutschland, 1. Februar: Doras Bruder Otto Hegner stirbt in Berlin.** **Sowjetunion, 26. Juni: Hans Kleinschmidt jr. fällt bei Brest-Litowsk.**

Jahr	Historischer Kontext und die **Familie Schmelen**
1945	Deutschland, 8. Mai: Mit dem Ende des Zweiten Weltkrieges endet das NS-Regime.
1947	**Deutschland: Gotthilf Zimmermann gesteht seiner künftigen Ehefrau Ilse Schaible, dass er eine Schwarze Vorfahrin habe, und nimmt ihr das Versprechen ab, dies künftigen Kindern zu verschweigen.**
1948	**Deutschland, 13. Januar: Gotthilf Zimmermann und Ilse Schaible heiraten.**
1949	Deutschland, 23. Mai: Gründung der BRD. 7. Oktober: Gründung der DDR. **Ursula Zimmermann (später verheiratete Trüper), Tochter von Gotthilf und Ilse Zimmermann, wird geboren.**
1953	**Karlsruhe/Deutschland, 30. April: Philipp Zimmermann stirbt.**
1955	**Karlsruhe/Deutschland, 10. November: Dora Zimmermann stirbt.**
1957	Ghana, 6. März: Das Land wird als erster afrikanischer Staat unabhängig.
1963	**Deutschland: Ilse Zimmermann verrät versehentlich ihrer Tochter Ursula das »Familiengeheimnis«.**
1990	Windhoek/Namibia, 21. März: Mit der Verabschiedung der Verfassung wird Namibia als letztes afrikanisches Land unabhängig.
1994	Südafrika, 26.–29. April: Erste allgemeine, gleiche und geheime Wahlen. Damit endet die Apartheid.

Danke!

Dieses Buch, zu dem ich – mit Unterbrechungen – über dreißig Jahre recherchiert habe, hätte nicht geschrieben werden können ohne die Unterstützung von sehr vielen Menschen. Diejenigen, die mir einst geholfen haben, die Grundlagen zu legen, habe ich bereits erwähnt in meiner ersten Studie zu Zara Schmelen von 2000: »Die Hottentottin«. Manche von ihnen sind inzwischen verstorben. Ihnen allen bin ich nach wie vor zutiefst dankbar für ihre wertvolle Hilfe.

Darüber hinaus möchte ich mich bedanken bei meinen Verwandten Eberhard Kleinschmidt, Juha Rautanen, Rainer und Inge Heller und Marianne Ewaldt, die mir Material aus ihren privaten Archiven zur Verfügung gestellt haben. Herr Wolfgang Apelt vom Archiv der Vereinten Evangelischen Mission hat mit großer Geduld immer wieder einzelne Dokumente für mich herausgesucht. Meine Freundin Petra Mendelson, mein Cousin Horst Kleinschmidt und mein Bruder Martin Zimmermann haben das Manuskript gegengelesen und mir viele nützliche Hinweise gegeben. Bedanken möchte ich mich auch bei meinen südafrikanischen und namibischen Verwandten, die mir bei meinen diversen Reisen im südlichen Afrika ihre Gastfreundschaft gewährt und mir ihre Heimat gezeigt haben. Ebenfalls gilt mein Dank meiner Agentin Dr. Hanna Leitgeb, meinem Lektor Dr. Matthias Auer für viele wichtige Anregungen und Susanne Haffner vom Lübbe Verlag für ihre Begeisterung und die wunderbare Zusammenarbeit. Und nicht zuletzt gilt mein Dank meinem Lebensgefährten Leo Hölscher, für seine Liebe und sein Interesse an meiner Arbeit. Seine Angewohnheit, mich hartnäckig und immer wieder in kritische Diskussionen zu verwickeln, hat mich sehr inspiriert.

Quellen und Literatur

Alexander, J. E. 2005: Entdeckungsreise in das Innere Südwestafrikas. Bericht über eine Reise von Kapstadt nach Walvis-Bay durch das Groß-Namaland in den Jahren 1835 und 1836. Windhoek. S. 87–88. (Originaltitel: Sir James Edward Alexander 1838: An Expedition of Discovery Into the Interior of Africa. London. 2 Bde.)

Backhouse, J. 1844: A Narrative of a Visit to the Mauritius and South Africa illustrated by two maps, sixteen etchings and twenty-eight wood cuts. London.

Bade, K. 1975: Friedrich Fabri und der Imperialismus in der Bismarckzeit. Revolution. Depression. Expansion. Freiburg im Breisgau.

Bade, K. 2000: Europa in Bewegung. Migration vom späten 18. Jahrhundert bis zur Gegenwart. München.

Buch, H. C. 1976: Die Scheidung von San Domingo. Berlin.

Campbell, J. 1815: Travels in South Africa. London.

Carstens, P. 1966: The social structure of a Cape Coloured Reserve. Cape Town/ London/New York/Toronto.

Carstens, P. (ed.) 1985: The social organization of the Nama and other essays by Winifred Hoernlé. Johannesburg (Erstveröffentl. 1918).

Dapper, O. 1670: Umbständliche und Eigentliche Beschreibung von Africa. Amsterdam.

Dedering, T. 1997: Hate the Old and Follow the New. Khoekhoe and Missionaries in Early Nineteenth-Century Namibia. Stuttgart.

Die Samtgemeinde Hagen. Heimat zwischen Marsch, Moor und Moränen. Hg. vom Heimatbund der Männer vom Morgenstern. Bremerhaven 2002.

Drechsler, H. 1966: Südwestafrika unter deutscher Kolonialherrschaft. Band 1: Der Kampf der Herero und Nama gegen den deutschen Imperialismus [1884–1915]. Habilitationsschrift. Akademie, Berlin 1966 (Studien zur Geschichte Asiens, Afrikas und Lateinamerikas) [2., durchgesehene Auflage 1984]. Englische Übersetzung unter dem Titel: Let us die fighting. The struggle of the Herero and Nama against German imperialism [1884–1915]. Zed Press, London 1980 (Africa series).

Du Bois, W. E. B. 2003: The Soul of Black Folk. Die Seelen der Schwarzen (Originalausgabe 1903). Freiburg.

Ebner, L. 1829: Reise nach Südafrika und Darstellung meiner während acht Jahren daselbst unter den Hottentotten gemachten Erfahrungen; sowie einer kurzen Beschreibung meiner bisherigen Lebensschicksale. Berlin.

Elbourne, E. 2002: Blood Ground. Colonialism, Missions, and the Contest for Christianity and the Cape Colony and Britain, 1799–1853. Montreal/Kingston/ London/Ithaca.

Elphick, R. 1977: Kraal and Castle. Khoikhoi and the Founding of White South Africa. New Haven/London.

El-Tayeb, F. 2001: Schwarze Deutsche. Der Diskurs um »Rasse« und nationale Identität 1890–1933. Frankfurt am Main/New York.
Enklaar, I. 1988: Life and Work of Dr. J. Th. van der Kemp 1747–1811. Missionary pioneer and protagonist of racial equality in South Africa. Cape Town/Rotterdam.
Fisch, J. 1990: Geschichte Südafrikas. München.
Förster, L./Henrichsen, D./Bollig, M. (Hg): Namibia-Deutschland, eine geteilte Geschichte. Katalog zur gleichnamigen Ausstellung im Rautenstrauch-Joest Museum für Völkerkunde der Stadt Köln und im Deutschen Historischen Museum Berlin. Köln.
Franz Heinrich Kleinschmidt. Ein Missionarsleben aus Südafrika. [Rheinische Missionsschriften 81]. Barmen 1897.
Frevert, U. (Hg.) 1988: Bürgerinnen und Bürger. Geschlechterverhältnisse im 19. Jahrhundert. Göttingen.
Frevert, U. 2002: Mannlicher Muth und Teutsche Ehre. Nation, Militär und Geschlecht zur Zeit der Antinapoleonischen Kriege Preußens. Paderborn/München/Wien/Zürich.
Guedes, D. (Hg.) 1992: The Letters of Emma Sarah Hahn. Pioneer Missionary among the Herero. Windhoek.
Hahn, Theophilus 1870: Die Sprache der Nama. Leipzig.
Hahn, Theophilus 1971: Tsuni-//Goam. The supreme being of the Khoikhoi. Freeport New York. (Erstausgabe Cape Town 1880.)
Henrichsen, D. 2011: Herrschaft und Alltag im vorkolonialen Zentralnamibia. Basel.
Heywood, A./Lau, B./Ohly, R. (Hg.) 1992: Warriors, Leaders, Sages, and Outcasts in the Namibian Past. Narratives collected from Herero sources for the Michael Scott Oral Records Project (MSORP) 1985/86. Windhoek.
Hinz, M. O./Patemann, H./Meier, A. (Hg.) 1986: Weiß auf Schwarz. Berlin.
Hochschild, A. 2007: Sprengt die Ketten. Der entscheidende Kampf um die Abschaffung der Sklaverei. Stuttgart.
Holmes, R. 2007: The Hottentott Venus. The Life and Death of Saartje Baartman. Born 1789. Burried 2002. London.
Honegger, C. 1991: Die Ordnung der Geschlechter. Die Wissenschaft vom Menschen und das Weib. Frankfurt am Main/New York.
Irle, J. 1908: Die Herero. Ein Beitrag zur Landes-, Volks- und Missionskunde. Gütersloh.
Johann Hinrich Schmelen aus Cassebruch. Ein Erstling unter den Hannoverschen Missionaren 1894. [Kleine Hermannsburger Missionsschriften No 6] Hermannsburg.
Katjavivi, P. H. 1988: A History of Resistance in Namibia. London/Addis Abeba/Paris.
Klee, E. 1983: »Euthanasie« im NS-Staat. Frankfurt am Main.
Klee, E. 1989: Die SA Jesu Christi. Die Kirche im Banne Hitlers. Frankfurt am Main.

Krüger, G. 1999: Kriegsbewältigung und Geschichtsbewußtsein. Realität, Deutung und Verarbeitung des deutschen Kolonialkriegs in Namibia 1904–1907. Göttingen.
Kühl-Freudenstein, O./Noss, P./Wagener, C. P. (Hg.) 1999: Kirchenkampf in Berlin 1932–1945. Berlin.
Lau, B. (Hg.) 1984/85: Carl Hugo Hahn. Tagebücher 1837–1860, 4 Bde. und Register.
Lau, B. 1987: Southern and Central Namibia in Jonker Afrikaners Time. Windhoek.
Lau, B. 1995: History and Historigraphy. 4 essays in reprint. Windhoek.
Le Codeur, B./Saunders, C. 1976: The Kitchingman Papers. Johannesburg.
Leutwein, T. 1906: Elf Jahre Gouverneur in Deutsch-Südwestafrika. Berlin.
Lichtenstein, H. 1811/12: Reisen im südlichen Afrika. In den Jahren 1803, 1804, 1805 und 1806. Berlin.
Lovett, R. 1899: The History of the London Missionary Society 1795–1895. Bd. I, London.
Mamozai, M. 1989: Schwarze Frau, weiße Herrin. Frauenleben in den deutschen Kolonien. Hamburg.
Martin, P. 1993: Schwarze Teufel, edle Mohren. Hamburg.
Martin, P./Alonzo, C. (Hg.) 2004: Zwischen Charleston und Stechschritt. Schwarze im Nationalsozialismus. München.
Menzel, G. 1978: Die Rheinische Mission. Aus 150 Jahren Missionsgeschichte. Wuppertal.
Menzel, G. 1992: C. G. Büttner. Missionar, Sprachforscher und Politiker in der deutschen Kolonialbewegung. Wuppertal.
Menzel, G. 2000: »Widerstand und Gottesfurcht.« Hendrik Witbooi – eine Biographie in zeitgenössischen Quellen. Köln.
Meyer, G. 1927: Die Gemeente te Steinkopf (Namakwaland). Sy Wording en Ontwikkeling. Stellenbosch. (Es gibt dazu eine maschinenschriftliche Übersetzung ins Deutsche: Meyer, G. o. J.: Die Gemeinde Steinkopf, wie sie entstand und sich entwickelt hat [RMG 1.372]).
Mitteilungen aus den deutschen Schutzgebieten, Bd. 28, 1915.
Mitteilungen aus den deutschen Schutzgebieten, Bd. 29, 1916.
Mitteilungen aus den deutschen Schutzgebieten, Bd. 31, 1918.
Moffat, R. 1842: Missionary Labours and Scenes in Southern Africa. London.
Moritz, E. 1999: Die ältesten Reiseberichte über Namibia 1760–1842. Gesammelt und herausgegeben von Professor Dr. Eduard Moritz 1915. Bd. 1. Windhoek.
Moritz, E. 2000: Die ältesten Reiseberichte über Namibia bis zum Jahre 1846. Gesammelt und herausgegeben von Professor Dr. Eduard Moritz 1915–1918. Bd. 2. Windhoek.
Moritz, W. 1987: Die Swartboois in Rehoboth, Salem, Ameib und Franzfontein [Aus alten Tagen in Südwest, Heft 7]. Windhoek.
Moritz, W. 2004: Auf dem Reitochsen quer durchs südliche Afrika. Missionar Schmelen, ein Pionier der Sprache der Nama (1811–1848) am Oranje, in

Bethanien, Steinkopf und Komaggas. [Aus alten Tagen in Südwest, Heft 17]. Windhoek.
Nejar, M. 2007: Mach nicht so traurige Augen, weil du ein Negerlein bist. Meine Jugend im Dritten Reich. Hamburg.
Oermann, N. O. 1999: Mission, Church and State Relations in South West Africa under German Rule (1884–1915). Stuttgart.
Olpp, J. 1893: Bilder aus der Missionsarbeit unter den Namas in Südwestafrika. Barmen.
Penn, N. 2005: The Forgotten Frontier. Colonists and Khoisan on the Cape's northern frontier in the 18th century. Kapstadt.
Philip, J. 1828: Researches in South Africa (2 Bde.), London.
Plumelle-Uribe, R. A. 2004: Weiße Barbarei. Vom Kolonialrassismus zur Rassenpolitik der Nazis. Zürich. S. 89. (Das Original erschien 2001 unter dem Titel: La ferocité blanche. Des non-Blancs aux non-Aryens: génocides occultes de 1492 à nos jours. Paris.)
Pool, G. 1991: Samuel Maharero. Windhoek.
Prokop, U. 1991: Die Illusion vom Großen Paar. Weibliche Lebensentwürfe im deutschen Bildungsbürgertum 1750–1770. 2 Bde. Frankfurt am Main.
Pusch, L. 1985: Schwestern berühmter Männer. Zwölf biographische Portraits. Frankfurt am Main.
Rheinisches JournalistInnenbüro 2008 (Hg.): Die Dritte Welt im Zweiten Weltkrieg. Köln.
Ross, A. 1986: John Philip (1775–1851). Missions, Race and Politics in South Africa. Aberdeen.
Rössler, H. 2000: Hollandgänger, Sträflinge und Migranten. Bremen und Bremerhaven als Wanderungsraum. Bremen.
Rust, C. 1905: Krieg und Frieden im Hererolande. Berlin.
Schallmayer, W. 1907: Auslese als Faktoren zu Tüchtigkeit und Entartung der Völker. Brackwede.
Schapera, I. 1930: The Khoisan Peoples of South Africa. Bushmen and Hottentotts. London.
Schoeman, K. 1994: Die kort Sendingloopbaan van Sophia Burgmann 1805–1812. Kapstadt.
Shaw, B. 1840: Memorials of South Africa. London.
Sobich, F. O. 2006: »Schwarze Bestien, rote Gefahr.« Rassismus und Antisozialismus im deutschen Kaiserreich. Frankfurt am Main/New York.
Steppe, H. 2001: Krankenpflege im Nationalsozialismus. Frankfurt am Main.
Strassberger, E. 1969: The Rhenish Mission in South Africa 1830–1950. Kapstadt.
The Hendrik Witbooi Papers 1995. Translated by Annemarie Heywood and Eben Maasdorp. Annotated by Brigitte Lau. 2. erweiterte Auflage. Windhoek.
Trüper, U. 2000: Die Hottentottin. Das kurze Leben der Zara Schmelen (1793–1831), Missionsgehilfin und Sprachpionierin in Südafrika. Köln.
Trüper, U. 2006: The Invisible Woman. Zara Schmelen, African Mission Assistant at the Cape and in Namaland. Basel.

Vedder, H. 1991: Das alte Südwestafrika. Südwestafrikas Geschichte bis zum Tode Mahareros 1890. Windhoek. (Die Erstausgabe erschien unter demselben Titel 1934 in Berlin.)
Vergissmeinnicht der Rheinischen Missionsgesellschaft 1893. Barmen.
Wallace, M. 2015: Geschichte Namibias. Von den Anfängen bis 1990. Basel. (Die englische Originalausgabe erschien 2011 unter dem Titel »A History of Namibia. From the Beginning to 1990«.)
Wallmann, J. E. 1862: Leiden und Freuden rheinischer Missionare. Halle.
Welzer, H./Moller, S./Tschuggnall, K. 2002: »Opa war kein Nazi.« Nationalsozialismus und Holocaust im Familiengedächtnis. Frankfurt am Main.
Zimmerer, J./Zeller, J. (Hg.): Völkermord in Deutsch-Südwestafrika. Der Kolonialkrieg (1904–1908) in Namibia und die Folgen. Berlin.

Zeitschriften, unveröffentlichte Arbeiten, einzelne Artikel und Aufsätze

16. Jahresbericht der Rhein. Missionsgesellschaft vom 1. Sept. 1844 bis dahin 1845. Barmen 1845.
Bechhaus-Gerst, M. 2004: AfrikanerInnen und afrikanische Lebenswelten in Deutschland. In: Förster, L./Henrichsen, D./Bollig, M. (Hg): Namibia – Deutschland. Eine geteilte Geschichte, S. 212–225.
Berichte der Rheinischen Missionsgesellschaft (BRMG). Barmen.
Bregman, Joel 2010: Land and Society in the Komaggas Region of Namaland. Unveröff. Diss. Kapstadt.
Budack, K. F. R. 1979: Weibliche Häuptlinge bei den Khoe-khoen (Nama und Orlam). In: Namibiana, hg. von der SWA Wissenschaftlichen Gesellschaft, Bd. I, 2, Windhoek. S. 7–14.
Erichsen, C. 2003: Zwangsarbeit im Konzentrationslager auf der Haifischinsel. In: Zimmerer, J./Zeller, J.: Völkermord, S. 80–85.
Frevert, U. (Hg.) 1988: Bürgerliche Meisterdenker und das Geschlechterverhältnis. Visionen an der Wende vom 18. zum 19. Jahrhundert. In: Dies.: Bürgerinnen und Bürger. Geschlechterverhältnisse im 19. Jahrhundert. Göttingen, S. 17–48.
Gewalt, J.-B. 2003: Kolonisierung, Völkermord und Wiederkehr. Die Herero von Namibia 1890–1923. In: Zimmerer, J./Zeller, J. (Hg.): Völkermord, S. 105–120.
Graß, K. M./Koselleck, R. 1975: »Emanzipation«. In: Geschichtliche Grundbegriffe. Stuttgart.
Henrichsen, D. 2003: Heirat im Krieg. Erfahrungen von Kaera Ida Gertzen-Leinhos. In: Zimmerer, J./Zeller, J. (Hg.): Völkermord, S. 160–168.
Hillebrecht, W. 2003: Die Nama und der Krieg im Süden. In: Zimmerer, J./Zeller, J. (Hg.): Völkermord, S. 121–133.
Johann Hinrich Schmelen. In: Dictionary of South African Biography 1976, Bd. I. Cape Town, S. 691/692.
Kleinschmidt, H. 2014: Zara Schmelen (1793–1831). On the Search of Zara's Grave. Unveröffentlichte Materialzusammenstellung. Kapstadt.

Kleinschmidt, H./Makatees, K. 2016: Gwarretje. Unveröffentlichte Materialzusammenstellung. Kapstadt.

Koller, C. 2004: »Die Schwarze Schmach – afrikanische Besatzungssoldaten und Rassismus in den Zwanziger Jahren«. In: Bechhaus-Gerst, M./Klein-Arendt, R. (Hg.): AfrikanerInnen in Deutschland und schwarze Deutsche – Geschichte und Gegenwart. Münster. S. 155–169.

Krüger, G. 2003: Bestien und Opfer. Frauen im Kolonialkrieg. In Zimmerer, J./ Zeller, J. (Hg.): Völkermord, S. 142–159.

Lau, B. 1995a: »Thanks God, the Germans came.« Vedder and Namibian Historiography. In: History and Historiography, S. 1–16.

Lau, B. 1995b: Johanna Gertze and Emma Hahn: some thoughts on the silence of historical records, with reference to Carl Hugo Hahn. In: History and Historiography, S. 56–64.

Lau, B. 1995c: Uncertain Certainties. The Herero-German War of 1904. In: History and Historiography, S. 39–52.

Melber, H. 1985: Stammeskultur als Zivilisationsgut. In: Peripherie 18/19, S. 143–161.

Menzel, G. 1955: Pionierdienst in Südwest. In: Berichte der Rheinischen Mission, August. Wuppertal.

Meyer, G. 1927: Die Gemeente te Steinkopf (Namakwaland). Sy Wording en Entwikkeling. Stellenbosch.

Missionsblatt Barmen Nr. 11, 1.6.1829.

Pakendorf, G. 1998: Wort, Schrift, Kultur. Überlegungen zu Christianisierung und Verschriftlichung am Beispiel der Berliner Mission in Südafrika. In: Zeitschrift für Germanistik. 3, S. 590–599.

Rassismus: Gänzlich schmerzlos. In: Der Spiegel 40, 1.10.1979.

Rheinische Missions-Berichte, Dezember 1915. Zum Gedächtnis Karl Ludwig Hermann Hegner.

Roller, K. 2004a: Mission und Mischehen, Erinnerung und Körper – geteiltes Gedächtnis an eine afrikanische Vorfahrin. Über die Familie Schmelen-Kleinschmidt-Hegner. In: Namibia – Deutschland. Eine geteilte Geschichte, S. 194–211.

Roller, K. 2004b: Zwischen Rassismus und Frömmigkeit. In: Becker, F. (Hg.): Rassenmischehen – Mischlinge – Rassentrennung. Zur Politik der Rasse im deutschen Kaiserreich. Stuttgart.

Schmelen, H. 1832: Mrs Schmelen of Komaggas, South Africa. In: Missionary Register. London, S. 321.

Schmidt, S. 1979: Auszüge aus dem Tagebuch 1815/16 des Missionars Heinrich Schmelen in Bethanien. In: Namibiana, Bd. I (3). Windhoek, S. 53–68.

Schoeman, K. 1995: The wife of Dr van der Kemp. The life of Sara Janse (1792–1861.) In: Quarterly Bulletin of the South African Library, Vol. 49, No. 4, S. 189–197.

Sippel, H. 1995: »Im Interesse des Deutschtums und der Weißen Rasse«: Behandlung und Rechtswirkungen von »Rassenmischehen« in den Kolonien Deutsch-

Ostafrika und Deutsch-Südwestafrika. In: Jahrbuch für afrikanisches Recht 9, S. 123–159.
Sippel, H. 2000: Hendrik Witbooi und das Versäumnisurteil: Ein Herrscher der Nama begegnet deutschem Recht in Namibias kolonialer Frühzeit. In: Möhlig, W. (Hg.): Frühe Kolonialgeschichte Namibias. Köln, S. 163–198.
Sippel, H. 2004: Rechtspolitische Ansätze zur Vermeidung einer Mischlingsbevölkerung. In: Becker: Rassenmischehen, S. 138–164.
Transactions of the Missionary Society 1818. Vol. IV, No 27. London, S. 154–164, und No 30, S. 321–327.
Trüper, U. 2005a: »Das Blut der Väter und Mütter«. Otto Hegner und der Arierparagraph. In: Van der Heyden, U./Zeller, J.: »... Macht und Anteil an der Weltherrschaft.« Berlin und der deutsche Kolonialismus. Berlin, S. 243–249.
Trüper, U. 2005b: »Eine Frau hat keine Stimme in den Versammlungen«. In: Van der Heyden, U./Stöcker, H. (Hg.): Mission und Macht im Wandel politischer Orientierungen. [Missionsgeschichtliches Archiv Bd. 10.] Stuttgart, S. 437–450.
Trüper, U. 2005c: Lust, in die Fremde zu ziehen. In: Zeitschrift für Mission 1/2, S. 54–65.
Trüper, U. 2007: Berlin, Mauerstraße – Bethlehemskirchplatz. Das Jänicke'sche Missionsinstitut. In: Van der Heyden, U./Zeller, J. (Hg.): Kolonialismus hierzulande. Eine Spurensuche in Deutschland, S. 226–228.
Trüper, U. 2010: Herr Kleinschmidt aus Afrika. Berliner Zeitung 11./12. September, S. 8.
Trüper, U. 2009: »Ich bin ein Ausländer und werde ausgewiesen.« Die Ängste der Marie Hegner. In: Bechhaus-Gerst, M./Leutner, M. (Hg.): Frauen in den deutschen Kolonien. Berlin, S. 111–121.
Van der Heyden, U. 2003: Die »Hottentottenwahlen« von 1907. In: Zimmerer, J./Zeller, J. (Hg.): Völkermord, S. 97–102.
Van der Heyden, U. 1996: Südafrikanische Berliner: Die Kolonial- und die Transvaal-Ausstellung in Berlin und die Haltung der deutschen Missionsgesellschaften zur Präsentation fremder Menschen und Kulturen. In: Höpp, G. (Hg.): Fremde Erfahrungen. Asiaten und Afrikaner in Deutschland, Österreich und in der Schweiz bis 1945. [Zentrum Moderner Orient, Geisteswissenschaftliche Zentren Berlin e.V.] Berlin, S. 135–156.
Verflechtungen. Koloniales und rassistisches Denken und Handeln im Nationalsozialismus. Voraussetzungen – Funktionen – Folgen [Neuengamer Studienhefte 5]. Hamburg 2019, S. 58–67.
Zeller, J. 2002: Friedrich Maharero – ein Herero in Berlin. In: Van der Heyden, U./Zeller, J.: Kolonialmetropole Berlin. Eine Spurensuche. Berlin, S. 206–211.
Zeller, J. 2003: Ombera i koza. Die Kälte tötet mich. In: Zimmerer, J. /Zeller, J. (Hg.): Völkermord, S. 64–79.

Zimmerer, J. 2003: Krieg, KZ und Völkermord. Der erste deutsche Genozid. In: Zimmerer, J./Zeller, J. (Hg.): Völkermord, S. 45–63.

Zimmerer, J. 2004: Das Deutsche Reich und der Genozid. Überlegungen zum historischen Ort des Völkermordes an den Herero und Nama. In: Förster, L./Henrichsen, D./Bolling, M. 2004: Namibia – Deutschland. Eine geteilte Geschichte, S. 106–121.

Quellen

Archiv- und Museumsstiftung der VEM RMG 1.372. Meyer, G. o. J.: Die Gemeinde Steinkopf, wie sie entstand und sich entwickelt hat.

Archiv- und Museumsstiftung der VEM RMG 1.520a, Tagebuch Ferdinand Weich, 23. Juni 1857.

Archiv- und Museumsstiftung der VEM RMG 1.573, 1.574a, 1.574b, Akte Kleinschmidt.

Archiv- und Museumsstiftung der VEM RMG 1.578, Akte Knudsen.

Archiv- und Museumsstiftung der VEM RMG 1.600, Akte Hegner.

Archiv- und Museumsstiftung der VEM RMG 1.698, Lebenslauf des Franz Heinrich Kleinschmidt, Aspirantenliste Nr. 14, Jahrgang 1906.

Archiv- und Museumsstiftung der VEM RMG 2.381, 7. April 1831, Tagebuch des Missionars G. A. Zahn.

Archiv- und Museumsstiftung der VEM RMG 2.491, 1899–1914, Mischehen und Mischlingskinder Deutsch-Südwest.

Archiv- und Museumsstiftung der VEM RMG 2.518, Briefe der Missionare in der Anfangsphase der Nama-Mission.

Archiv- und Museumsstiftung der VEM RMG 2.598, Lebensgeschichte der Hanna Kleinschmidt an die Rheinische Missionsgesellschaft. Bethanien, 12. September 1842.

Archiv- und Museumsstiftung der VEM RMG 304, Hausordnungen der RMG.

Archiv- und Museumsstiftung der VEM RMG 55, Hauskonferenzen ab 1856–1881.

Archiv- und Museumsstiftung der VEM RMG 554, Lebenslauf von Luise Johanna Dorothea Hegner-Zimmermann.

Archiv des Königin Elisabeth Hospitals Berlin.

Archives of the Evangelical Lutheran Church of the Republic of Namibia/Windhoek (ELCRN). Protokollbuch der Herero und Namakonferenzen 1844–1872. 23. Juli 1844.

Archives of the Evangelical Lutheran Church of the Republic of Namibia/Windhoek ELCRN V. 4.: Vedder, H. o. J.: »Als Bethanien deutsch wurde« (Abschrift eines Briefs von J. Bam vom November 1884 an die RMG). In: Gemeindechronik von Berseba 1939.

Kirchenbuch von Cassebruch. (Kann in der Evangelisch-Lutherischen Kirchengemeinde St. Jacobi in Bramstedt im Landkreis Cuxhaven eingesehen werden.)

Kirchliches Gesetz- und Verordnungsblatt vom 6. September 1933, No. 26.

Krankenakte Marie Hegner (Archiv Stiftung Tannenhof).
National Library South Africa, Kapstadt. Special collection AC 4996.21:226 BIB. Die Nama-Bibel: Annoe kayn hoeaati haka kanniti, Nama-kowapna gowy-hiihati: na koeriipy, zaada koep Jesip Christip hoop kausy (translated by J. H. Schmelen). Capetown: Bidekirk 1831.
Privatarchiv Eberhard Kleinschmidt.
Privatarchiv Ursula Trüper.
School of Oriental and African Studies, London SOAS Wesleyan Methodist Missionary Society (WMMS): Extracts from the Journal of a Visit to Great Namaqualand (25. März – 27. Mai 1820).
School of Oriental and African Studies, London SOAS, CWM, Africa, Personal Box. Conclusion of Mrs. Moffat's Journal, Griqua Town 11.8.1820.
School of Oriental and African Studies, London SOAS-CWM South Africa, Incoming letters.
School of Oriental and African Studies, London SOAS-CWM South Africa, Journals.
School of Oriental and African Studies, London SOAS-CWM, Africa Odds.
Staatliche Forschungsstelle für Kolonialwirtschaft in Bremen 1943: Akten »Briefe und Denkschriften zur Erschließung von Deutsch-Südwestafrika durch Adolf Lüderitz«. Hg. von C. A. Lüderitz. Bremen, S. 49.
State Archives Kapstadt, CO 4071, Ref. 119, Anna Schmelens Brief nach Kapstadt.
State Archives Kapstadt, CO-4071-Ref. 119, Testament von Johann Hinrich Schmelen.

Internet

Besten, J./Mohr, J.: Von Wuppertal in die Welt – die Anfänge der Rheinischen Missionsgesellschaft: www.bgv-wuppertal.de/GiW/Jg18/12Mission.pdf (15.6.2017).
Deszendenztheorie: https://de.wikipedia.org/wiki/Abstammungstheorie (8.3.2021).
Euthanasie und Zwangssterilisation im Rheinland: http://www.rheinische-geschichte.lvr.de/themen/Das%20Rheinland%20im%2020.%20Jahrhundert/Seiten/EuthanasieundZwangssterilisierungenimRheinland(1933%E2%80%931945).aspx (10.5.2019).
Inventar der Quellen zur Geschichte der »Euthanasie«-Verbrechen 1939–1945: www.bundesarchiv.de/geschichte_euthanasie/ (11.5.2019).
Kapteins der Nama: http://de.wikipedia.org/wiki/Kapteine_der_Nama (1.3.2019).
Bade, Klaus J.: Friedrich Fabri und der Imperialismus in der Bismarckzeit. Revolution – Depression – Expansion, Freiburg im Breisgau 1975 und https://www.imis.uni-osnabrueck.de/fileadmin/4_Publikationen/PDFs/BadeFabri.pdf, Internet-Ausgabe mit einem neuen Vorwort, Osnabrück 2005 (19.3.2021).
Lüttringhausen. Die Kirchen und die Stiftung Tannenhof in Lüttringhausen: home.wtal.de/heinemann/luekirche.htm (10.5.2019).

Mischehendebatte im deutschen Reichstag: https://de.wikipedia.org/wiki/Mischehendebatte_im_deutschen_Reichstag_%281912%29 (26.5.2020).
Pumelle-Uribe, R. 2006: Von der kolonialen Barbarei zur Vernichtungspolitik des Nationalsozialismus. In: www.africavenir.com/fileadmin/downloads/e…/AFA_ejournal_0107.pdf (29.7.2019).
Sprachproben der Sprache Khoekhoegowab: https://www.youtube.com/watch?v=Nz44WiTVJww (28.12.2006).

Endnoten

1 Lau, B. 1995a: »Thanks God, the Germans came.« Vedder and Namibian Historiography. In: Dies.: *History and Historiography.* 4 Essays in Reprint. Windhoek, S. 1–16. [Alle englischen Texte, soweit nicht anders angegeben, sind übersetzt durch die Autorin.]

2 Melber, H. 1985: Stammeskultur als Zivilisationsgut. In: *Peripherie* 18/19, S. 143–161. – Wallace, M. 2015: *Geschichte Namibias. Von den Anfängen bis 1990.* Basel, S. 14/15. Die englische Originalausgabe erschien 2011 unter dem Titel *A History of Namibia. From the Beginning to 1990.*

3 Noch 1918 spricht z. B. die Ethnologin Winifred Hoernlé von »Hottentots«, ohne dies abwertend zu meinen, z. B. in: Carsten, P. (ed.) 1985: *The social organization of the Nama and other essays by Winifred Hoernlé.* Johannesburg (Erstveröffentl. 1918).

4 So gründete noch in den 20er-Jahren des 20. Jahrhunderts eine Gruppe von in Europa lebenden Afrikanern eine Gesellschaft, die sie selbst »Liga zur Verteidigung der Negerrasse« nannten (siehe Alonzo, C./Martin, P. (Hg.) 2004: *Zwischen Charleston und Stechschritt. Schwarze im Nationalsozialismus.* München, S. 63/64).

5 Beispielsweise die »Black is Beautiful«-Bewegung in den USA.

6 RMG 554, Lebenslauf von Luise Johanna Dorothea Hegner-Zimmermann. 12.12.1919.

7 Archiv Ursula Trüper.

8 Zu den ideologischen Implikationen dieses Satzes und des Begriffes »Volksgemeinschaft« siehe https://www.tagesspiegel.de/wissen/50-deutscher-historikertag-volksgemeinschaft-die-nazis-fragten-wer-nicht-dazugehoert/10755206.html (11.2.2022).

9 Philipp Zimmermann an Dora Hegner, Coesfeld, 12.6.1915. Ein Teil des umfangreichen Nachlasses von Familienbriefen und -fotos meiner Großmutter Dora Hegner befindet sich in meinem Besitz. Es handelt sich um die Brautbriefe von Philipp an Dora, um Briefe, die Doras Eltern an ihre jüngste Tochter Marie geschrieben haben, um Briefe der Brüder Otto und Willi Hegner an ihre Schwester Dora und um Briefe von Dora an ihre Schwester Marie. Dieser und die folgenden Briefe stammen, soweit nicht anders angegeben, aus meinem privaten Archiv, im Folgenden zitiert als »Archiv Ursula Trüper«.

10 Ebd.

11 Heute: Indonesien.

12 Zimmermann an Dora Hegner, Coesfeld, 19.6.15 (Archiv Ursula Trüper).

13 Ebd.

14 Willi Hegner an seine Schwester Dora, 27.6.15 (Archiv Ursula Trüper).

15 Zimmermann an Dora Hegner, Coesfeld, 28.8.15 (Archiv Ursula Trüper).

16 Ebd.

17 Philipp Zimmermann an Dora Hegner, Coesfeld, 16.8.15 (Archiv Ursula Trüper).

18 Ebd.

19 Ebd.

20 Philipp Zimmermann an Dora Hegner, Coesfeld, 11.10.15 (Archiv Ursula Trüper).

21 Philipp Zimmermann an Dora Hegner, Coesfeld, 21.9.15 (Archiv Ursula Trüper).

22 *Johann Hinrich Schmelen aus Cassebruch. Ein Erstling unter den Hannoverschen Missionaren in Südafrika.* Hermannsburg 1894, S. 14. HErrn schrieb man damals stets mit zwei großen Initialen.

23 Philipp Zimmermann an Dora Hegner, Coesfeld, 21.9.15 (Archiv Ursula Trüper).

24 Das folgende Kapitel basiert im Wesentlichen auf: El-Tayeb, F. 2001: *Schwarze Deutsche. Der Diskurs um »Rasse« und nationale Identität 1890–1933.* Frankfurt am Main/New York.

25 Ein paralleler Prozess findet auch bei den Frauen statt. Im 18. Jahrhundert war es vereinzelten Frauen noch möglich gewesen, durch Bildung über ihre untergeordnete Position hinauszuwachsen, beispielsweise der Professorentochter Dorothea Schlözer (1770–1825), die 1787 die Doktorwürde für Philosophie erlangte. Seit dem 19. Jahrhundert setzt dann eine hektische Produktion von populären und »wissenschaftlichen« Schriften ein, die beweisen sollen, dass die Frauen kraft ihrer »weiblichen Natur« weder zu wissenschaftlicher Tätigkeit noch zur Ausübung politischer Ämter in der Lage seien. Dazu ist ausgiebig geforscht worden. Als ein Beispiel von vielen sei hier genannt: Frevert, U. (Hg.) 1988: *Bürgerinnen und Bürger. Geschlechterverhältnisse im 19. Jahrhundert.* Göttingen.

26 Kant, I. 1775: *Von den verschiedenen Racen der Menschen.*

27 Pumelle-Uribe, R. 2006: *Von der kolonialen Barbarei zur Vernichtungspolitik des Nationalsozialismus.* In: www.africavenir.com/fileadmin/downloads/e.../AFA_ejournal_0107.pdf (22.2.2021).

28 Schallmayer, W. 1907: *Auslese als Faktoren zu Tüchtigkeit und Entartung der Völker.* Brackwede.

29 Zit. nach El-Tayeb, F. 2001 (wie Anm. 24), S. 64.

30 »Die Abstammungstheorie, auch Deszendenztheorie genannt, ist die naturwissenschaftliche Theorie, die besagt, dass alle Arten auf eine oder wenige Urformen als gemeinsamen Vorgänger zurückgehen, mit dem jedes Lebewesen in gerader Abstammungslinie verbunden ist.« https://de.wikipedia.org/wiki/Abstammungstheorie (8.3.2021). Bekanntester Vertreter der Deszendenztheorie ist Charles Darwin.

31 Sippel, H. 2004: Rechtspolitische Ansätze zur Vermeidung einer Mischlings-

bevölkerung. In: Becker: *Rassenmischehen – Mischlinge – Rassentrennung. Zur Politik der Rasse im deutschen Kolonialreich.* Stuttgart, S. 138–164.

32 Ebd. Es handelt sich zumeist um Ehen Weißer Männer mit Schwarzen Frauen. Der umgekehrte Fall, dass ein als Schwarz klassifizierter Mann eine Weiße Frau heiratete, war äußerst selten, kam aber vor. Vgl. die Geschichte des Jan Bam in diesem Buch.

33 Bundesarchiv Berlin-Lichterfelde: Reichkolonialamt R 1001/5423, Bl. 5–12. Kesten, O./Weser, H./Büttner, C. G. 1887: Denkschrift betreffend die Schließung von Ehen zwischen Weißen und Farbigen in den Deutschen Schutzgebieten. Zit. nach Roller, K. 2004b: Zwischen Rassismus und Frömmigkeit. In: Becker, F. (Hg.): *Rassenmischehen*, S. 231/232.

34 RMG 2.491, 1899–1914. *Mischehen und Mischlingskinder Deutsch-Südwest.* An die Konferenz Rheinischer Missionare im Hererolande, z. Hd. des Präses Bruder Viehe in Okahandja, August 1898.

35 Zit. nach Sippel, H. 2004 (wie Anm. 31).

36 Zit. nach ebd., S. 143.

37 Fischer, E. 1927: *Rasse und Rassenentstehung beim Menschen*. Berlin. Zit. nach El-Tayeb, F. 2001, S. 91 (Hervorhebung im Original).

38 Zit. nach El Tayeb, F. (wie Anm. 24), S. 114 (Hervorhebung im Original).

39 Ebd.

40 Roller, K. 2004b. Zwischen Rassismus und Frömmigkeit. In: Becker: *Rassenmischehen*, S. 239.

41 https://de.wikipedia.org/wiki/Mischehendebatte_im_deutschen_Reichstag_%281912%29 (26.5.2020).

42 Der berufliche Werdegang der Missionare Kleinschmidt und Hegner ist dokumentiert im Archiv der Rheinischen Missionsgesellschaft, heute Vereinte Evangelische Mission, in Wuppertal.

43 Die Wortprägung »Platz an der Sonne« entstand durch eine Äußerung von Bernhard von Bülow (1849–1929) in einer Reichstagsdebatte am 6. Dezember 1897, wo er im Zusammenhang mit der deutschen Kolonialpolitik formulierte: »Mit einem Worte: wir wollen niemand in den Schatten stellen, aber wir verlangen auch unseren Platz an der Sonne.« Von Bülow war damals Staatssekretär des Auswärtigen Amtes des Deutschen Kaiserreiches; von 1900 bis 1909 war er Reichskanzler.

44 Lau, B. 1984/1885 (Hg.): *Carl Hugo Hahn Tagebücher* (4 Bde. mit Register), Windhoek, S. 1245/1246.

45 »Kaptein« war und ist die Bezeichnung, die die Nama selbst für ihre Anführer gebrauchen. Die Bezeichnungen »Häuptling« und »Chief« sind in einem rassistischen und kolonialistischen Kontext entstanden und werden von mir nicht verwendet. Siehe auch: https://de.wikipedia.org/wiki/Kapteine_der_Nama (22.2.2021).

46 Oft wird in den historischen Quellen die Pluralform von Nama – »Namaqua« – verwendet. So nennt man heute das Klein-Namaland südlich des Orange River auch (in der afrikaansen Schreibweise) Namakwaland.

47 Hahn, T. 1971: *Tsuni-//Goam. The supreme being of the Khoikhoi.* Freeport New York (Erstausgabe Cape Town 1880), S. 2.

48 Auch die Begriffe »Buschmann« oder »Buschleute« sind abschätzige Bezeichnungen, die ich, außer in Zitaten, nicht verwende.

49 Zur Aussprache der Klicklaute siehe https://www.youtube.com/watch?v=1U-bk48u6fU (22.2.2021).

50 Meyer, G. o. J.: *Die Gemeinde Steinkopf, wie sie entstand und sich entwickelt hat* (RMG 1372). Dieser maschinenschriftliche Text ist eine Übersetzung ins Deutsche von Meyer, G. 1927: *Die Gemeente te Steinkopf (Namakwaland). Sy Wording en Ontwikkeling.* Stellenbosch.

51 Ebd.

52 Omuhona, Plural Ovahona: Bezeichnung, die die Herero selbst für ihre Anführer gebrauchen.

53 Pool, G. 1991: *Samuel Maharero.* Windhoek, S. 29.

54 Wallace, M. 2015: *Geschichte Namibias. Von den Anfängen bis 1990.* Basel, S. 14/15. Die englische Originalausgabe erschien 2011 unter dem Titel *A History of Namibia. From the Beginning to 1990.*

55 Neben der eng mit ihr zusammenarbeitenden Finnischen Mission im Ovamboland ganz im Norden.

56 Fabri, F. 1879: *Bedarf Deutschland der Colonien? Eine politisch-ökonomische Betrachtung.*

57 Pool, G. 1991 (wie Anm. 53), S. 54/55.

58 Zit. nach Menzel, G. 2000: *Widerstand und Gottesfurcht. Hendrik Witbooi – eine Biographie in zeitgenössischen Quellen.* Köln, S. 230.

59 Ebd.

60 Ebd., S. 35 (Hervorhebung im Original).

61 Ebd., S. 38.

62 Ebd.

63 Ebd., S. 36.

64 Staatliche Forschungsstelle für Kolonialwirtschaft in Bremen 1943: *Akten, Briefe und Denkschriften zur Erschließung von Deutsch-Südwestafrika durch Adolf Lüderitz.* Hg. von C. A. Lüderitz. Bremen, S. 49. (Übers. aus dem afrikaansen Original durch die Autorin, im Folgenden zit.: Lüderitz, C. A. (Hg.) 1943.)

65 Ebd., S. 96.

66 Ebd., S. 106.

67 ELCRN V. 4.: Vedder, H. o. J.: *Als Bethanien deutsch wurde* (Abschrift eines Briefes von J. Bam vom November 1884 an die RMG). In: Gemeindechronik von Berseba 1939, S. 73.

68 Ebd.

69 Lüderitz, C. A. (Hg.) 1943 (wie Anm. 64), S. 105–108.

70 Ebd.

71 Siehe auch: Hinz, M. O./Patemann, H./Meier, A. (Hg.) 1986: Weiß auf Schwarz. Berlin, S. 50/51.

72 Menzel, G. 1992: *C. G. Büttner. Missionar, Sprachforscher und Politiker in der deutschen Kolonialbewegung.* Wuppertal, S. 33/34.

73 Ebd., S. 124.

74 Zit. nach ebd., S. 149.

75 Siehe Sippel, H. 2000: Hendrik Witbooi und das Versäumnisurteil: Ein Herrscher der Nama begegnet deutschem Recht in Namibias kolonialer Frühzeit. In: Möhlig, W. (Hg.): *Frühe Kolonialgeschichte Namibias.* Köln, S. 163–198.

76 Ebd., S. 162. Gemeint ist Südwestafrika.

77 Ebd., S. 127.

78 Rust, C. 1905: *Krieg und Frieden im Hererolande.* Berlin, S. 472.

79 Ebd., S. 450.

80 Drechsler, H. *Südwestafrika unter deutscher Kolonialherrschaft.* Bd. 1: Der Kampf der Herero und Nama gegen den deutschen Imperialismus [1884–1915]. Habilitationsschrift. Berlin 1966 (Studien zur Geschichte Asiens, Afrikas und Lateinamerikas) (2., durchgesehene Auflage 1984). S. 348, FN 226. – Englische Übersetzung unter dem Titel: *Let us die fighting. The struggle of the Herero and Nama against German imperialism [1884–1915].* London 1980 (Africa series).

81 Ähnliches geschah auch im benachbarten Südafrika. Nach dem Ende des Burenkrieges 1910 hatten sich die Regionen Kapkolonie, Oranje, Transvaal und Natal zur Südafrikanischen Union zusammengeschlossen. Die Hoffnung der Schwarzen, in diesem neuen Staat angemessen repräsentiert zu werden, erfüllte sich nicht. Doch es organisierte sich auch der Widerstand. Der junge indische Rechtsanwalt Mohandas Karamchand Gandhi entwickelte damals in Südafrika seine Taktik des zivilen Ungehorsams und gewaltlosen Widerstandes. 1912 wurde der African National Congress (ANC) gegründet, der sich für gleiche Rechte für alle Südafrikaner einsetzte.

82 Zur Lebensgeschichte von Samuel Maharero: Pool, G. 1991 (wie Anm. 53).

83 Zit. nach Menzel, G. 2000 (wie Anm. 58), S. 150/151.

84 Ebd., S. 151.

85 Ebd., S. 154.

86 Zit. nach Menzel, G. 1978: *Aus 150 Jahren Missionsgeschichte. Die Rheinische Mission.* Wuppertal, S. 135.

87 RMG 1.600. Hegner an die Rheinische Missionsgesellschaft, Kapstadt, 23.12.1884.

88 RMG 1.600. Hegner an die Rheinische Missionsgesellschaft, Berseba, 22.3.1887.

89 RMG 554. Lebenslauf von Luise Johanna Dorothea Hegner-Zimmermann, 12.12.1919.

90 Dora Hegner an ihre Schwester Marie, Berseba, 15.10.03 (Archiv Ursula Trüper).

91 Archiv Ursula Trüper.

92 Willi Hegner an seine Schwester Dora, 8.9.1917 (Archiv Ursula Trüper).

93 Die Lebensgeschichte der Marie Hegner wurde auch veröffentlicht in: Trüper,

U. 2009: »Ich bin ein Ausländer und werde ausgewiesen.« Die Ängste der Marie Hegner. In: Bechhaus-Gerst, M./Leutner, M. (Hg.): *Frauen in den deutschen Kolonien*. Berlin, S. 111–121.

94 Elisabeth und Hermann Ludwig Hegner an ihre Tochter Marie, Berseba, 9.5.1892 (Archiv Ursula Trüper).

95 Elisabeth Hegner an ihre Tochter Marie, Berseba, 18.9.1894 (Archiv Ursula Trüper).

96 Elisabeth Hegner an ihre Tochter Marie, Berseba, 16.9.1896 (Archiv Ursula Trüper).

97 Hermann Ludwig Hegner an seine Tochter Marie, Berseba, 19.9.1894 (Archiv Ursula Trüper).

98 Ebd.

99 Hermann Ludwig Hegner an seine Tochter Marie, Berseba, 27.12.1900 (Archiv Ursula Trüper).

100 Van der Heyden, U. 1996: Südafrikanische Berliner: Die Kolonial- und die Transvaal-Ausstellung in Berlin und die Haltung der deutschen Missionsgesellschaften zur Präsentation fremder Menschen und Kulturen. In: Höpp, G. (Hg.): *Fremde Erfahrungen. Asiaten und Afrikaner in Deutschland, Österreich und in der Schweiz bis 1945* (Zentrum Moderner Orient, Geisteswissenschaftliche Zentren Berlin e. V.). Berlin, S. 135–156.

101 Zit. nach Mamozai, M. 1989: *Schwarze Frau, weiße Herrin. Frauenleben in den deutschen Kolonien*. Hamburg, S. 239.

102 Zit. nach Bechhaus-Gerst, M. 2004: AfrikanerInnen und afrikanische Lebenswelten in Deutschland. In: *Namibia-Deutschland, eine geteilte Geschichte*. Köln, S. 216.

103 *Zurückgeschaut* ist denn auch der Titel einer Ausstellung, die 2018 im Museum Treptow über die erste deutsche Kolonialausstellung gezeigt wurde.

104 Zit. nach Van der Heyden, U. 1996 (wie Anm. 100), S. 138.

105 Die Mission in der Gewerbe-Ausstellung zu Berlin. In: *Hosianna*. Berlin 1896, S. 131.

106 Zit. nach Zeller, J. 2002: Friedrich Maharero – ein Herero in Berlin. In: Van der Heyden, U./Zeller, J.: *Kolonialmetropole Berlin*. Berlin, S. 206–211.

107 Zit. nach Katjavivi, P. H. 1988: *A History of Resistance in Namibia*. London/Addis Abeba/Paris, S. 11.

108 Zit. nach Krüger, G. 1999: *Kriegsbewältigung und Geschichtsbewußtsein. Realität, Deutung und Verarbeitung des deutschen Kolonialkriegs in Namibia 1904–1907*. Göttingen, S. 75.

109 Drechsler, H. 1966 (wie Anm. 80), S. 215.

110 Elisabeth und Hermann Ludwig Hegner an ihre Tochter Marie, Gütersloh, 4.5.1900 (Archiv Ursula Trüper).

111 Dora Hegner an ihre Schwester Marie, Berseba, 16.1.1901 (Archiv Ursula Trüper).

112 Ebd.

113 Ebd.

114 Ebd.
115 »Spanspek« (Afrikaans): Melone.
116 Dora Hegner an ihre Schwester Marie, Berseba, 16.1.1901 (Archiv Ursula Trüper).
117 Ebd.
118 Dora Hegner an ihre Schwester Marie, Berseba, 15.10.1903 (Archiv Ursula Trüper).
119 Ebd.
120 Das Fett des Fettschwanzschafes wurde zum Kochen verwendet.
121 Dora Hegner an ihre Schwester Marie, Berseba, 15.10.1903 (Archiv Ursula Trüper).
122 Dora Hegner an ihre Schwester Marie, Berseba, 16.1.1901 (Archiv Ursula Trüper).
123 Gemeint sind die charakteristischen Klicklaute in der Nama-Sprache.
124 Dora Hegner an ihre Schwester Marie, Berseba, 15.10.1903 (Archiv Ursula Trüper).
125 Rust, C. 1905 (wie Anm. 78), S. 60.
126 Heywood. A/Lau, B./Ohly, R. (Hg.) 1992: *Warriors, Leaders, Sages, and Outcasts in the Namibian Past.* Windhoek, S. 162/163.
127 Gewalt, J.-B. 2003: Kolonisierung, Völkermord und Wiederkehr. Die Herero von Namibia 1890–1923. In: Zimmerer, J./Zeller, J. (Hg.): *Völkermord in Deutsch-Südwestafrika. Der Kolonialkrieg (1904–1908) in Namibia und seine Folgen.* Berlin, S. 114.
128 Ebd.
129 Wallace, M. 2015 (wie Anm. 54), S. 245–292.
130 Drechsler, H. 1966 (wie Anm. 80), S. 167.
131 Pool, G. 1991, S. 225/226.
132 Zit. nach Drechsler, H. 1966 (wie Anm. 80), S. 169.
133 Zit nach ebd., S. 180.
134 Zit. nach ebd., S. 171.
135 Zit. nach Zimmerer, J. 2004: Das Deutsche Reich und der Genozid. Überlegungen zum historischen Ort des Völkermordes an den Herero und Nama. In: Förster, L./Henrichsen, D./Bolling, M. 2004: *Namibia -Deutschland, eine geteilte Geschichte.* Köln, S. 107.
136 Zit. nach Drechsler, H. 1966 (wie Anm. 80), S. 184.
137 Zit. nach Zimmerer, J. 2003: Krieg, KZ und Völkermord. Der erste deutsche Genozid. In: Zimmerer, J./Zeller, J. (Hg.): Völkermord, S. 45–63, hier S. 45.
138 Zit. nach Zimmerer, J. 2004 (wie Anm. 135), S. 109.
139 Ebd.
140 Hillebrecht, W. 2003: Die Nama und der Krieg im Süden. In: Zimmerer, J./ Zeller, J. 2003: *Völkermord*, S. 128.
141 Oermann, N. O. 1999: *Mission, Church and State Relations in South West Africa under German Rule (1884–1915).* Stuttgart, S. 101.
142 Menzel, G. 2000 (wie Anm. 58), S. 187.

143 RMG 1.600. Berseba, Hegner an Missionsleitung, 24.11.1904.

144 RMG 1.600, Hegner an Missionsleitung, 5.1.1905.

145 Ebd.

146 Hermann Ludwig Hegner an seine Tochter Marie, Berseba, 2.1.1905 (Archiv Ursula Trüper).

147 Archiv Ursula Trüper.

148 RMG 1.600, Hegner an Missionsinspektor Spieker, Gütersloh, 23.5.1907.

149 Ebd.

150 Ebd.

151 RMG 1.600, Hegner an Missionsleitung, Berseba, 5.1.1905.

152 Elisabeth Hegner an ihre Tochter Marie, Gütersloh, 6.6.1908 (Archiv Ursula Trüper).

153 Todesanzeige von Vizefeldwebel Hermann Hegner (Archiv Ursula Trüper).

154 Hillebrecht, W. 2003 (wie Anm. 140), S. 132.

155 Zit. nach Zeller, J. 2003: Ombera i koza. Die Kälte tötet mich. In: Zimmerer, J./Zeller, J.: *Völkermord*, S. 64.

156 Erichsen, C. 2003: Zwangsarbeit im Konzentrationslager auf der Haifischinsel. In: Zimmerer, J./Zeller, J.: *Völkermord*, S. 81.

157 Zu den verschiedenen Schätzungen und der Problematik der Zahlen Siehe Lau, B. 1995c: Uncertain Certainties. The Herero-German War of 1904. In: Dies.: *History and Historiography*, S. 43–46.

158 RMG 1.600, Hegner an Missionsleitung, Berseba, 26.5.1903.

159 RMG 1.600, Hegner an Missionsleitung, Berseba, 15.10.1904. Geschrieben ist dieser Brief in Doras Handschrift. Sie betätigt sich damals offensichtlich als Sekretärin ihres Vaters.

160 Drechsler, H. 1966 (wie Anm. 80), S. 170. – Siehe auch Krüger, G. 2003: Bestien und Opfer. Frauen im Kolonialkrieg. In Zimmerer, J./Zeller, J.: *Völkermord*, S. 142–159.

161Drechsler, H. 1966 (wie Anm. 80), S. 170.

162 Berichte der Rheinischen Missionsgesellschaft Juli 1904, zit. nach Menzel, G. 1978 (wie Anm. 86), S. 244.

163 Zit. nach ebd., S. 244/245.

164 RMG 1.600, Brief Hermann Ludwig Hegner an Inspektor Spieker, Gütersloh, 23.5.1907.

165 *Koloniale Zeitschrift* 1904, zit. nach Menzel, G. 1978 (wie Anm. 86), S. 243.

166 Leutwein, T. 1906: *Elf Jahre Gouverneur in Deutsch-Südwestafrika*. Berlin, S. 295.

167 Brief Hermann Hegner an seine Tochter Marie, Gütersloh, 19.1.1907. (Hervorhebung im Original) (Archiv Ursula Trüper).

168 Van der Heyden, U. 2003: Die »Hottentottenwahlen« von 1907. In: Zimmerer, J./Zeller, J. (Hg.): *Völkermord*, S. 97–102.

169 Eine Minderheit innerhalb der SPD lehnt diesen Krieg zwar ab, unterwirft sich jedoch der Parteidisziplin. Erst im Dezember desselben Jahres, als eine weitere

Bewilligung von Kriegskrediten ansteht, setzt sich der Abgeordnete Karl Liebknecht – als einziger Sozialdemokrat – über die Parteidisziplin hinweg und votiert mit »Nein«.

170 RMG 1.698, Lebenslauf des Franz Heinrich Kleinschmidt, Aspirantenliste Nr. 14, Jahrgang 1906.

171 RMG 1.600. Hermann Ludwig Hegner an die Rheinische Missionsgesellschaft, Gütersloh, 6.2.1909.

172 Roller, K. 2004: Zwischen Rassismus und Frömmigkeit. In: Becker: *Rassenmischehen*, S. 238.

173 RMG 1.600 (wie Anm. 171).

174 RMG 1.600 (wie Anm. 171), 1.7.1909.

175 Ebd.

176 Siehe Roller, K. 2004: Zwischen Rassismus und Frömmigkeit. In: Becker: *Rassenmischehen*, S. 241.

177 Zit. nach Mamozai, M. 1989: *Schwarze Frau, weiße Herrin. Frauenleben in den deutschen Kolonien*. Hamburg, S. 133.

178 Bundesarchiv Potsdam (BAP), R 101, Bd. 5424, Bl. 50 f. Zitiert nach: Sippel, H. 2004 (wie Anm. 31).

179 Zit. nach Sippel, H. 1995: »Im Interesse des Deutschtums und der Weißen Rasse«: Behandlung und Rechtswirkungen von »Rassenmischehen« in den Kolonien Deutsch-Ostafrika und Deutsch-Südwestafrika. In: *Jahrbuch für afrikanisches Recht* 9, S. 147/148.

180 Ebd., S. 151/152.

181 »Laut seiner Todesurkunde war er Landwirt auf der Farm Greinatzel (bei Karibib?).« Auskunft von Tillys Enkel Dr. Rainer Heller per Mail am 9.2.2020.

182 Schreiben des Pfarrers Heyse an den Staatssekretär des Reichskolonialamts vom Januar 1914 (BArch.Potsdam, R 101, Bd. 5418, Bl. 341–344). Zit. nach Sippel, H. 1995 (wie Anm. 179), S. 148.

183 Roller, K. 2004: Zwischen Rassismus und Frömmigkeit. In: Becker: *Rassenmischehen*, S. 220–253.

184 Sippel, H. 1995 (wie Anm. 179), S. 148.

185 Siehe auch Roller, K. 2004: Mission und Mischehen, Erinnerung und Körper – geteiltes Gedächtnis an eine afrikanische Vorfahrin. Über die Familie Schmelen-Kleinschmidt-Hegner. In: *Namibia – Deutschland. Eine geteilte Geschichte*. Publikation zur gleichnamigen Ausstellung im Rautenstrauch-Joest-Museum für Völkerkunde der Stadt Köln und im Deutschen Historischen Museum Berlin. Köln, S. 194–211.

186 RMG 1.698, Zeugnis der Witwe Hälbich für Gerhard Kleinschmidt, Otjimbingue, 22.5.1913.

187 Mündl. Aussage ihres Neffen Diether Zimmermann.

188 Dora Hegner an ihre Schwester Marie. Undatiert. (Archiv Ursula Trüper).

189 Ebd.

190 Zeugnis der Rheinischen Missionsgesellschaft für Dora Hegner, 1.3.1912.

191 Dora Hegner an ihre Schwester Marie. Undatiert. (Archiv Ursula Trüper)

192 Ebd.

193 Ebd.

194 Doras Kinderbüchlein (Archiv Ursula Trüper).

195 Ebd.

196 Ebd.

197 Ebd.

198 Martin, P./Alonzo, C. 2004: *Zwischen Charleston und Stechschritt. Schwarze im Nationalsozialismus.* München, S. 139.

199 Zit. nach El Tayeb, F. 2001 (wie Anm. 24), S. 160.

200 Ebd., S. 163.

201 Ebd., S. 176.

202 Zit. nach ebd., S. 160.

203 Zit. nach Koller, C. 2004: »Die Schwarze Schmach – afrikanische Besatzungssoldaten und Rassismus in den Zwanziger Jahren«. In: Bechhaus-Gerst, Marianne/Klein-Arendt, Reinhard (Hg.): *AfrikanerInnen in Deutschland und schwarze Deutsche – Geschichte und Gegenwart.* Münster, S. 157.

204 El Tayeb, F. 2001 (wie Anm. 24), S. 163.

205 Ebd.

206 Ebd., S. 169.

207 Zit. nach ebd., S. 170.

208 Zit. nach Martin, P./Alonzo, C. 2004 (wie Anm. 198), S. 374.

209 Menzel, G. 1978 (wie Anm. 86), S. 273.

210 Archiv Ursula Trüper.

211 Ebd.

212 Dora Zimmermann an Marie Hegner, Bandjer, 28.5.1922 (Archiv Ursula Trüper).

213 Willi Hegner an seine Schwester Dora, Salzungen, 23.8.1925 (Archiv Ursula Trüper).

214 Dora Zimmermann an Marie Hegner, Banjarmasin, undatiert (Archiv Ursula Trüper).

215 Dora Zimmermann an Marie Hegner, Banjarmasin, 6.10.1922 (Archiv Ursula Trüper).

216 Ebd.

217 Ebd.

218 Dora Zimmermann an Marie Hegner, Banjarmasin, 14.1.1924 (Archiv Ursula Trüper).

219 Dora Zimmermann an Marie Hegner, Banjarmasin, 13.1.1923 (Archiv Ursula Trüper).

220 Dora Zimmermann an Marie Hegner, Soerabaja, 12.6.1923 (Archiv Ursula Trüper).

221 Philipp Zimmermann an Marie Hegner, Modjawarno, 15.6.1923 (Archiv Ursula Trüper).

222 Philipp Zimmermann an Marie Hegner, Modjawarno, 25.6.1923 (Archiv Ursula Trüper).

223 Dora Zimmermann an Marie Hegner, Banjarmasin, 15.8.1923 (Archiv Ursula Trüper).

224 Ebd.

225 Ebd.

226 Ebd.

227 Willi Hegner an Dora Zimmermann, (ohne Ortsangabe), 8.9.1917 (Unterstreichung im Original) (Archiv Ursula Trüper).

228 Dora Zimmermann an Marie Hegner, Banjarmasin, 18.6.1927 (Archiv Ursula Trüper).

229 Ebd.

230 Dora Zimmermann an Marie Hegner, Banjarmasin, 13.1.1923 (Archiv Ursula Trüper).

231 Brief von Diether Zimmermann an die Autorin vom 5.12.1992 (Archiv Ursula Trüper).

232 »Pfalzkommissar« war die Bezeichnung für den Vertreter der bayerischen Landesregierung.

233 Zit. nach El Tayeb, F. 2001 (wie Anm. 24), S. 177.

234 Zit. nach ebd. Erst in der NS-Zeit wurde die von Rassehygienikern – unter ihnen der Arzt und Anthropologe Eugen Fischer, der seine Erkenntnisse einst anhand seiner Forschungen an den »Rehobother Bastards« in Südwestafrika gewonnen hatte – schon lange geforderte Sterilisierung der sogenannten »Rheinlandbastarde« schließlich durchgeführt. Heimlich, um im Ausland kein unliebsames Aufsehen zu erregen. Allerdings mussten die Mütter der betreffenden Kinder dazu ihr schriftliches Einverständnis erklären. Viele sträubten sich. Schließlich übernahm die Gestapo die Durchführung. Im Sommer 1937 wurde die Aktion innerhalb weniger Wochen durchgezogen. Siehe auch »Rassismus: Gänzlich schmerzlos«. In: *Der Spiegel* 40, 1.10.1979.

235 Sobich, F. O. 2006: *»Schwarze Bestien, rote Gefahr.« Rassismus und Antisozialismus im deutschen Kaiserreich.* Frankfurt am Main/New York, S. 366.

236 Mündliche Mitteilung ihrer Neffen Diether und Gotthilf Zimmermann an die Autorin.

237 Otto Hegner an Dora Zimmermann, Schneidemühl, den 20.5.1933 (Archiv Ursula Trüper).

238 Otto Hegner an Dora Zimmermann, 7.9.1933. Der folgende Text beruht auf Trüper, U. 2005: »Das Blut der Väter und Mütter«. Otto Hegner und der Arierparagraph. In: Van der Heyden, U./Zeller, J.: »... *Macht und Anteil an der Weltherrschaft.« Berlin und der deutsche Kolonialismus.* Berlin, S. 243–249.

239 *Kirchliches Gesetz- und Verordnungsblatt vom 6. September 1933*, No. 26, S. 141–145.

240 Otto Hegner an Dora Zimmermann, Schneidemühl, 31.10.1931 (falsch datiert, korrekt muss es heißen: 1933) (Archiv Ursula Trüper).

241 Ebd.
242 Ebd.
243 Ebd.
244 Der folgende Text beruht auf Trüper, U.: Herr Kleinschmidt aus Afrika. *Berliner Zeitung*, 11./12. September 2010, S. 8.
245 Zeitungsausschnitt ohne Datierung aus dem Privatarchiv Eberhard Kleinschmidt. (Die folgenden Dokumente über den Fall von Hans Kleinschmid stammen, soweit nicht anders angegeben, aus dem Privatarchiv seines Enkels Eberhard Kleinschmidt, dem ich für deren freundliche Überlassung zu großem Dank verpflichtet bin. Im Folgenden zitiert als »Archiv Eberhard Kleinschmidt«.)
246 Erwiderung des Studienrates Kleinschmidt, Ilfeld, 12.6.1933 (Archiv Eberhard Kleinschmidt).
247 Anklage gewisser Klosterschüler gegen Studienrat Kleinschmidt, Ilfeld, 12.5.33 (Archiv Eberhard Kleinschmidt).
248 Erwiderung des Studienrates Kleinschmidt, Ilfeld, 12.6.1933 (Archiv Eberhard Kleinschmidt).
249 Ebd. (Unterstreichungen im Original).
250 Kleinschmidt an Ortsgruppe Ilfeld der NSDAP, 30.5.1933 (Archiv Eberhard Kleinschmidt).
251 Kleinschmidt an das Oberste Parteigericht der NSDAP München, Hannover, 19.10.1935 (Archiv Eberhard Kleinschmidt).
252 Hans Kleinschmidt an das Oberste Parteigericht der NSDAP München (Entwurf), Hannover, 12.1936 (Archiv Eberhard Kleinschmidt).
253 Otto Hegner an Dora Zimmermann. Schneidemühl, 10.12.1933 (Archiv Ursula Trüper).
254 Ebd.
255 Ebd.
256 So erinnert sich eine Berliner Zeitzeugin: »Nach Hitlers Machtübernahme gingen wir nicht mehr zum Kindergottesdienst in die Friedrichsfelder Kirche«, denn deren beide Pfarrer »hielten von nun an zu den Deutschen Christen«. Stattdessen fahren ihre Eltern »sonntags oft mit uns Kindern nach Oberschöneweide – zehn Minuten mit der Straßenbahn – zum alten Königin Elisabeth Hospital, um den Gottesdienst des damaligen Leiters, des Generalsuperintendenten Hegner, zu besuchen«. Kühl-Freudenstein, O./Noss, P./Wagener, C. P. (Hg.) 1999: *Kirchenkampf in Berlin 1932–1945*. Berlin, S. 341.
257 NSDAP Gaugericht Süd-Hannover-Braunschweig, Hannover, 21.8.1935 (Archiv Eberhard Kleinschmidt).
258 BDM Untergau 74/273 an Kleinschmidt, 10.9.1935 (Archiv Eberhard Kleinschmidt).
259 Interview von Bettina von Clausewitz mit Horst Kleinschmidt: Rassismus in Südafrika überwinden. In: *In die Welt, für die Welt*. Magazin der Vereinten Evangelischen Mission 2/2015. Wuppertal, S. 20/21.
260 Mündliche Aussage von Tillys Enkel Dr. Rainer Heller. Später scheint Tilly

ihren Frieden mit ihrem afrikanischen Erbe gemacht zu haben. Rainer Heller erinnert sich, wie sie ihn und seine Schwester Inge als Kinder mit Liedern in den Schlaf gesungen habe, deren Worte sie nicht verstanden und die eine Menge interessante Klick-Laute enthielten. Erst später, als die Hellers selbst durch Namibia reisten, wurde ihnen bewusst, dass es Lieder in Khoekhoegowab gewesen sein müssen.

261 Zit. nach Martin, P./Alonzo, C. 2004 (wie Anm. 198), S. 417.

262 Otto Hegner an Dora Zimmermann, Gr. Samrodt, 1.10.1935 (Archiv Ursula Trüper).

263 RMG 1574b.

264 Der Vorsitzende des Kuratoriums des Diakonissenmutterhauses Königin Elisabeth Hospital, Herr Ministerialdirektor i. R. Dr. Thiesing an Reichs- und Preußisches Ministerium des Inneren, o. D. (Archiv des Königin Elisabeth Hospitals Berlin).

265 Ebd.

266 Der Reichs- und Preußische Minister des Innern an den Vorsitzenden des Kuratoriums des Diakonissenmutterhauses Königin Elisabeth Hospital, Herrn Ministerialdirektor i. R. Dr. Thiesing, Berlin, 23.4.1937 (Archiv des Königin Elisabeth Hospitals Berlin).

267 Das Kuratorium der Schwesternschaft des Königin Elisabeth Hospitals, Berlin Oberschöneweide an Oberarzt Dr. Walter Wolff, 26.10.1936 (Archiv des Königin Elisabeth Hospitals).

268 Ebd.

269 BDM Obergau 8 Niedersachsen an Kleinschmidt, 1.10.1935 (Archiv Eberhard Kleinschmidt).

270 Studienrat Kleinschmidt an das Oberste Parteigericht der NSDAP, 19.10.1935 (Archiv Eberhard Kleinschmidt).

271 SA Oberführer Freund an das Oberste Parteigericht der NSDAP, 10.12.1935 (Unterstreichungen im Original) (Archiv Eberhard Kleinschmidt).

272 Verfügung der NSDAP Reichsjugendführung, 20.1.1936 (Archiv Eberhard Kleinschmidt).

273 Gaugericht Württemberg-Hohenzollern der NSDAP, 7.4.1938 (Archiv Eberhard Kleinschmidt).

274 Hans Kleinschmidt an Göring, 29.11.1938 (Unterstreichungen im Original) (Archiv Eberhard Kleinschmidt).

275 Krankenakte Marie Hegner (Archiv Stiftung Tannenhof).

276 Krankenakte Marie Hegner, Aufnahmebogen (Archiv Stiftung Tannenhof).

277 Ebd.

278 Brief an Generalsuperintendent i. R. Hegner, 13.9.1934, Krankenakte Marie Hegner (Archiv Stiftung Tannenhof).

279 Dora Zimmermann an Dr. Philipps, 21.9.1934, Krankenakte Marie Hegner (Archiv Stiftung Tannenhof).

280 Ebd.

281 Dora Zimmermann an Dr. Philipps, 4.12.1934, Krankenakte Marie Hegner (Archiv Stiftung Tannenhof).

282 Otto Hegner an seine Schwester Dora, Berlin Oberschöneweide, 2.12.1934 (Archiv Ursula Trüper).

283 Dora Zimmermann an Dr. Philipps, 4.12.1934, Krankenakte Marie Hegner (Achiv StiftungTannenhof).

284 Notizzettel, angeheftet an Brief Dora Zimmermann an Dr. Philipps, 4.12.1934, Krankenakte Marie Hegner (Archiv Stiftung Tannenhof).

285 Otto Hegner an seine Schwester Dora, Berlin Oberschöneweide, 2.12.1934 (Archiv Ursula Trüper).

286 Krankenakte Marie Hegner (Archiv Stiftung Tannenhof).

287 Dora Zimmermann an Fräulein Dr. Christ, 19.4.1936, Krankenakte Marie Hegner (Archiv Stiftung Tannenhof).

288 Krankenakte Marie Hegner, 15. und 17.4.1936 (Archiv Stiftung Tannenhof).

289 Postkarte von Dorothea Zimmermann 21.7.1936, Krankenakte Marie Hegner (Archiv Stiftung Tannenhof).

290 Krankenakte Marie Hegner, 11.11.1935 (Archiv Stiftung Tannenhof).

291 Kaminsky, U. 1995: *Zwangssterilisation und »Euthanasie« im Rheinland. Evangelische Erziehungsanstalten sowie Heil- und Pflegeanstalten 1933 bis 1945.* Köln, S. 54/55.

292 Ebd., S. 93.

293 Rosenberg, A. 1935: *Der Mythos des 20. Jahrhunderts.* München, S. 169.

294 Zit. nach Klee, E. 1989: *Die* SA *Jesu Christi. Die Kirche im Banne Hitlers.* Frankfurt am Main, S. 84.

295 Ebd., S. 84/85.

296 Zit. nach Klee, E. 1985: *»Euthanasie« im* NS-*Staat. Die »Vernichtung lebensunwerten Lebens«.* Frankfurt am Main, S. 33.

297 Zit. nach ebd., S. 77.

298 Ebd., S. 38.

299 home.wtal.de/heinemann/luekirche.htm (10.5.2019).

300 Zit. Kaminsky, U. 1995 (wie Anm. 291), S. 163.

301 Zit. nach ebd., S. 108.

302 Zit. nach Klee, E. 1989 (wie Anm. 294), S. 75/76.

303 NSV: Nationalsozialistische Volkswohlfahrt, die Organisation der NS Gesundheits- und Sozialdienste.

304 Zit. nach 1989 (wie Anm. 294), E. 1989, S. 75/76.

305 Ebd.

306 Ebd.

307 Kaminsky, U. 1995 (wie Anm. 291), S. 394.

308 Ebd., S. 119/120.

309 Zit. nach Klee, E. 1989 (wie Anm. 294), S. 177.

310 Zit. nach Kaminsky, U. 1995 (wie Anm. 291), S. 397.

311 Siehe auch: Steppe, H. 2001: *Krankenpflege im Nationalssozialismus.* Frankfurt am Main (Erstauflage 1996).

312 Gesuch Hans Kleinschmidts an die SA-Gruppe Niedersachsen, Göttingen, 5.5.1939 (Archiv Eberhard Kleinschmidt).

313 Gutachten Göttingen, 8.5.1939 (Archiv Eberhard Kleinschmidt).

314 Reichsstelle für Sippenforschung, Berlin, 26.1.1939 (Archiv Eberhard Kleinschmidt).

315 Kanzlei des Führers der NSDAP, Amt für Gnadensachen, Berlin, 20.12.1939 (Archiv Eberhard Kleinschmidt).

316 So genannt nach der Tarnorganisation *Zentraldienststelle T4*, in der der Massenmord geplant und verwaltet wurde. Die Zentraldienststelle T4 war in einer »arisierten« Villa in Berlin untergebracht und hatte die Adresse Tiergartenstraße 4.

317 http://www.rheinische-geschichte.lvr.de/themen/Das%20Rheinland%20im%2020.%20Jahrhundert/Seiten/EuthanasieundZwangssterilisierungenim-Rheinland(1933%E2%80%931945).aspx (10.5.2019). In Deutschland und in den besetzten Gebieten wurden damals insgesamt mehr als 200 000 Menschen im Rahmen des Euthanasieprogramms ermordet. Siehe auch Bundesarchiv Berlin: *Inventar der Quellen zur Geschichte der »Euthanasie«-Verbrechen 1939–1945.* www.bundesarchiv.de/geschichte_euthanasie/ (11.5.2019).

318 Kleinschmidt an seinen Bruder Alexander, Hannover, 11.3.1943 (Archiv Eberhard Kleinschmidt).

319 Nachruf von Hans Kleinschmidt auf seinen Sohn, ohne Datierung (Archiv Eberhard Kleinschmidt).

320 Hans Kleinschmidt an seinen Bruder Alexander, Hannover, 24.3.1943 (Archiv Eberhard Kleinschmidt).

321 Hans Kleinschmidt an seinen Bruder Alexander, Hannover, 25.3.1943 (Archiv Eberhard Kleinschmidt).

322 Hannover, 25.2.1947 (Archiv Eberhard Kleinschmidt).

323 Eine derartige Legendenbildung ist in Deutschland nicht ungewöhnlich. Siehe: Welzer, H./Moller, S./Tschuggnall, K. 2002: *»Opa war kein Nazi.« Nationalsozialismus und Holocaust im Familiengedächtnis.* Frankfurt am Main.

324 Ausführlich dazu in: Rheinisches JournalistInnenbüro Recherche International e.V. 2008 (Hg.): *Die Dritte Welt im Zweiten Weltkrieg.* Köln.

325 In den USA herrschte bis weit in die 60er-Jahre hinein eine aggressive Rassendiskriminierung. Es gab Wohngebiete, Busse und Schulen nur für Weiße. In der Armee gab es Schwarze und Weiße Einheiten, wobei die Vorgesetzten stets Weiße waren.

326 Die Sängerin dieses Schlagers, die Schwarze Deutsche Marie Nejar, hat ihre Lebensgeschichte veröffentlicht, wobei sie über ihre Kindheit in der NS-Zeit und ihre Karriere unter dem Künstlernamen »Leila Negra« nach dem Krieg berichtete. Eindrücklich schildert sie in diesem Buch, wie sich der aggressive Rassismus der NS-Zeit zum verniedlichenden Rassismus der Nachkriegszeit

wandelte. Nejar, M. 2007: *Mach nicht so traurige Augen, weil du ein Negerlein bist. Meine Jugend im Dritten Reich.* Hamburg.

327 Das Parlament, 19. März 1952.

328 Ogutoye, K./Opitz, M./Schultz, D. (Hg.) 1986: *Farbe bekennen. Afro-Deutsche Frauen auf den Spuren ihrer Geschichte.* Berlin, S. 91.

329 Ebd., S. 95.

330 Briefentwurf von Dora Zimmermann, geb. Hegner, an Missionsinspektor Menzel, Karlsruhe, 27.8.1955 (Archiv Ursula Trüper).

331 Postkarte von Dora Zimmermann, geb. Hegner, an Missionsinspektor Menzel, Karlsruhe, 31.8.1955, VEM 1600.

332 Lt. mündlicher Überlieferung in Komaggas war dies der Kosename Schmelens für seine Frau, »weil sie so klein war«.

333 SOAS-CWM South Africa, Incoming letters. Bethany, Nov. 16, 1818. (Im Original englisch. Übers. durch die Autorin.) Mehrere wichtige Briefe Schmelens in der englischen Originalfassung sind abgedruckt in: Trüper, U. 2000: *Die Hottentottin. Das kurze Leben der Zara Schmelen (ca. 1793–1831), Missionsgehilfin und Sprachpionierin in Südafrika.* Köln und in der Übersetzung dieses Buches ins Englische: Trüper, U. 2006: *The Invisible Woman. Zara Schmelen, African Mission Assistant at the Cape and in Namaland.* Basel.

334 Damit ist der Orange River gemeint.

335 SOAS-CWM South Africa, Incoming letters. Bethanien, 16.11.1818.

336 Dies ist nicht belegt, aber ziemlich wahrscheinlich.

337 RMG 2381, 7. April 1831. Tagebuch des Missionars G. A. Zahn. Dort zitiert der Missionar seinen Kollegen Schmelen mit dieser Äußerung.

338 Näheres über das historische Cassebruch: *Die Samtgemeinde Hagen. Heimat zwischen Marsch, Moor und Moränen.* Hg. vom Heimatbund der Männer vom Morgenstern. Bremerhaven 2002, S. 39–42 und 133–135. Das Kirchenbuch von Cassebruch kann in der Evangelisch-Lutherischen Kirchengemeinde St. Jacobi in Bramstedt im Landkreis Cuxhaven eingesehen werden.

339 Und nicht etwa am 7. Januar 1777, wie es auf Schmelens Grabstein in Komaggas steht und in vielen Veröffentlichungen zu lesen ist.

340 Schriftliche Auskunft von Frau Pfr. Keßler, Ev.-Luth. Kirchengemeinde St. Jacobi, Bramstedt.

341 Johann Hinrich Schmelen 1894 (wie Anm. 22), S. 1/2.

342 Zum Phänomen der Hollandgänger: Bade, K. 2000: *Europa in Bewegung. Migration vom späten 18. Jahrhundert bis zur Gegenwart.* München, S. 33–42.

343 Johann Hinrich Schmelen 1894 (wie Anm. 22), S. 2.

344 Auch einige Frauen pochen damals auf das Streben nach dem selbst gewählten Glück, indem sie aus der ökonomischen Sicherheit einer Ehe mit einem von den Eltern ausgesuchten vermögenden Gatten ausbrechen, um den Mann zu heiraten, den sie lieben – auch wenn der keinerlei Vermögen besitzt. In Deutschland beispielsweise die Schriftstellerinnen Sophie Mereau und Dorothea Veit.

345 Schmelen 1894 (wie Anm. 22), S. 2.

346 Ebd.

347 Ebd.

348 Das handschriftliche Original von Schmelens Lebensgeschichte ist m. W. nicht mehr erhalten.

349 Zur Wanderbewegung aus dieser Region nach England: Rössler, H. 2000: *Hollandgänger, Sträflinge und Migranten. Bremen und Bremerhaven als Wanderungsraum*. Bremen.

350 Wie solche über die Erweckungsbewegung vermittelten Beziehungen manchmal bemerkenswerte Karrieren ermöglichten – beispielsweise den Aufstieg aus ärmsten Verhältnissen zum Universitätsprofessor und Hofrat –, kann man in den Autobiografien von Heinrich Jung-Stilling und Karl Philipp Moritz nachlesen. Heinrich Jung-Stilling: *Heinrich Stillings Jugend*. Erstmalig erschienen 1777, und Karl Philipp Moritz: *Anton Reiser. Ein psychologischer Roman*. Erstmalig erschienen 1790.

351 Johann Hinrich Schmelen 1894 (wie Anm. 22), S. 3.

352 Ebd.

353 Ebd.

354 Dapper, O. 1670: *Umbständliche und Eigentliche Beschreibung von Africa*. Amsterdam, S. 625/626.

355 Weitere Informationen über Martha Arendse und das Ehepaar van Rooij siehe Elbourne, E. 2002: *Blood Ground. Colonialism, Missions, and the Contest for Christianity and the Cape Colony and Britain*, 1799–1853. London/Ithaca, S. 122–130.

356 Zit. nach Buch, H. C. 1976: *Die Scheidung von San Domingo*. Berlin, S. 124.

357 Zit. nach Plumelle-Uribe, R. 2004: *Weiße Barbarei. Vom Kolonialrassismus zur Rassenpolitik der Nazis*. Zürich, S. 89.

358 Hochschild, A. 2007: *Sprengt die Ketten. Der entscheidende Kampf um die Abschaffung der Sklaverei*. Stuttgart. S. 175–185. Equiano erlangt durch sein Buch nicht nur Ruhm, sondern auch Wohlstand und heiratet schließlich eine Weiße Engländerin.

359 Johann Hinrich Schmelen (wie Anm. 22), S. 4.

360 Ebd., S. 5.

361 Dedering, T. 1997: *Hate the Old and Follow the New. Khoekhoe and Missionaries in Early Nineteenth-Century Namibia*. Stuttgart, S. 71.

362 Siehe auch Trüper, U. 2007: Berlin, Mauerstraße – Bethlehemskirchplatz. Das Jänicke'sche Missionsinstitut. In: Van der Heyden, U./Zeller, J. (Hg.): *Kolonialismus hierzulande. Eine Spurensuche in Deutschland*. S. 226–228.

363 Johann Hinrich Schmelen (wie Anm. 22), S. 5.

364 Ebner, L. 1829: *Reise nach Südafrika und Darstellung meiner während acht Jahren daselbst unter den Hottentotten gemachten Erfahrungen; so wie einer kurzen Beschreibung meiner bisherigen Lebensschicksale*. Berlin.

365 Ebd., S. 33.

366 Ebd.

367 Ebd., S. 38/39.

368 Ebd.

369 Ebd., S. 43.

370 Ebd., S. 5.

371 Shaw, B. 1840: *Memorials of South Africa.* London, S. 233.

372 Ebner 1829 (wie Anm. 364), S. 52.

373 Zur Geschichte der Saartje Baartman siehe Holmes, R. 2007: *The Hottentott Venus. The Life and Death of Saartje Baartman. Born 1789. Burried 2002.* London.

374 Campbell schrieb dazu: »Haus, aus dem die Frau in Piccadilly, genannt Hottentotten Venus, weggebracht wurde.« Ebd., S. 25.

375 Zit. nach ebd., S. 92.

376 Ebner 1829 (wie Anm. 364), S. 62.

377 Ebd., S. 66.

378 Ebd., S. 68.

379 Ebd., S. 53.

380 Zwar wurde der Zunftzwang unter Napoleon aufgehoben, dies wurde aber nach den Befreiungskriegen wieder rückgängig gemacht. Erst mit der Reichsgründung 1871 wurde in Deutschland flächendeckend die Gewerbefreiheit eingeführt.

381 Schmelens Tagebuch, das er während dieser Reise führte, wurde veröffentlicht in der Missionszeitschrift *Transactions of the Missionary Society* 1818. Vol. IV, No 27, London, S. 154–164, und No 30, S. 321–327.

382 SOAS-CWM South Africa, Incoming letters. Bethanien, 16.11.1818.

383 Der Ort Steinkopf wird damals von den Nama */Kara-Khois*, von den Niederländisch sprechenden Weißen *Byzondermeid* genannt. Erst Schmelen gibt der Gemeinde ihren heutigen Namen und setzt dadurch seinem einstigen Förderer Friedrich Adolf Steinkopf ein Denkmal.

384 Johann Hinrich Schmelen 1894 (wie Anm. 22), 1894, S. 14. Leider wird auch hier der Name der »Hausfrau« nirgendwo erwähnt. Außerdem behauptet das Traktat, der Missionar habe seine Frau 1816 geheiratet, als er sich eine Weile in Steinkopf aufhielt. Aus Schmelens Briefen geht jedoch eindeutig hervor, dass er dies bereits 1814 während seiner Expedition durch das Groß-Namaland getan hatte. Das spätere Datum soll vermutlich die fragwürdigen Umstände der Schmelen'schen Heirat vertuschen.

385 An anderer Stelle auch Hendrichs, Hendrik oder Hendrick geschrieben. SOAS-CWM South Africa, Journals, Schmelen, near Pella 1813/14.

386 Johann Hinrich Schmelen 1894 (wie Anm. 22), S. 14.

387 SOAS-CWM South Africa, Journals, Wimmer, Steinkopf, 28. Dezember, 1827.

388Es wird heute einfach *Namaqua-Land* oder auf Afrikaans *Namakwaland* genannt.

389 SOAS-CWM South Africa, Incoming letters. Schedule for Returns to be made Annually by Missionaries in South Africa for the LMS. 28. Dezember 1829.

390 Tagebuch des Missionars Gustav Adolf Zahn, 7. April 1831. RMG 2381.

391 Schmelen, H. 1832: Mrs Schmelen of Komaggas, South Africa. In: Missionary Register, London, S. 321.

392 Hanna Kleinschmidt an Rheinische Missionsgesellschaft. RMG 2598, Bethanien, 12.9.1842.

393 Tagebuch des Missionars Gustav Adolf Zahn, 7.4.1831. RMG 2381.

394 Kleinschmidt, H. 2014: *Zara Schmelen (1793–1831). On the Search of Zara's Grave*. Unveröffentlichte Materialzusammenstellung. Kapstadt.

395 Schapera, I. 1930: *The Khoisan Peoples of South Africa. Bushmen and Hottentotts*. London, S. 267. Zu Schaperas Zeit benutzte man noch die Bezeichnungen »Hottentotte« und »Buschmann«, ohne dies unbedingt rassistisch zu meinen.

396 Hoernlé forschte im Richtersveld im Klein-Namaland und in Bethanien im heutigen Namibia, also genau in den Regionen, in denen Zara Schmelen 100 Jahre zuvor gelebt hat.

397 Schapera, I. 1930 (wie Anm. 395), S. 268–272 (Übers. durch die Autorin).

398 Ebd.

399 Ebd.

400 Sprüche 13, 24.

401 Cartens P. 1985 (Hg.): *The Social Organization of the Nama And Other Essays by Winifred Hoernlé*. Johannesburg, S. 28.

402 Über die Mädchenpädagogik im 18. und 19. Jahrhundert ist im Kontext der Frauenbewegung ausgiebig geforscht worden. Zwei Beispiele von vielen Veröffentlichungen seien hier genannt: Prokop, U. 1991: *Die Illusion vom Großen Paar. Weibliche Lebensentwürfe im deutschen Bildungsbürgertum 1750–1770*. 2 Bde. Frankfurt am Main. – Pusch, L. 1985: *Schwestern berühmter Männer. Zwölf biographische Portraits*. Frankfurt am Main.

403 Ebd, S. 62–67.

404 Nirgendwo in den Dokumenten ist die Rede von Tsauxab. Er ist meine Erfindung (UT).

405 Hahn, T. 1971 (wie Anm. 47), S. 87.

406 Das niederländische »g« wird wie das deutsche »ch« ausgesprochen.

407 Penn, N. 2005: *The Forgotten Frontier. Colonists and Khoisan on the Cape's northern frontier in the 18th century*. Kapstadt, S. 187–201.

408 Moffat, R. 1842: *Missionary Labours and Scenes in Southern Africa*. London, S. 20.

409 Penn, N. 2005 (wie Anm. 407), S. 187.

410 Ebd., S. 190.

411 Ebd., S. 193.

412 Campbell, J. 11815 (wie Anm. 374), S. 535.

413 Siehe Elbourne, E. 2002 (wie Anm. 355), S. 213.

414 Lau, B. (Hg.) 1984/85 (wie Anm. 44), S. 1241 und 1247.

415 Penn, N. 2005 (wie Anm. 407), S. 214.

416 Noch heute erzählt man sich in Bethanien, Zara Schmelen sei eine !Aman gewesen. Dies ist gut möglich. Möglicherweise ist 1804 ein Teil der !Aman nicht

mit Cobus Booij ins Groß-Namaland gezogen, sondern hat sich in Steinkopf niedergelassen. Unter ihnen vielleicht auch die junge Zara mit ihren Eltern und Großeltern. Später lernt Schmelen im nahe gelegenen Pella seine Taufschülerin Zara Hendrich kennen, die er später heiraten wird. Und noch etwas später gründet er ausgerechnet in /Ui/gandes-Bethanien im Groß-Namaland eine Missionsstation. Vielleicht auf den Rat seiner jungen Frau hin, die dort Verwandte und Freunde hat?

417 Dedering, T. 1997 (wie Anm. 361), S. 65–73.

418 Ebd., S. 56.

419 Ebd., S. 80.

420 Über das Leben der Sophia Burgmann siehe Schoeman, K. 1994: *Die kort Sendingloopbaan van Sophia Burgmann 1805–1812.* Kapstadt.

421 Schmelen war nicht der Erste, durch den die Schwestern Hendrich mit der Mission in Kontakt kamen. In dem Brief, in dem Schmelen über seine ersten Täuflinge berichtet, schreibt er über seine Taufschülerinnen Zara und Leentje Hendrich: »Sie sind schon seit einigen Jahren unter dem Evangelium, und, wie ich glaube, ergriffen von Gottes Gnade. Eine, nämlich Zara, schon vor einiger Zeit und Leentje vor kurzem. Sie haben auch gute Fortschritte im Lesen gemacht.« (SOAS-CWM South Africa, Journals. Schmelen, near Pella 1813/14).

422 Missionsinspektor John Campbell über den Schulunterricht des Missionars Seidenfaden. Campbell, J. 1815 (wie Anm. 374), S. 41.

423 Johannes Seidenfaden hatte 1808 in Kapstadt eine Frau namens Maria Schonkin geheiratet (siehe Dedering 1997 [wie Anm. 361], S. 71).

424 Der unfreundliche Charakter des Missionars Seidenfaden wird mehrfach urkundlich erwähnt.

425 Ebner 1829 (wie Anm. 364), S. 146.

426 Moffat, R. 1842 (wie Anm. 408), S. 24.

427 Dedering 1997 (wie Anm. 361), S. 102.

428 An anderer Stelle auch »Vleremuis« oder »Flermuis« genannt. Zur Geschichte der Familie Vleermuis siehe Dedering, S. 60/61.

429 Bericht Albrechts ins Deutsche übersetzt in: Mitteilungen aus den deutschen Schutzgebieten, Bd. 31, 1918, S. 122.

430 Dedering 1997 (wie Anm. 361), S. 103.

431 Zit. nach ebd., S. 102 und S. 104.

432 Ebner 1829 (wie Anm. 364), S. 82/83.

433 Ebd.

434 Johann Hinrich Schmelen 1894 (wie Anm. 22), S. 23.

435 *Missionsblatt Barmen* Nr. 11, 1.6.1829, S. 43.

436 Fisch, J. *Geschichte Südafrikas.* München, S. 54–57.

437 Ebd., S. 62.

438 Penn, N. 2005 (wie Anm. 407), S. 187–201.

439 Dedering 1997 (wie Anm. 361), S.103.

440 Ebd., S. 104.

441 Zit. nach Dedering 1997 (wie Anm. 361), S. 104, Fußnote 26.

442 Zum Leben des Theodosius van der Kemp siehe Enklaar, I. 1988: *Life and Work of Dr. J. Th. van der Kemp 1747–1811. Missionary pioneer and protagonist of racial equality in South Africa.* Cape Town/Rotterdam.
443 Schoeman, K. 1995: The wife of Dr van der Kemp. The life of Sara Janse (1792–1861) In: *Quarterly Bulletin of the South African Library*, Vol. 49, No. 4. S. 189–197.
444 Ebner 1829 (wie Anm. 364), S. 85.
445 Zit. nach Schoeman, K. 1994 (wie Anm. 443), S. 55.
446 Ebner 1829 (wie Anm. 364), S. 85.
447 Ebd., S. 87.
448 Ebd.
449 Ebd., S. 90.
450 Ebd., S. 86.
451 Ebd., S. 94.
452 Ebd., S. 99.
453 Ebd., S. 100.
454 Ebd., S. 69.
455 Ebd., S. 101.
456 Ebd., S. 115/116.
457 SOAS-CWM South Africa, Incoming letters. Schmelen, Kamas, 21.7.1813.
458 SOAS-CWM South Africa, Journals. Schmelen, 14.12.1813.
459 Ebd.
460 SOAS-CWM South Africa, Journals. Schmelen, 16.11.1815.
461 Zit. nach Schmidt, S. 1979: Auszüge aus dem Tagebuch 1815/16 des Missionars Heinrich Schmelen in Bethanien. In: *Namibiana*, Bd. I (3). Windhoek, S. 53–68.
462 *Transactions of the Missionary Society* 1818 (wie Anm. 481), Vol. IV, No. 30, S. 323.
463 SOAS-CWM South Africa, Journals. Schmelen, 6.2.1814.
464 Ebd., 10.2.1814.
465 Ebd., 11.3.1814.
466 SOAS-CWM South Africa, Incoming letters, Bethany 16.11.1818.
467 SOAS-CWM South Africa, Journals. Schmelen, 1.1.1814.
468 Carl August Pacalt, 1773–1818, Londoner Missionar deutscher Herkunft und Absolvent des Jänicke'schen Missionsinstituts.
469 SOAS-CWM South Africa, Incoming letters. Pacalt, Cape Town, 18.10.1809.
470 Johann Gottfried Ulbricht, gest. 1821, LMS Missionar deutscher Herkunft.
471 SOAS-CWM South Africa. Incoming letters. Ulbricht, Bethelsdorp, 12.12.1808.
472 Wimmer, Michael, 1761–1840, LMS-Missionar österreichischer Abstammung, Absolvent des Jänicke'schen Missionsinstituts.
473 SOAS-CWM South Africa. Incoming letters. Memorandum Mr. La Trobis, 6.10.1817.
474 Schoeman, K. 1995 (wie Anm. 443). S. 189–197.

475 Du Pre Alexander, 2nd Earl of Caledon, 1777–1839, von 1806–1811 Gouverneur von Südafrika.

476 Philip, J. 1828: *Researches in South Africa* (2 Bde.), London, Bd. 1, S. 151.

477 SOAS-CWM South Africa, Incoming letters. Schmelen, Kamas, 26.7.1813.

478 Später, in den Zeiten der Apartheid, wird diese sogenannte *Rebellion von Slagtersnek* zum Symbol des Widerstandes der freiheitsliebenden Buren gegen die Briten stilisiert.

479 Campbell J. 1815 (wie Anm. 374), S. 421.

480 Inhalt der Gesetze: 1. Mord soll mit der Todesstrafe geahndet werden, 2. Einbruch mit öffentlichem Auspeitschen, 3. bei Viehdiebstahl soll der Dieb das gestohlene Vieh doppelt ersetzen, 4. Gemüsediebstahl aus einem Garten soll mit Auspeitschen geahndet werden, 5. Raub vom Feld mit doppeltem Ersatz, 6. das Gleiche gilt, wenn jemand es seinem Vieh erlaubt, auf einem Kornfeld zu grasen. 7. Wer einen Fremden ermordet, wird ebenso bestraft, wie wenn er einen Griqua ermordet hätte. 8. Wer einen Raubzug unternimmt, muss eine gewisse Zeit arbeiten, um den Raub dem Eigentümer zurückerstatten zu können. 9. Wenn Fremde einen Mord begehen, wird dieser genauso bestraft wie bei einem Griqua. 10. Niemand darf jemand anderen auf eigene Faust bestrafen, sondern muss die Sache vor Gericht bringen. 11. und 12. Kein Richter darf Geschenke annehmen. 13. Flüchtlinge, die vor der Gerechtigkeit in der Kapkolonie fliehen, sollen an die Behörden ausgeliefert werden, 14. Strafvereitelung ist strafbar (Campbell J. 1815 [wie Anm. 374], S. 351–353).

481 Campbell J. 1815 (wie Anm. 374), S. 354.

482 Ebd., S. 422/423.

483 Ebd., S. 421.

484 Vedder, H. 1991: *Das alte Südwestafrika. Südwestafrikas Geschichte bis zum Tode Mahareros 1890.* Windhoek, S. 191. Die Erstausgabe erschien unter demselben Titel 1934 in Berlin. – Vedders Arbeit ist mit Vorsicht zu genießen. Er war kein ausgebildeter Historiker, sondern ein Missionar in Namibia, zudem Kolonialapologet und dem rassistischen Denken seiner Zeit verpflichtet. Interessant an seinem Werk ist jedoch, dass er auch mündliche afrikanische Quellen verwandt hat. Insofern sind manche Einzelinformationen durchaus verwertbar. – Afrikaaners Brief wird auch zitiert in: Mitteilungen aus den Deutschen Schutzgebieten, Bd. 31, 1918, Aufzeichnungen der Missionare Christian und Abraham Albrecht 1806 bis 1815, S. 126 (im Original niederländisch).

485 Dedering 1997 (wie Anm. 361), S. 106.

486 Ebd.

487 Das war sicher kein Zufall. Wer über den Orange River ins Groß-Namaland wollte, musste zuerst Pella passieren. Dort ist der Fluss besonders flach und kann in der trockenen Jahreszeit mit dem Ochsenwagen überquert werden.

488 Johann Hinrich Schmelen 1894 (wie Anm. 22), S. 7.

489 SOAS-CWM South Africa, Incoming letters. Schmelen, Kamas, 26.7.1813.

490 SOAS-CWM South Africa, Journals. Schmelen, 19.12.1813.

491 Ebd., 6.2.1814.

492 Ebd., Schmelen, 20.3.1814.

493 Campbell J. 1815 (wie Anm. 374), 1815, S. 435/436.

494 Johann Hinrich Schmelen 1894 (wie Anm. 22), S. 8.

495 SOAS-CWM South Africa, Incoming letters. Bethany, 16.11.1818. Klipfontein – so nannte man auch /Ui/gandes, das spätere Bethanien. Und das liegt keineswegs »in der Nähe von Steinkopf«. Hat Schmelen seine künftige Frau nach /Ui/gandes bestellt? Das würde bedeuten, dass sie ihn nicht auf seiner Expedition begleitet hat und dass die ganze aufregende Szene, wie er sie eines Nachts mitten in der Wüste geheiratet hat, erfunden ist. Doch das ist unwahrscheinlich. Denn diese Geschichte ist weitaus kompromittierender, als wenn Schmelen seine Erwählte in /Ui/gandes-Klipfontein-Bethanien in aller Form – zwar nicht standesamtlich, aber doch kirchlich – geheiratet hätte. Vermutlich exisiterte in der Nähe von Steinkopf ein Ort, der ebenfalls Klipfontein hieß.

496 Schapera, I. 1930 (wie Anm. 395), S. 245/246.

497 Ebner 1829 (wie Anm. 364), S. 110. Bei der Kapstädter Synode von 1817 wird ein Jahresgehalt für Missionare von 245 Rixdollar erwähnt. Offensichtlich entsprach also ein Rixdollar einem Rheinischen Gulden.

498 SOAS-CWM South Africa, Incoming letters. Schmelen, J. H. 1818, Journey from Pella, to explore the Mouth of the Orange River, the Great Namaqu and Damara Countries, by Mr. Schmelen, untertaken at the request of Mr. Campbell, when at Pella. Dt. Übersetzung in: Fisch, M. 1999 (Hg.): *Die ältesten Reiseberichte über Namibia. Gesammelt und herausgegeben 1915 von Prof. D. Eduard Moritz*, Bd. 1, Windhoek/Namibia, S. 103–116.

499 Mitteilungen aus den Deutschen Schutzgebieten, Bd. 28, 1915, S. 205–213, und in: Fisch, M. 1999, S. 103–116 (Original in Schmelen, J. H. 1818: Journey from Pella … In: Transactions of the Missionary Society 1818 (wie Anm. 481).

500 Die ältesten Reiseberichte über Namibia 1999, S. 116.

501 Johann Hinrich Schmelen 1894 (wie Anm. 22), S. 11/12.

502 SOAS-CWM South Africa, Journals. Schmelen, Near Pella, 17.1.1814.

503 SOAS-CWM South Africa, Journals. Schmelen, Bethany, 2.1.1816.

504 SOAS-CWM South Africa, Journals. Schmelen, Bethany 28.11.1815.

505 Dritter Bericht der RMG vom Aug. 1831 – Juli 1832, S. 72. In diesem Bericht für die Rheinische Mission behauptet Schmelen, er habe diese Reise 1818 unternommen. Schmelen hat diesen Bericht aus dem Gedächtnis geschrieben und mag sich daher in der Jahreszahl geirrt haben. Aus seinen Tagebüchern jedenfalls geht hervor, dass er diese Reise bereits 1816 unternahm und auch, dass er zwei Jahre später keine weitere Reise nach Kapstadt unternommen hat.

506 Menzel, G.: Pionierdienst in Südwest. In: *Berichte der Rheinischen Mission*, August 1955. Wuppertal, S. 18.

507 Shaw, Barnabas (1788–1857), Missionar der *Wesleyan Methodist Missionary Society* (WMMS).

508 SOAS-CWM South Africa, Incoming letters. Steinkopf, 20.3.1817.

509 Shaw, B. 1970, S. 90.

510 SOAS-CWM South Africa, Incoming letters. Steinkopf, 20.03.1817.

511 SOAS-CWM South Africa, Incoming letters. Journal of Mr. Schmelen in 1817–18.

512 RMG 2.598. Lebenslauf der Hanna Kleinschmidt, geb. Schmelen, Bethanien, 12.9.1841.

513 So steht es in den Todesanzeigen der lokalen Zeitungen, während auf seinem Grabstein in Bethelsdorp fälschlich der 19. Dezember angegeben wird. Enklaar, I. 1988, S. 185–186.

514 Lovett, R. 1899: *The History of the London Missionary Society 1795–1895.* Bd. I, London, S. 534–536.

515 Ross, A. 1986: *John Philip (1775–1851). Missions, Race and Politics in South Africa.* Aberdeen, S. 48–49.

516 SOAS-CWM South Africa, Incoming letters, Cape Town, 16.2.1814 (Hervorhebungen im Text).

517 Elbourne, E. 2002, S. 197–232.

518 Bird, Christopher Chapman (1769–1861).

519 Zit. nach Elbourne E. 2002, S. 228.

520 Ausführlicher über die Kapstädter Synode von 1817 S. Elbourne 2002, S. 227–232.

521 SOAS-CWM South Africa, Incoming letters. A copy of the original Minutes of the Missionary Deputies Held in the Orphan House. Cape of Good Hope, 12.–22.8.1817.

522 Ebner spricht von einem Jahresgehalt für Missionare von 245 Rheinischen Gulden. 1 Rheinischer Gulden entsprach also 1 Rixdollar (Ebner 1829 (wie Anm. 364), S. 110), van der Kemp hatte festgelegt, dass ledige Missionare 30 Pfund, verheiratete 40 Pfund pro Jahr verdienen sollten, die später um jeweils 5 Pfund aufgestockt wurden (Enklaar, S. 164). An anderer Stelle schreibt Ebner: »1 Pfund Sterling ist ohngefähr 7 Thaler Preuß. Courant« (Ebner 1829 [wie Anm. 364], S. 66). Eine Umrechnung damaliger Währungen in heutige Geldbeträge ist aufgrund der völlig geänderten Lebensumstände schwierig.

523 Generell nahmen die christlichen Gemeinschaften in Südafrika eine zwiespältige Haltung zur Frage der Sklaverei ein. 1770 hatte die niederländische Reformierte Staatskirche einen Erlass durchgesetzt, wonach die Weißen Herren ihre Sklaven christlich zu erziehen hatten. Getaufte Sklaven blieben zwar Sklaven, durften aber nicht mehr verkauft werden. Die Folge dieses Erlasses war, dass die Herren keine Taufen mehr für ihre Sklaven duldeten, sodass diese Vorschrift 1800 wieder aufgehoben wurde, und zwar auf Drängen der Kirche (S. siehe Fisch J. 1990 [wie Anm. 436], S. 72).

524 SOAS-CWM South Africa, Incoming letters. A copy of the original Minutes of the Missionary Deputies Held in the Orphan House. Cape of Good Hope, 12.–22.8.1817.

525 Ebd.

526 SOAS-CWM, Africa Odds. Resolutions Respecting Africa. 3.10.1817.

527 SOAS-CWM South Africa, Incoming letters. Wimmer, Calidon Institution, 30.12.1817.

528 Philip, J. 1828 (wie Anm. 476), Bd. 1, S. 137.

529 SOAS-CWM South Africa, Incoming letters. Wimmer, Little Namaqualand near Steinkopf, 27.12.1824.

530 SOAS-CWM South Africa, Journals. Schmelen 1817/1818. Pella and Steinkopf. Vgl. auch Moffat, R. 1842 (wie Anm. 408), S. 27.

531 Die Briefe und Tagebücher Ebners befinden sich, wie die Schmelens, heute im Archiv der *Londoner Missionsgesellschaft*: SOAS-CWM South Africa, Journals.

532 Ebner 1829 (wie Anm. 364), S. 280.

533 Moffat 1842 (wie Anm. 408), S. 29.

534 Ebd., S. 30.

535 Dedering 1997 (wie Anm. 361), S. 108.

536 Moffat 1842 (wie Anm. 408), S. 47–48.

537 Ebd.

538 Somerset, Lord Charles Henry (1767–1831).

539 Moffat 1842 (wie Anm. 408), S. 47/48. An einen Kopfgeldjäger, der die ausgelobten 1000 Rixdollar gefordert hätte, hätte der Gouverneur fast das Doppelte zahlen müssen.

540 Ebd.

541 Ebd.

542 SOAS-CWM South Africa, Journals. Schmelen 1819–20. Great Namaqualand, S. 3.

543 SOAS-CWM South Africa, Incoming letters. Great River, 26.9.1822.

544 SOAS, CWM South Africa, Journals. Schmelen 1819–20, S. 4–5.

545 Ebd.

546 SOAS-CWM South Africa, Incoming letters. Schedule for Returns to be made Annually by Missionaries in South Africa for the LMS, 28.12.1829.

547 SOAS-CWM South Africa. Journals. Schmelen 1817–1820, Pella und Steinkopf.

548 *Mitteilungen aus den deutschen Schutzgebieten*, Bd. 28, 1915, S. 217.

549 SOAS *Wesleyan Methodist Missionary Society* (WMMS): Extracts from the Journal of a Visit to Great Namaqualand (25.3.–27.5.1820).

550 Dedering 1997 (wie Anm. 361), S. 113.

551 SOAS-CWM South Africa, Journals. Schmelen 1821–1822, S. 17.

552 Ebd., S. 12.

553 Dedering 1997 (wie Anm. 361), S. 119 und SOAS-CWM, South Africa, Incoming letters. Great River, 26.9.1822. Vleermuis befürchtete offensichtlich, der Missionar werde die Kapbehörden gegen ihn zu Hilfe rufen.

554 SOAS-CWM, South Africa Journals. Schmelen 1821–22, S. 2. Vgl. auch *Mitteilungen aus den deutschen Schutzgebieten*, Bd. 28, 1915, S. 219–220.

555 SOAS-CWM South Africa, Journals. Schmelen 1821–1822, S. 10.

556 Dedering 1997 (wie Anm. 361), S. 118.

557 SOAS-CWM South Africa, Incoming letters. Great River, 26.9.1822.

558 Ebd.

559 Später deutet der Missionar Carl Hugo Hahn diesen Konflikt als Auseinandersetzung zwischen den eingewanderten Orlam, die die Partei des Missionars einnehmen (Kobus Booij), und den lokalen Nama (Jantje Kaggap). Lau, B. 1984/85 (wie Anm. 44), S. 661/662.

560 SOAS-CWM South Africa. Incoming letters. Great River, 26.9.1822.

561 Ebd.

562 SOAS-CWM South Africa, Incoming letters. Kamiesberg, 29.8.1823.

563 Ebd.

564 Lau, B. 1984/85 (wie Anm. 44), S. 667.

565 *Dictionary of South African Biography* 1976, Bd. I, Cape Town, S. 691–692.

566 SOAS-CWM South Africa, Incoming letters. Kamiesberg, 29.8.1823.

567 Ebd.

568 SOAS-CWM South Africa, Incoming letters. Cape Town, 4.11.1824.

569 Johann Hinrich Schmelen 1894 (wie Anm. 22), S. 24.

570 Ebd.

571 SOAS-CWM South Africa, Incoming letters. Kamiesberg, 29.8.1823.

572 SOAS-CWM South Africa, Incoming letters. Cape Town, 4.11.1824.

573 Ebd.

574 Pakendorf, G. 1998: Wort, Schrift, Kultur. Überlegungen zu Christianisierung und Verschriftlichung am Beispiel der Berliner Mission in Südafrika. In: *Zeitschrift für Germanistik*. 3, S. 590–599.

575 Moffat 1842 (wie Anm. 408), S. 51. Moffat selbst betätigte sich allerdings ebenfalls als Übersetzer in eine afrikanische Sprache. Er übersetzte die Bibel ins Setswana, eine Bantu-Sprache.

576 SOAS-CWM, Incoming letters. Great River, 18.6.1825.

577 *Dritter Bericht der Rheinischen Missionsgesellschaft vom August 1831 bis Ende Juli 1832*. Barmen 1832. S. 74–76.

578 Ebd.

579 Ebd.

580 Zit. nach Dedering 1997 (wie Anm. 361), S. 124.

581 Ebd.

582 Brief des Missionars Barnabas Shaw. In: *Mitteilungen aus den deutschen Schutzgebieten*, Bd. 28, 1915, S. 224.

583 SOAS-CWM South Africa, Journals. Wimmer, Steinkopf, Dezember 1825.

584 Ebd.

585 SOAS-CWM South Africa, Journals. Wimmer, Steinkopf 1827.

586 Dedering 1997 (wie Anm. 361), S. 125–130.

587 SOAS-CWM South Africa, Journals. Schmelen, 10.6.1827–21.6.1828.

588 Ebd.

589 Le Codeur, B./Saunders, C. 1976: *The Kitchingman Papers*. Johannesburg, S. 94/95.

590 Damit sind vermutlich die !Aman gemeint.

591 SOAS-CWM South Africa, Incoming letters. Komaggas, 29.12.1828.

592 Ebd.

593 In manchen Exemplaren sind die Zeichen für die Klicks handschriftlich ergänzt.

594 *Annoe kayn hoeaati haka kanniti, Nama-kowapna gowyhiihati: na koeriipy, zaada koep Jesip Christip hoop kausy* (translated by J. H. Schmelen). Capetown: Bidekirk 1831. National Library South Africa, Kapstadt. Special collection AC 4996.21:226 BIB.

595 Johann Hinrich Schmelen 1894 (wie Anm. 22), S. 24.

596 Ebd.

597 Zahn war ein Rheinischer Missionar und von 1830–1890 in Tulbagh tätig.

598 RMG 2381, Tagebuch von G. A. Zahn, 7.4.1831.

599 RMG 2598. Brief von Hanna Kleinschmidt, geb. Schmelen, Bethanien, 12.9.1842. (Im Original niederländisch; Übers. durch die Autorin).

600 Schmelen, Rev. H. 1832: Mrs. Schmelen of Komaggas, South Africa. In: *Missionary Register*, London, S. 321.

601 Ebd.

602 RMG 2598. Brief von Hanna Kleinschmidt, geb. Schmelen, Bethanien, 12.9.1842. (Im Original niederländisch; Übers. durch die Autorin).

603 Vgl. Moritz, W. 1969/70: *Die Nama-Sprache bei Johannes Heinrich Schmelen.* In: Journal 24, S.W.A. Wissenschaftliche Gesellschaft. Windhoek, S. 43.

604 Jan Bam. In: BRMG Nr. 4, 1853, S. 49–63.

605 SOAS-CWM South Africa, Incoming letters. Komaggas, 18.11.1834.

606 Kleinschmidt, H. und Makatees, K. 2016: *Gwarretje.* Unveröff. Text anlässlich einer Familienfeier 2016.

607 Archives of the Evangelical Lutheran Church of the Republic of Namibia / Windhoek (ELCRN). Protokollbuch der Herero und Namakonferenzen 1844–1872. 23.7.1844. Diesen Hinweis verdanke ich der Historikerin Kathrin Roller.

608 RMG 80. An die nördliche Conferenz in Südafrika. Elberfeld und Barmen, 11.2.1848.

609 Bregman, J. 2010: *Land and Society in the Komaggas Region of Namaland.* Unveröff. Diss. Kapstadt, S. 47.

610 Moritz, W. 2004: *Auf dem Reitochsen quer durchs südliche Afrika. Missionar Schmelen, ein Pionier der Sprache der Nama (1811–1848) am Oranje, in Bethanien, Steinkopf und Komaggas.* (Aus alten Tagen in Südwest, Heft 17). Windhoek, S. 43.

611 Backhouse, J. 1844: *A Narrative of a Visit to the Mauritius and South Africa,* illustrated by two maps, sixteen etchings and twenty-eight wood cuts. London, S. 539.

612 Alexander, J. E. 2005: *Entdeckungsreise in das Innere Südwestafrikas. Bericht über eine Reise von Kapstadt nach Walvis Bay durch das Groß-Namaland in den Jahren 1835 und 1836.* Windhoek, S. 87/88. Es handelt sich dabei um die deutsche Übersetzung des Alexander'schen Werkes. Originaltitel: Sir James Edward

Alexander 1838: *An Expedition of Discovery into the Interior of Africa*. London. 2 Bde.

613 SOAS-CWM South Africa, Incoming letters. Komaggas, 18.11.1834.

614 Ebd.

615 Ebd.

616 Mary Moffat, geb. Smith (1795–1871).

617 SOAS, CWM, Africa, Personal Box. Conclusion of Mrs. Moffat's Journal, Griqua Town, 11.8.1820.

618 Ebd.

619 RMG 1.578. Brief von Hans Christian Knudsen an die RMG, Offenes Geheimschreiben, Capstadt, 18.10.1841.

620 Backhouse, J. 1844 (wie Anm. 611), S. 536.

621 Ebd., S. 536/537.

622 Es gibt damals noch keinen einheitlichen deutschen Staat, sondern lediglich verschiedene kleine Fürstentümer.

623 Fichte, J. G. 1793: *Beitrag zur Berichtigung der Urteile des Publikums über die französische Revolution*. In: Ders.: Schriften zur Revolution, hg. von Willms, B. Köln/Opladen 1967, S. 114.

624 Zit. nach Buch 1976 (wie Anm. 356), S. 124.

625 Penn, N. 2005 (wie Anm. 407), 2005, S. 269.

626 Zit. nach El Tayeb, F. 2001 (wie Anm. 24), S. 13.

627 Sippel, H. 2004 (wie Anm. 31), S. 138–164.

628 Zit. nach El Tayeb, F. 2001 (wie Anm. 24), S. 75.

629 Zit. nach Sippel, H. 2004 (wie Anm. 31), S. 148.

630 Ebd., S. 138.

631 Zit. nach »Rassismus: Gänzlich schmerzlos«. In: Der Spiegel 40/1979.

632 Zit. nach El Tayeb, F. 2001 (wie Anm. 24), S. 90/91.

633 Zit. nach ebd.

Das Missionshaus